當經濟遇上法律

明清中國的市場演化

邱澎生

目次

導論

比較視野下的明清市場演化史

西元十五世紀後半至十九世紀前半的四百年間（約為西元 1450-1850年）是傳統中國經濟變化的重要時期。儘管明清中國經濟發展程度存在著地區差異，而相關研究者在概念、方法與論證方面也有不少重要爭論，但前述四百年間明清中國市場經濟逐步擴大，基本上已是多數學者的共通看法。學者曾經使用不同方式解釋這段時期中國經濟變化的總體趨勢，或稱之為「資本主義萌芽」，[1]或名其為「廣泛性成長」（extensive growth），[2]乃至命名

1　這類著作在1950至1980年代甚多，其中比較嚴謹的代表性成果至少可見：許滌新、吳承明主編，《中國資本主義發展史》第一卷《中國資本主義的萌芽》，北京：人民出版社，1985。針對此類討論的方法論問題進行反思的著作則可見：石錦，〈中國資本主義萌芽研究理論的評介〉，氏著《中國近代社會研究》，台北：李敖出版社，1990，頁101-137；李伯重，〈中國經濟史學中的「資本主義萌芽情結」〉、〈英國模式、江南道路與資本主義萌芽理論〉，兩文皆收入氏著《理論、方法、發展、趨勢：中國經濟史研究新探》，杭州：浙江大學出版社，2013，頁5-19、20-36；徐泓，〈「中國資本主義萌芽」研究範式與明清經濟史研究〉，《中國經濟史研究》，2018,1(2018)：169-181。

2　王業鍵針對滿清入關至中國對日抗戰前夕，前後約三百年的中國經濟發展現

為「沒有發展的增長」（growth without development）。[3]

　　學界針對前述四百年間明清市場經濟變化所做的具體考察，主要集中在長程貿易與經濟區域分工兩個面向。有學者考察當時進入長程市場的商品數量規模，以及構成長程貿易大宗商品性質兩個層次，論證十五世紀後半國內長程貿易逐步擴大，到了十八世紀已然大致形成一個全國市場。當時中國全國市場是由三大商業交通網路構成：一是以長江中下游航道為幹道而組成的東西向國內網路；一是以京杭大運河、贛江、大庾嶺商道為幹道而組成的南北向國內網路；另一則是由廣州到東北沿海的海運網路。眾多商人組成商幫在全國市場進行長程貿易，而長程貿易的大宗商品則以稻米、棉布、食鹽等民生必需品為主，改變了之前中國長

　　象，指出此段時期中國經濟結構雖然依舊殊少變化，但是，人口與土地大量增加，以及國民生產的巨額成長，仍是當時不能忽略的重要現象。因此，王氏將此種沒有應用現代科學技術、沒有造成經濟結構上顯著改變的成長，稱為「廣泛性成長」（extensive growth），以區別於以英國工業革命為代表的所謂「密集性成長」（intensive growth）。參見：王業鍵，《中國近代貨幣與銀行的演進（1644-1937）》，台北：中央研究院經濟研究所，1981，頁1；王業鍵，〈明清經濟發展並論資本主義萌芽問題〉，《中國社會經濟史研究》，1983,3(1983)：30-39、54。

3　黃宗智以明清江南等地區經濟變化方式為例，主張當時中國只出現總產量增加的「經濟成長」（economic growth），這種成長只是「以單位工作日收益遞減，而不是通過生產的資本化來實現」；強調若以單位工作日收入而論，則這種經濟變化並未出現個人平均所得持續提高，故而不是一種真正意義上的「經濟發展」（economic development）。參見：黃宗智，《長江三角洲小農家庭與鄉村發展，1350-1988》，香港：牛津大學出版社，1994，頁119-121；黃宗智，〈答雷蒙·邁爾斯〉，收入氏著《中國研究的規範認識危機：論社會經濟史中的悖論現象》，香港：牛津大學出版社，1994，頁66。

程貿易多以奢侈品為大宗的商品結構。有學者指出：由1500到1840年之間，中國國內已形成大規模商品、勞動、資金與訊息交換的全國市場。[4]

與此同時，也有學者從人口與大宗商品流動促成的全國經濟區域分工立論，指出清代前期國內可謂出現了「已開發、開發中、未開發」三大地理區塊的經濟分工現象。相對而論，江南、浙、閩、廣東屬於「已開發」區域，由此向中國其他地區輸出資本、技術與紡織產品；至於「開發中」與「未開發」區域，則向「已開發」地區輸出各種農業、工業與礦業原料，諸如湖廣及四川的米，西南地區的木材、雲南的銅，以及東北的高粱、大豆等。簡言之，當時中國在「已開發、開發中、未開發」不同地區之間進行的大宗貿易，以及人口、資本、技術流動，促成清代前期全國經濟區域的專業分工。[5]

值得注意的是：同樣基於清代前期中國出現經濟區域專業分工的考察，有學者開始以「斯密式經濟成長」（Smithian growth）描述明清中國此項重要的經濟變化，強調區域經濟的專業分工也是重要的經濟成長方式，並且藉以反思學界過於強調英國工業革命那種「技術密集」與「資本密集」經濟成長模式所可能帶來的嚴重偏見。[6]

4　吳承明，《中國資本主義與國內市場》，頁217-246、247-265。李伯重，〈中國全國市場的形成，1500-1840〉，《清華大學學報》，14,4（1999）：48-54。

5　王業鍵，〈清代經濟芻論〉，《食貨復刊》，2,11（1973）：541-550。Yeh-chien Wang, *Land Taxation in Imperial China, 1750-1911*（Cambridge, Mass.: Harvard University Press, 1973）, pp. 84-89.

6　王國斌，〈農業帝國的政治經濟體制及其當代遺緒〉，邱澎生譯，收入卜正民

　　王國斌指出經濟成長至少可區分為四類不同形態：一是由勞動分工與商業擴張所引起，二是由投資增加所引起，三是由技術進步所引起，四是借助更有效率經濟組織提高產出所引起；[7]並據以認為：直至西元1800年前夕，明清經濟其實深受勞動分工與商業擴張的第一種成長動力所影響，此種變動即是「斯密式經濟成長」，其成就並不遜於當時歐洲先進地區的經濟成長。彭慕然（Kenneth Pomeranz）也基於眾多相關論著，論證直至十八世紀末年之前「斯密式經濟成長」其實同時是中國江南與同時代西歐共同經歷的一種普遍性經濟成長模式。[8]與此同時，李伯重也以西元1550到1850年間江南紡織業為例證，反駁那些主張傳統中國手工業只有「量的增長」而無「質的變化」的提法；李氏指出：當時江南的絲、棉紡織工業不僅在總生產量和從業人數都有巨幅「量的增長」，在生產方法、工具、效率方面更有組織創新與勞動生產

（Timothy Brook）、Gregory Blue 編，《中國與歷史資本主義：漢學知識的系譜學》，台北：巨流出版社，2004，頁293-296。

7　王國斌，《轉變的中國：歷史變遷與歐洲經驗的局限》，李伯重、連玲玲譯，南京：江蘇人民出版社，1998，頁56-57。

8　此書有兩種中譯：彭慕蘭，《大分流：歐洲、中國及現代世界經濟的發展》，南京：江蘇人民出版社，2003；彭慕蘭，《大分流：中國、歐洲與近代世界經濟的形成》，邱澎生、陳巨擘、張寧、連玲玲、巫仁恕、呂紹理、楊淑嬌、林美莉、劉士永譯，台北：巨流出版社，2004。按：「彭慕蘭」這一中文名字應係上述兩種譯本出版時的某種誤失，作者去年接受採訪時表示：其中文名字應是「彭慕然」，參見：徐添、林盼、俞詩逸，〈訪談｜彭慕然：中國為什麼這麼大？〉（https://media.weibo.cn/article?id=2309404176560214166875&from=singlemessage&jumpfrom=weibocom,《東方歷史評論》，2017年11月21日。上網徵引日期：2018年1月30日）。

率提升的「質的變化」，此可稱之為明清江南的「早期工業化」。[9]

　　無論是王國斌、彭慕然指稱的明清中國「斯密式經濟成長」，或是李伯重概括的江南「早期工業化」，這些研究都對西元1800年之前中國經濟落後西歐的既有提法提出了嚴肅質疑。[10]在質疑與辯論過程中，明清經濟史研究存在的「西方中心論」也常成為反思與批評的重要對象。然則，如何界定明清經濟史研究的「西方中心論」呢？王國斌有精簡的概括：在解釋中國經濟史時，總是以「何以未發生」像歐洲一樣的歷史變遷，來做為考察中國經濟變化相關問題的前提與預設。[11]在筆者看來，儘管受到不少學者質疑與批評，但各種形式的「西方中心論」至今仍對學界與大眾理解明清經濟史產生重大影響。

　　本書希望也能反思「西方中心論」對深入理解明清經濟史帶來的種種問題，但在正式進行討論之前，還是有必要針對「西方中心論」如何影響明清經濟史做些梳理，筆者選擇黃仁宇的「大歷史觀」與「數目字管理」兩個概念做為分析對象，一方面用以呈顯明清經濟史如何受到「西方中心論」的具體影響，另一方面也藉以展開本書主張由「經濟、法律、文化」三者互動關係分析

9　李伯重，《江南的早期工業化（1550-1850）》，北京：社會科學文獻出版社，2000，頁37-38。

10　李伯重，〈英國模式、江南道路與資本主義萌芽〉，《歷史研究》，2001,1（2001）：116-126；龍登高，〈中西經濟史比較的新探索：兼談加州學派在研究範式上的創新〉，《江西師範大學學報》，2004,1（2004）：105-112；周琳，〈書寫什麼樣的中國歷史？──「加州學派」中國社會經濟史研究述評〉，《清華大學學報》，2009,1（2009）：50-58。

11　王國斌，〈農業帝國的政治經濟體制及其當代遺緒〉，頁283。

明清經濟變化的研究視野。

一、「數目字管理」中的經濟、法律與文化

「大歷史觀」（macro-history）、「數目字管理」（mathematically manageable）是黃仁宇大力宣揚的史學分析概念。何謂「大歷史觀」？黃氏直指其是一種「對歷史的技術性解釋」（technical interpretation of history」；[12]但「對歷史的技術性解釋」究竟指什麼？這便直接導出黃氏提出「數目字管理」這一史學分析概念：

> 資本主義社會，是一種現代化的社會，它能夠將整個的社會以數目字管理。因之社會裡的成員，變成了很多能相互更換（interchangeable）的零件；更因之社會上的分工可以繁複。法律既以私人財產權之不可侵犯作宗旨，也能同樣以數目字上加減乘除的方式，將權利與義務，分割歸併，來支持這樣的分工合作。這在推進科技的發展中，產生了一個無可比擬的優勢條件……以農業組織作國家基幹，注重凡事維持舊有的均衡；以商業組織作國家基幹，則注重加速交換（exchange）。時代愈進化，後者愈能掌握科技，而前者的弱點更為暴露，其國民對其政府之無能益抱不滿。[13]

---

12 黃仁宇，〈《萬曆十五年》和我的大歷史觀〉，收入氏著《萬曆十五年》，北京：三聯書店，1997，頁268。

13 黃仁宇，〈我對「資本主義」的認識〉，《食貨》復刊，16,1/2（1986）：26-49，頁46-47。

　　之所以長段引用這段原文，主要是其可以相當程度反映黃仁宇欲以「數目字管理」分析人類經濟共同發展途徑的核心內容。這段話包括兩個重要層面：第一，黃氏將經濟史區分為「以農業組織作國家基幹」以及「以商業組織作國家基幹」的兩大類「國家社會架構」；認為那些以「農業組織」為主的社會，其實同時配合著一種「不能在數目上管理的（mathematically unmanageable）國家」，並以「注重凡事維持舊有的均衡」做為連結社會與國家的主要原則。至於以「商業組織」為主的社會，則配合一種「能夠在數目上管理的國家」，並以「注重加速交換」做為連結社會與國家的主要原則。第二，針對「以商業組織作國家基幹」的國家社會架構，黃氏在分析其如何演進出「數目字管理」的社會與國家管理技術時，特別側重三項基本因素：「經濟組織上的分工合作、法律體系上的權利義務分割歸併、道德觀念上的私人財產權不可侵犯」。這三項基本因素似乎也可概括為「經濟組織、法律體系、文化觀念」；在這三項基本因素共同作用之下，乃催生出一種能夠進行「數目字管理」的國家社會架構，黃氏認為這即誕生了「資本主義社會」或是「現代化社會」。

　　黃氏相信：以「數目字管理、大歷史觀」考察中國與人類歷史，不僅能藉以理解不同地區的社會發展程度，更能撥開紛紜歷史表象而直探社會貧窮問題的核心，進而為包含二十世紀中國在內的其他落後國家開出妥切的經濟改善藥方。[14] 黃氏呼籲應該避開

---

14 黃仁宇曾說：以「大歷史觀」看中國，將「中國現代史的基線向後推轉五百年，包括明朝」，則「這長時期的視界，使我們瞭解最近中國所遇困難的淵藪，同時也看清好多問題互相連鎖的情形」（黃仁宇，〈中國近五百年歷史為

資本主義、社會主義路線孰優孰劣的無謂爭議，努力改革國家社會架構，以求躋身「能在數目字上管理國家」之林。[15]

　　黃仁宇標舉「數目字管理」的史學分析概念，主要基於其學術研究成果與讀書心得。前者主要是他對明代中國財政制度所做專門研究，[16]後者則是其對西方資本主義發展史的密集閱讀與師友

―――――――――

一元論〉，收入氏著《放寬歷史的視界》，台北：允晨文化公司，1988，頁218）。

15 黃仁宇，〈我對「資本主義」的認識〉，頁48；黃仁宇，〈中國近五百年歷史為一元論〉，收入氏著《放寬歷史的視界》，頁218；黃仁宇，〈中國歷史與西洋文化的滙合――五百年無此奇遇〉，收入氏著《放寬歷史的視界》，頁197。黃仁宇《萬曆十五年》於1981年原以英文刊行為 *1587, A Year of No Significance*，但他很希望能在中國出版以分享書中核心觀點，他曾不無遺憾地回憶：該書英文草稿完成於1976年夏季，「仍在四人幫執政時代，當然不能盼望在中國出版」。當《萬曆十五年》在大陸初次刊行中文版，出版社對黃仁宇名字冠以「美」籍字眼，黃氏也略帶無奈地做了一番自我解說：作者姓名前有一「美」字，「表示我現在為美國公民。這在表彰事實之餘，也很符合目前需要。因我之所謂大歷史觀，必須有國際性，我很希望以四海為家的精神，增進東方與西方的了解，化除成見」（〈《萬曆十五年》和我的大歷史觀〉，頁265、267-268）。

16 在《萬曆十五年》簡體中文版〈自序〉，黃仁宇對此有所說明：「1959年，我在密西根大學歷史系讀書，選定了《明代的漕運》作為博士論文的題目。這一研究花了五年。論文完成後，算是對明代的財政稅收制度有了一知半解，然而遺留的問題仍然不少。為了解決自己的困惑，並圖對明代財政與稅收窺其全豹，乃開始收集材料，撰寫 *Taxation and Governmental Finance in Sixteenth-Century Ming China* 一書。當時正值台北影印出版了《明實錄》，此書為明代史料的淵藪，自然在所必讀。全書133冊，又無索引可資利用，所以只好硬著頭皮，在教書之餘每周閱讀一冊。這一走馬觀花式的閱覽就花去了兩年半。除此而外，參考奏疏、筆記、各地方志，搜尋國內外有關的新舊著作，費時更多。此書從計畫撰寫到殺青定稿，歷時七年」（黃仁宇，〈自

討論。[17]前者研究成果集中展現在《十六世紀明代的財政與稅收》
與《萬曆十五年》兩本專書；後者則表現在〈我對「資本主義」
的認識〉專文與《資本主義與廿一世紀》專書。黃氏這四種作品
即是以明代中國為「不能在數目上管理的國家」典型，而以1689
年清教徒革命以後英國為「能夠在數目上管理的國家」典型。為
了更方便說明兩種「國家社會架構」差異，黃氏有時也形容前者
為「金字塔倒砌」（a pyramid built upside down）、「間架式管理」
（schematic design），[18]或是「　水艇夾肉三明治」（submarine

序〉，收入氏著《萬曆十五年》，北京：三聯書店，1997，頁1）。

17 黃仁宇曾回憶其自1972年正式襄助李約瑟（Joseph Needham）博士撰寫《中
　　國科學技術史》第七卷第四十八節以來，兩人即不斷討論西方資本主義形成
　　相關問題：由1972至1973年居劍橋一年「和李公日夕蹉商」（黃仁宇，〈明
　　《太宗實錄》中的年終統計：李老博士所稱中國官僚主義的一個例證〉，收入
　　李國豪等編《中國科技史探索》，香港：中華書局，1986，頁125）；黃氏寫
　　道：李博士「以他多年讀書的經驗，深覺得歐洲的文藝復興、宗教改革、資
　　本主義的形成，和現代科技的發展，是一種成套（package）的事蹟，一有都
　　有，四種情事前後發生，彼此關連。我至今還覺得這是有識者之言」。1974
　　年黃氏趁在美教書帶薪休假期間再赴英國，在此期間，「李約瑟所收藏的書
　　籍中，已有很多關於歐洲資本主義形成的文章，我也照他的指示，閱讀了一
　　遍」。他們兩人在1975年聯名向兩個文化基金會申請經費，試圖向基金會評
　　議專家證明「研究中國科技而順帶牽涉到英國土地制度和法庭程序」是確實
　　可行，黃仁宇強調：「我在密西根大學唸書的時候，也選讀過十六門有關近
　　代歐洲史的課。更不說李約瑟的凱易思書院（Gonville & Caius College，簡稱
　　Caius College）也有好多專家，可供我們的諮詢，他的貼鄰現已去世的羅賓
　　生教授（Joan Robinson）是世界聞名的經濟專家，也曾看過我們的文稿，提
　　出過修正的建議，可見我們並非完全鋌而走險，異想天開。只是這種解說終
　　於沒有用」（頁26-27、30），申請基金項目未獲通過。

18 黃仁宇，1986，〈我對「資本主義」的認識〉，頁26。

sandwich）；[19] 而對於後者，則常逕稱之為「資本主義」。

　　黃仁宇將明代中國做為「不能在數目上管理的國家」典型，主要基於他對明代財政制度的專門研究。在黃氏看來，明太祖創設的「洪武型財政」是一種「收斂性」的財政制度，其與唐宋帝國的「擴張性」財政制度大不相同。同時，明朝「政府之中層機構缺乏後勤能力」，這方面問題也遠比唐宋帝國來得嚴重，[20] 明代政府集中掌握財稅資源的規模乃受到很大限制。

　　黃氏強調洪武型財政基本上是種「孤枝式結構」（monolithic structure），缺乏總攬其成的國庫制度，在中央財政主管機構戶部以及全國各地負責收稅機關之間，幾乎不存在任何可由戶部統轄調度的「分支財庫」，在財政制度上缺乏暫時集中財稅收入的有效率「中層機構」，故而只能純任各級地方政府依據「原額主義」要求民眾繳納稅糧；在此制度限制之下，明代各地保留的稅收紀錄，其實主要只是上報戶部交差了事的「官樣文章」（superficiality），並不反映稅收數字的真實變動。因為採用「原額主義」繳納稅糧並進行報銷統計，即使民間經濟成長致使商業稅收有所增長，政府基本上不會主動因應，也沒有意願針對農業與商業稅收比率的財政結構變化進行相關制度調整，這種財政制度充分呈顯著一種「被動性」（passivity）。簡單說，明代全國財政目標主要放在「維

---

19 黃仁宇，〈明代史和其他因素給我們的新認識〉，收入氏著《放寬歷史的視界》，頁63。

20 黃仁宇認為，明朝財政制度缺乏中層後勤能力，遠比唐宋嚴重：「唐朝和宋朝的轉運使在各地區間活動，手中有大量的款項及物資周轉，由中央的指示，廣泛的行使職權。在大體上講，明朝放棄了這樣的做法」（黃仁宇，〈中國近五百年歷史為一元論〉，頁199）。

持政治現狀,而非反映經濟社會的動態」。至於維持這套財政制度的主要手段,則是將「文化與政治的支配」強壓在「一種大而無當而又自給自足的經濟系統」上,故可完全不顧「商業壓力及外來的競爭」。[21]

明代「孤枝式結構」財政制度對於國家社會架構至少帶來兩項嚴重影響:一是財稅資源無法集中從而阻礙全國交通基礎設施的成長,二是不重視商稅收入致使政府施政與法律系統都不能因應商業變動而做機動調整。造成第一種影響的問題根源在於:財政制度既缺乏中層機構,全國財稅資源乃無法有效集中,只是權宜性地在各級政府機構間挪移調用:「全國蓋滿了此來彼往的短線條補給線,一個邊防的兵鎮,可能接收一、二十個縣份的接濟;一個縣份也可以向一打以上的機構繳納財物」,黃氏指出:明朝戶部從來即「不是一個執行機關,而是一所會計衙門」,[22]資源無法集中,也難以帶動相關統籌運輸的交通運輸設施成長。第二項影響的問題根源則是:既然中央或地方政府財政制度都不重視各地經濟發展帶來的商稅收入,官員對各地商人的實際經商需求,諸如改善各種交通、通訊基礎設施,以及創設適用商業的新式法律等等,都不可能列入施政考量。

針對明代「國家經濟裡帶著服務性質的部門」何以「無法伸足前進」,黃氏舉例做論證:「交通與通信是交納(稅收)的輪軸,現在物資既沒有集中收發,也就用不著此種車輛了。銀行業

---

21 Ray Huang, *Taxation and Governmental Finance in Sixteenth-Century Ming China* (London and New York: Cambridge University Press, 1974), pp. 322-323.

22 黃仁宇,〈中國近五百年歷史為一元論〉,頁199。

與保險業也無法抬頭，它們是商業的工具」。政府做為這些交通、通信基礎設施，以及銀行、保險等服務部門「最大的主顧」，但卻無意按照「商業辦法」行事。至於「法庭和律師的服務」，也因為當時中國「倚靠他們的商業活動尚未登場」，故也無從發展。整體而論，「政府自己本身既不需要此種種服務」，大小衙門官僚也就「當然無意替私人的經營著想」，然而，以上各種服務事業難以「自己打開局面」，「不能不由正式立法或類似的程序維持」。[23]

黃仁宇所指明代政府「不照商業辦法」，主要仍是指財政制度，特別是明代戶部無法在全國各地建立有效的分支財庫，不能像現代商業公司一般，將所有收入與支出進行確實登錄管理與統一調度。[24]影響所及，不僅交通、通訊等基礎設施無力擴大，金融、保險等私人商業部門發展機會也連帶受限制；這些原本可因國家經濟規模擴大而成長的商業服務部門，都被明代財政制度所拖累。

一方面是明代國家與民間經濟組織同時限制了商業服務部門成長，一方面則是法律未能因應商業發展而做有效創新。除此之外，黃仁宇也強調明朝財政制度受到特殊文化觀念與政治形態的不利影響：「文化與政治的支配」強壓在「一種大而無當而又自給自足的經濟系統」。洪武型財政制度只是一個具體而微的抽樣，反映在財政制度背後的基本經濟組織、法律體系與文化觀念

---

23 黃仁宇，〈中國近五百年歷史為一元論〉，頁200。
24 黃仁宇有時也描述此現象為：「全國的現金和實物不是總收集發，財政制度無從以嚴密的會計制度加以考察」（《萬曆十五年》繁體中文版，頁159）。

特徵，三者同時導致明代成為「不能在數目上管理的國家」典型。

　　《萬曆十五年》對文化觀念如何影響經濟組織與法律體系有更多描繪。黃氏以所謂「古怪的模範官僚」形容海瑞，他評論海瑞提倡農民「一歸本業，力返真純」時寫道：「希冀以個人的力量，領導社會回復到歷史上和理想中的單純。但是他和洪武皇帝都沒有想到，政府不用技術和經濟的力量扶植民眾，而單純依靠政治上的壓力和道德上的宣傳，結果只能是事與願違」。[25] 黃氏批評海瑞只能以空洞法條禁止當鋪使用高利貸剝削農民故而無法奏效：明朝「缺乏有效的貨幣制度和商業法律。這兩個問題不解決，高利貸就無法避免」；但是「本朝法律的重點在於對農民的治理，是以很少有涉及商業的條文。合資貿易、違背契約、負債、破產等，都被看成私人間的事情而與公眾福祉無關。立法精神既然如此，法律中對於這一方面的規定自然會出現很大的罅漏，因而不可避免地使商業不能得到應有的發展」，明代官僚政治對商業這種態度主要來自明代財政制度「無需商業機構來作技術上的輔助」，故而扶植私人商業發展，「照例不在（地方官）職責範圍之內」；[26] 黃氏認為：這裡不僅存在英國與明朝在國家社會體制上的巨大差異，也反映兩國極不相同的「道德」觀念：

　　　　商業的發展，如照資本主義的產權法，必須承認私人財產的絕對性。這絕對性超過傳統的道德觀念。就這一點，即與

25《萬曆十五年》繁體中文版，頁158。

26《萬曆十五年》繁體中文版，頁160-161。

《四書》所倡導的宗旨相背。海瑞在判決疑案時所持的「與其屈兄，寧屈其弟」等等標準，也顯示了他輕視私人財產的絕對性，而堅持維繫倫理綱常的前提。[27]

　　這段引文不僅呈顯黃氏將《四書》宣揚的「倫理綱常」視為是與「私人財產的絕對性」相互對立的文化觀念，又清楚反映黃氏分析確實十分重視「商業機構、產權法、私人財產的絕對性」這三項因素，再次印證了「經濟組織、法律體系、文化觀念」三者實為黃氏提倡「數目字管理」史學分析概念的核心要素。

　　由明到清，這種肇因於特殊「經濟組織、法律體系、文化觀念」而形成的「不能在數目上管理的國家」，即使經過了十六世紀因應白銀流通的「一條鞭法」改革，鹽商也因「商專賣」的綱法改革而對明清財政更形重要，雍正年間大力推行的「火耗歸公」，山西票號也在十九世紀日漸活躍，然而，黃氏仍然強調：這些現象與改革都未發生「決定性的力量、劇烈的改進」，洪武型財政造成「組織與制度的體系」仍未轉型，明清財政制度仍未具有「現代性的合理化」。[28]直至二十世紀初期，中國仍是「缺乏中層經濟上的組織與交流，迫使中國經濟的發展，只有單線條數量上的擴充，缺乏質量上的突破」。[29]也就是說，明清至二十世紀初期的中國歷史，一直未能出現能夠有效進行「數目字管理」的國家社會架構。

27《萬曆十五年》繁體中文版，頁161-162。

28　黃仁宇，〈中國近五百年歷史為一元論〉，頁200-201。

29　黃仁宇，〈中國近五百年歷史為一元論〉，頁205。

　　明代中國遲遲不能進入「數目字管理」國家之林，在黃仁宇看來其實正是一種「制度性失敗」，而並非繫於特定歷史人物的個人是非功過。《萬曆十五年》〈自序〉將明代「制度性失敗」總結為：「中國兩千年來，以道德代替法制，至明代而極，這就是一切問題的癥結。寫作本書的目的，也重在說明這一看法。這一看法，在拙著《財政史》中已肇其端……書中所敘，不妨稱為一個大失敗的總記錄。（書中）敘及的主要人物……沒有一個人功德圓滿。即便是側面提及的人物……也統統沒有好結果。這種情形，斷非個人的原因所得以解釋，而是當日的制度已至山窮水盡，上自天子，下至庶民，無不成為犧牲品而遭殃受禍」。[30]檢討這段歷史，黃先生經常強調必須跳脫人物臧否的「道德」層面以從事「對歷史的技術性解釋」。

　　做為襯托明代中國無法在數目字上管理的對照項，十七世紀以後的英國即是一種「能夠在數目上管理的國家」典型。這種史觀正是十分典型地反映前述王國斌形容的。

　　在1689年光榮革命之前，英國也「有如中國二十世紀，高層機構與低層機構同時與時代脫節，中層的社會、宗教、經濟、法律各種支持因素都要重創」。[31]光榮革命發生，打破了英國原先

---

30 黃仁宇，〈自序〉，收入氏著《萬曆十五年》簡體中文版，頁4。
31 黃仁宇，〈我對「資本主義」的認識〉，頁41。黃仁宇如此界定所謂的高層與低層機構：「凡是一個國家必定要有一個高層機構（superstructure）和低層機構（infrastructure）。當中的聯繫，有關宗教信仰、社會習慣，和經濟利害，統以法律貫穿之……要是當中連繫不應命，政局必不穩定。補救的辦法，或改組高層機構，或修正低層機構，再次之則調整中層機構，有如重訂稅制，頒行新法律」（〈我對「資本主義」的認識〉，頁41）。

「英皇與議會（parliament）間牽強的平衡」，順利改造了高層機構；與此同時，隨著圈地運動加速土地買賣，以及新興地主領導內戰獲得成功等因素的進展，農村也發生「土地的領有集中和使用的規律化」，英國的「下層機構也必有顯著的改進」，上層與下層機構同時得到改進，加速了新稅制的展開以及「公平法（equity law）與普通法（common law）對流」，各種涉及「典當間死當時借方權利、女子財產權保障、破產、合同、股份和船舶所有的支配」案件，以及欺詐內涉及「過份的施用誘導力」（undue influence）原則的案件，種種涉及私人財產權的案件終能「積少成多地以成例創造制度」。[32] 適用商業的法律不斷被引入與創造出來，並對組織產生重要影響：

　　商業性的法律可以使用於農業社會裡面去，就引起農業的資金與工商業的資金對流，濱海與內地融結為一，生產與銷售的距離縮短。十七世紀末年的一個徵象，乃是「土地銀行」（land banks）紛紛組成。他們希望一方面仍能原封不動的保持自己手中的田土，一方面即以這所有權作信用的根本，獲得現金。只是組織不良，求功心切，又紛紛失敗。還要再等幾十年，這些錯誤才被更正。十八世紀中期以後，英格蘭和蘇格蘭的地方銀行、鄉村銀行才如雨後春筍樣的顯露

---

32 黃仁宇，〈我對「資本主義」的認識〉，頁41-44；黃仁宇，1991，《資本主義與廿一世紀》，頁173-180。黃氏強調：「資本主義牽涉私人財產權，務必在真人實事之間，判別得明白，所以司法權成為有效的工具」（黃仁宇，〈我對「資本主義」的認識〉，頁44）。

頭角，在倫敦也有很多私人組織的小銀行出現。於是信用貨幣不僅膨脹，而且有了一個全國性的組織。[33]

　　保險公司也在十七世紀末年在英國倫敦逐漸成立與發展，「象徵了英國金融財政組織的成熟。此後英國的經濟組織不僅超過荷蘭，而且成為世界之最先進，執全世界牛耳達好幾個世紀之久」。[34]這個過程，具體反映十七世紀末年以後英國法律體系與經濟組織的相互衝擊與彼此支撐，致使資本主義成為「一種組織和一種運動」。[35]

　　黃仁宇強調，以1689年英國光榮革命為具體關鍵的這種資本主義組織和運動，其實又有十七世紀英國「思想界的支持」：

　　　不論內戰前後，或是散發政治傳單，或是著作專論，他們的文字都與時局有關。當日並沒有被認為是推行資本主義的根據，可是連綴起來，則痕迹顯然，可見得這種歷史上的組織與運動之稱為資本主義者，是有思想界的支持，而且前人領導後人，後人又擴充前人的見解，一脈相承。[36]

　　經濟組織、法律體系與文化觀念，三者同時滙合湊集、相互支撐，才有人類歷史上的第一次「能夠在數目字上管理」的國家

33　黃仁宇，〈我對「資本主義」的認識〉，頁45。
34　黃仁宇，《資本主義與廿一世紀》，頁180。
35　黃仁宇，〈我對「資本主義」的認識〉，頁45。
36　黃仁宇，《資本主義與廿一世紀》，頁188。

社會架構經驗，這正是首先完整發生於英國的「資本主義」。

　　基於十七世紀末年英國成功「進入資本主義」的歷史經驗，黃仁宇做了三項總結：一，「從技術角度（不以意識形態作出發點）看來，資本主義不外一種國家的組織，有如亞當·斯密（Adam Smith）所說，施用『商業的系統』（system of commerce）『去增進國民的財富』。在這個大前提之下，就不期而然的包涵了一個各人『有識見的私利觀』（enlightened self-interest），倘非如此，其下層機構就組織不起來。所以私人財產應有保障，以及私人財產在公眾生活中發生龐大的影響，都成為必然的趨勢」。二，十七世紀末年英國「這樣一個有農業基礎並且法制傳統堅強的國家，竟能使全國的管制數字化，首尾相應，有如一個自由城市，實在是歷史上前所未有」。三，「在英國，一六八九年是一個具體的關鍵。沒有這時間上匯集的話，則零星資本主義的因素，和抽象資本主義的觀念，都不能構成一個言之有物，在歷史書上站得住腳跟的資本主義」。[37]對於亞當·斯密的研究成果，黃仁宇更看重的是「施用商業的系統去增進國民的財富」，而不只是本章開頭提及的經濟區域分工與專業化。

　　透過對明代中國與十七世紀英國歷史的比較，黃仁宇提出「數目字管理」這一套史學分析概念，並在這套分析概念裡蘊含了「經濟組織、法律體系、文化觀念」三項基本要素。與此同時，「數目字管理」也正具體反映了一種「西方中心論」：以十七世紀以後英國歷史發展模式為典範，藉以檢視明清中國「何以不能」像英國發展出一種可以進行「數目字管理」的國家社會架構。

---

37 黃仁宇，〈我對「資本主義」的認識〉，頁45-46。

二、由「數目字管理」到「市場演化」：超越二元對立的比較經濟史觀

做為一種「西方中心論」的「數目字管理」史學分析概念，究竟符不符合英國與明清中國歷史變化的實際情況？這種西方中心論到底是有助或是妨礙學界對於人類近代經濟史的深入理解呢？筆者沒有能力討論英國經驗，但確實希望檢視黃仁宇「數目字管理」分析概念是否真能貼切解釋明清中國經濟變化。[38]

也許應該分成兩段時期檢視明清中國經濟史。若以十六、十七世紀兩百年歷史看，黃仁宇「數目字管理」概念或能提供若干洞見，以說明當時中國在「經濟組織、法律體系、文化觀念」三者互動關係上似未出現「注重加速交換」的史實。但要注意的是：這並不是說當時中國市場與政府之間真如黃氏所謂，僅由「政治上的壓力和道德上的宣傳」來做連繫。無論是商業組織、法律體系或是產權觀念，在十六世紀以後中國仍然出現不少有意義的變化。黃氏其實也承認當時中國曾經出現一些變化，但若持與西方相比，則變化程度不夠重大，他如此寫道：「好多近代中國作家找到明末清初有些思想家發表偶爾發表的文字，提及經濟政策應該稍微開放，商人對社會的貢獻不可全部抹殺，個人的私

---

38 針對黃仁宇評價「洪武型財政」的相關論點，有學者也指出其可能基於西方中心論而對明代財政變化實際情形有所誤解，主張十六世紀明代財政已出現「從實物向貨幣的全面轉型」，明代財政應視做「現代貨幣財政的開端」，並處於向「近代賦稅國家轉型」的過渡時期，參見：萬明，《16世紀明代財政史的重新檢討——評黃仁宇〈十六世紀明代中國之財政與稅收〉》，《史學月刊》，2014,10（2014）：116-130，引文則見頁129。

利無法洗刷得一乾二淨」，只是這些明末清初思想家發表的文字，「都不能和西方同時的革命思想相比擬」。[39] 然而，令筆者好奇的是：和同時期西方「革命思想」不能相比擬，是否便表示當時中國「傳統道德觀念」仍然未受到衝擊與出現任何轉變呢？舉個例證，晚明有關財產犯罪的法律規範其實也有若干變化，政府明令取消侵占親屬委託存放財物可以「按服制減罪」的原先規定；新法條規定親屬之間出現侵占財物罪行，也要與一般平眾之間科以同樣罪刑。晚明律學專家王肯堂（1549-1613）如此評論這條新法律：「寄託財畜，多係親屬。若以服制減罪，則負者眾矣。故與凡人一體科之」。[40] 這不是某位思想家的突發奇想或是「偶爾發表的文字」，而是法條修改之後由著名律學家據以闡釋的法律見解。「傳統道德觀念」在這裡真的沒有重要變化嗎？

　　到了第二個時段，由十八至十九世紀的兩百年間，清代「經濟組織、法律體系、文化觀念」三者之間變化其實愈來愈多，特別是約在1700至1850年的一百五十年間，隨著明清長程貿易規模日漸擴大，商人結成商幫種類以及累積資本規模也不斷增多與擴大，[41] 金融機構及其發行錢票、銀票等「私票」部門也有巨幅成

39　黃仁宇，〈我對「資本主義」的認識〉，頁32。

40　明・王肯堂，《大明律箋釋》（影印康熙30年（1691）刊本，收入《四庫未收書輯刊》，1輯25冊），頁424。

41　這方面研究可參見：張海鵬、張海瀛編《中國十大商幫》，合肥：黃山書社，1993，該書討論明清山西、陝西、寧波、山東、廣東、福建、洞庭、江右、龍游、徽州等商幫的經商活動概況。較新研究成果可見：范金民，〈鑽天洞庭遍地徽——明代地域商幫的興起〉，《東方學報》，80(2007)：68-152。

長，[42]具有降低交易成本作用的商人團體也在各大城鎮不斷出現，[43]這些是經濟組織上的重要變化。在法律體系方面，不僅各種注釋律學持續編輯與出版，成為官員學習法律甚至判案參考的專業知識來源；[44]與此同時，特別學習法律知識的所謂「刑名師爺」，這些人數眾多的幕友更已成為地方官進行司法審判時不可或缺的專業幕僚。[45]

隨著明清市場經濟逐漸發展，許多地區的民間商人與政府官員都曾面對商業帶來種種問題的新挑戰，從而出現某些制度性改革。十六世紀以來有關客商的史料記載愈來愈多，這些客商如何

---

42 參見：王業鍵，《中國近代貨幣與銀行的演進（1644-1937）》，台北：中央研究院經濟研究所，1981，頁5-37；史若民，〈票號的組織和初期的業務〉，氏著《票商興衰史》，北京：中國經濟出版社，1992，頁85-153；黃鑒暉，〈清初商用會票與商品經濟的發展〉，《文獻》，1987,1(1987)：3-16。

43 洪煥椿，〈明清蘇州地區的會館公所在商品經濟發展中的作用〉，收入氏著《明清史偶存》，南京：南京大學出版社，1992，頁566-612；范金民，《明清江南商業的發展》，南京：南京大學出版社，1998，頁242-249；Fu-mei Chen and Ramon H. Myers, "Coping with Transaction Costs: The Case of Merchant Associations in the Ch'ing Period," in Yung-san Lee and Ts'ui-jung Liu eds., *China's Market Economy in Transition* (Taipei: The Institute of Economics, Academic Sinica, 1990), pp. 79-103.

44 張晉藩，〈清代私家注律的解析〉，氏著《清律研究》，北京：法律出版社，1992)，頁164-188；何敏，〈從清代私家注律看傳統注釋律學的實用價值〉，收入梁治平編《法律解釋問題》，北京：法律出版社，1998，頁323-350。

45 參見：繆全吉，《清代幕府人事制度》，台北：中國人事行政月刊社，1971；張偉仁，〈清代法學教育〉下，《國立台灣大學法學論叢》，18,2(1989)：1-55；高浣月，《清代刑名幕友研究》，北京：中國政法大學出版社，2000；陳利著，白陽、史志強譯，〈清代中國的法律專家和地方司法運作（1651-1911）〉，《法制史研究》，28(2015)：1-52。

使用交通基礎設施？有些情況固然如同黃仁宇的觀察：「多數客商集資合雇一船」，相當程度反映當時交通、通訊設施的缺乏。[46] 但是，隨著各種客商旅途遇盜，以及本地仲介商人牙行欺騙客商相關案件的增多，也有愈來愈多政府官員與士人更加正視這類客商財產安全問題，並且進而提供相關的法律協助。

如江西省級官員在乾隆初年的1740年代，為防阻「不法牙行往往侵吞客本、貽累客商」，即設計了「合同聯票」制度，希望可以更好地保護客商交易安全：「各行照式設立合同聯票，凡客貨到行，行家代為發店後，即將客貨若干、議價若干，中用本客、本店圖記花押，將聯票裁分，一付本客收執，一存本店查對。至日清賬，店家合票發銀，如無合同對驗，店家概不許發銀；如有無票私給者，概不作準，仍照客執聯票清追其銀」。[47]這種官員主動介入以預防商業債務糾紛的做法，並非當時特例。[48]「重農抑商」觀念固然有其一定程度的影響範圍，但由地方官判決商業糾紛一些案例看來，[49]「抑商」很可能主要是現代史學家過

---

46 黃仁宇，〈從《三言》看晚明商人〉，《中國文化研究所學報》，7,1(1974)：141-142。

47 清‧凌燽，《西江視臬紀事》，影印清乾隆8年（1743）刊本，收入《續修四庫全書》，史部，冊882，上海：上海古籍出版社，1997，卷4，〈設立行票示〉，頁149。

48 對相關案件的較多分析，可見：邱澎生，〈18世紀中國商業法律中的債負與過失論述〉，收入《復旦史學集刊》第一卷《古代中國：傳統與變革》，上海：復旦大學出版社，2005，頁211-248。

49 邱澎生，〈由蘇州經商衝突事件看清代前期的官商關係〉，《文史哲學報》，43(1995)：37-92。

度輕率的推想。[50]

再如乾隆56年（1791）刑部官員撰寫一份所謂「說帖」的司法案件審查意見書，也可看到當時法律已然發展出一種加重腳夫、旅館店家及船戶偷盜客商財物犯罪行為的處罰，這些刑部官員認為：腳夫如果在客商僱用時偷盜其委託運送財物，則客商即可能陷入「血本罄盡，進退無門」的悲慘情境，這種犯罪行為在「情節」上「較之尋常鼠竊為可惡」。刑部官員同時出：當時中國許多省份在司法實務上都會加重對店家、船戶「為害商旅」案件的處罰，而腳夫偷盜委託客商的財物，在「事理」上也與「店家、船戶為客途所依賴者」無異，故而應該一律加重腳夫偷盜客商財貨的處罰。[51]這也明顯反映十八世紀清代中央與地方政府對保護客商旅途安全的一定程度重視。

整體看來，十六到十八世紀之間中國經濟其實出現不少制度

---

50 早有學者以堅強史料批駁那些誇大傳統中國「抑商」觀念實效的歷史想像，可見：谷霽光，〈唐末至清初間抑商問題之商榷〉，《文史雜誌》，1,11（1942）：1-10。

51 相關原文如下：「客商投行雇夫，所有貨物悉交運送，即與店家、船戶為客途所依賴者，情事無異。一被拐逃，則血本罄盡，進退無門，其情節較之尋常鼠竊為可惡，是以各省有因為害商旅，即照實犯〈竊盜〉律定擬者。通查彙核，詳加參酌，似應以腳夫挑負運送客民行李財物中途潛逃、贓至逾貫、實係為害商旅者，俱照〈竊盜〉治罪。若非行路客商，止係託帶銀信、寄送貨物、致被拐逃者，悉照〈拐逃〉律科斷。謹具說帖，候示」（祝慶祺編，《刑案匯覽》，卷17，頁1213-1214）。有關這份說帖的較詳細分析可見：邱澎生，〈真相大白？明清刑案中的法律推理〉，收入熊秉真編，《讓證據說話——中國篇》，台北：麥田出版公司，2001，頁135-198。

變化，無論是牙行制度改革，[52] 市場管理法規演變，[53] 四川自貢井鹽業流行合資開礦而對資本進行分割、頂讓與承接的「股份化」契約，[54] 乃至會館、公所商人團體，以及票號、錢莊等金融組織的紛紛出現，這些經濟組織都並不獨立於當時法律體系之外；這些經濟與法律之間的互動關係頗為複雜，恐怕不是黃氏以「不能在數目字上管理」或「注重凡事維持舊有的均衡」等分析概念即能輕易概括。

除了經濟組織與法律體系之外，明清中國在所謂「私人財產權神聖不可侵犯」等相關文化觀念方面，的確缺乏可與近代歐洲相比擬的財產權理論，而且，諸如破產法、票據法、海商法、保險法等反映近代西方產權觀念的民商法典，也都要到清末才由歐美、日本等國家移殖進入中國。[55] 然而，二十世紀初年以前中國沒有這些成套商業法律，並不即是表示財產權問題未因市場經濟發展而進入司法體系或是公共輿論的討論。

例如在有關富人的財產安全問題方面，到了十七、十八世紀

---

52 吳奇衍，〈清代前期牙行制試述〉，《清史論叢》，6(1985)：26-52。韋慶遠，〈清代牙商利弊論〉，氏著《明清史辨析》，北京：中國社會科學出版社，1989，頁289-298。

53 邱澎生，〈由市廛律例演變看明清政府對市場的法律規範〉，收入國立台灣大學歷史系編《史學：傳承與變遷學術研討會論文集》，頁291-334。也見：邱澎生，《當法律遇上經濟：明清中國的商業法律》，台北：五南出版公司，2008，頁9-54。

54 彭久松、陳然，〈中國契約股份制概論〉，《中國經濟史研究》，1994,1(1994)：56-65。

55 朱英，〈論清末的經濟法規〉，《歷史研究》，1993,5(1993)：92-109；俞江，〈《大清民律（草案）》考析〉，《南京大學法律評論》，1998,1(1998)：146-161。

之間，已出現了更多具有重要意義的討論。[56]如清初魏禧（1624-1681）曾經花費五年時間思考而寫出《限田》三篇的文稿，設計出一種針對富人擁有較多田產者課徵更多賦稅與徭役的方案，他的目的是要以賦稅手段而「驅富民賤賣」土地，進而達到「田不必均而可均矣」的土地公平分配效果。魏禧私下和一些朋友討論這個方案，得到不少人極力稱讚，而他自己原本也相信這可能是「三代以後最為善法」。[57]然而，魏禧的兄長卻不以為然並提出批

---

56 事實上，由唐、宋直到明清之際，一些士大夫與官員也曾發表某些主張保護富人財產安全的言論，有學者已初步整理過此類主張（葉坦，《富國富民論：立足於宋代的考察》，北京：北京出版社，1991，頁85-92），諸如唐代「韓愈曾為富有的鹽商鳴不平」，柳宗元提出「富室，貧之母也，誠不可破壞」（《柳河東集》卷32〈答元饒州論政理書〉）；南宋葉適（1150-1223）主張：「富人者，州縣之本，上下之所賴也，富人為天子養小民，又供上用」（《水心別集》卷2〈民事〉下）；明代中葉丘濬（1421-1495）主張：「富家巨室，小民之所賴，國家所以藏富於民者也」（《大學衍義補》卷13〈蕃民之生〉）；明清之際的王夫之寫道：「大賈、富民者，國之司命也」（《黃書》〈大正〉）以及「國無富民，民不足以殖」（《讀通鑑論》卷2）。學者引述這些相關言論，並斷言：「為富人辯護的思想，基本論點和主要內容大體在宋代成形，而為明清思想家繼承發展」，明清保護富人的主張是宋代相關言論的「深化與完善」（葉坦，《富國富民論：立足於宋代的考察》，頁92）。保護富人相關主張的背後，其實還更深刻地涉及傳統中國經濟思想當中有關「富國」（如何增加國家財稅）與「富民」（既指涉著「藏富於民」的主張，也包括了在窮人與富人之間如何「平均財富」的問題），葉坦《富國富民論：立足於宋代的考察》以「富國」與「富民」做為書名主標題，其實直接承繼了其老師朱家楨的學術關懷與初步討論：朱家楨，〈中國富民思想的歷史考察〉，《平準學刊：中國社會經濟史研究論集》第三輯下冊，北京：中國商業出版社，1986，頁385-410。

57 原文如下：「予覃思五年，作《限田》三篇。其法：一夫百石，止出十一正

評：「苟行此法，天下必自此多事」，其反對理由為：「後世天下
之亂，止在官府縉紳貪殘，民不聊生，不係富人田多、貧民無
田」。魏禧的朋友浙江人曹溶也質疑：「此法議之南方尤可，若北
方貧民傭田者，皆仰給牛種衣食于多田之富戶。今即每夫分以百
畝，耕作所須，色色亡有，田漸荒而賦不可減，數年之後，唯有
逃亡，況望其以賤價買諸富民乎？」還有來自陝西的楊敏芳也批
評魏禧的方案：「田賦倏輕倏重，朝無成法。官無定規，吏因作
奸，民多告訐。非天下縣官人人賢能，則擾亂方始矣」。聽了這
三人的批評與質疑，魏禧「反覆思索，凡數夜不寐」，最後決定
「乃焚其稿」。[58]

　　沒錯，這只是清初江西地方上發生的一場小論辯，看來也屬
於黃仁宇所謂「明末清初有些思想家發表偶爾發表的文字」；但
是，不僅魏禧與三位批評者對於這項「限田」方案的討論態度相
當認真，將魏禧著作收入《昭代叢書》的編者張潮（1650-
1707），也在上述魏禧「限田」方案討論文字的後面附上一段按
語：「富民之田，非由攘奪及賤價而得。今勒貧民買田，不知田
價從何出？恐貧者未必富，而富者已先貧矣。大抵當今治道，惟
宜以保富民為急務，蓋一富民能養千百貧民，則是所守約而所施

賦；過百石者，等而上之，加以雜差。若田多者賣與無田之人，或分授子
孫，不過百石，則仍止出正賦。是同此田也，貧者得之則賦輕，富者得之則
賦重，所以驅富民賤賣，而田不必均而可均矣。私謂三代以後最為善法，質
諸君子，亦皆歎服」（魏禧，《日錄雜說》，收入張潮輯《昭代叢書》，清道光
13 年（1833）吳江沈氏世楷堂刊本，中央研究院歷史語言研究所傅斯年圖書
館藏，卷 12，頁 13）。

58 魏禧，《日錄雜說》，卷 12，頁 13-14。

甚博也」。[59]張潮提出為官理民「宜以保富民為急務」，其主要理由在於「一富民能養千百貧民」，這是經過認真考慮的明確論點，也是當時不少官員與士人的共通看法，並非他個人的突發奇想。

「保富」在十八世紀中國已然成為更多官員與士人所抱持的一種普遍看法。[60]知名幕友與法律專家汪輝祖（1730-1807）對「保富」的必要性做過解釋：「藏富於民，非專為民計也。水旱戎役，非財不可」，官員若能「保富有素」，則地方公務即「事無不濟矣」，這主要指的是官員施政有賴地方富人的財力支持。汪氏繼續寫道：「富人者，貧人之所仰給也。邑有富戶，凡自食其力者，皆可藉以資生。至富者貧，而貧者益無以為業。適有公事，必多梗治之患」，這裡側重的是富人可為本地窮人提供糊口或是就業機會。汪氏據以結論道：「故保富是為治要道」。[61]

不僅汪輝祖主張「保富」，雍正皇帝也對富人擁有眾多田產

---

59 魏禧，《日錄雜說》，卷12，頁14。

60 林麗月，〈保富與雅俗：明清消費論述的新側面〉，收入氏著，《奢儉‧本末‧出處──明清社會的秩序心態》，台北：新文豐出版公司，2014，頁83-105。

61 汪輝祖，《學治續說》，頁125。嘉慶9年（1804）江西按察使為了鼓勵省內富人「做照當鋪款式」以酌收利息方式貸穀給貧窮農民，特別在一份公文寫道：「夫欲保全富戶，必使窮民明白其中利害，方可加以懲勸。蓋富乃貧之母，為國家元氣。富戶凋敝，不僅貧民失依，元氣亦傷」清‧不著編人，《西江政要》，清江西按察司衙門刊本，中央研究院歷史語言研究所傅斯年圖書館藏，卷43，頁6。十九世紀前半的道光年間，知名官員劉衡也強調「恤貧民之道，在保富民」，他也使用類似的「保富」論述：「富民者，地方之元氣也。邑有富民，則貧民資以為生；邑富民多，便省卻官長一半心力，故保富所以恤貧也」（劉衡，《蜀僚問答》，收入《官箴書集成》，冊6，合肥：黃山書社，1997）。

的原因提供了某種正當性說明：「自古貧富不齊，乃物之情也。
凡人能勤儉節省、積累成家，則貧者可富；若游惰侈汰、耗散敗
業，則富者亦貧。富戶之收併田產，實由貧民之自致窘迫、售田
產於富戶也」，[62]富人因為「勤儉節省」而累積田產，貧人則由於
「游惰侈汰」而出賣土地，這也不是那種認為「為富不仁」而強
調打擊富人藉以平均土地的所謂「傳統倫理道德」。

　　不只「保富」觀念愈趨普遍，晚明以至清代的官員與商人之
間，也出現更加顯著的「士商相雜」現象。余英時分析明清文集
存留眾多相關史料，論證晚明以降「士商相雜」現象以及「賈
道」相關論述的興起。[63]部分官員與士大夫提出「良賈何負於閎
儒」的「賈道」論述，既反映也同時促使了商人不斷「士大夫
化」；另一方面，士大夫頻繁地與商人聯姻，並且形成坦然收受
撰寫壽序、墓志銘潤筆費用的新「辭受」標準，甚至發諸為商人
利益辯護的政策時論，這些現象反映著士大夫也逐漸「商人
化」，有學者特別著重討論了當時「士商相雜」現象之下的「賈
道」論述。[64]

62　《大義覺迷錄》（影印清雍正年間內府刻本，台北：文海出版社，1970），卷1。

63　余英時指出：「明代以前，我們幾乎看不到商人的觀點，所見到的都是士大
　　夫的看法。但是在明清士大夫的作品中，商人的意識形態已浮現出來了，商
　　人自己的話被大量地引用在這些文字之中……更值得指出的是：由於『士商
　　相雜』，有些士大夫根本已改從商人的觀點來看世界了……我們尤應重視商
　　人的社會自覺。他們已自覺『賈道』即是『道』的一部分」（余英時，《中國
　　近世宗教倫理與商人精神》，台北：聯經出版公司，1987，頁162-163）。

64　余英時，《中國近世宗教倫理與商人精神》，頁104-163。余英時，〈現代儒學
　　的回顧與展望：從明清思想基調的轉換看儒學的現代發展〉，氏著《現代儒
　　學論》，香港：八方文化公司，1996，頁14-27。余英時，〈士商互動與儒學

　　伴隨著「士商相雜」現象的擴大發展，「保富」與「賈道」觀念更加普及，除此之外，十六世紀以後有更多的地方士人與官員開始記錄本地社會風氣日趨奢華的紀錄，[65]更加還有「侈靡論」的論述也很值得注意，[66]這些相關觀念的宣揚與辯論，都成為晚明

　　轉向：明清社會史與思想史之一面相〉，收入《近世中國之傳統與蛻變：劉廣京院士七十五歲祝壽論文集》上冊，台北：中央研究院近代史研究所，1998，頁1-52；卜正民（Timothy Brook），方駿、王秀麗、羅天佑等譯，《縱樂的困惑──明朝的商業與文化》，台北：聯經出版公司，2004，頁355-358。余英時指出十五世紀以後士大夫為商人撰寫「壽詩、壽序」的現象，學界已有更深入的專門討論：邱仲麟，〈誕日稱觴──明清社會的慶壽文化〉，《新史學》，11,3（2000）：120-127。

65 劉志琴，〈晚明城市風尚初探〉，《中國文化研究輯刊》第1期，上海：上海復旦大學出版社，1984，頁190-208；徐泓，〈明末社會風氣的變遷〉，《東亞文化》，24（1986）：83-110；王家範，〈明清江南消費風氣與消費結構描述──明清江南消費經濟探測之一〉，《華東師範大學學報》，1988,2（1988）：32-42；邱仲麟，〈從禁例屢申看明代北京社會風氣的變遷過程〉，《淡江史學》，4（1992）：67-88；常建華，〈論明代社會生活性消費風俗的變遷〉，《南開學報》，1994,4（1994）：53-63；鈔曉鴻，〈明清人的「奢靡」觀念及其演變──立基於地方志的考察〉，《歷史研究》，2002,4（2002）：96-117；原祖杰，〈文化、消費與商業化：晚明江南經濟發展的區域性差異〉，《四川大學學報》，2010,5（2010）：31-38。

66 有關明清「侈靡論」的討論至少可見：傅衣凌，〈明代後期江南城鎮下層士民的反封建運動〉，收入氏著《明代江南市民經濟試探》，上海：上海人民出版社，1957，頁101-126；楊聯陞，〈侈靡論──傳統中國一種不尋常的思想〉，收入氏著《國史探微》，台北：聯經出版公司，1983。原文刊於1961年，頁169-188；陳學文，〈明中葉「奢能致富」的經濟思想〉，《浙江學刊》，1984,4（1984）：29-31；林麗月，〈陸楫（1515-1552）崇奢思想再探──兼論近年明清經濟思想史研究的幾個問題〉，《新史學》，5,1（1994）：131-153；陳國棟，〈有關陸楫〈禁奢辨〉之研究所涉及的學理問題──跨學門的意見〉，

十六世紀以後中國經濟變遷過程當中更加引人矚目的歷史現象。整體而論，「保富、賈道」以及新發展的「侈靡論」，可以更有效地減緩主流社會價值觀對商人獲取並展示財富等外顯行為的敵視程度，進而增強了商人累積財富在道德上的正當性。十五世紀以後，類似「以公護私」的某種「義利之辨」新觀念，甚至還成為士大夫與商人合組「會館」社會團體組織的一種可以公開操作與宣揚的理念，使得這類新式「義利觀」成為一種「制度性的存在」。[67]

　　以上略微提及的明清經濟組織、法律體系與文化觀念之間種種變化，固然不能直接類比於黃仁宇描述十七世紀末年英國「國家社會架構」的變動模式，但若只是像黃氏那般簡單判定明清種種相關變化依舊無關輕重，這恐怕也並不符合十八、十九世紀中國「經濟組織、法律體系、文化觀念」之間互動關係出現種種重要演變的實際情況。

　　不妨暫時放下「數目字管理」之「能」與「不能」這種過於簡單的二分法，但也同時保留黃仁宇有關「經濟組織、法律體系、文化觀念」等考察國家社會架構的三項基本元素，進而援用高斯（R. H. Coase）提出「交易成本」（transaction cost）[68]與「社會

《新史學》，5,2(1994)：159-179；陳國棟，〈從《蜜蜂寓言》到乾隆聖諭——傳統中西經濟思想與現代的意義〉，《當代》，142(1999)：44-61；林麗月，〈禁奢辨：晚明崇奢思想探微〉，收入氏著《奢儉・本末・出處——明清社會的秩序心態》，頁47-81。

67 劉廣京，〈後序：近世制度與商人〉，收入余英時《中國近世宗教倫理與商人精神》，頁41。

68「交易成本」大概是指交易者權衡使用「市場」或是使用「組織」所必須花費

耗費」（social cost）[69]兩個相互影響的一組分析概念，以及諾斯
（Douglass C. North）提議「制度變遷」的一套研究視野，[70]藉以檢
視明清長程貿易擴展等經濟現象究竟如何影響當時中國的社會與

的成本；前者使用市場上的「價格機制」，後者則是暫不使用市場而改由可
聽命自己經濟決策行事的「組織僚屬」。若暫不計較各類行業不同的性質，
而只是先做大略討論，則可將交易成本區分為三大類：一是預先探詢與發現
質優、價低商品的「測量與訊息成本」（search and information costs），二是
現場比價、講價與簽訂買賣契約的「談判成本」（bargaining and decision
costs），三是預測、評估如何簽訂、監督與修改長期契約的「執行成本」
（policing and enforcement costs）。參見：R. H. Coase, *The Firm, the Market and
the Law* (Chicago: University of Chicago Press, 1988), pp. 6-7, 35-40. 寇斯（R.
H. Coase）著，陳坤銘、李華夏譯，《廠商、市場與法律》，台北：遠流出版
公司，1995，頁16-17、47-51。

69 高斯有段原文或可視做其論證「社會耗費」概念的主要意涵：「我們應該認
真考察在各種不同社會安排（social arrangements）運轉過程中所涉及到的耗
費（不論其是因為市場或是政府部門運作所需要的耗費），以及在朝向一套
新的社會安排系統運轉時所需要的耗費」（R. H. Coase, *The Firm, the Market
and the Law*, p. 156.）。此段譯文主要是筆者個人重新翻譯，與現有中譯（陳
坤銘、李華夏譯，《廠商、市場與法律》，頁172）稍有不同。

70 諾斯將「制度」界定為人們為了降低彼此互動的不確定性因素，因而在社會
上形成一種相對穩定的人群「遊戲規則」；至於「制度變遷」的複雜過程，則
主要涉及特定社會存在「正式限制、非正式限制、執行」三者相互作用方式
的逐步改變（道格拉斯‧諾斯著，劉瑞華譯注，《制度、制度變遷與經濟成
就》，台北：聯經出版公司，2017，頁23、27-28）。諾斯也曾強調一個比較
完整有效的制度或是制度變遷理論，應該要同時具備分析「財產權、政府、
意識形態」等三方面現象的理論（道格拉斯‧諾斯著，劉瑞華譯，《經濟史
的結構與變遷》，台北：時報文化出版公司，1995，頁11-15）。事實上，諾
斯「制度變遷」理論是有其逐步發展完善的過程，劉瑞華對其中情形有較清
楚的描述：劉瑞華，〈導讀〉，收入道格拉斯‧諾斯著，劉瑞華譯注，《制
度、制度變遷與經濟成就》，頁1-16。

國家互動關係，或是本書所謂的明清中國「市場演化」問題。

　　「制度」與「市場」經常相互影響，諾斯將兩者互動關係界定為：「市場就整體而言乃是制度的大雜燴；有些提高效率，有些減低效率」。[71] 準此而論，則也可藉以說明本書主要研究內容與目的：針對明清蘇州商人團體組織方式與外在政治環境互動關係的長期演變，以及蘇州棉紡織業、重慶船運業、雲南東川府銅礦業等行業當中存在的不同經濟組織運作方式，還有當時政府與民間處理債務與合夥糾紛的互動模式，同時，也選定幾種「商業書」教導與傳播經商所需各種知識和道德的相關論述，筆者研究上述這些對象與現象。至於研究主要目的則是：這些包括商人團體、經濟組織、法律規範、商業習慣及商業文化在內的各種制度，到底如何受到當時中國既有市場結構的限制，同時，這些制度又如何逐漸改造了當時中國的市場結構？

　　要之，說明這些制度與市場互動關係的演變，即是本書所欲考察的明清「市場演化」問題。透過這種提問與考察，或許也可有助於面對甚或是超越諸如「數目字管理」這類「西方中心論」的限制，進而探尋明清中國社會與國家互動或是黃仁宇所謂「國家社會架構」的演變軌跡。

---

71 道格拉斯・諾斯著，劉瑞華譯注，《制度、制度變遷與經濟成就》，頁124。

第一章

由蘇州商人結社方式變化
看明清城市社會變遷

　　傳統中國商人結成社會團體，並不始自十六世紀。但十六世紀以降，一種以商人自願捐款購買或是租賃特定建築物，以舉辦共同宗教、社會與經濟活動的結社行為，則開始有了新的發展趨勢，本章以蘇州為主要例證，說明十六至十九世紀之間蘇州這類新形態商人結社行為的成立過程、共同舉辦的集體活動，以及這類商人結社與地方政府之互動關係，進而討論這類商人結社對於明清城市社會之影響。

　　十六至十九世紀之間，清代蘇州最有代表性的商人團體，大多取名某某「會館」或是「公所」，這與清代中國多數城鎮出現商人團體使用的名稱大致類似。這類由商人捐款成立的「會館、公所」，基本上只出現於工商業較有發展的城鎮之中，一般並不出現於農村地區，故而可視為是明清中國的一種城市現象；而這些會館、公所在城鎮中所發揮的經濟與社會功能，以及地方政府對這類商人團體所做出的反應，則隨著十六至十九世紀的歷史演

變，而愈來愈為重要並富有意義，從而構成明清城市社會變遷內
容的重要一環。

　　會館、公所做為一種中國商人的團體組織，早自十九世紀
末、二十世紀初，即已吸引歐美、日本與中國學者的目光，成為
重要研究對象。1949年之後，隨著會館、公所碑刻資料的調查與
出版，以及資本主義萌芽等相關議題的開展，清代蘇州、松江等
江南地區會館、公所的研究愈來愈多；[1]而自1980年代以來，學者
援用更多不同史料，重新比較歐洲中古「基爾特」與中國「行
會」之異同，並引入「公共領域」等問題意識，來探究明清中國
的商人團體，致使會館、公所研究能開創出更多的新議題。[2]

1　1950至1980年代的許多日本或中國大陸研究者，常將傳統中國會館、公所視
　　為歐洲中古史上的「行會」（guild）。日本學者根岸佶、仁井田陞、今崛誠二
　　將戰前調查成果結合相關史料做了不少研究，中國大陸學者則將「行會」與
　　「資本主義萌芽」相連繫，並以明清江南碑刻保存的會館公所資料，探討「商
　　人行會」與「手工業行會」之間的鬥爭歷程，並常強調行會阻礙了中國的資
　　本主義萌芽。

2　1980年代之後，隨著北京、佛山等江南以外地區會館、公所碑刻資料陸續出
　　版，以及更多的相關研究成果，傅築夫正式提出「會館」並非「行會」的論
　　點（傅築夫，〈中國工商業者的「行」及其特點〉，氏著《中國經濟史論叢》
　　下冊，北京：三聯書店，1980，頁387-492），在大陸史學界引起頗大爭論。
　　羅威廉（William Rowe）援用社會流動與「公共領域」（public sphere）等概
　　念，分析漢口商人團體對當地社會與市場秩序的統合和正面作用（羅威廉
　　著，江溶、魯西奇譯，《漢口：一個中國城市的商業和社會（1796-1889）》，
　　北京：中國人民大學出版社，2005），則促使更多學者重新探討會館、公
　　所。相關研究回顧可見：邱澎生，《十八、十九世紀蘇州城的新興工商業團
　　體》，台北：國立臺灣大學出版委員會，1990，頁1-20；馮筱才，〈中國大陸
　　最近之會館史研究〉，《近代中國史研究通訊》，30(2000)：90-108；朱英，
　　〈中國行會史研究的回顧與反思〉，《歷史研究》，2003,2(2003)：Christine

　　江南不少城鎮都存在以某某「會館」或是某某「公所」命名
的商人團體；就現存史料來看，蘇州與上海是清代江南地區出現
會館、公所商人團體數量最多的兩個城市，特別是在晚清以前，
蘇州城的商人團體更是遠遠超過上海城，充分反映了十九世紀後
半之前中國經濟中心位於蘇州的史實。據近人估計，蘇州城與蘇
州府屬附近地區大概出現過64座「會館」和218座「公所」等不
同名稱的建築物。[3] 由於史料極可能有闕，這些近人估計的會館、
公所數量很可能是少算而不會多估。無論如何，這些存在十六世
紀以後蘇州地區為數約在250到300座之間的會館、公所建築
物，絕大多數皆與商人的創建和支持密切相關連。[4]

Moll-Murata, "Chinese Guilds in the Qing Dynasty（1644-1911）：An Overview,"
in Jan Lucassen, Tine De Moor, and Jan Luiten van Zanden eds., *The Return of the
Guilds*（Utrecht: Utrecht University, 2008），pp. 213-247.

3　不少學者對蘇州會館、公所數目陸續做過考證，大致估為會館50座、公所
　　210座（參見：呂作燮，〈明清時期蘇州的會館和公所〉，《中國社會經濟史研
　　究》，1984,2（1984）：10-24；唐文權，〈蘇州工商各業公所的興廢〉，《歷史研
　　究》，1986,3（1986）：61-75；洪煥椿，〈明清蘇州地區的會館公所在商品經濟
　　發展中的作用〉；邱澎生，《商人團體與社會變遷：清代蘇州的會館公所與商
　　會》，國立臺灣大學歷史學研究所博士論文，1995年6月，頁59-65）。在前
　　人基礎之上，范金民續做考訂而估計為64座會館、163座公所（范金民，《明
　　清江南商業的發展》，南京：南京大學出版社，1998，頁242-249）；唐力行
　　又根據新的碑刻調查，將蘇州「公所」數量估做218座（唐力行，〈從碑刻看
　　明清以來蘇州社會的變遷〉，《歷史研究》，2000,1（2000）：67）。筆者此處開
　　列會館、公所的兩個數字，兼採了范金民與唐力行的估算。
4　有些會館是由旅居蘇州官員所建立的同鄉組織，但在蘇州為數不多。另外，
　　也有少數同樣並非依賴商人捐款而成立與運作的「公所」。針對這些非商人
　　捐款性質的少數會館、公所，也有學者做過專門調查：夏冰，〈蘇州的會館
　　與公所〉，《檔案與建設》，2000,9（2000）：54-55。

　　明清時代商人捐款創建會館、公所的現象雖然並不限於蘇州，但商人於蘇州所建會館、公所數目卻可能為數最多。同時，當時參與捐建會館、公所的商家與作坊老板人數，也頗為可觀。如清乾隆42年（1777）捐款「全晉會館」的商號，即至少有五十三家；道光元年（1821）列名「小木公所」管理人員名單的木作坊業者，便有二十四人；再如道光24年（1844）捐款「小木公所」的業者名錄，也有六十七人。[5]

　　要之，自十六世紀開始，特別是到十八、十九世紀這兩百年間，在蘇州城附近出現了數量不少的會館或公所，而絕大多數這類會館、公所，都是由商人志願捐款成立。不過，在此要特別指出：在清末中央政府依據〈簡明商會章程〉下令全國商業發達城鎮成立「商會」之前，會館、公所其實並非法律意義上的商人團體，而主要指的是由商人捐建或租用的那棟受到地方政府「立案」保護的建築物，故與清末「商會」做為法律意義上的商人團體，其性質頗有不同。

　　然而，在筆者看來，與其強調商會比起會館、公所有更少的「同鄉性、宗教性」，還不如澄清兩者之間在法律意義的差異，這裡面存在的既是政府與市場關係的調整，也反映了當時中國的城市社會變遷。以下將分「組織方式的長期演變、經濟功能的轉型、公共財產保護機制的加強」等三個面向，說明其間反映的主要問題。

5　蘇州歷史博物館等編，《明清蘇州工商業碑刻集》，南京：江蘇人民出版社，1981，頁335-337、135-137。

第一節　組織方式的長期演變

　　以十六至十九世紀中期之間中國市場經濟最發達的蘇州為例，可以較清楚地看出中國商人團體由傳統以至近代的長期演變趨勢。依商人團體組織方式的不同，可將蘇州商人團體的長期演變歷程綜括如下：「編審行役制」→「會館、公所制」→「商會制」。

　　這三類商人團體的主要差異，可以概括如下：編審行役制為一種「強制編冊組織」，會館、公所制為一種「立案公產組織」，商會制則為一種「依法註冊組織」。本節先談商人團體由「編審行役制」演變為「會館、公所制」的主要線索。

　　先介紹「編審行役制」。明初沿宋元以來財政傳統，將工商業者強制登錄冊籍，以應政府和買、和雇所需的商品與勞務，這即是「編審行役制」的主要特徵。編審行役制下的商人團體，可謂是一種「強制編冊的組織」。至少自明末開始，便可在政府禁令中屢屢看到「禁革行戶當官」的宣告。[6]清初，有關禁革編審行役的命令，仍屢見於蘇州等地的碑刻資料中。[7]值得注意的是：清

6　如崇禎4年（1631）的〈蘇州府為永革布行承值當官碑〉，記錄蘇州知府「永革鋪行」的命令：「一切上司按臨府縣公務，取用各色……照時價平買。該房胥役供應，並不用鋪行承值。但有仍尋鋪行，仍用團牌……（持）票借用」者，「許諸人首告，差役究，遣官聽參」（《明清蘇州工商業碑刻集》，頁53）。

7　蘇州府常熟縣留存此類禁革行役的禁令資料特別多，可見當時政府官員禁革鋪行做法的普遍。參見：佐藤學，〈明末清初期一地方都市における同業組織と公權力──蘇州府常熟縣「當官」碑刻お素材に〉，《史學雜誌》，96,9（1987）：1468-1487；新宮學，《明清都市商業史の研究》，東京：汲古書院，2017。

初的禁革行役，在不同地方有不同的條件與發展，不能一概而論，但周亮工在清初任官福建時，也曾經嚴格禁革編審行役：「不許分毫取之鋪戶。其歷來相傳鋪戶姓名冊籍，但有存者，俱令該縣焚燬」。[8]此外，《新編文武金鏡律例指南》也曾收錄清初一份地方官「禁革行役」的文告：「官吏軍民人等知悉，一切當官名色，盡行革除，需用物件，給銀平買，毋許空票白取」。[9]儘管我們不宜不假區分地認為全中國各地都曾有效地推展「禁革行役」，但無論如何，由明末到清初，在當時中國一些商業較發達地區，確實有地方官在禁革編審行役方面做過可觀的努力。

　　不過，明末以降的禁革編審行役，畢竟是個頗為長期的改革過程，而且經常會受到地方官素質、時局動亂乃至戰爭影響，而不一定都能始終有效執行。可以這麼說：無論某些政府官員如何積極地禁革「行戶當官」，但是，不肖官員與吏胥在地方上假借編定「行戶」等手段，試圖侵奪商人財貨的現象，則終清之世在全國各地仍不可能禁絕；特別是在吏治較差與社會失序時，「編審行役」對迫切需求物資與勞役的地方官員而言，其實都仍是更便宜行事的制度。[10]即使到了十八世紀的乾隆36年（1771），蘇州

8　清・李漁編，《資治新書二集》（清康熙6年（1667）「得月樓」序刊本，中央研究院歷史語言研究所傅斯年圖書館藏），「文移部：民事編」〈鋪行〉類，卷8／葉11下。

9　清・凌銘麟輯，《新編文武金鏡律例指南》（清康熙年間刊本，中央研究院歷史語言研究所傅斯年圖書館藏），卷15〈禁諭〉，王湯谷〈禁取鋪行〉條（葉21上）。

10　在清初政權轉移動盪局面下，時人即曾指陳：「今官府有所吩咐，勾取於下，其札曰票」（劉繼莊，《廣陽雜記》，台北：臺灣商務印書館，1976，卷5，葉14上）。而到晚清內亂外患頻仍，咸豐10年（1860）段光清在寧波為

某些行業仍出現類似編審行役的現象。[11]不僅如此,在官員持續編審行役的同時,民間社會有時更出現假借政府名義而自稱「行頭、小甲」的人物,假借或勾結官威,勒詐商人。這些藉機勒索商人財物的官員、吏胥與「行頭、小甲」,確實都是商人經商安全的潛在威脅者。

　　然而,以政府推行常經常軌的制度面而言,自明末清初以降部分官員在當時經濟發達地區提倡與推動的禁革編審行役,實可視為一種具有指標性意義的制度改革;這種制度改革從較宏觀的歷史背景而論,仍有助於商人改善經商環境。只是,問題常在於法令雖然原則禁止,但實際成效則有賴各地區、各時期的吏治良窳。一般來說,在雍正、乾隆年間的蘇州地區,儘管某些特殊行業有時仍發生強制編審行戶「領價承辦」差役的個案,同時也有行業時或出現某些自稱「小甲」人物的騷擾,但禁革行役的制度改革,仍能在蘇州、松江等江南地區收到實效。[12]以現有史料來看,做為「強制編冊組織」的「編審行役制」商人組織,已經逐漸淡出蘇州地區;取而代之的,是新興的「會館、公所制」商人團體。

政府向「城中紳士及各行司事」勸募捐款時,他除了盡量對紳商動之以情、曉之以害,最後還是得對那些堅持不捐款者使用強制手段:「有不從(捐款)者,將是業行簿弔齊,核計一年生意若干,照抽釐式書捐」。這裡所謂的弔齊「行簿」,即與昔日政府官員早已禁革的編審「行戶」做法相類似(段光清,《鏡湖自撰年譜》,新校本,北京:中華書局,1960,頁175-176)。

11 「各行戶領價承辦……不肖官吏或因此短發價值、減剋平色」,引見:清‧馮桂芬等撰,光緒《蘇州府志》,台北:成文出版社,1970,卷19,頁483。

12 洪煥椿,〈明清蘇州地區的會館公所在商品經濟發展中的作用〉,收入氏著《明清史偶存》,頁566-612。

　　會館、公所來自商人志願捐款而成立，因而與編審行役之「強制編冊組織」不同。同時，會館、公所又是一種「立案公產組織」，蘇州這類商人團體雖然一般不與地方政府直接打交道，但是，當會館、公所捐款成立之際，卻經常會由捐款商人聯名向地方政府呈請保護自己捐款成立的專屬建築物，當地方政府核准「立案」保護後，便使這棟商人團體專屬建物成為一種「立案公產」。

　　會館、公所何以會變成一種「立案公產」？此也有其特定歷史脈絡，需要做些說明。在蘇州成立的會館、公所，不乏座落蘇州城主要商業區位閶門附近的建築物，使許多建築物本身即具有甚高市價，同時還累積了不少來自於成員的定期捐款。為了保障這些建築物的財產安全，一方面使其免於地方無賴惡霸的騷擾，另一方面則也要避免少數捐款成員或其後代子孫的獨占產業或金錢，許多會館、公所不僅成立定時輪值充當的「董事、司年、司月」等管理人員，用以管理團體公產；更積極向地方政府呈請立案保護的做法，後來甚至逐漸發展出將團體建築物的公產契據副本存貯地方政府的種種「立案」模式，從而形成一種特殊的地方法律制度。[13]故此，可以將這些商人捐款成立與維護的會館、公所建築物，視為是一種「立案公產組織」。

　　官府固然未曾像「編審行役制」時期那樣強制商人成立會館、公所，但是，商人是否會因為「同鄉關係」而出現「不樂之捐」被迫出錢成立會館、公所建築物呢？這需要做些分析。基本

---

13 邱澎生，〈由公產到法人——清代蘇州、上海商人團體的制度變遷〉，《法制史研究》，10(2006)：117-154。

上，單靠同鄉關係，並不足以讓商人捐款成立會館、公所。儘管
「同鄉、籍貫」確實是明清社會流行的一種人際關係形態，而會
館、公所建築物成立時，也確實經常以「聯鄉誼、祀神祇、辦善
舉」的名義，向地方政府申請立案保護，[14]但「同鄉」關係卻不足
以強大到能夠強制或保證商人捐款。相反地，提倡捐款成立會
館、公所者的聲望、信用與熱情，以及管理會館、公所「公產」
的相關辦法，是否能夠得到眾多商人的信任與支持，這才是其中
關鍵；由不少會館、公所捐款成立的艱辛過程，即可清楚說明此
點。

　　會館、公所的募款過程經常備極辛苦。[15]以來自金華府的商人
在閶門外捐建「金華會館」為例，捐款商人在乾隆9年（1744）
發起捐款，「僉謀建館，乃捐拓橐囊、權子母」，但直至乾隆16
年（1751）才有能力「卜宅於（閶門）南濠」，到次年才成功設
立專屬建築物「金華會館」。[16]杭州府綢緞商人合建「錢江會館」
時，是由乾隆23年（1758）「始創積金之議」，到乾隆30年
（1765）建成為止，也花了七年的募款時間。[17]然而，這些其實只
是募款成功的例子，即使是在清代設立最多會館、公所的蘇州，

---

14 邱澎生，《商人團體與社會變遷：清代蘇州的會館公所與商會》，頁54-55。

15 光緒4年（1878）蘇州府吳江縣盛澤鎮創建「米業公所」的商人，即寫下一
段頗傳神的文字：「涉（公所）斯境者，咸謂布置宜、章程善，而不知當時
創造之艱、籌度之審，實賴沈君小雲及汪、張、吳諸君勸募之力，任勞任
怨，以底於成也」（《明清蘇州工商業碑刻集》，頁235）。

16 《明清蘇州工商業碑刻集》，頁330。

17 「乾隆廿三年始創積金之議，以貨之輕重，定輸資之多寡，月計歲會，不十年
而盈巨萬，費有借矣」（《明清蘇州工商業碑刻集》，頁19-20）。由碑文作者
所謂「不十年而盈巨萬」看，似乎認為七年募款時間在蘇州當地仍不算太長。

仍然有不少商人在很長時間內一直未能成功設立會館、公所。[18]同時，一座會館或公所專屬建築物即使成功設立於一時，但也並不保證可以持續維持，有各種因素可以影響商人的後續捐款意願，讓已經成立的會館、公所難以維持，「豆米公所」是一例，[19]「錦文公所」也是一例。[20]

　　會館、公所捐款商人經常來自同鄉，但要如何評估同鄉關係對會館、公所捐款商人的實際作用？卻不能想當然爾。先舉乾隆27年（1762）〈陝西會館碑記〉為例證，此文對捐款商人有所描寫：蘇州「商賈輻輳，百貨闐集」，「我鄉之往來於斯者，或數年，或數十年；甚者成家室、長子孫，往往而有。此會館之建，所宜亟也」；「我鄉幅員之廣，幾半天下。微論秦隴以西，判若兩者。即河、渭之間，村墟鱗節，平時有不相浹洽者。一旦相遇於旅邸，鄉音方語，一時靄然而入於耳。嗜好、性情，不約而同於心。加以歲時伏臘，臨之以神明，重之以香火。樽酒簋餔，歡呼把臂；異鄉骨肉，所極不忘耳」。[21]這裡至少涉及兩個層面：一是這些捐款的外來客商，已有不少人已在蘇州定居甚長時間，對自身「籍貫、鄉貫」也仍然有所懷念或認同，在平常時日裡，即使

---

18 同治9年（1870）蘇州紙業商人合建「兩宜公所」時，即說道：「蘇城紙業一項，人眾業繁，為貿易中之上等。歷代相沿，未立公所，甚為歉事」（《明清蘇州工商業碑刻集》，頁101）。

19《明清蘇州工商業碑刻集》，頁238。

20「錦文公所」創立於同治6年（1867），但到了光緒10年（1884），「錦文公所」成員即已感嘆許多捐款商人之熱情不再：「初議月捐，咸稱盡善。期年來，勉力者徘徊中途而不繳，踴躍者亦然效之，循循然是此散矣」（《明清蘇州工商業碑刻集》，頁42）。

21《明清蘇州工商業碑刻集》，頁331-332。

是對那些在家鄉根本不認識的人，只因為相遇於異鄉，便即感到親切，並願意與這些「異鄉骨肉」來往聯誼。二是這種來自「同鄉」的親切感，可能主要並非來自於政治地理的區劃，而更多是源自於對自身熟悉「鄉音方語、嗜好、性情」乃至於奉祀特定神祇的共同偏好與習慣。

　　然而，單憑這樣一種所謂「同鄉」的熟悉、喜好與習慣，便能讓商人捐款成立專屬建築物，持續捐款舉辦集體活動，乃至於購置倉庫、度量衡、專屬碼頭或船隻等設施嗎？嘉慶18年（1813）的「嘉應會館」碑文，或許可以具體回答這類疑問：「我嘉（應州）一郡五屬，來此數千里而遙，行商坐賈，日新月盛，惟向未立會館，咸以為憾事……惟思：泉貝之流通，每與人情之萃渙相表裡。人情聚，則財亦聚，此不易之理也」。[22] 如果這份碑文中的「人情聚，則財亦聚」確實也反映捐款商人的一般想法，則講究「人情」，似乎也可說是有助於商人聚集錢財的一種手段，這應該也是當時會館、公所捐款商人的普遍體認。然而，無論是「異鄉骨肉」，或是所謂的「人情」，其對商人捐款成立會館、公所的作用，應該是和學界一般使用「同鄉關係」描述明清傳統社會的人際關係類型，有著不小的差距；可以這麼看：商場上的同鄉關係，至少可以分為兩類，一是有「財」的「人情」，一是沒有「財」的「人情」。學界經常用來分析明清社會與商人團體的「同鄉關係」，恐怕太多地談了後者那種沒有「財」的「人情」，對於「人情聚，則財亦聚」的第一種有「財」的「人情」大概關注不夠。

　　總之，會館、公所成立與維持的經費，來自商人的志願捐

22《明清蘇州工商業碑刻集》，頁350。

助，但商人一來並無義務持續捐款，二來也無法單靠沒有「財」的同鄉關係持續樂捐。而從事後之明來看，會館、公所成員自行推選「董事、司年、司月」管理人員的組織辦法，以及會館、公所呈請官府「立案」保護的法律制度，才是維持與加強商人捐款意願的關鍵，絕非一般所謂的明清同鄉關係。

有些會館、公所在此方面運作頗為成功，如「全晉會館」捐款商人在乾隆42年（1777）即自豪地說：「人咸樂為捐輸……自乾隆壬午（廿七，1762）歲始，每年所捐若干，每商所捐若干，至今十有六載以來，捐輸弗絕」。[23]但有些會館、公所則可能人謀不臧，必須重新改組，否則便難以為繼。[24]可見即使捐款商人係屬「同鄉」，但其中人際互動卻已超越所謂「異鄉骨肉」的同鄉關係意涵，而演變成一套凝聚與維繫商人捐款意願的信任機制。

會館、公所推選出來的董事、司年、司月，在管理契據和公積金的同時，也要定期公布收支賬目，這些都是必要措施。如「徽郡會館」在乾隆年間公布一份捐款收支賬冊，商人董事在公布冊籍時強調：在當時蘇州「人心不一，好為譏評」的風氣下，董事「急將已收、未收，注疏詳明，與支存開載明白」，其目的正在於「群疑釋，而物論已」，讓「已捐者心平，而未捐者，又歡欣樂輸也」。[25]可以這麼說：如何能同時使已捐款商人「心平」

---

23 《明清蘇州工商業碑刻集》，頁335。

24 創於乾隆初年的「武林會館」，在光緒23年（1897）時，捐款的杭州商人已無力支持例行經費的開支，因而決定：「請蘇幫各號入我會館，裏同贊助，尚可支持」（《明清蘇州工商業碑刻集》，頁222）。

25 江蘇省博物館編，《江蘇省明清以來碑刻資料選集》，北京：三聯書局，1959，頁377。

而未捐款商人「歡欣樂輸」？這即是會館、公所「董事、司年、司月」無可迴避的職責。有些會館、公所管理人員進一步將收支賬冊刊印成《徵信錄》，公布所有捐款商人知曉，即是其中一種可用的良策，如「七襄公局」在道光23年（1843）時，即將「每年收支各數，造具徵信錄」。26

　　大致說來，會館、公所建築物以及其舉辦種種活動能否持續運作，還是要靠其組織規章能產生多少公信力，以及董事、司年、司月等「公產」管理人員的個人威望、能力與熱誠；這些因素都已不再是同鄉關係之類所謂「異鄉骨肉」或是「鄉音方語，一時靄然而入於耳。嗜好、性情，不約而同於心」能夠支撐，故而可以說會館、公所是一種「志願」而非「強制」的商人團體，那些斷言會館、公所因為不像清末商會在團體內部引入「西方選舉制度」，故而其管理人員長年為「家父長」式人物把持，或是深信會館、公所乃是「封建社會」之「行會」，故而必然能借助同鄉關係而成立的論點，27恐怕仍宜三思。

---

26 《明清蘇州工商業碑刻集》，頁26。由明末清初到近代中國，「徵信錄」逐漸成為同鄉會館、善堂甚至地方政府也採用為徵收賦稅田糧民欠的報告書，成為一種重要文類，甚至還出現善堂負責人在城隍廟前公開焚燒「徵信錄」的儀式性行為。相關研究，可見：夫馬進，〈「徵信錄」について〉，《中國——社會と文化》，5（1990）：59-74，特別見頁64-65。夫馬進文章的註10，還影印《海寧州城重設留嬰徵信錄》一幀書扉，其正面右上方寫載「經手侵蝕，火焚雷殛」的警句（頁72）。此文中譯可見：夫馬進，〈關於「徵信錄」〉，收入氏著《中國善會善堂史研究》，伍躍、楊文信、張學鋒譯，北京：商務印書館，2005，頁706-725。

27 此類著作不少，可參見：馬敏、朱英，〈淺談晚清蘇州商會與行會的區別及其聯繫〉，《中國經濟史研究》，1988,3（1988）：78-89。即使到了晚清與民國

　　另外，「商幫」與會館、公所的關係，也涉及捐款商人志願
性的問題，需要一併說明。在會館、公所出現前與成立後，蘇州
一直存在許多指稱某些外來商人的「商幫」。[28]商幫的成因很複
雜，在經濟、宗教、社會等因素之外，也有司法方面的因素。

　　早在晚明，即有人敏銳地注意到安徽商人與江西商人在外地
經商的一種集體習慣：聯合同鄉商人一起打官司：「（休歙）商賈
在外，遇鄉里之訟，不啻身嘗之，釀金出死力，則又以眾幫眾，
無非亦為己身地也。近江右人出外，亦多效之」。[29]要之，無論商
幫有何不同的形成因素，這些司法活動上的「以眾幫眾」聯合行
為，大概也是重要成因之一。即使在蘇州成立愈來愈多的會館、
公所之後，商幫也經常成為一些會館、公所的重要捐款來源。如
乾隆38年（1773）「徽郡會館」的捐款名錄裡，除列有71位捐款
商人名字外，也另以「澇油幫、蜜棗幫、皮紙幫」為名列出捐款
款項。再如道光10年（1830）重修「三山會館」的捐款名錄裡，
也開列「洋幫、乾果幫、青果幫、絲幫、花幫、紫竹幫」等六個
商幫名稱。[30]

時代，商人的同鄉關係與經商利益也不宜對立起來做分析，相關例證可見：
　　馮筱才，〈鄉親、利潤與網路：寧波商人與他們的同鄉組織〉，《中國經濟史
　　研究》，2003,2(2003)：63-73。

28　有關明清蘇州客商較全面的活動紀錄，可見：范金民，〈明清時期活躍於蘇
　　州的外地商人〉，《中國社會經濟史研究》，1989,4(1984)：39-46。

29　明・王士性，《廣志繹》（周振鶴編校，《王士性地理書三種》新校本，上
　　海：上海古籍出版社，1993），卷2，「兩都」部，頁276。文中的「江右人」
　　主要即是指江西商人。

30　《江蘇省明清以來碑刻資料選集》，頁377-379。《明清蘇州工商業碑刻集》，
　　頁352-354。

依據學界現今對清代「商幫」的理解，這也是一種志願而非強制的商人團體，以此而論，商幫類似於會館、公所，而有異於之前的編審行役。然而，究竟應該如何區分商幫與會館、公所？何以上舉會館、公所捐款名錄會同時並列一般商人與商幫的不同捐款款項？這些問題可能都需要更多史料才能得到更好解答。無論如何，商幫不僅並未因為會館、公所出現而消失，相反地，商幫甚至還經常成為捐款會館、公所專屬建築物時的「自稱」；可以這麼說：商幫與會館、公所沒有此消彼長的替代關係，同時，也看不出兩者具有清楚的從屬關係。不過，筆者也要進一步指出：考察商人團體是否以及如何成立「公產」，或許仍可找出有助於區分商幫與會館、公所異同之處的重要線索。

第二節　自稱與他稱：經濟功能的轉型

本節分析會館、公所制為一種「立案公產組織」，究竟如何與商會做為一種「依法註冊組織」而有所不同。

晚清商會主要依照光緒29年（1904）底公布的《簡明商會章程》的相關法令而成立，因而成為一種「依法註冊組織」。以晚清商會做比較，商會可以在法律上代表所有商人成員，商會「總理」既可以某某商會為名義，呈交公文給地方政府乃至中央政府，也在地方社會上更加確立了商會做為一種社會團體的印象。相較而論，蘇州的「會館、公所」雖然自十六世紀以後開始逐步由商人捐建成立，但是，直至十九世紀末年，這個名稱仍然主要指的是一種城鎮裡的特殊建築物；透過商人的呈請，許多這類建築物得到了地方政府的「立案」保護，但是，會館、公所並不在

法律上代表商人成員，既無法在公文上以社會團體身分與政府往來，政府准予「立案」保護的對象，也只是那棟建築物，而不是建築物背後的那個商人團體。

在蘇州的地方社會裡，會館、公所最令人印象深刻的，也正是那些宏偉的建築物。道光年間蘇州人顧祿，即以「棟宇壯，號為會館」解釋會館這個名詞，而讓顧祿加深其對「會館」印象的，還有在蘇州節慶裡在會館建築物中所舉辦的某些喜慶活動：正月十五，「是夜，俗又呼為鐙節。比戶燃雙巨蠟於中堂，或安排筵席，互相宴賞。神祠、會館，鼓樂以酬，華燈萬盞，謂之燈宴」，[31] 每到正月十五日的蘇州「鐙節」，會館與神祠同樣舉辦「燈宴」，這些「鼓樂以酬，華燈萬盞」的場景，都已成為地方社會的重要城市景觀。可以這麼說，在十八、十九世紀蘇州，會館、公所主要是「他稱」而不是「自稱」，是一棟由商人志願捐款而得以成立的建築物，它既得到地方政府「立案」保護，不准無賴宵小侵占或破壞，也在地方社會成為一種可與「神祠」並列的公共建築物。要到清末中央政府下令成立商會，中國歷史上才出現了一種既是「自稱」也是「他稱」的商人團體。

何以商人捐建或租用專屬建築物時要以會館或公所命名？這應與十六世紀以來蘇州地方社會的歷史背景有密切關係。在商人捐建會館、公所建築物之前，無論是十五世紀出現於北京而後逐漸擴散於全國各地的同鄉「會館」，或是十七世紀以來漸漸流行於江南社會「善堂」組織的「公所」，對於在蘇州經商的商人而言，這兩個名稱都已經是現成的、既有的，故而，部分來自籍貫

---

31 清・顧祿，《清嘉錄》，卷1，「燈節」條，頁16下～17上。

有共通性或是行業有共通性的商人，便在蘇州採用這兩個既有名稱，用以命名自身的建築物，既以減少政府官員的疑慮，也用以增強地方政府立案保護的意願。可以這麼說，借用既有的同鄉「會館」或是慈善「公所」命名自身建築物，其實可被視為是蘇州商人用以增強地方政府「立案」保護的有意挪用。

在十六世紀以前，中國歷史上並非不存在商人團體，諸如宋代以迄明代中期政府強制商人組成的「團行」或「行役」，或是各地商人很早即有祭祀各自不同宗教神或行業神的集體活動，但是，十六世紀以至十九世紀在蘇州普遍成立的會館、公所，其在組織特性上則是一種兼具「自發性、常設性、合法性」的團體組織，故與之前出現的傳統中國各種商人組織有著頗多差異。蘇州會館、公所的商人團體，在功能上提供成員在「宗教情緒、互助情懷、經濟共同利益」等三方面的滿足，並藉此促使這類商人捐建或租用的公產可以得到更持續、更完備的發展。筆者曾經選取清代蘇州現存68個資料較多的會館、公所商人團體資料，認為「經濟共同利益」仍是促成這些商人團體捐款「租用、興建與維持」自身專屬建築物的重要結社動機。[32]

蘇州會館、公所所發揮的經濟功能，其實是依各自行業的性質不同而有所差異，不宜一概而論；筆者曾以蘇州68個會館與公所為分析對象，將其經濟功能區別為四類：一、從事批發行業的外來客商，聯合對牙行進行集體議價、訂定契約或是追討欠款；二、領有牙帖牙行聯合禁止非法牙人與腳夫侵奪仲介和運輸業務；三、棉布、絲織業包買商人與踹布、染布、紙業作坊老板聯

---

32 邱澎生，《十八、十九世紀蘇州城的新興工商業團體》，頁30-35、68-85、109。

合對抗僱佣工匠「齊行叫歇」；四、部分市場規模更小業者協議
定價與收徒年限。[33]

　　儘管會館、公所因為行業性質不同而有經濟功能方面的差
異，但整體看來，十八、十九世紀蘇州出現眾多由商人捐款成立
的會館、公所，確實由兩方面改變了蘇州當地的市場制度：一是
團體與團體之間各種商業競爭的加劇，二是商人可用的「交易服
務」（transaction service）不僅種類增加而且規模擴大。[34]

　　先談第一方面的商業競爭。蘇州某些行業的市場規模固然較
小，因而這些行業存在的會館、公所，確實比較著眼於聯合訂定
商品與服務售價，以及放慢收徒與夥友獨立開業的速度，致使該
行業市場具有更多的壟斷性質，這的確可能限制該行業的自由競
爭程度；[35]但若仔細檢視現存史料則可發現：在這些市場規模有
限的行業裡，不欲遵守「行規」的業者其實頗常援引政府禁止
「把持行市」法令以保障自身權益，故而這種會館、公所試圖壟
斷市場的能力其實不能過分高估。[36]而更重要的是：在蘇州棉布加

33 邱澎生，《十八、十九世紀蘇州城的新興工商業團體》，頁143-179。

34 邱澎生，〈市場、法律與人情：明清蘇州商人團體提供「交易服務」的制度
　　與變遷〉，收入中國史學會編《中國の歷史世界——統合のシステムと多元
　　的發展》，東京：東京都立大學出版會，2002，頁571-592。「交易服務」
　　（transaction service）概念則借自：John Wallis and Douglass North, "Measuring
　　the transaction sector in the American economy, 1870-1970," in Stanley L.
　　Engerman and Robert E. Gallman eds., *Long-Term Factors in American Economic
　　Growth*（Chicago: University of Chicago Press, 1986）, pp. 95-161.

35 劉永成，〈試論清代蘇州手工業行會〉，《歷史研究》，1959,11(1959)：21-46。

36 邱澎生，《十八、十九世紀蘇州城的新興工商業團體》，頁166-179。William
　　T. Rowe, "Ming-Qing guilds." *Ming Qing Yanjiu* 1(1992)：47-60.

工業「字號」那種具有長程市場的行業，以及從事農漁、藥材產品批發的行業裡，聯合壟斷商品售價並非其主要經濟功能。像是藉以對付那些自十七世紀以來即不斷罷工的蘇州踹布工人，才是布業商人於乾隆中期捐款成立「新安會館」所主要著眼的目標；而「江魯公所」的醃臘魚肉業捐款商人，則主要是要聯合對抗本地牙行主導度量衡、行佣等經濟事務，以改善不利自身的既有經商局勢。[37]總之，以當時蘇州最有產值的行業而論，這裡面存在的經濟功能，主要都是為了便利商業競爭而非壟斷市場。

　　在提供更多與更好的交易服務方面，主要指的是有些會館、公所為捐款成員提供儲貨、集體協議商業契約、設置官頒度量衡具、設置卸貨碼頭甚或運貨船舶等功能，從而節省與降低了商人原先必須付出的種種交易成本。[38]諸如「錢江會館」提供倉儲設施：「公建錢江會館，為貯貨公所」。[39]或如蘇北魚貨商人的「江魯公所」及紹興府燭業商人的「東越會館」，兩個團體集體與本地牙行議訂仲介契約。「江魯公所」捐款商人購買由官府核可烙印的「公製砝碼、準秤」，將這些官頒度量衡工具「存貯公所」，並且「每逢朔望，（牙）行、客（商）會同較準」，希望能夠「使

---

37 邱澎生，〈由蘇州經商衝突事件看清代前期的官商關係〉，《文史哲學報》，43（1995）：37-92。

38 Fu-mei Chen and Ramon H. Myers, "Coping with Transaction Costs: The Case of Merchant Associations in the Ch'ing Period", pp. 79-103. 邱澎生，《商人團體與社會變遷：清代蘇州的會館公所與商會》，頁132-134。

39 乾隆41年（1776）〈吳縣永禁官占錢江會館碑〉。同文也載：「會館，為商賈貿易之所……商賈捐資，建設會館，所以便往還而通貿易。或貨存於斯，或客棲於斯，誠為集商經營交易時不可缺之所」（《明清蘇州工商業碑刻集》，頁22）。

牙行不能取巧，客商亦不致受虧」。[40]「東越會館」則「為同業公定時價，毋許私加私扣」，其著眼的「時價」主要不是捐款商人之間，而是本地牙行與鋪戶對「東越會館」捐款成員的「私加私扣」，故碑文後面接的是：「如遇不公不正等事，邀集董司，詣會館整理，議立條規，藉以約束」，[41]要由東越會館「董司」出面向捐款成員以外的蘇州商人討回公道。這些經濟功能，都可視為是外來客商在與本地牙行、鋪戶談判與簽訂商業契約時，由商人團體所提供的交易服務。

在設置運卸貨物專屬碼頭與公用船隻方面，則可舉以下例證：位於蘇州城閶門外，由紙業原料貿易商人捐建的「浙南公所」，至少在同治11年（1872）前即設有專用河埠，「以備商船往來停泊之所」，[42]提供商人成員運卸粗紙箬葉商貨之用。嘉慶年間，設於盛澤鎮的「綢業公所」，除有專屬碼頭外，另設置「莊船」數艘，每日四班「交叉開航」，成員所屬綢商和綢貨，皆以「莊船」乘載，往來於蘇州城和盛澤鎮之間。在蘇州城閶門內水關橋的臭弄口臨河處，又建造船埠以供成員上下貨物，並設立供貯綢貨的「堆棧」。[43]「綢業公所」董事並在稟呈吳縣知縣立案核可後，在碼頭上建立石拱門，上刻浮雕「盛澤碼頭」四字。光緒13年（1887）秋，更由綢商王家鼎等人聯名，向吳縣提出控案，控告地方游船強占專屬「盛澤碼頭」妨礙捐款商人裝卸綢貨。[44]

40《明清蘇州工商業碑刻集》，頁289-290。

41《明清蘇州工商業碑刻集》，頁267。

42《明清蘇州工商業碑刻集》，頁363。

43 周德華，〈盛澤絲綢行莊〉，《蘇州史志資料選輯》，15(1990)：137。

44《明清蘇州工商業碑刻集》，頁42-43。

　　無論是提供倉儲、談判牙佣、協議包含度量衡器具在內種種
契約，還是設置專屬碼頭、共用航船，這些由會館公所商人團體
提供的交易服務，不僅具有降低交易成本的功能，也成為明清蘇
州商人因應市場經濟發展而產生的一種「制度創新」。[45]

　　不過，在此還是要再指出：儘管這些取名會館或公所的商人
團體有著以上四大類不同的經濟功能，但基本上，會館、公所並
不是兼具「自稱」與「他稱」意義的商人團體；它主要指的是商
人捐款成立的專屬建築物「公產」，儘管捐款商人可以憑藉這些
公產在不同經濟功能發揮作用，但是，這些公產卻並不能在法律
上「代表」捐款商人成為一種社會團體。

　　蘇州雖在十八、十九世紀存在許多商人會館、公所，但它只
被地方社會與地方政府視為一種商人藉以舉辦聯誼、祀神與慈善
活動的建築物名稱，是「公產」，而不是我們現在理解的社會團
體或是「法人」。[46]

　　比較而論，直至清末，蘇州的會館、公所雖然與不少商人有
頗為密切的關係，但卻仍然不是一個可以公開代表商人集體利益
的社團，這與清末頒布〈簡明商會章程〉明令全國經濟繁榮城鎮

45　更多分析例證可見：邱澎生，〈市場、法律與人情：明清蘇州商人團體提供
　　「交易服務」的制度與變遷〉，頁 571-592。
46　會館、公所在蘇州逐漸演化成為立案「公產」的長期過程，參見：邱澎生，
　　〈由公產到法人──清代蘇州、上海商人團體的制度變遷〉，《法制史研究》，
　　10(2006)：117-154。至於晚清以來商會逐漸成為「法人」的歷史，則可見：
　　虞和平，〈近代商會的法人社團性質〉，《歷史研究》，1990,5(1990)：39-51；
　　陳來幸，〈1915年商會法の成立について〉，《富山國際大學紀要》，
　　3(1993)：57-74。

成立商會以代表商人利益的制度頗有不同；但儘管如此，我們還是應該注意：雖然會館、公所未曾取得代表商人集體利益的合法地位，但在經濟功能的實際運作上，卻早已成為捐款商人降低各類交易成本問題的重要社團組織，就算地方政府未能正式將會館、公所視為一種代表商人經濟利益的社團，但在實質運作上，會館、公所早已成為代表商人經濟利益的社團。

第三節　公共財產保護機制的加強

　　商會已在法律上取得正式代表商人集體經濟利益的「法人」地位，會館、公所則仍然是一種實際上反映商人集體經濟利益但卻未能取得「法人」地位的一種「立案公產」。然而，會館、公所在蘇州城市社會裡做為一種「立案公產」，還是在保護公共財產安全的機制上，逐漸取得愈來愈為穩固的地位。本節將針對蘇州會館、公所公共財產保護機制逐漸加強的變化過程，做些分析與討論。

　　蘇州早自明末以來即陸續有商人開始捐款成立各自的會館、公所；但直到十九世紀中葉，仍有許多商人在蘇州並未成立會館、公所。以蘇州金箔鋪作坊為例，這類行業的手工業者兼商人老板，在道光16年（1836）才捐款成立了「麗澤公局」，而在成立此棟專屬建築物時，捐款成員寫道：同行業者「集公匯議」，向來是「素無公局」，故成員集會時，「非藉朋儕廳宇，即假釋道軒堂」，[47]可見之前是臨時找同行業者提供的個人住所，或是借用

47《明清蘇州工商業碑刻集》，頁164。

佛寺、道觀及其他宗教軒堂，才能一起聚會議事。

　　商人捐款成立會館、公所的專屬建築物，無論是由初創時的募款、捐款，日後建築物必要的整修與維護，乃至於徵收與管理建築物長期累積下來的財產契據與捐款經費，都使會館、公所更容易衍生出文字化的組織章程，致使會館、公所愈來愈像是某種「實際意義上」而非「法律意義上」的社團組織，從而不再只是提供成員聚會場地的專屬建築物。因此，會館、公所建築物的成立，其實是為捐款商人更深層次的互動，提供一種比較穩定的物質基礎，這也正是其有別於「商幫」的重要特徵。

　　在會館、公所舉辦各種經濟、祭祀與聯誼等集體活動的同時，有些會館、公所也不斷購買房地產，其中又以位於蘇州首要商業區位的西北城郊閶門附近的會館、公所最為明顯。

　　蘇州地區會館、公所大多分布在蘇州城郊和城內，少部分設於蘇州府屬外縣及其所屬市鎮。[48] 以蘇州城會館、公所的分布區位看，閶門附近至少有32座，其餘會館、公所散布城郊內外，皆不

---

48 據范金民估計：蘇州64座會館中，位於蘇州城附近者有48座，其餘16座則分布於常熟、嘉定、嘉定縣所屬南翔鎮，以及吳江縣所屬盛澤、震澤、同里等鎮；而在蘇州地區的163座公所中，有142座位於蘇州城附近，其餘21座公所則位於昆山、新陽、吳江、嘉定及所屬市鎮（范金民，《明清江南商業的發展》，頁244、248）。另一個不同估計則是：江南市鎮中會館至少有33座，公所則至少有50座（陳忠平，〈宋元明清時期江南市鎮社會組織述論〉，《中國社會經濟史研究》，1993,1（1993）：37）。同時，市鎮中的商人團體數目也有極大不同；其中尤以盛澤鎮的八所會館，數量首屈一指，即使是在江南市鎮裡，能有這麼多會館者，大概也只有乍浦鎮足堪相提並論（范金民，《明清江南商業的發展》，頁244）。

如閶門附近集中。[49]蘇州城西北方的閶門附近，包含閶門、金門、
山塘、上塘、下塘、南壕等區域，是明清蘇州商業密集區，成為
明末以來記錄蘇州繁華文獻經常提及的地名，[50]閶門附近商業的繁
華，十八世紀有如下描繪：「閶門外，為水陸衝要之區，凡南北
舟車、外洋商販，莫不畢集於此，居民稠密，街衖逼隘，客貨一
到，行人幾不能掉臂」。[51]眾多商業聚集在閶門附近，促使地價不
斷上揚，閶門上下塘一帶在十八世紀中葉已是：「人居稠密，五
方雜處，宜乎地值寸金矣」。[52]蘇州商人捐款成立會館、公所集中
在首要商業區位的閶門附近，既反映不少商人團體在蘇州的經濟
實力，也呈顯部分商人團體在蘇州採取了某種聯合投資房地產的
經濟行為。

　　商人團體集體投資房地產的事例，由廣東潮州府七縣商人捐
款成立的「潮州會館」可稱最為典型。該會館別名「霞章公
所」，建築物位於蘇州城閶門之外，創於清康熙元年（1662）。根
據碑文紀錄，由康熙47年（1708）到乾隆41年（1776）的近七

49　邱澎生，《商人團體與社會變遷：清代蘇州的會館公所與商會》，頁51。參見
　　同書表一「蘇州府商人團體會館公所統計」（頁59-65）。

50　「金、閶一帶，比戶貿易，負郭則牙儈輳集」（牛若麟等撰，崇禎《吳縣
　　志》，《天一閣明代方志選刊續編》，上海：上海書店，1990，卷10，〈風
　　俗〉，葉1下，頁892）。又如：「閶門內出城，自釣橋西、渡僧橋南分為市
　　心……京省商賈所集之地。又有南北濠、上下塘，為市尤為繁盛」（邵泰等
　　撰，乾隆《蘇州府志》，清刊本，臺灣大學研究圖書館藏，卷19）。

51　納蘭常安，《宦遊筆記》（有清乾隆10年（1745）序，台北：廣文書局，
　　1971），卷18，葉8下。

52　顧公燮，《消夏閑記摘抄》（收入《涵芬樓秘笈》本，台北：臺灣商務印書
　　館，1967），卷中〈芙蓉塘〉，頁13上。

十年間，「潮州會館」商人共費白銀30,665兩，陸續購置了眾多
房地產，包括：會館所在地的「座落吳縣閻五圖」地基，本身那
棟「價銀四千八百五十兩」的「門面三間，前後地基六進」的建
築物，以及會館在所在地附近購入的「市房」十七所。「潮州會
館」並出租所屬房地產中的「市房」，單以乾隆49年（1784）的
房租收入計算，該年「租銀」收入即達1,435兩。[53]蘇州城其他區
位的會館、公所也有不少房地產，如杭州府綢緞商人合建的「錢
江會館」，在乾隆30年（1765）以7,200兩買下一棟「凡為楹者，
計一百三十有奇」的專屬建築物；[54]而金箔業者捐款成立的「麗
澤公局」，則在道光16年（1836）買下一棟「共計平屋樓房三十
八間」的建築物。[55]

　　當然不是所有會館、公所都擁有類似「潮州會館」的龐大房
地產。但是，由於一棟專屬建築物的存在，畢竟是蘇州會館、公
所成立的基本標誌，只要這棟專屬建築物存在一天，團體成員即
因捐款關係而共同享有這份「公產」提供的種種經濟與非經濟服
務。當然，會館、公所舉辦的經常性集體活動並非僅限於經濟活
動，在提供交易服務甚或是投資房地產之外，很多會館、公所也

---

53 《明清蘇州工商業碑刻集》，頁341-343。也可參見：洪煥椿，〈明清時期蘇州
　　城市工商業的優勢及其活力〉，收入吳廷璆等編《鄭天挺紀念論文集》，北
　　京：中華書局，1990），頁363。
54 在一份乾隆41年（1776）的「錢江會館」捐款紀錄上，有廿六家綢緞莊列名
　　捐款名錄。其上記錄，由乾隆23年到41年之間，這些綢緞莊共捐了白銀
　　11,022兩2錢5分給「錢江會館」（《明清蘇州工商業碑刻集》，頁20-21）。
55 《明清蘇州工商業碑刻集》，頁164。

同時舉辦宗教祀神、同鄉聯誼以及同業同鄉善舉的活動。[56]然而，
這些宗教信仰、社會聯誼、慈善事業性質的活動的存在，並無法
抹掉蘇州會館、公所在市場上同時投資房地產，以及提供種種交
易服務的重要性質，這也可謂是蘇州商人因應市場經濟發展而成
立團體組織的明證。

　　蘇州會館、公所在當地法律具有一種「公產」的性質，這種
性質表現在會館、公所自行擬訂的內部組織章程，以及向官府申
請「立案」保護財產或保管契據副本的地方司法實務。會館、公
所公產在內部組織章程及地方司法實務上的日益顯著，應和前述
不少蘇州會館、公所專屬建築物的財產價值高昂，以及捐款會費
公積金的龐大有著密切關係。

　　無論財產龐大與否，蘇州會館、公所專屬建築物的存在以及
經常性經費收入，使這種商人團體擁有不動產契據，如何管理這
些房產契據？是會館、公所要面對的問題。同時，無論是不定期
的維修建築物或是定期舉辦集體活動，會館、公所也要累積經
費，這些經費基本上來自商人成員的捐款。在清代蘇州，會館、
公所常見的捐款方式，可分為「樂捐、抽捐、入會費」三種；至
於捐款商人的身分，則包括了個別商人、商號及某些「商幫」。
有了這些捐款，才能支付會館、公所建築物的興修費用，並藉以
舉辦各種經濟與非經濟性質集體活動。

---

56 有學者曾為突顯宋元以來「行役制」與會館、公所的不同，不能一概視為
　　「行會」，而特別強調會館、公所的「社會功能」，認為明清會館、公所只是
　　商人做為同鄉聚會、敬祀神祀和慈善救濟的場所，見：傅築夫，〈中國工商
　　業者的「行」及其特點〉，頁387-492。

　　而當購置房地產與捐款經費累積愈來愈多，會館、公所的管理人員與內部管理章程，也愈來愈加詳密。如「潮州會館」的乾隆49年（1784）碑記所載：「延請董事經理，三年一更，七邑輪舉。一應存館契據，遞交董事收執。先後更替，照簿點交，永為定例」；道光30年（1850）的「梓義公所」碑文則記載：將所捐經費「設立司年、司月輪管」，並在「年終，會算報銷」；紙業商人捐建的「絢章公所」，也有光緒20年（1894）〈公議規條〉：「每年年終，將收支細數開賬報銷。如有盈餘，存積置買公產，或存莊生息」。[57]光緒11年（1885），「雲錦公所」也設計了管理人員彼此相互查核的組織規章：「由同業中輪當司年、司月經理，互相稽察」。[58]至於嘉慶18年（1813）的〈嘉應會館碑記〉，也載有組織規章，針對「各幫貨物陸續抽斂」之公積金，特別設計了「匯簿日」，規定每年的某月某日為「匯簿日」，商人團體去年選出的公積金保管人要在當天負責將「所有銀錢，當眾交出」，然後再由商人團體自行選出下一年度的保管人；至於這些公積金也可以靈活運用，其實施辦法如下：「公舉殷實借領，某分生息，須數人保結。至次年匯簿日，母利一併交出，再公舉殷實借領，毋得循情」。[59]

　　在會館、公所內部組織發展出定期推選「董事、司年、司月」、管理人員「互相稽察」乃至於設定「滙簿日」等團體規章的同時，捐款商人也訴諸地方政府的司法保障，由開始的保障專

57《明清蘇州工商業碑刻集》，頁340、122、104。

58《江蘇省明清以來碑刻資料選集》，頁16。

59《明清蘇州工商業碑刻集》，頁351。

屬建築物「公產」免受無賴宵小的侵擾，到後來確立的將「公產」契據之副本收貯地方政府保管，從而使得蘇州會館、公所的「立案」制度有所發展。

可以這麼說：蘇州商人團體的「公產」，從申請保護、核可立碑到契據副本收貯地方政府公文庫，這些都屬於蘇州地方政府與商人團體長期互動過程下的一整套司法實務，受限於現存史料，大概已不太容易弄清楚其間的各種細節與演變。要之，在法律上區別「私產」與「公產」的差異，總是其中的關鍵。舉個實例：道光16年（1836），在蘇州經商的安徽籍油漆商人呂松年，將之前自身購買一處計有十三間屋舍的建築物，捐贈油漆業的「性善公所」做為這個商人團體的專屬建築物。道光29年（1849）呂氏身故之後，他的兒子呂一琴便向官府呈請立碑，強調該所房屋：「情願永為性善（公所）之公產。倘有不肖族丁及外姓匪徒，覬覦滋畔，以及勾串盜賣情事，許即指名稟縣，以憑提究，各宜凜遵毋違」。[60] 然則，除了財產持有人公開表達捐贈為公產的個人主觀意志之外，是否仍有其他的客觀條件做為法律上判斷「公產」的依據呢？若由光緒33年（1907）發生原屬山東商人在蘇州創建之「棗商會館」地基糾紛案看來，則房地產契據與政府收稅文書上曾經記錄「立戶納糧」的名字，應是判定公產的重要客觀條件。[61]

---

60 《明清蘇州工商業碑刻集》，頁148。

61 這個案子曾留下一些重要史料，收入《蘇州商會檔案叢編》第一輯，頁604-611。馬敏曾討論此案經緯，見：馬敏，〈商事裁判與商會——論晚清蘇州商事糾紛的調處〉，收入氏著《馬敏自選集》，武漢：華中理工大學出版社，1999，頁281-303，特別見頁292-293。

除了以會館、公所名稱登記產權契據並向政府「立戶納糧」外，有些會館、公所更發展出將產權契據副本存貯地方政府公文檔案庫房的「稟庫存貯」制度，這應是會館、公所「立案」制度的進一步發展。

由會館、公所捐款成員將自身專屬建築物房地產方向位置、面積大小向地方政府「立戶納糧」，到會館、公所捐款成員將自身專屬建築物相關契據向地方政府「稟庫存貯」，是個長期的演變過程。以「潮州會館」為例，當乾隆49年（1784）左右「潮州會館」將自身房產契約「延請董事經理」時，其具體辦法仍然只是由會館聘請的歷任董事輪流管理：「一應存館契據，遞交董事收執。先後更替，照簿點交」，[62]尚未見到官府介入公產契據的保管工作。但在光緒18年（1892）的「吳興會館」碑記上，則情形已然發生變化，地方官員針對會館公產契據的管理辦法，做了如下批示：

> 現聞上海、江西等會館，所有產業契據等項，皆因公產，係輪流經管。恐難一律慎密，均須稟庫存貯。另錄置產簿二本，呈請蓋印。一存縣檔，一存會館，永遠執守，歷無貽誤。今吳興會館產業，事同一律。既查存上海、江西等會館成案，並核與義莊公產契據，可以存司蓋印，例章大略相同。[63]

---

62 《明清蘇州工商業碑刻集》，頁340。
63 《明清蘇州工商業碑刻集》，頁45-46。

　　由此看來，乾隆49年（1784）的「潮州會館」組織規章是只由捐款成員選出的管理人員掌管公產契據，但到光緒18年（1892）「吳興會館」的組織規章，則已仿照蘇州當時既有的「會館成案」及「義莊公產」事例，將公產契據的副本「稟庫存貯」，兩者相距大約一百年。以這兩個事例反映的史實看來，由十八至十九世紀之間，蘇州會館、公所的「立案公產」制度，可謂是經歷了一種商人團體相關地方司法實務的制度變革。

小結

　　本章由「組織方式的長期演變、經濟功能的轉型、公共財產保護機制的加強」等三個面向，說明了蘇州會館、公所這類商人結社的基本性質與長期變化。多達二百五十至三百座取名某某會館或是公所的商人團體，出現在十六至十九世紀之間的蘇州城內外，無論是由眾多商人透過志願捐款設立這類有別於之前「編審行役制」的專屬建築物，或是由實際發揮各類重要經濟功能但卻未曾得到如清末政府承認「商會」合法代表商人集體利益的「立案公產」制度，乃至於在十九世紀中晚期出現將會館、公所房產契據副本「稟庫存貯」的公共財產保護機制增強歷程，這些現象確實都構成了當時蘇州城市社會變遷的重要內容。

　　值得留意的是：蘇州確實不能代表全體中國。因為蘇州在十六至十九世紀陸續成立了大約二百五十至三百座會館或公所的商人專屬建築物，一座城市裡存在過這麼眾多商人結社，應該是當時中國其他城市難以比擬，也一定程度反映了蘇州做為全國經濟中心的特殊地位。

　　儘管如此，我們還是應該將眼光轉至制度層面：十六至十九世紀之間，蘇州之所以能成立眾多商人志願捐款而又得到地方政府「立案」保護的團體組織，還是反映了當時中國社會與政治結構的有意義變化，由原先那種將全國各地商人強迫編入冊籍的「編審行役制」，轉化為讓商人可以比較安心捐款而不受地方吏胥與官員勒索財產威脅的「會館、公所制」，這已然超越了較為單純的因為市場經濟發達而吸引眾多商人聚集的市場與經濟層面，而進入到政府雖未大張旗鼓公告保護商人公共財產安全，但卻在蘇州這類城市社會裡實際執行保障商人結社安全的政策與政治層面。從這個角度看，蘇州會館、公所商人結社的發展歷程，確實是十六至十九世紀之間當時中國城市社會出現有意義變化的重要一環。

第二章

清代前期蘇州棉布字號的
經濟與法律分析

　　十六世紀以後明清長程貿易商品逐漸出現重要的結構性轉變，雖然糧食依然占當時長程貿易商品量的最大比重，但棉布則開始取代食鹽躍居當時中國長程貿易商品的第二位，反映了棉布這項基本上是民間手工業性質的產品，逐漸取代了主要係屬賦稅性質的食鹽商品。進入長程貿易的商品棉布數量由明代年約1,500至2000萬匹，增加到清朝1840年代年約4,500萬匹（單以江南蘇、松地區計算，則每年進入長程市場的棉布約有4,000萬匹）；而這個商品棉布數量只約占當時全國棉布總生產量的14.3%。[1]有學者估計明清江南年產棉布商品數量應該更高：十七、十八世紀清代前期「整個江南年產布興盛時，多達7,800萬匹，進入市場的商品量當在7,000萬匹之譜」。[2]大量江南棉布工業產品進入長程

1　吳承明，《中國資本主義與國內市場》，頁259-263。
2　范金民，《明清江南商業的發展》，頁29-30。

貿易，甚至在十八、十九世紀間還遠銷英國等海外市場，[3]暢旺的
棉布市場不僅衝擊當時江南農村家庭的棉布生產方式，[4]也促使江
南城鎮棉布加工生產組織發生重要轉變。[5]

3　嚴中平，《中國棉紡織史稿，1289-1937：從棉紡織工業史看中國資本主義的
　　發生與發展過程》，北京：科學出版社，1963，頁32-33。

4　田中正俊，〈十六、十七世紀の江南における農村手工業〉，收入氏著《中國
　　近代經濟史研究序說》，東京：東京大學出版會，1973，頁79-100。方行，
　　〈清代江南農村經濟發展釋例〉，《中國農史》，18,1（1999）：29-33；李伯重，
　　〈從「夫婦並作」到「男耕女織」——明清江南農家婦女勞動問題探討之
　　一〉，《中國經濟史研究》，1996,3（1996）：99-107；Francesca Bray, *Technology
　　and Gender: Fabrics of Power in Late Imperial China*（Berkeley: University of
　　California Press, 1997；此書中譯：白馥蘭著，《技術與性別：晚期帝制中國
　　的權力經緯》，江湄、鄧京力譯，南京：江蘇人民出版社，2006；Harriet
　　Zurndorfer, "Cotton Textile Manufacture and Marketing in Late Imperial China and
　　the 'Great Divergence,'" *Journal of the Economic and Social History of the Orient*
　　54, 5（January 2011）：701-738.

5　徐新吾，〈商人資本在棉手工業中的發展與資本主義萌芽——對明清時期棉
　　布商人資本類型分析與誤解的評述〉，收入氏著《中國經濟史料考證與研
　　究》，上海：上海社會科學院出版社，1999，頁165-194。徐新吾，〈中國紡
　　織手工業中唯一資本主義萌芽——絲織業商人資本包買主問題探討〉，收入
　　氏著《中國經濟史料考證與研究》，頁145-164。許滌新、吳承明編，《中國
　　資本主義發展史‧中國資本主義的萌芽》，頁369-383、399-410。范金民、金
　　文，《江南絲綢史研究》，北京：農業出版社，1993），頁196-235；李明珠
　　著，徐秀麗譯，《中國近代蠶絲業及外銷（1842-1937）》，上海：上海社會科
　　學院出版社，1996，頁44-73。日本學者這方面研究作品不少，但就問題意識
　　而論，主要似都與西嶋定生1942年初稿、1966年完稿的著名論文（西嶋定
　　生，〈商品生產的發展及其結構——中國初期棉業史之研究〉，收入氏著《中
　　國經濟史研究》，馮佐哲、邱茂、黎潮譯，北京：農業出版社，1984）有
　　關。圍繞西嶋氏這篇論文的命題而出現涉及清代城鎮棉布產業組織的一系列
　　專論，相關簡介可見：田中正俊，〈關於明清時代的包買商制生產——以

　　學界對清代棉布史已累積眾多研究，但對棉布工業生產組織
變化性質這一議題，則一般多半強調當時棉布生產組織仍以農村
「家庭副業制生產」為主體，並謂這種生產組織基本上屬於「維
持家計、純屬副業」的「耕、織結合」性質，故而阻礙棉布生產
力的提升。[6]另外，雖有學者專門分析當時城鎮出現少數屬於「商
人支配生產」性質的「包買商」組織，但討論重點多半只是強調
傳統中國城鎮棉布加工業始終未能由「放料制生產」（putting-out
system）演進為「工廠制生產」（factory system），並不特別分析
棉布「放料制生產」組織方式當時在江南究竟如何具體運作。

　　可喜的是：有學者開始更嚴肅地看待明清棉布「放料制生產」
組織方式的重要歷史意義，不再將其簡單視為一種因為比不上「工
廠制生產」而不值得多做分析的歷史現象，由「質檢驗收」生產

絲、棉紡織業為中心〉，收入劉俊文主編《日本學者研究中國史論著選譯》
第二卷，北京：中華書局，1993，頁248-310。

6　有關「耕、織結合」限制棉布生產力的原因，學界至少有兩類不同看法：一
　是諸如強調江南地區農家以所織棉布繳納沉重田賦，使此種生產活動「只能
　停留在作為對付嚴酷土地制度的消極家計補充手段的農村副業範圍內」（西
　嶋定生，〈商品生產的發展及其結構——中國初期棉業史之研究〉，頁623）；
　一是諸如強調農村「人口過剩」以及農家「多餘」勞動力缺少其他就業機
　會，家庭生產者「不計成本」從事生產，棉布市場價格乃「被壓得很低。在
　這種低賤的價格下，任何手工業工廠都無利可圖」，自然不會有商人投資、
　集中僱用工人的工廠制生產（趙岡、陳鍾毅，《中國棉業史》，台北：聯經出
　版公司，1977，頁62-63）。頗為弔詭的是：西嶋定生的農村棉紡織業研究，
　原本立意是想反省「亞細亞社會停滯論」，但卻因為以近代英國經濟發展為
　標準模式，反而又使中國歷史呈現「另一種停滯性」，相關分析可見：岩井
　茂樹，〈明清時期商品生產問題的爭論〉，夏日新譯，收入劉俊文主編《日本
　學者研究中國史論著選譯》第二卷，頁485-489。

與檢驗流程的角度，說明江南城鎮棉、絲紡織加工業生產組織如
何具體運作的重要史實。[7]明清農村如何進行棉布生產的「家庭副
業制生產」是否真不涉及產銷組織的有意義變化？筆者此處無法
進行討論，本章主要探究的是：清代前期蘇州城鎮棉布加工業裡
存在的那種由「商人支配生產」的所謂「放料制生產」或是「質
檢驗收」生產與檢驗流程，究竟如何影響當時棉業的產銷組織？
同時，是否可由傳統中國市場經濟發展過程中的「交易成本」變
動與法律制度調整兩個面向，來對相關問題進行較細緻的檢視？

　　全章分做三節。第一節簡介學界對棉布「字號」經營的既有
研究，討論字號商人究竟如何支配棉布生產，以便導入放料制生
產與工廠制生產的相關論辯。第二節分析棉布產銷組織中的「交
易成本」如何因為棉布字號出現而發生各種不同變動。第三節說
明棉布字號對於當時法律制度的衝擊，討論棉布字號產銷過程引
發的契約、商標、罷工訴訟，究竟如何促成當時法律制度的若干
調整。筆者認為：棉布字號興起既涉及當時市場交易成本變動對
於棉布行業經濟效率的衝擊，也在若干程度上影響了當時蘇州本
地的法律制度。這些棉布字號引發的經濟效率與法律制度變動，
即是筆者所指「經濟與法律分析」所欲探究的主要現象，希望這
樣分析有助於說明清代前期蘇州棉布產銷組織與當時制度環境之
間的互動與發展。

7　李伯重，《江南的早期工業化》，頁37-85。在分析明清江南棉、絲紡織業如何
　　以「質檢驗收」組織生產時，李氏也引用了美國商業史家下列一部著名專書
　　進行比較：小艾爾弗雷德・D・錢德勒（Alfred Chandler）著，《看得見的手：
　　美國商業的管理革命》，重武譯，王鐵生校，北京：商務印書館，1987。

第一節　商人如何支配生產？「放料制」運作與「工廠制」爭議

　　涉及棉布字號相關研究成果不少，限於本章篇幅與個人能力，此處無法全面討論，主要選取「放料制、工廠制」相關論辯為重點，特別是想介紹徐新吾與李伯重的著作：徐氏曾以蘇州棉布字號的「放料制生產」與西歐近代出現的「工廠制生產」相對比，強調前者不利經濟發展，故而「很難促進生產工具的改革」，並且還「抑制著集中手工工場的出現」。[8]李氏則在承認清代前期江南棉布「工場手工業似乎並無多大進展」的同時，轉而強調字號「放料制生產」其實比「集中生產的手工工場」更具「經濟上的優勢」，並且更能透過對生產者進行「質檢驗收」而在生產層面提升了「分工與專業化」。[9]

　　正如徐新吾指出：「在棉紡與棉織部門，基本上還未出現包買主的活動」，[10]那種由「商人支配生產」的放料制生產，其實只出現在「棉布加工業」，是一種由「字號」（或稱「布號、布局」）控制踹坊、染坊以及相關工匠人等的棉布加工生產組織。蘇州則是清代前期棉布字號的集中地。

　　主要憑藉在全國商貿交通網的中心地位、對「青藍布」的高超加工技術，以及地近全國棉布生產中心的松江府地區，清代前

8　徐新吾，〈中國紡織手工業中唯一資本主義萌芽——絲織業商人資本包買主問題探討〉，頁164。

9　李伯重，《江南的早期工業化》，頁80、82-83。

10　徐新吾，〈商人資本在棉手工業中的發展與資本主義萌芽——對明清時期棉布商人資本類型分析與誤解的評述〉，頁185。

期蘇州城逐漸發展成為全國最大的棉布加工與販售中心；[11] 即使連產布最多的松江地區，由清初到乾隆年間，也愈來愈以蘇州城為銷售中心，形成「布店在松，發賣在蘇」的主要產銷格局。[12] 徐新吾將棉布市場的主要營業領域區分為三大類：一是外地「客商」攜帶巨款大宗購布（所謂「富商巨賈，操重資而來市者」），[13] 二是本地「布牙」接受客商委託收購棉布（所謂「代客收布」），三是「布莊」開設店鋪而下鄉選購或是批入外地棉布，[14] 徐氏指出：隨著時間演進，某些商人開始擴大營業資本，成為綜合「大宗販出、中介購買、大宗購入」三類棉布經銷的商業組織；同時，因為這類綜合性商業組織經常委託加工的棉布數量龐大，也

11　全漢昇，〈鴉片戰爭前江蘇的棉紡織業〉，收入氏著《中國經濟史論叢》，香港：新亞研究所，1972，頁625-649；王家範，〈明清蘇州城市經濟研討：紀念蘇州建城兩千五百周年〉，《華東師範大學學報》，1986,5(1986)：16。

12　清順治16年（1659）四月的〈蘇、松兩府為禁布牙假冒布號告示碑〉，即已由當時松江「金三陽」等布號商人提及其「布店在松，發賣在蘇」的事實（上海博物館圖書資料室編，《上海碑刻資料選集》，上海：上海人民出版社，1981，頁84）。學者指出：「這種情況，直到晚清，在江南地區有些地方仍然如此」（徐新吾，〈商人資本在棉手工業中的發展與資本主義萌芽──對明清時期棉布商人資本類型分析與誤解的評述〉，頁173）。

13　清‧葉夢珠，《閱世編》（原書成於康熙年間，新校本，台北：木鐸出版社，1982），卷7，頁157。葉夢珠對晚明以來家鄉松江地區棉布商業興盛有生動描寫：「標布盛行，富商巨賈，操重資而來市者，白銀動以數萬計，多或數十萬兩，少亦以萬計，以故牙行奉布商如王侯，牙行非勢要之家不能立也」（《閱世編》，頁157-158）。

14　徐新吾對棉布市場「商、行、莊」相關史料的整理，較清楚地說明三類營業領域的區分，見氏著，〈商人資本在棉手工業中的發展與資本主義萌芽──對明清時期棉布商人資本類型分析與誤解的評述〉，頁167-174。

使長期接受委託加工的染業、踹業作坊愈發依賴這種商業組織，從而更使原本各屬染坊、踹坊分別僱用的染工、踹匠，間接成為這類綜合性商業組織的僱用工人。商業組織乃逐漸變成生產組織，棉布商人介入棉布加工生產過程的程度日益加深，經營「字號」的棉布商人於焉出現。

十七世紀七〇年代的康熙初年，蘇州棉布字號約有四、五十家到六、七十家，康熙59年（1720）則有染坊六十四家。[15] 十八世紀中期史料，已記載當時開設字號所需資本不少：「惟富人乃能辦此」，這些「富人」字號集中開設於蘇州城西北郊的閶門一帶，他們既和「踹坊、染坊」等棉布加工作坊在生產上相關連，又和挑選布匹、行銷布匹的工商專業人士相連繫：

> 蘇布名稱四方，習是業者，閶門外上、下塘居多，謂之字號。自漂布、染布，及看布、行布，各有其人。一字號，常數十家賴以舉火，惟富人乃能辦此。近來本重而利微，折閱者多，亦外強而中乾矣！[16]

文中所謂的「字號」棉布商人，透過自身資本的運作，而使「漂布、染布、看布、行布」等原先各自建立買賣關係的不同生

---

15 《中國資本主義發展史》第一卷《中國資本主義的萌芽》，頁404。更詳細考察可見：范金民，〈清代江南棉布字號探析〉，《歷史研究》，2002,1（2002）：88-98。

16 清・許治修、清・沈德潛纂，乾隆《元和縣志》（影印乾隆26年（1761）復旦大學原藏刻本，收入《續修四庫全書》，上海：上海古籍出版社，1997），卷10，〈風俗〉，頁106。

產者與銷售者之間，彼此形成更穩固的經濟產銷關係。所謂的商人「支配」棉布生產，這是最基本的意涵。

　　以人數而論，踹坊與染坊的從業工匠最為龐大，和字號商人間的關係也最凸出。學者指出：踹布工序最初是由染坊兼營，其規模則大小不一，乾隆以後，蘇州染坊業更加興盛，技術精良，並能印花，時稱「蘇印」。但目前對清代前期蘇州染坊的生產經營與僱傭關係都所知不多。[17]當更多專業踹坊出現，踹坊數量與踹匠人數都不斷成長。雍正年間由清朝官員所做的兩次調查（1723、1730），都指出蘇州城內當時踹匠、染匠人數合計至少在兩萬人以上。[18]踹匠基本上是已經「離開」農村的外來人口，[19]踹匠工作基本上是全年勞動，但其中又有正、二、三月忙季以及四、五、六月淡季的分別。[20]

　　字號與踹匠間關係為何？有學者這麼形容：「不論布號和踹坊之間的關係如何」，一般而論，當時蘇州平均一座踹坊內的勞動工匠，其實「都已是有20至30人，在同一場所，在同一資本支配下，進行集體勞動」。[21]單一踹坊從業工匠人數如此之眾，而那些時稱「包頭、作頭」的踹坊老板也備有生產設備，[22]但學者基

17《中國資本主義發展史》第一卷《中國資本主義的萌芽》，頁404-405。

18《中國資本主義發展史》第一卷《中國資本主義的萌芽》，頁405。

19 如康熙9年（1670）有史料稱這些踹匠「從江寧屬縣遠來雇工者甚多」；康熙32年（1693）史料記載蘇州踹匠也多是外來移民的勞工：「非有家土著之民」（蘇州歷史博物館等編，《明清蘇州工商業碑刻集》，頁54、55）。

20《中國資本主義發展史》第一卷《中國資本主義的萌芽》，頁409。

21《中國資本主義發展史》第一卷《中國資本主義的萌芽》，頁409。

22 李衛在雍正8年（1730）指出：「現在細查蘇州閶門外一帶，充包頭者，共有三百四十餘人，設立踹坊四百五十餘處。每坊客匠各數十人不等，查其踹石

本上不將踹坊視為是「獨立的手工業工場」，其理由在於：「踹匠的工資是按匹計價，由布號發給……在經濟關係上，應當說踹匠是布號的僱用勞動者，付給計件工資……整個加工過程是在商業資本支配下進行的」。[23]這裡似乎是主張：踹坊包頭更像是字號商人的「工資領放人」，而不是踹坊工作場所內真正的「老板」。[24]綜合看來，字號預發布匹給加工作坊、加工作坊在空間上的相對分散、作坊工匠完成產品才按件計酬由商人發放工資，這正是棉布「放料制生產」的基本特徵，也反映「字號」兼具商業與工業兩種組織性質。可以這麼說，字號商人以兩種意義「支配」棉布生產，一是對棉布產銷流程中各種「中間組織」（「漂布、染布、看布、行布」）負責人的「支配」，其主要表現方式是字號與其訂定貨物加工契約；另一方面，則是以按件計酬方式發放工資，「支配」踹匠等勞工。

　　踹坊、染坊等各類「中間組織」四處分散，而按件計酬領取工資的工匠人數復又不少，字號如何在組織技術上克服產銷方面的種種管理問題？這便涉及徐新吾強調的「機頭、牌號」與李伯重據此析論的「質檢驗收」問題。

　　徐新吾指出棉布業「字號」與當時同屬放料制生產的絲織業紗緞「賬房」，兩者其實都具有類似的重要特徵：彼此都出現以

　　已有一萬九百餘塊，人數稱是」（《雍正硃批諭旨》，影印清刊本，台北：文海出版社，1965，冊八，頁4515）。

23《中國資本主義發展史》第一卷《中國資本主義的萌芽》，頁407。

24 寺田隆信則依相關史料判斷：康熙、雍正及乾隆初期，踹坊包頭與布商字號之間，「似乎並沒有直接的金錢往來關係」（寺田隆信，〈蘇州踹布業的經營形態〉，收入氏著《山西商人研究》，張正明、道豐、孫耀、閻守誠譯，頁332）。

在所產商品上加附「機頭、牌號」。在棉布生產方面，康熙、雍正年間凡經蘇州、松江等地棉布字號加工的棉布，在布匹「機頭」或包裝上，便印有「某某某號監制」或是「某某某號自制」的字樣。[25] 絲織生產方面，蘇州「賬房」的經營方式則是「只經營放絲收綢，不再兼營收購緞匹，這是因為各家賬房均有自己的牌號與固定的規格品種」。[26] 李伯重析論了這類共同特徵在產銷上的關鍵作用：「機頭、牌號」反映著江南字號對棉布品質的「鑒擇尤精」，以及賬房對絲織品進行「讎貨」，這對棉、絲織商品的生產流程，起了「嚴格的質檢驗收」作用。[27]

　　李伯重認為，江南布號與賬房的放料制生產，不僅將「通過發料、收貨這一基本形式而將手工作坊、個體勞動者、家庭婦女、小生產者、各種手藝人」的「各種工序都組織起來」，「形成一個龐大的工業體系」；更通過上述「質檢驗收」作用，而使這種制度對紡織工業能起到以下的貢獻：「可以減少獲取市場和貨源信息所需費用、更有效的規畫產銷組織內部設備與人員的利用效率」，從而「提高了生產效率，並降低了成本」。[28] 因此，李氏強調這種放料制生產有助於「勞動生產率的提高」以及「分工與專業化的加強」，並造成「那種集中生產的手工工場並不具有經濟上的優勢」；這和徐新吾強調放料制生產使生產組織「長期固

---

25 徐新吾，〈商人資本在棉手工業中的發展與資本主義萌芽——對明清時期棉布商人資本類型分析與誤解的評述〉，頁172。

26 上海社會科學院經濟研究所、上海市絲綢進出口公司編寫，徐新吾主編，《近代江南絲織工業史》，上海：上海人民出版社，1991，頁48。

27 李伯重，《江南的早期工業化》，頁79-80、83。

28 李伯重，《江南的早期工業化》，頁79。

定維持在分散個體經營的落後狀態」並且「抑制著集中手工工場出現」,[29] 兩種評價差異甚大。

棉布字號與絲織賬房在放料制生產中有何貢獻?徐氏與李氏依據同樣的「史實」,但卻做出不同的評價。其中關鍵,基本上不是對材料的掌握程度,而其實可以說是「經濟史觀」的不同:在「放料制生產」與「工廠制生產」之間,究竟是否存在一種「進步演化」的歷史必然性?目前學界對此問題仍以「單線演化」為主流,強調十八世紀末、十九世紀初的「英國經驗」為正宗標準:生產技術是演化的關鍵,只要能發明動力機器、並將動力機器應用到工業生產流程,則「小作坊生產、家庭副業生產、放料制生產」等「前近代」的組織方式,必然會演進到「工廠制生產」,這其實是包含徐新吾在內的許多現代史家的「經濟演化」共識。李伯重在此方面的觀點則基本上不同,這實是雙方差異的關鍵。

李伯重從「工業結構」做比較,全面檢視十六至十九世紀中國江南地區的各種「輕工業、重工業」及工業中的「動力、燃料、設備材料」等問題,質疑那種以「英國模式」為代表的普遍性經濟演化模式。李氏捻出明清江南工業的「超輕結構」特點:江南工業化發展過程中,因為當地勞動人口相對來說具有「數量大、素質高」,以及江南棉花、蠶絲等原材料供應充足等特點,做為輕工業首要部門的棉、絲紡織業乃能在「生產規模上迅速擴大」;但江南地區卻「基本上沒有礦冶業」的發展條件;江南水

---

29 李伯重,《江南的早期工業化》,頁80、82。徐新吾,〈中國紡織手工業中唯一資本主義萌芽——絲織業商人資本包買主問題探討〉,頁164。

利條件與木材資源都相對缺乏，不僅難以發展重工業，也使各種
工業生產基本上都以人力為主要動力，生產機具與工場建材也都
只能以價格漸趨高昂的木材為主要來源，工業發展不得不走向
「節能省材型結構」。與江南強烈對比，十六到十八世紀間的英國
工業發展過程中，不僅煤、鐵礦冶業與毛、棉紡織業同時快速成
長，在水力、煤、鐵、木材等自然資源條件都比江南相對豐厚，
不僅重工業遠比江南能夠發展，各種燃料、非人力動力、工業設
備與建材價格都較低廉，從而使包含輕工業在內的各種工業都逐
步走向「煤鐵主義」的道路。李氏的結論是：以明清江南與同時
期英國相比，「兩地在輕、重工業的發展上，各自具有特殊有利
條件，無怪乎二者在工業發展方面各行其是，各走最適合於自身
發展的道路」。[30] 既是「各行其是」，何必將焦點過度擺在經濟組
織的「進步演化」問題上？

　　有關清代前期江南棉、絲工業何以不能出現「工廠制生產」
的問題，學界早已累積眾多流行成說。諸如明清科學知識停滯、
沒有創新的企業家精神等說法，或是以農村人口過剩而使機會成
本太低立論，強調農村勞力眾多因而導致城市工業無法與之競
爭，進而妨礙了發明節省人力機械的需要。李伯重挑戰這些成說
而寫道：「人口變化與機器使用之間，關係十分複雜」；[31] 江南並

---

30 李伯重，《江南的早期工業化》，頁456-490。

31 李伯重專門討論宋元明清以來流行江、浙地區的各種「墮胎、避孕、絕育」
　方法，藉此反駁那些不實區別，以為傳統中國農村人口增加都不受節制因而
　抵銷任何經濟增長的簡單想像。見：李伯重，〈墮胎、避孕與絕育──宋元
　明清時期江浙地區的節育方法及其運用與傳播〉，《中國學術》，1（2000）：71-
　99。有學者反對李伯重的看法，認為明清中國施行的人口節育技術很不可

非「缺乏製造和使用機械和機器的技術知識」，也不缺少「具有技術創新精神之人，對外來技術知識也並未採取抵制或排斥的態度」。李氏認為江南之所以未能將這些知識用於工業生產，「主要原因還是在於能源、材料方面」的限制。[32]

分析江南棉、絲紡織中心的蘇州生產組織變遷過程，當然要面對上述爭議，但限於個人研究能力，此處將略去科學發明與生產技術的問題，改由交易成本與法律制度兩個層面考察清代前期蘇州棉布加工業的放料制生產。

第二節　棉布字號的經濟與法律分析（一）： 交易成本的變動

筆者以為，從事棉布字號「放料制生產」的商人老板，其實對生產組織產生很重要影響，但其意義主要不在商人如何用資本支配勞動力，而是商人在當時既有交易成本變動與法律制度調整等兩方面的制度環境限制之下，透過改造產銷組織並利用司法訴訟等手段，從而改變了棉布加工業的產銷結構。

在商人改造產銷組織的過程中，有些交易成本得到有效降低，提升了經濟效率；有些交易成本則有所增加，商人必須面對當時特殊法律制度背景所能提供的奧援與制約。

交易成本主要指的是經濟組織將原料變為產品的過程中，在

靠，很難起到任何實際效果，參見：蘇成捷（Matthew Sommer），〈墮胎在明清時期的中國：日常避孕抑或應急措施〉，《中國鄉村研究》，9（2011）：1-52。

32　李伯重，《江南的早期工業化》，頁512、495、497、501。

能順利透過市場購買所需原料、勞力之前，所必須支付的成本。
或者這麼說：交易成本，即是交易者權衡使用「市場」或是使用
「組織」所必須花費的成本；前者使用市場上的「價格機制」，後
者則是暫不使用市場而改由可聽命自己經濟決策行事的「組織僚
屬」來進行生產活動。雖然各種產業會因本身特殊性而有不同的
交易成本，但仍可粗略區分三類：一是預先探詢與發現質優、價
低商品的「測量與訊息成本」，二是現場比價、講價與簽訂買賣
契約的「談判成本」，三是預測、評估如何簽訂、監督與修改長
期契約的「執行成本」。[33]以棉業商品市場中的商人為例，無論在
城市或是集鎮市場上，都因棉花、棉布種類繁多以及產地的分
散，而存在各類雜亂無章的品質、價格訊息；也都在每筆交易過
程中不斷上演講價、談判的場面；而且，也間或發生如何監督、
修改與對方簽訂長期契約的決策考量。這些林林總總的測量與訊
息成本、談判成本、執行成本，都要花費商人大量的金錢與時
間，才能使各種棉業商品在市場上成功交易。

　　從這個角度看，棉布字號的出現與運作促使上述交易成本逐
漸發生了兩種主要轉變：第一種轉變是長期契約關係的增加，減
少了訊息成本與談判成本，特別是商人與各種承包加工作坊之間
的關係，能夠在各種長期契約的制訂過程中，透過一體放料與預
先確立品質規格這些雙方認可的長期契約，既能縮短商人每次與
對手價格談判時的爾虞我詐損失，也能減少品質檢驗時雙方對棉
布原料與產品是否符合標準的猜疑與爭議。這對字號商人應較有

---

33 R. H. Coase, *The Firm, the Market and the Law*, pp. 6-7, 35-40. 寇斯著，陳坤銘、李華夏譯，《廠商、市場與法律》，頁16-17、47-51。

利，也能提升商品產銷的效率。比起第一種，交易成本的第二種轉變則不一定對字號商人有利：字號出現後，有關長期契約的執行、修改與監督，變得需要更有效的「治理」（governance）機制，[34]才能有效降低商人時間與金錢的支出。這個不利轉變的關鍵，則是因為放料生產的組織形式，主要藉由分散各處作坊的工匠來完成最終的棉布加工程序，這極易增加商人發放原料遭受侵吞、設備與成品遭到盜賣等風險。

　　江南棉布種類很多，徐新吾將其生產流程概括如下：從棉花到成布，須經「軋棉、彈絮、搓條、紡紗、搖筒紓、刷經、盤軸、穿筘和上機等工序」；徐氏並按一般勞動水平估計：其中，紡紗需四個勞動日，織布需一個勞動日，織前一切準備工作需要一個勞動日，故織成一匹棉布，需要六個勞動日。[35]這些工序都尚不包括棉布加工製程。棉布市場可分農村集鎮與城市兩層次，在農村家庭中生產出來的大量棉花、棉紗與棉布，主要都在農村集鎮上交易，各地棉市上的棉布種類繁多而且「主要是素色」；其性質則「主要轉向為市場而生產」，各種小販與牙行中間商下鄉進入市集中與農民進行買賣，農民固然因此加深直接面對季節性價格波動之苦；[36]但從另一角度看，這也反映棉業市場上充滿著

34　這裡使用的契約關係「治理」概念主要來自：Oliver E. Williamson, "Transaction-Cost Economics: The Governance of Contractual Relations." *Journal of Law and Economics* 22(1979)：233-261. 根據這個「治理」概念對清代蘇州棉布字號聘請所謂「賈師」或是「看布朋友」所做具體分析，可見：邱澎生，〈18世紀蘇松棉布業的管理架構與法律文化〉，《江海學刊》，2012,2（2012）：143-157。

35　徐新吾主編，《江南土布史》，上海：上海社會科學院出版社，1992，頁216。

36　徐新吾，〈棉手工業商品生產與家庭副業的關係──對手藝人分化的性質及

無數農民與商販之間的短期契約談判與簽訂過程。

儘管農村集鎮也可能存在為農民加工棉布的染坊，但較有規模的各種棉布加工作坊則仍集中城市，特別是蘇州城的染坊、踹坊，無論規模或技術，都是其中佼佼者。布號出現後，使蘇州城染坊與踹坊更多地接受商人大量的棉布委託加工；而隨著各類棉布商人資本的擁入市場，即使是聚集在江南其他城鎮中的染、踹坊，也變成「一般早已都是為商人進行加工」。在商人資本的控制下，這些棉布加工作坊「受著商人的全盤支配，或者，他們淪為商人直接和間接建立作坊中的雇傭勞動者」。[37]「支配」有些模糊，若由委託生產的契約關係看，加工作坊與棉布商人間存在的，其實是各種短、長期加工契約中的權利、義務關係如何界定、確認、監督、修改與執行等問題。相對而言，無論是收購原料或是委託加工，棉布字號商人都在其中發展出較為長期而穩定的契約關係。

為了進一步理解字號商人在棉布市場上面對哪些測量與訊息成本、談判成本、執行成本，可以《布經》相關內容做印證。乾隆16年（1751）在松江、蘇州地區出現一部新版本的《布經》，作者為來自山西的布商范銅，他在〈自敘〉提及此書與「舊經」（舊版布經）之不同：「松之所產，衣被天下，價直（值）低昂懸絕，商賈安不疏其源哉！舊經敘事甚詳，而繁文屢出，使初學者

對「機戶」、「城市手工業」誤解的評述〉，收入氏著《中國經濟史料考證與研究》，頁78-79、87。

37 徐新吾，〈棉手工業商品生產與家庭副業的關係──對手藝人分化的性質及對「機戶」、「城市手工業」誤解的評述〉，頁89。

不知其所從來，幾茫然莫識其指歸也。然歷年久遠，人更物變，其中訛舛，難辨真贗。偶於長交餘閒，潛心舊典，訪諸里老，鄉落產布優劣，地里、橋梁方向，有革有因，或增或損，皆有據依，纖悉條綱，具載於篇」。《布經》依「地里、橋梁方向」，詳細記錄松江各處棉布產區的不同棉布品質特性等訊息，這些棉布商品訊息都經常變動（所謂「有革有因，或增或損」），需要商人不斷學習與掌握。

　　與此同時，范銅的姻親張伸在為此書作敘時，也比較了范銅新版《布經》和「舊經」之間的種種差異：「吾友西山范子，穎悟夙成，胸藏經濟，於書無所不覽……取《布經》而細閱之，見夫產布之不一其地、織布之不一其類，與染布之不一其色、踹布之不一其弊，因為之究源探本，而斟酌增損之。汰其繁而使簡，補其缺而無遺。詳審精密，較諸前人，見愈廣、識愈精矣。此書一出，凡後之學者，一覽瞭然，有所依據，庶不至昧昧以從事，則范子之為功，固非淺鮮矣」。[38] 看來，蘇、松等地已經存在某種編寫《布經》的傳統，[39] 張伸稱讚范銅《布經》比起其他舊版「布經」而顯現出來「見愈廣、識愈精」等長處，其實也見證了這種流傳當時棉布行業內部的重要工商業知識，既能教育後進賈師學

38　清・范銅，《布經》，收入《四庫未收書輯刊》，3輯30冊，北京：北京出版社，1997，頁82-83。

39　目前存世至少有三種不同《布經》抄本：清・范銅，《布經》（清抄本，影印收入《四庫未收書輯刊》，3輯30冊），頁82-110；清・不著撰人，《布經》（清抄本，安徽省圖書館藏）；清・不著撰人，《布經要覽》（據清汪裕芳鈔本，影印收入《四庫未收書輯刊》，10輯12冊，北京：北京出版社，1997），頁581-599。

習棉布產地、織布種類、染布顏色與踹布訣竅等相關技術，也可做為棉布老闆聘請能幹「賈師」的參考；前者算是編寫一種商業手冊，後者則也可謂是作者證明自己擅長賈師行業的「自我行銷」。

除了介紹各種不同棉布品質，范銅《布經》又依「白布經、染色經、光布經」卷目，記錄各種與鄉民、染坊、踹坊等交易對手臨場談判時，如何防止受騙、如何檢查品質高下，以及如何講價、殺價，甚至何時應該施予對手一點小惠等各項實用技巧。范銅並在書末傳授其對各地民眾購買不同棉布消費偏好的觀察，在細數京師、山東、河南、河朔、湖南、湖北、兩廣、江西、浙江、福建等地民眾消費棉布的不同習慣之後，范銅也提供一條簡單總結：「大都北方為色是尚，南方青藍為貴」。[40]

《布經》記錄各種訓練與教育棉布商人及其所屬伙計的商業知識，同時也反映棉布市場上經常發生各種涉及契約談判、簽訂、執行、修改與監督的具體執行過程。《布經》〈擇友〉提及：「聘看白布賈師，要秉公無私，方可託此重任，如朝廷之用賢相，運籌帷幄之中，決勝千里之外。深明布內精奧，買者自然絡繹，欲不久遠，其可得乎！若誤用不肖，情弊難以枚舉，將布配低、價值顛倒，兼之目力欠精、布號不均，欲望生意久遠，其可得乎！」[41]這是教棉布商人要慎選「賈師」，既能在外以合理價格購入未加工的「白布」，又能憑藉本身精通棉布知識而有效配購質好、易銷、利賣的不同棉布。和各類小生產者、加工者、中間

---

40 范銅，《布經》，頁110。

41 范銅，《布經》，頁102。

商、大小買家談判各種買賣契約，總是「賈師」的主要工作。《布經》〈染色論〉強調：「染色者，乃白布之輔弼也。夫色染周到，兼之白胚細潔，另有一番華彩。若經承之人不敏，立即敗北，豈兒戲哉！」故此篇教人如何用各色「樣布」比對染坊製品，只要發現品質不佳，則要立即「令匠覆染」。書中強調這種本領可使染匠不敢再犯：「彼見吾井井有條，自不敢欺，而吾亦當其任矣」；同時，作者也建議要對染坊管理人（「染司」）進行考核，做為是否續訂契約的標準：「劣者，黜；優者，賞。此惟有益於號」。[42]至於到踹坊收布，《布經》則教學者「總要目力拿得穩，亦要酌價取工，不可自妄主意、變遷無常，以致踹工不服」。[43]

　　上述《布經》記載內容可以反映當時江南棉布字號如何進行放料制生產的至少兩項重點。第一項重點，張伸稱讚范銅《布經》改良了過去舊版《布經》不夠完善的幾項重點：「產布之不一其地、織布之不一其類，與染布之不一其色、踹布之不一其弊」，這似乎表明了當時棉布市場上各類棉布商品已經更加「規格化」，針對棉布原料「產地」、織布種類、染布顏色及踹布方式，都出現了更加明確的品種與品質檢測標準，這些變化應該有助於當時棉布字號及賈師用以降低棉布市場上的測量與訊息成本。

　　第二項重點，是棉布字號與加工作坊之間的契約關係，也可能朝向更加長期而穩固方向發展，因而減少簽訂各種短契約時經常需要權衡彼此之間「單次」利害得失的談判成本。布號商人在

42　范銅，《布經》，頁106。

43　范銅，《布經》，頁107。

一份康熙40年（1701）碑文寫道：「蘇郡出產布貨，所用踹匠，盈萬成千，俱賣包頭鈐束。工價有例，食用有條，原自相安」，[44] 由此看來，當時和棉布字號商人老闆同時發生僱佣關係的作坊主人、工匠，不僅數目大量增多，而且雙方關係已是「工價有例，食用有條」。這裡可謂存在布號商人、踹坊「包頭」與踹坊踹匠之間的某種「三邊關係」，工人薪資與飲食問題已同時納為三方長期契約的重點。范銅《布經》教導賈師到踹坊收布時，「總要目力拿得穩，亦要酌價取工，不可自妄主意、變遷無常，以致踹工不服」的情形，固然反映李伯重指出「質檢驗收」的具體施行方式，但也可結合上引康熙40年碑文所謂「工價有例，食用有條」記載，看到原本可能時常更換踹坊的「短期契約」，也可透過字號聘請有經驗賈師進行「質檢驗收」，而使踹坊、踹匠領取工資可以因為「目力拿得穩、酌價取工」的賈師為中介，滅少「踹工不服」情況，便利棉布字號與踹坊、踹匠關係朝向「長期契約」方向做發展，這應該有利於降低棉布市場的談判成本。

　　然而，值得注意的是：長期契約的發展方向，也可能為從事放料制生產的棉布商人增加某些執行成本，商人更加需要在契約執行上面對不同性質的爭議與衝突，甚至必須更常訴諸政府調處或是司法審判才能解決或緩和。這些執行成本的相關爭議，主要表現在棉布字號是否有權撤換原先委託踹坊的相關訟案。

　　以嘉慶25年（1820）蘇州踹坊主人「私議隨牌領踹」引發訟案為例，當時一些踹坊欲按委託加工的不同棉布字號商標（「牌」），私自劃分承踹契約的業務範圍，這種舉措隨即引來布號

───────────

44《明清蘇州工商業碑刻集》，頁63。

商人提呈訴訟，上告官府之後的結果是：「督糧廳訊斷，禁革」。
這是字號商人透過司法途徑阻止踹坊私相協議而維持商人自認合
理長期契約的典型例子。道光12年（1832）又發生類似訟案，蘇
州府與江蘇布政司、按察司同樣判決棉布字號勝訴，踹坊不得宣
稱自己可以長期承領字號委託踹布的壟斷權利：「布匹應聽布號
自行擇坊發踹」。[45] 道光14年（1834）碑文對此類爭議有更具體描
述：踹坊「坊戶，領踹布匹，先由同業互保，寫立承攬交號，然
後立摺領踹。其所立經摺，不過登記布數，稽查坊號；並非一經
立摺，即應認定隨牌、不准另換」。文中提及的「互保」，主要是
防止踹坊工匠私自偷賣商人委託加工棉布而設計的契約內容。不
過，本次衝突的主要爭議仍在於：布號商人堅持可依棉布加工品
質而撤換掉那些不適任的踹坊。政府對此案做成判決的主要內容
是：

> 自示之後，務各遵現定章程，聽號擇坊發踹。擇其踹踏光
> 明，又無勒借情弊，即行照舊交踹，不得無端更換……設有
> 領布積壓、不能克期交號，及灰黯不能行銷，准號另擇發
> 踹，不准借摺把持。[46]

判決書中的「現定章程」，固然指的是字號、踹坊雙方簽訂
的商業契約，但是所謂的「不准借摺把持」，則直接援用《大清

45《明清蘇州工商業碑刻集》，頁80。
46《明清蘇州工商業碑刻集》，頁81-82。

律例》中的「把持行市」律條，[47]這是明清政府明令公布的既有成文法規。

　　道光十四年的字號訴訟踹坊判決，對棉布放料制生產有重要的保護作用，特別是對民間商業契約如何可有法律效力的明確界定。這份政府判決等於重新為布號、踹坊雙方明確界定原先簽訂商業契約（寫立「承攬」）與商業文件（立「摺」經存）的法律效力：「摺」的效力是「並非一經立摺，即應認定隨牌、不准另換」。「承攬」的效力則是：踹坊若「踹踏光明，又無勒借情弊」，則不得被布號片面毀約「無端更換」；若發生踹坊「領布積壓、不能克期交號，及灰黯不能行銷」兩種情形，則准許布號合法自行換約「另擇發踹」。這種法律判決具有重要的經濟效果，增加了棉布字號放料制生產所需相關長期契約的合法保障。

　　綜合看來，字號的出現改變了棉布商品市場上的交易成本，而其中交易成本的變動又有區別：交易成本中的「測量與訊息成本」與「談判成本」大致往下降，而「執行成本」則在某些方面有所提高；而其關鍵都是因為在出現更有效率的長期契約之後，為當時棉布字號商人同時帶來了利益與損失。值得注意的是，在

---

47 有關明清〈把持行市〉律例的演變可見：邱澎生，〈由市廛律例演變看明清政府對市場的法律規範〉，收入國立台灣大學歷史系編，《史學：傳承與變遷學術研討會論文集》，頁291-334。直至清末，蘇州仍有「把持行市」律例的商業爭訟個案，可見：朱英，〈蘇州商會的司法職能與影響──個案分析之三〉，收入氏著《中國早期資產階級概論》，開封：河南大學出版社，1992，頁379-391。馬敏，〈商事裁判與商會──論晚清蘇州商事糾紛的調處〉，收入氏著《馬敏自選集》，頁281-303。邱澎生，〈禁止把持與保護專利：試析清末商事立法中的蘇州金箔業訟案〉，《中外法學》，12,3(2000)：311-328。

執行成本方面，蘇州當地司法體系也隨棉布字號的放料制生產而不斷被捲入。由現有案例看來，清代前期蘇州地區司法衙門是能適時提供棉布市場所需要的法律支援，不僅提供產權上的合法保障，也能針對涉及毀約、換約相關法律規範進行調整，進而有助於降低包含執行成本在內的各種交易成本。

可以這麼說，蘇州棉布字號放料制生產不僅反映商人如何「改造」產銷組織以有效降低交易成本的過程，而地方政府既有法律制度也連帶受到衝擊與調整。下節將對法律制度如何進行調整多做說明。

第三節　棉布字號的經濟與法律分析（二）：法律制度的調整

從現有案例看，棉布字號商人在試圖降低執行成本的過程中，明顯訴諸政府公布的禁止「把持行市」法令以及現行司法體系的保障。其直接結果是不僅蘇州本地官員能在各種商業訟案中學習到恰當的調處經驗，在審判實務上也能在既有法條如何適用特殊案件等法律解釋難題方面，發展出更能變通的法律技術以有效調整現有相關法律規範。然而，政府調整法律制度的背後，其實也反映某些特殊法律原則仍在持續運作；大體說來，這些法律原則雖然有利於放料制生產，但卻看不出適合類似於英國工廠制生產那類擴大集中生產規模的發展契機。本節將說明其中緣故。

筆者以為，在解決字號與踹坊、染坊的長期契約爭議，以及不同棉布商人之間侵犯牌記商標等方面，政府的法律調整方式有利於字號商人的放料制生產。然而，在處理字號與踹匠的「勞僱

糾紛」方面，政府調整法律制度則經常面臨較大「困境」，這種
困境很不利於工廠制生產的發展。

以前舉道光14年的字號訴踹坊判決為例，在那次涉及契約問
題的司法訟案中，政府法律的調整方式其實具有某種兩面性：一
方面基本支持商人自由「擇坊發踹」，但另一方面也同時為踹坊
保留維持「生計」的經濟權利：

> 查，坊戶向號攬踹布匹，是猶佃戶向業攬種田畝。佃戶拖
> 欠租籽，尚得退佃另召；坊戶踹不光明，豈竟不能更換。任
> 其把持壟斷，殊非平允……自示之後，務各遵現定章程，聽
> 號擇坊發踹。擇其踹踏光明，又無勒借情弊，即行照舊交
> 踹，不得無端更換，致力作平民，失其生計。[48]

可見「任其把持壟斷」與「致力作平民，失其生計」兩者，
同時是承審司法官員考慮的兩個關鍵判準，一是市場交易不能任
人壟斷的「平允」，一是保障經濟條件弱勢當事人不能「失其生
計」，這裡其實反映了司法體系運作過程中的兩種不同「正義」
觀念。假設真有一個踹坊已然經營不善、面臨關閉解散，但其加
工棉布品質卻又因為不能「光明」甚至還「勒借」字號商人的原
料、金錢，那麼，承審官員究竟應該依不得「任其把持壟斷」還
是不能「失其生計」哪一種判準做裁決呢？雖然這可能只是純然
假設性的問題，不見得真曾在當時司法實務上發生，但是，無可
否認地，這裡面確實反映一種處於緊張關係中的「正義」觀念，

48《明清蘇州工商業碑刻集》，頁81-82。

成為可能影響棉布字號與踹坊、染坊經營人之間權益的重要變數。

另外，這份判決書也反映了當時司法體系中一種以「類推」補充「法條適用」的法律推理方式，[49]承審官員特別將「商號、踹戶」關係，比附為「地主、佃農」關係，強調：「佃戶拖欠租籽，尚得退佃另召；坊戶踹不光明，豈竟不能更換」，這其實是用農田租佃關係中的地主、佃農權益界定模式，來類推字號、踹戶間的契約界定模式，承審官員可謂是使用時人較為熟悉的對「退佃另召」既有判決原則，來推論當時社會較不確定的踹布契約爭議究竟該如何處理，也可算是一種增強司法判決正當性的特殊法律推理。

綜合看來，這份判決書同時採用了兩種法律解釋方式，一是將「把持行市」律例條文適用到具體個案的「法條適用」，一是將租佃關係類推到棉布生產契約關係的「類推」，成為一套綜合「法條適用」與「類推」的法律解釋方式。從經濟與法律互動關

---

49 Fu-Mei Chang Chen, "On Analogy in Ch'ing Law," *Harvard Journal of Asian Studies* 30（1970）：223-224. 邱澎生，〈真相大白？明清刑案中的法律推理〉，收入熊秉真編，《讓證據說話──中國篇》，台北：麥田出版公司，2001，頁135-198。現代法學著述常將「類推」稱為「類推適用」，其做為法律推理的基本特色，在於「相類似者，應為相同之處理」（王澤鑑，〈舉重明輕、衡平原則與類推適用〉，收入氏著《民法學說與判例研究》第八冊，台北：自印本，1996，頁68），它是以「類似性」（likeness）做為法律推理時藉以比附援引的基礎，是一種「由特殊到特殊、由個別到個別」的推理方式，既非「由一般到特殊」的演繹推理，也非「由特殊到一般」的歸納推理（王文宇，〈論類推適用與法律解釋〉，收入氏著《民商法理論與經濟分析》，台北：元照出版公司，2000，頁280-281；吳家麟，《法律邏輯學》，台北：五南圖書公司，1993，頁263-265。

係看來，這是棉布放料制生產對當時司法判決的衝擊，也是既有
法律制度如何因應經濟變化而做的調整。在這個法律制度的調整
過程中，並存著司法官員結合「法條適用」與「類推」維護字號
的正當換約權利，以及潛藏的「禁止把持」與「維持生計」不同
正義觀念間的緊張性。

　　棉布放料制生產對地方政府司法判決的衝擊，不僅在空間上
衝擊到蘇州以外的松江地區，更在蘇、松兩地產生具有地域特色
的經濟性「立案」制度，這在涉及棉布行銷的商標訟案方面，表
現得最為明顯。早在清初順治16年（1659）的〈蘇松兩府為禁布
牙假冒字號告示碑〉上，即有「蘇、松布商」三十七人（家）聯
名將官府判決文書刊石立碑，該碑文同時記載一件訟案與一件陳
情案，訟案是蘇州「奸牙」沈青臣假冒金姓布商「三陽」號記行
銷棉布，陳情案則是「蘇、松兩府布商」朱嘉義、朱金蘭、查弘
義等「聯名稟為虎牙恣偽亂真等事」，兩案都起因於布商之間冒
用「機頭、牌號」的商業糾紛。這些也有「字號」牌記的布商，
不見得即是康熙年間以後那些深涉「支配、改造」棉布加工生產
組織的「字號」放料制生產組織，但明顯已以「本記字號印刷貿
易」棉布。這些將本號牌記「印刷」棉布之上的布商，其經銷方
式有許多是「布店在松，發賣在蘇」，當他們的棉布牌記有利行
銷時，那些被稱為「奸牙、虎牙」的其他棉布商人即「勾同別
商，射利假冒」。這次聯名立碑的三十七家棉布商，在陳情狀詞
中指控：「奸牙」沈青臣「敢于壟斷居奇，私翻摹刻，以偽亂
真，丑布射利」，而且「邇來奸徒險效尤者，藏奸叵測」，[50]看

50《上海碑刻資料選輯》，頁84-85。

來，原告商人主要運用的仍是以「把持行市，專取其利；通同牙行，共為姦計」為重點處罰罪行的「把持行市」法律。

同時，原告商人還在同份陳情狀詞中寫道：「眾商各立號記，上供朝廷之取辦，下便關津之稽查，取信遠商，歷年已久，向有定例，不容混冒」，而他們向官府陳請的具體目標則是：「為此，奉憲給帖眾商，永為遵守，勒石通衢，志為定例」。[51] 商人表現在陳情狀詞中的訴訟技巧，即是將自己的經商行為與向政府供應棉布採買、向棉布行銷沿路稅關繳納稅款兩相連繫起來，也可謂是讓自己的經商「私利」與滿足政府消費與賦稅需求的「公利」，互相產生關係。很可注意的是商人使用的「定例」，究竟是商業經營中的「取信遠商」市場慣例，還是明清政府行之經年「律、例」體系中的成文法律「定例」？因為沒有相關「江蘇省例」等史料可對比，無法確知碑文中「定例」與地方政府「省例」之間的具體關連。

然而，隨著棉布放料制生產的發展，牌記商標在棉布市場上的作用愈來愈為政府官員注意，商標訟案也成為蘇、松地區官員經常碰到的法律案件，相關處理程序也愈來愈明確。乾隆元年（1736）一份由松江府二十二家「布記店名」聯名刊立的陳情案件碑文，記錄了許多有重要意義的法律制度變化。這份碑文基本上是松江府棉布字號的「請申碑禁」陳請案，在二十二家「布記店名」末尾，還列有「各字號董事」的程姓棉布商人。陳情案主旨即是向江蘇布政使要求發文下令松江府「統于府署前滙立一碑」，將地方政府歷年來禁止假冒棉布商標的法律判決全部擇要

51《上海碑刻資料選輯》，頁85。

刊碑立於松江府署前面，以使商標禁令更有傳播效果。陳情商人
寫道：「祖遺店名圖記，價平貨實……但遠商相信，全在布記確
切為憑，（國）朝定鼎以來，歷奉（總）督、（巡）撫各憲批批
飭，勒石永禁，蘇、松兩府字號布記，不許假冒雷同，著有成
案。今因法久漸弛，蘇郡又有布商冒字號招牌，呈請藩憲飭禁，
隨蒙詳奉督、撫兩部院嚴批，檄行蘇、松兩府查禁，並飭勒石永
遵」。這裡值得注意的至少有二點：第一，商人陳情官府的層級
很高，是地方最高長官的總督、巡撫，而這些地方長官也在陳情
案中裁示：「檄行蘇、松兩府查禁」，保護棉布商人的牌記商標。
第二，商人直接提及棉布商標案件已是「著有成案」。

　　商人陳情狀詞中何謂的「成案」，在當時司法體系中具有何
種法律效力？當時職司審判官員又是如何看待這些「成案」？在
總督、巡撫將該陳情案轉發所屬江蘇布政使後，該名布政使司查
核處理後，即對松江知府下達如下公文：

> 　　本司查，看得，蘇松等郡布業甚繁，但貨有精粗、長短之
> 不齊，惟各立字號以分別。故從前盛行之字號，可以租價、
> 頂售……乃有射利之徒，並不自立字號，覬覦他人字號盛行
> 之時，或以字音相同，或以音同字異，竊冒壟斷，以偽亂
> 真，起釁生非，病累商民。是以順治十六年間，及康熙四十
> 二年，有假冒「三陽」……先後碑禁。今經三十餘載，日久
> 禁弛。[52]

52《上海碑刻資料選輯》，頁86。

　　這份公文至少有三項重要意義：一、棉布牌記商標在市場上的「租價、頂售」等經濟行為，已被政府公文書正式提及，從而在司法體系中得到若干程度的「承認」。二、地方政府對保護商標的實際做法也更趨細節：無論是「字音相同、音同字異」，一律被司法審判實務視為是「竊冒壟斷」。三、這份公文證明這位江蘇布政使司確實將順治16年（1659）、康熙42年（1703）兩次假冒棉布商標訟案，列為具有司法審判法律效力的「參考前案」。史料有闕，限制我們對當時地方政府執行棉布牌記「立案制度」細節的認識，但由這份乾隆元年松江府署所立碑文等現存史料看來，蘇、松地方長官在保護棉布商標過程中所累積的司法審判實務經驗，特別是相關「立案」制度的發展，總是有利於棉布字號放料制生產的法律制度調整。

　　特別是如李伯重指出商標牌記對棉布字號所起的「質檢驗收」重要作用，如果沒有政府法律制度在商標「立案」等方面所做的調整，以司法審判實務予以有效支撐，則棉布放料制生產的發展必定更困難。儘管清代前期棉布放料制生產對法律制度的衝擊，並未進入中央政府「每五年一小修，每十年一大修」的《大清律例》法律條文中，[53] 然而，透過「立案」等相關制度的建立，以及部分司法官員在字號、踹坊訟案中表現的結合既有禁止「把持行市」律文與「類推」法律解釋，蘇州棉布放料制生產仍然得

---

53 清代律、例體系的一般性修法程序與制度演變，可見：蘇亦工，《明清律典與條例》，北京：中國政法大學出版社，1998。至於有關經濟事務的律例結構與法條變動，則可參考：經君健，〈清代關於民間經濟的立法〉，《中國經濟史研究》，1994,1（1994）：42-55；邱澎生，《當法律遇上經濟：明清中國的商業法律》，頁9-54。

到較好的產權保障，並能有效降低長期契約所引發的交易成本問題。

　　以上都可謂是政府對棉布「放料制生產」所提供的法律奧援，也都透過法律制度的調整來進行。但是，這些法律制度的調整，其實並未表現在有利於集中更多勞動力一起工作的「工廠制生產」方面。當棉布字號在降低長期契約的執行成本過程中，其實存在一些可能頗難突破的限制，特別是在產品監督問題上。儘管商人可以通過撤換不適任踹坊、染坊等簽約對象，以及按件計酬等方式，來確保工匠工作的積極性，但是，踹坊、染坊等加工工場在相比於後世「工廠」的空間分散性，仍然增添了棉布字號商人在生產過程中有關「監督」部分的「執行成本」，如何監督踹坊、染坊工人努力工作？諸如踹坊「領布積壓、不能克期交號、灰黯不能行銷」，甚至偷竊或假稱天災人禍損失商人預發原料等問題。使用「按件計酬」方式激勵工匠按時交貨，其有效性的關鍵前提是：工匠難以將原料或製成品私下轉賣別人；使用換約方式撤除不適任工匠的關鍵前提是：換約所費的金錢與時間損失不能過高。

　　工匠是否真的難以私下轉賣棉布原料或製成品？這當然需要更多實證研究，然而，由前引假冒棉布商標訟案的例證看來，各種棉布商人之間的商業競爭其實是很競烈的，政府對商標的保障固然增加了假冒牌記商人的風險，但是，這總是保護程度的多寡問題，而不可能是禁絕任何假冒事件，更不用說是其他不直接涉及假冒牌記棉布商人，當然也都成為工匠可以私下轉賣的對象。至於換約的金錢與時間損失，筆者已在前引字號與踹坊「擇踹」訴訟指出：儘管現有案例的判決可以顯示政府一般是支持字號商

人的契約自由，然而，在這類案件當中還是潛藏著禁止「把持」
與保護「生計」兩種正義觀念之間的可能緊張性，這種緊張性仍
是踹坊可在換約過程據以向字號商人進行抗爭的可用「法理」基
礎。就算是字號商人可以訴訟成功，這裡面仍然涉及無論合法、
非法或是介於灰色地帶的各種司法較勁，54 這些司法較勁不僅考驗
字號、踹坊的訴訟能力，也考驗官員對字號換約自由的支持程度。

---

54 明清蘇松地區開設棉布店或字號的許多商人都原籍徽州（范金民，《明清江
南商業的發展》，頁192-193），而徽商在明代又以集體打官司出名，王士性
在晚明觀察到「（休歙）商賈在外，遇鄉里之訟，不齒身嘗之，釀金出死
力，則又以眾幫眾，無非亦為己身地也」，見：《王士性地理書三種》新校
本，周振鶴編校，上海：上海古籍出版社，1993，卷2，頁276）。徽商不畏
訴訟甚至主動透過訴訟爭取權益的習慣至清代依然，可見：卞利，〈論明清
徽商的法制觀念〉，《安徽大學學報（哲學社會科學版）》，23,4(1999)：70-
76。另一方面，明清蘇州司法訴訟也逐漸成為訟師、打行（或稱打降）的活
躍場合：「吳中有三大蠹，一為訟師，民間凡有獄訟，出為謀主……一為奸
胥……一為打降，言咸脅人使降也，凡兩造訐訟，對薄乍畢，輒伺伏狙擊」
（乾隆《元和縣志》，卷10，頁107），訟師、打行都能成為字號商人與踹匠僱
聘協助訴訟的奧援。分析明清蘇州訟師活躍情形可見：夫馬進，〈明清時代
的訟師與訴訟制度〉，王亞新譯，收入王亞新、梁治平編《明清時期的民事
審判與民間契約》，北京：法律出版社，1998，頁406。蘇州打行、打降在社
會活動概況可見：川勝守，〈中國近世都市的社會構造──明末清初・江南
都市について〉，《史潮》（東京），6(1979)：65-90；川勝守，〈明末清初に
おける打行と訪行──旧中國社会における無賴の諸史料〉，《史淵》（九
州），119(1982)：65-92；上田信，〈明末清初・江南の都市の「無賴」をめ
ぐる社会關係──打行と脚夫〉，《史學雜誌》（東京），90,11(1981)：41-
59；陳寶良，〈明代無賴階層的社會活動及其影響〉，《齊魯學刊》（曲阜），
2(1992)：91-97；郝秉鍵，〈晚明清初江南「打行」研究〉，《清史研究》，
2001,1(2001)：13-26。

　　合而論之，儘管政府在法律制度調整方面已能大致提供對棉布放料制生產的合法保障，但是，若真出現偷賣、違約的工匠，字號商人仍有不少具體的訴訟問題要克服。在這個層面，與其靠法律制度解決，何不靠產業組織來解決？因此，從理論上看，工廠制生產確實是從產業組織改變以降低監督執行成本的重要選項，然而，何以清代前期蘇州放料制生產並不往這方面演變？

　　筆者以為這裡其實涉及當時法律制度調整的某種「限制」，其關鍵在於政府法律如何處理工廠制生產在改造產業組織方面所需要的「集中生產」問題。可以這麼說，由清代前期政府處理踹匠罷工事件看來，無法清楚劃分罷工事件中的「責任歸屬」問題，此點將會嚴重制約商人轉向工廠制生產的主觀意願與客觀現實。

　　由康熙到道光年間，蘇州四類產業至少發生十九次工匠罷工事件，[55]棉布加工業中的踹布業即占了十次，是蘇州發生罷工事件頻率最高、規模最大的行業。以康熙39年（1700）四月蘇州踹匠大罷工為例，罷工發起人被布號老板罵為「流棍」，但這些「流棍」卻對工人很有影響力：「流棍之令一出，千百踹匠景從。成群結隊，抄打竟無虛日，以致包頭畏避、各坊束手，莫敢有動工開踹者。變亂之勢，比諸昔年尤甚。商民受害，將及一載」。這次棉布字號與踹匠工人衝突事件，也以司法判決暫告結束，政府不僅為六十九家布號商人判決禁止踹匠隨意罷工，規定踹匠的「工價伙食，悉照舊議，不許包頭多克（剋）」；更對踹坊實施保

---

[55] 關於清代前中期蘇州踹布業、絲織業、染紙業、印書業等手工業工人的十九次罷工事件，有學者將其列表可供參照：許滌新、吳承明編，《中國資本主義發展史》第一卷《中國資本主義的萌芽》，頁719。

甲法，「將包頭編甲，責其互相稽察」，並於踹坊包頭中選擇「老成者，充任坊長」，「一家有事，九家連坐」，對於各踹坊僱用的踹匠，則「設循環簿，著令登填何處籍貫、何人保引、何日進坊、何日出坊，分列舊管、新收、開除三頁。每逢朔望，必與坊長倒換」。同時，因為顧慮「踹匠夥而強，包頭寡而弱，若盡責包頭，勢難彈壓」，於是更仿照松江府已經採行的政府協助彈壓辦法，「委文、武弁員專董」，由「城守營與典史，互相稽查」。[56] 試想，若是擔任「坊長」連帶保證踹坊工匠不致罷工的包頭，換做了布號商人，那種法律責任會有多大！

　　為了緩和罷工帶來的社會治安問題，康熙59年（1720）更由蘇州知縣公布〈踹匠條約〉，將踹匠的日常作息，納入保甲連坐與駐防軍隊的管理：不僅在踹坊附近「多撥兵校巡察，如有酗酒、奸盜等事，指名報官嚴究」，更規定：「踹匠五人連環互保，取結冊報，一人犯事，四人同罪，日則做工，夜則關閉在坊。如有拐布盜逃、賭博行奸、鬥毆、聚眾插盟、停工科斂、閒闖花鼓、糾眾不法者，坊長報明包頭，會同甲長，填簿交坊總，申明拿究。如有徇隱發覺，互結保人、本坊坊長，一體同罪」。[57] 表面上看，政府可謂是站在商人立場間接幫助管理（或「鎮壓」）踹匠，但由後來實際發展看，踹匠則找到突破封鎖的有效管道，使政府保甲與「軍管」措施難以奏效，這可證諸日後乾隆年間至少五次的踹匠罷工與聯名控告字號商人。[58]

56《明清蘇州工商業碑刻集》，頁63-65。

57《明清蘇州工商業碑刻集》，頁68-69。

58 如乾隆2年（1737）十月蘇州城內即發生所謂「踹匠王言亨等妄控店商趙信

　　由現有訟案紀錄看來，政府在處理字號商人和踹匠間的工資爭議時，儘管可以用「流棍、斂錢肥己、久居局外」等各種惡名誣害，甚或是未審先抓強制手段，對付那些倡率罷工與訟案的踹匠，[59] 但是，一旦事件鬧大，政府官員絕對不敢公然做成獨厚商人利益的判決，至少要在表面上做到公平調停的立場，最常見的情形即是將提起訟案或倡議罷工的踹匠「枷責遞回各原籍，嚴行管束」，然後再由政府介入調高工價或是改善工資發放方式；最典型的判決書則如：「每布千匹，加貼銀二錢四分，既符向例，又于眾匠中暗寓加增，使沾實惠」；[60] 或是在判決書中添入：「各商不得輕平短色，踹匠亦不得再有停工觀望」，[61] 這些都是展示政府「公平」調停的模樣。

　　由常理推測當時字號與踹匠爭議和訴訟過程，商人多半都會暗中打點或賄賂各級官員；但事件鬧大後，承審官員總是要維持表面的公平調停。然而，這種法律執行方式卻勢必使字號商人添增很多不確定的經商風險。當時司法體系的確受到放料制生產下罷工與勞傭訟案加劇的衝擊，儘管商人可私下利用的訴訟手段不少，但在公開的法律判決書上，商人從來不能借助諸如「發展實

　　義等不遵舊例，扣克工價」訟案，該案是踹匠王言亨等人直接「越訴」向總督衙署提出訴訟；而同年二月間，則先有踹匠殷裕公等人「以米價昂貴」向布政使司陳情，要求官府出面命令字號商人提高工價（《明清蘇州工商業碑刻集》，頁74）。

59 《明清蘇州工商業碑刻集》，頁74、75。而如乾隆60年（1795）的蘇州踹匠罷工，幾位鼓動「停工觀望」的為首踹匠，即被「縣主拘拿」（《明清蘇州工商業碑刻集》，頁78-79）。

60 《明清蘇州工商業碑刻集》，頁75。

61 《明清蘇州工商業碑刻集》，頁79。

業、促進經濟成長」之類的「公共利益」相關口號，得到司法體系鎮壓工匠的公開承諾與幫助。因此，由這方面法律制度的調整過程看，商人在罷工事件中的法律責任其實一直很難被清楚劃開，只要事件鬧大、擾亂地方治安、也連帶威脅地方官仕途時，則較富資產的商人總會被要求「息事寧人、花錢了事」；更何況，罷工事件本來就難免因為商人在工資發放過程中引人爭議，或是不能顧全物價波動下勞工生活問題而引爆。因此，無論對錯是非，只要發生罷工事件，從事放料制生產的商人確實很難在政府處理罷工過程中逃避法律甚或是政治責任，更不用說那些隨之而來，不肖胥吏、閒雜人等的藉機勒索。

政府對新興棉布加工業的政策其實有不同面向，一方面協助棉布商人解決包含契約、商標在內的各類經營問題，另一方面則要維護因為勞工聚集而帶來的社會治安問題。從這個角度看，棉布字號商人維持放料生產，不由自己出面召募工匠集中生產，其實等於是將這種法律責任交給踹坊，把包頭當做「白手套」一般，這種好處絕對比在當時進行集中生產的「工廠制」大得多，相較之下，放料制生產造成的品質監督困難與執行成本支出，其實可能微不足道。放料制生產尚且如此，工廠制生產要聚集更多勞工一處生產，商人老板將更難劃清法律與政治責任。法律體系既然無法明確劃分罷工事件中的商人責任歸屬問題，勢必影響「工廠制生產」出現。

李伯重分析江南工業的「超輕結構」，強調燃料、動力、場房建材等成本相對高昂，固然有其道理；但其實「法律制度」的調整方式也是其中重要因素。政府對蘇州棉布字號商人並非採取一味打壓的態度，這在相關碑文中看得很清楚，因此，當時法律

制度對商人產銷組織的主要作用，並非某些學者刻板印象中的
「抑商、反商」問題，這在前文討論相關商業訟案時，可充分由
地方政府如何協助商人保障長期契約做驗證。然而，若說當時政
府對商人介入生產組織有「負面」影響，則也有其道理，只是，
這種「負面」影響主要在於法律制度對新興經濟現象的調整方
式，特別是在當時處理罷工事件中，政府基本上採取的是「公平
調停」政策，而不是壓制工人以配合商人承擔起諸如「增加國家
財富、發展實業經濟」等口號。

　　在城鎮中的放料制生產，布號商人固然可以改造生產組織，
降低各類不同的交易成本；但若真要將這些每年領取自己原料、
薪資的無數勞工進一步集中在同一場所生產棉布，這種由「放
料」到「工廠」的生產組織變動，其中涉及的絕非僅是動力機器
等科技發明的問題，而至少還要考慮當時傳統法律制度因應經濟
生產變化而採行的特殊調整方式，特別是法律制度調整中的罷工
責任歸屬問題，一直未能給商人更大的合法「卸責」空間。更不
用說商人如何約束工人積極投入生產的「工廠紀律」問題，也不
是政府法律所能輕易管制的。商人若真花錢擴建場房、加派專任
管理人監工，眾多工人齊聚一堂，可能反而更易「偷懶」，商人
恐怕損失更大。綜合看來，工廠制生產對商人老板而言其實仍是
弊大於利。

小結

　　在清代前期蘇州棉布加工業中，「放料制生產」是否能被
「工廠制生產」取代？是否能像英國工業革命發展趨勢般走向以

動力金屬機器設備集中生產的大規模棉布工廠？這裡面除了涉及動力機器用於經濟生產的科技發明能力，能源與材料的資源限制等問題外，也該注意交易成本與法律制度的相互影響，要考察放料制生產對交易成本的作用，以及影響交易成本變動的法律限制。由本章分析看來，清代前期蘇州棉布字號放料制生產所引起的交易成本變動，各有「測量與訊息成本、談判成本、執行成本」等不同內容，而整體說來應該是有利於當時的經濟成效。在法律制度調整方面，則同時有「正面、負面」兩個層面，一方面是維護長期契約換約自由、保障商標產權；另一方面也不能忽略罷工事件法律責任歸屬問題難以劃清的影響。「正面」調整，使放料制生產得以在法律保障下穩定發展；「負面」調整，則使放料制生產更不易為工廠制生產取代。在罷工法律責任問題的制約下，「放料制」對投入生產事業的商人財產較有保障，即使不能透過擴大集中生產規模的「工廠制」而降低監督方面的執行成本，仍然是較為划算的選擇。

在清代前期蘇州棉布加工生產過程中，由於種種交易成本的升降變動，以及不同面向法律制度的調整方式，在這些「經濟」與「法律」因素的綜合影響下，工廠制不必然優於放料制。當然，這是對當時經營棉布生產的商人而言；至於對整個清代棉布生產的擴大產量規模與提升單位生產力而言，將放料制不能「演化」為工廠制視為是一種有待克服的「問題」，也是有其「道理」。只是，筆者認為其中道理恐怕遠比科技發明能力來得更為複雜。

英國何以能在1760到1830年代在棉紡織業出現較具現代意義的工廠制度？現今歐美學界已很難單純相信動力紡織機等技術

進步是唯一關鍵因素，由1970年代至今，歐美經濟史學界一場
「工廠老板到底有何貢獻」的論辯，也為重估此方面問題帶來不
少值得重視的新視野。[62]要之，將英國工廠制出現視為是技術進步
的「自然」結果，或是將工廠制生產視為是放料制生產的普遍性
「經濟演化」，恐怕都嚴重簡化了當時英國工廠制發展背後存在的
特殊制度環境與觀念心態。[63]李伯重已從技術發展、資源條件與生
產要素變動，評估了十六世紀以降英國與江南工業結構的重要差
異；本章則針對清代前期中國江南棉布市場的交易成本與法律制
度等問題做些經濟與法律方面分析，或許也能提供些許有益參考。

---

62 這場辯論基本是由下文引發：S. A. Marglin, "What Do Bosses Do?" *Review of Radical Political Economy* 6(1974) and 7(1975).該文後來也收入：A. Gorz ed., *The Division of Labour: The Labour Process and Class Struggle in Modern Capitalism*（Hassocks: Harvester Press, 1976).對此場辯論的簡介可見：Joel Mokyr, "Editor's Introduction: The New Economic History and the Industrial Revolution," in Joel Mokyr ed., *The British Industrial Revolution: An Economic Perspective*（Boulder: Westview Press, 1993), pp. 110-118.

63 有學者基於對明清家庭紡織手工業的經驗研究，提醒讀者應該正視近代歐洲工廠制度發展的特殊制度與心態背景：「近代社會科學所建構的各種理性考量，如同現代科技的設計一般，其實是有歷史侷限性的：近代西方人假想了一套可用來滿足消費數量擴增的偏好模式，將生產規模由小變大視為進步，預設了一套所謂的笛卡兒式（Cartesian）身、心分離思考習慣，以及來自道德經驗的特殊美學觀念」，引見：Francesca Bray, "Towards a Critical History of Non-Western Technology," in Timothy Brook and Gregory Blue eds., *China and Historical Capitalism: Genealogies of Sinological Knowledge*（New York: Cambridge University Press, 1999), p. 207. 本文完整中譯可見：白馥蘭著，〈邁向批判的非西方科技史〉，費絲言譯，收入古偉瀛等譯《中國與歷史資本主義：漢學知識的系譜學》，台北：巨流圖書出版公司，2004，頁219-280。

第三章

十八世紀蘇州棉布業的
工資糾紛與工作規訓

　　人群在歷史從事生產以謀求生計的活動，可以泛稱之為「工作」（work）。工作在經濟學上常被化約為所謂「生產要素」中的一種「勞動力」，但工作其實也可以是一種「文化的活動」，並不只有經濟生計上的意涵。工作做為一種「文化的活動」，在歷史上常被人們不斷賦予各種不同意義，從而形構出許多與工作有關的論述。[1]為了解釋工作同時兼具經濟生計與文化活動的兩重性，布迪厄（Pierre Bourdieu）將人群在社會中「工作」的現象連繫到「慣習」（habitus）這個議題，並且強調在特定文化脈絡的具體實踐過程中，工作其實是與時間、性別、空間、宇宙觀、乾溼、冷熱等種種不同的「基本分類原則」（a fundamental principle of

---

1　Patrick Joyce, "The Historical Meanings of Work," in P. Joyce ed., *The Historical Meaning of Work* (Cambridge: Cambridge University Press, 1987), p. 1.

division）相互揉合在一起。2

　　工作如何做為一種兼具經濟生計與文化活動的現象？其在歷史上又是如何與時間觀念揉合在一起？英國著名史家湯普森（E. P. Thompson）有極富啟發性的討論，分析十四至十八世紀歐洲「時間感受」（time-sense）與「工作規訓」（work-discipline, labor discipline）內容的長期演變歷程。湯普森指出：工業革命前的傳統社會民眾，他們具有的「時間感受」通常都和自身所熟悉的「工作習慣」（working habits）密切關連，諸如牧牛、牧羊、用餐的時間，農作物培育生長的時間，獵人於夜間設置陷阱、漁夫配合潮汐漲落時間捕魚，以及鐵匠打鐵配合鍋爐火候變化等「工作」流程有關的時間，都是其中顯例；要之，這時期人們的時間計算方式，呈顯出一種主要是由個人或家庭依各自工作習慣而決定的「普遍不規則」（general irregularity）現象。然而，我們當代人熟知的「時間感受」則濫觴於英國的「工業資本主義」。十四世紀以後的歐洲城鎮教區雖然開始普遍設置供公眾觀看的時鐘，但此時「工作規訓」內容的變化並不顯著；十七世紀以後，在農民與勞工日常生活中，加速出現由「工作導向」（task-orientation）的時間感受轉變為「計時勞動力」（timed labor）的時間感受，更多工作者意識到「屬於雇主時間」與「屬於自己時間」的區分，「時間」變成愈來愈需要計算清楚的對象。當十八世紀後期工業資本主義興起，因為工廠老板要求勞工準時上班，再加上大眾運輸工具的出現，兩項因素共同促成「勞動同步化」

2　Pierre Bourdieu, *The Logic of Practice*. Trans by Richard Nice. Stanford: Stanford University Press, 1990, p. 210, 223.

（synchronisation of labor）程度的加強，工作時間不僅被更密切地
連繫到金錢的換算，甚至像如何分配每天工作時間的問題，也由
個人或家庭自行決定的「普遍不規則」現象轉變為具有很高一致
性的工作時間形態，人們愈來愈必須遵守工廠制訂的，以及鐵
路、電車行駛依循的「公共標準時間」。[3]

　　湯普森強調，由前工業社會到工業資本主義社會的社會轉
型，其實是奠基於整體文化的變遷，這裡面既包括了權力體系、
產權關係、宗教制度等變遷，也包含了生產技術條件限制下的時
間感受，以及將時間計算做為剝削勞動力手段，這兩方面的深層
變動。簡言之，經濟結構變遷絕非只是生產技術、生產力的增
減，而根本即是人民生活底層發生的工作規訓與時間感受的巨大
變遷。工業革命帶來的經濟結構巨變，有其複雜的商業、政治與
社會文化因素相配合，諸如「朝六‧晚六」十二小時工廠制的新
工作規訓，這不僅是由資本家獲取政治權力進而修改國家法令的
「外部壓力」所強迫形成，藉由傳播新教倫理、節省「虛耗」時
間的「時間即金錢」等意識形態的宣傳，再加上提高工資等誘
因，才能達成「新工作規訓的內在化」（the internalisation of new
discipline），使勞工能自願接受。雖然十九世紀勞工曾以各種抗
爭抵制這個新工作規訓，但工業資本主義興起同時帶來巨大的
「外在」與「內在」變化，仍在階級衝突與鬥爭角力過程中發揮

3　E. P. Thompson, "Time, Work-Discipline and Industrial Capitalism," in E. P.
　　Thompson, *Customs in Common: Studies in Traditional Popular Culture*（New
　　York: New Press, 1993）, pp. 355-357, 358-359, 370-372. 中譯可見：愛德華‧湯
　　普孫（E. P. Thompson）著，《共有的習慣》，沈漢、王加豐譯，上海：上海
　　人民出版社，2002，頁382-442。

作用，最後終於轉變了英國勞動人民的舊式工作習慣，在廣大勞工的行動與觀念中成功植入新的「勞動習慣」（labour habits）與新的「時間紀律」。湯普森的結論是：「國民所得持續增長」只是所謂「經濟成長」的表象，經濟成長其實無法靠發展經濟學家的「計畫」完成，沒有更深刻的文化與社會意識變遷，便沒有「經濟成長」。[4]

　　湯普森的研究讓我們看到經濟生計與文化意義間的複雜關連性，以及「工作規訓」與「時間」研究對深入理解歷史變遷所具有的重要意涵。筆者認為這類研究也可以檢視明清中國經濟社會變化歷程。隨著十六至十九世紀中國全國市場的發展，在蘇州這樣位居全國商業與紡織工業中心性質的城市，也經常出現工資糾紛與罷工事件，從而可能也出現了頗具意義的工作規訓變化。雖然十八世紀蘇州勞僱衝突主要發生在採行「放料制」生產方式的棉布與絲織業，當時中國並未出現類似英國工業革命時期的工廠制度，也沒有鐵路、電車那類大眾交通工具，但在棉布加工生產過程中，仍然發生種種重要的「外部」與「內在」力量，逐漸重塑了蘇州棉布工人的工作習慣。理解十八世紀蘇州都市史上某種新工作規訓的逐步發展，應也有助掌握當時中國經濟社會的深層變化。

第一節　蘇州兼為全國商業中心與「罷工之都」

　　中國市場經濟在十六至十九世紀之間有重要發展，至遲在十

4　E. P. Thompson, *Customs in Common*, pp. 382, 390-395, 403.

八世紀初年，全國市場的基本架構已大致完成。在此全國市場範圍內，眾多商人進行有關民生日用必須品的長程貿易，而此時期的販運商品也發生重要的結構轉變。伴隨全國市場成長，十八世紀蘇州城不僅因為各地商人聚集、商鋪林立而成為當時中國主要商業中心之一，還因為部分商人採用「放料制」加工生產方式製造棉布、絲織品，而使大批勞工聚集這座城市；同時，隨著工資衝突愈演愈烈，十八世紀蘇州城也在廁身全國商業中心之林的同時，還逐漸變成一座「罷工之都」。

蘇州的商業中心地位，與中國全國市場的發展密切相關。清代前期全國市場的基本框架，是由三條主要商業幹道構成：第一條為東西向幹道，是由長江下、中、上游水運所組成；第二條為南北向幹道，是由京杭大運河、贛江配合大庾嶺的水陸聯運線所組成；第三條主幹道則為由東北至廣州間的沿海海運線。在這個全國市場裡，商人組成不同商幫團體進行長程貿易，這些商幫以稻米、棉布、食鹽等民生必需品為最大宗的販運商品，改變了過去中國歷史上長程貿易實以奢侈品為大宗的商品結構。同時，雖然清代前期全國市場中的糧食仍占長程貿易商品的最大比重，但是棉布則已取代食鹽，成為第二大商品及最大宗的工業產品。[5]

在清代前期全國市場成長過程中，無論是農業商品化程度的加深、手工業生產量的增加，或是商業城鎮數量的成長，都以江南地區最顯著。近年來，有學者估算清代前期江南棉布產銷的總數量，指出當時「整個江南年產布興盛時，多達7,800萬匹，進

5　吳承明，《中國資本主義與國內市場》，頁217-246、247-265。

入市場的商品量當在7,000萬匹之譜」。[6]所謂江南大約包括蘇州、松江、常州、鎮江、杭州、嘉興、湖州七府和太倉一州，也就是以太湖流域為中心的三角地帶。[7]不只大量棉布進入市場，集散於江南地區的稻米、豆餅、蠶絲、絲綢、棉花、棉布、鐵器和木材，都成為連結江南與全國其他地區長程貿易的重要商品。[8]

江南的商業交通位置正在長江航線、大運河航線和沿海航線這三條長程貿易主幹道的輻輳帶內，而蘇州又是江南的經濟中心。乾隆時人沈寓曾如此描述蘇州的優越商業中心位置：「長江繞於西北，大海環於東南，蘇郡為奧區耳。山海所產之珍，外國所通之貨貝，四方往來。千萬里之商賈，駢肩輻輳」。[9]蘇州有長江與大海提供優越的水運條件，大量國內外物產透過水運運至蘇州。此外，具有「南糧北調」和「南貨北運」功能的大運河也以

6　范金民，《明清江南商業的發展》，頁29-30。

7　洪煥椿，〈長江三角洲經濟區的歷史變遷和歷史問題〉，收入洪煥椿、羅崙主編《長江三角洲地區社會經濟史研究》，南京：南京大學出版社，1989，頁1-22。另外，有學者主張另將明代應天府（清代改稱江寧府）一併算入江南地區，參見：李伯重，〈明清江南與外地經濟聯繫的加強及其對江南經濟發展的影響〉，《中國經濟史研究》，1986,2(1986)：117。

8　李伯重，〈明清江南與外地經濟聯繫的加強及其對江南經濟發展的影響〉，《中國經濟史研究》，1986,2(1986)：117-134。以此而論，則布勞岱（F. Braudel）所做描寫：「中國經濟的底層，只是由數以千計的原始經濟體」所構成，並無互相連繫的複雜網絡（Fernand Braudel, *Afterthoughts on Material Civilization and Capitalism*. Trans. by Patricia Ranum. Baltimore, Maryland: Johns Hopkins University Press, 1979, p. 35.），其對中國前近代市場規模的這種估計恐怕太低。

9　清·沈寓，〈治蘇〉，收入清·賀長齡編，《皇朝經世文編》，影印清刊本，台北：世界書局，1964，卷23。

蘇州為轉運中心，配上蘇州近郊太湖流域的綿密水運網，不僅縮小了太湖流域農工產品的運輸成本，也擴大了當地農工產品的行銷腹地。

蘇州地處太湖流域中心，同時更因位居南北大運河與婁江的交匯處，而使蘇州兼具內河航運和海上交通的便利。[10]透過婁江，蘇州商販可直通東北鄰區的太倉州，再由太倉州而連絡海外市場。太倉州於十七世紀即號稱「六國馬頭」，與琉球、日本、安南、暹羅、高麗有頻繁的海上貿易。[11]蘇州以太倉州為貿易港，乾隆27年（1762）時人即如此描述蘇州貨物遠銷國內與海外的實況：「蘇州為東南一大都會，商賈輻輳，百貨駢闐。上自帝京，遠連交廣，以及海外諸洋，梯航畢至」，[12]北京以至廣州，乃至「海外諸洋」的東北亞、東南亞，都是蘇州商品的出口地區。

蘇州同時也是絲織與棉布產銷中心。明代蘇州城分別轄於吳縣與長洲縣兩個行政區，西半城屬吳縣，東半城屬長洲縣，而無論是吳縣或長洲縣，其絲織手工業在十六世紀即已十分發達，不僅吳縣、長洲縣城內「比屋皆工織作」，而且所織作的「綾錦紵絲，紗羅紬絹」等手工產品「轉資四方」，時人稱這些產品為

---

10 傅崇蘭，《中國運河城市發展史》，成都：四川人民出版社，1985，頁97。

11 清‧鄭光祖，《一斑錄》，影印清刊本，北京：中國書店，1990，卷1，〈六國馬頭〉：「太倉州城外，有一處地名六國馬頭。土人猶能舉六國之名，曰：大小琉球、日本、安南、暹羅、高麗也。前（明）朝以來，劉河、吳淞江皆廣闊，六國商販聚集」（頁20下～21上）。

12 〈陝西會館碑記〉，收入蘇州歷史博物館等合編，《蘇州工商業碑刻資料集》，頁331。

「吳之大資」，可證當時蘇州早已成為中國重要的手工業中心。[13]到
了十八世紀，蘇州絲織市場更加旺盛，即使同樣生產或經營綢緞
的杭州商人也以蘇州為最重要的行銷據點，乾隆37年（1772），
一群於蘇州經商的杭州籍商人即稱其販售綢緞「尤以吳閶為繡
市」，綢緞由此銷往河北、山東、陝西、山西、兩湖、四川、雲
南、福建、廣東等地。[14]清代前期，蘇州、杭州、南京生絲原料與
絲綢製品銷往國外數量更多，歐洲商人稱十九世紀由廣州出口的
生絲為「南京絲」（Nankeen silk），大量採購出口。[15]

　　蘇州棉布市場於明末已愈形重要，清代前期的蘇州，更已是

13 楊循吉（1456-1544）的嘉靖《吳邑志》（據明嘉靖刊鈔補本影印，收入《天
　　一閣藏明代方志選刊續編》，上海：上海書店，1990，冊10）記載十六世紀
　　蘇州絲織業繁榮景象：「綾錦紵絲，紗羅紬絹，皆出郡城機房。產兼兩邑，
　　而東城為盛，比屋皆工織作，轉資四方，吳之大資也」。蘇州與江南絲織業
　　生產概況，可見：橫山英，〈清代の都市絹織物業の生產形態〉，收入氏著
　　《中國近代の經濟構造》，頁19-60；范金民、金文，《江南絲綢史研究》。至
　　於明代蘇州經濟繁華在世界史上的特殊意義，則可見：Michael Marmé,
　　Suzhou: Where the Goods of All the Provinces Converge. Stanford: Stanford
　　University Press, 2005.
14 「吾杭饒蠶績之利，織紝工巧。轉而之燕，之齊，之秦、晉，之楚、蜀、滇、
　　黔、閩、粵，衣被幾遍天下，而尤以吳閶為繡市」（《明清蘇州工商業碑刻
　　集》，頁19）。
15 全漢昇，〈略論新航路發現後的海上絲綢之路〉，《中央研究院歷史語言研究
　　所集刊》，57,2(1986)：233-239；全漢昇，〈明清間中國絲綢的輸出貿易及其
　　影響〉，收入陶希聖先生祝壽編委會編，《國史釋論：陶希聖先生八秩榮慶論
　　文集》上冊，台北：食貨出版社，1987，頁231-237。Zen E-tu Sun（孫任以
　　都），"Sericulture and silk textile production in Ch'ing China," in W. E. Willmote
　　ed., *Economic Organization in Chinese Society.* Stanford: Stanford University
　　Press, 1972, p. 92。

全國性的棉布加工業中心。[16]十八世紀蘇州城的棉布業「字號」與綢緞商鋪同樣聚集於城西北郊內外的地段：「金、閶市肆，綢緞與布，皆列字號，而布業最巨」，[17]點出當時布業「字號」資本規模最引起時人矚目。乾隆24年九月（1759）完成的徐揚〈盛世滋生圖〉，則對十八世紀包含棉布商鋪在內的蘇州城商業肆市有具體描繪，在這幅長10公尺、寬36公分的圖卷軸冊中，總計畫上了230多家、50多個行業的蘇州商鋪，而單是棉布商鋪，即有「京口蕪湖梭布」和「松江大布標布」等以不同名色產品招徠顧客的店招。[18]

做為全國市場的一座商業中心城市，蘇州各行業商業店鋪林立城內的現象相當顯著，從而引起時人矚目，如《揚州畫舫錄》作者在描繪杭州、蘇州與揚州這三座當時最稱繁華的城市時，即對三座城市的主要特徵做了比較：「杭州以湖山勝，蘇州以肆市勝，揚州以園亭勝」，可見在十八世紀時人心中，蘇州即以眾多商鋪林立、繁華市街的所謂「肆市勝」而聞名。[19]

---

16 全漢昇，〈鴉片戰爭前江蘇的棉紡織業〉，收入氏著《中國經濟史論叢》，香港：新亞研究所，1972，頁634。

17 乾隆《吳縣志》，引見洪煥椿編，《明清蘇州農村經濟資料》，南京：江蘇古籍出版社，1988，頁275。

18 李華，〈從徐揚「盛世滋生圖」看清代前期蘇州工商業的繁榮〉，《文物》，1960,1（1960）：13-17。

19 明清蘇州園林亭榭固然有名，但在清中葉以前，基於蘇州的商業發達以及揚州園林景觀的出色，兩相對照下，便顯得蘇州是以「肆市」取勝。只是，清末以降，「市肆中心已移上海，園亭之勝，應推蘇州」（童寯，《江南園林志》，北京：中國建築工業出版社，1984，頁28）；清末民國上海工商業的加速崛起，蘇州反而更以園林知名全國。

　　長程貿易也為蘇州帶來眾多外地商人，其中部分客商則經營手工業。清代蘇州城知名手工行業不少，絲織、印染、踹整、造紙、印書、冶煉、銅錫、鋼鋸、張金、包金、金銀絲、漆作、紅木巧木、紅木梳妝、蠟燭、鍾錶、刺繡、眼鏡等，都是其中從業人數較多行業。[20]有些冶坊業僱用不少外地工匠，如乾隆6年（1741）有史料指出：「蘇城冶坊」所僱冶匠多來自鄰近無錫、金匱兩縣。[21]較晚的一份道光年間調查則指出蘇州西城開設了眾多冶銅工場：「今郡中西城，業銅作者，不下數千家。精麗巨細，日用之物無不具」。[22]此外，紹興府商人也在蘇州城內與鄰近鄉鎮開設許多燭鋪：「城鄉共計一百餘家」，[23]這些蠟燭手工作坊也僱用眾多工人。不過，蘇州商人介入手工業資本規模最大者，仍是絲織加工業和棉紡織加工業兩項，特別是如福建、安徽客商經營的棉紡織加工業「字號」，以及絲織業商人開設的「賬房」，兩者都以「放料制」從事手工業生產，也都為蘇州本地與外來工匠帶來更多就業機會，使蘇州城工人總數大幅增加。

　　晚明蘇州城內絲織業工匠人數即已不少，清初更不斷增加。康熙《長洲縣志》記載：蘇州「東城之民多習機業，機戶名隸官籍」，[24]但承繼十六世紀以降官手工業衰落的趨勢，加上清康熙26年（1687）之後更切實執行「買絲招匠制」，蘇州織造局內原先

20 段本洛、張圻福，《蘇州手工業史》，上海：江蘇古籍出版社，1986，頁128。

21 《明清蘇州工商業碑刻集》，頁154。

22 清・石韞玉等修，道光《蘇州府志》，清道光4年（1824）刊本，卷18，頁38下。

23 《明清蘇州工商業碑刻集》，頁267。

24 清・蔡方炳等撰，康熙《長洲縣志》（清康熙22年（1684）序刊本）。

「名隸官籍」的許多「機戶」至此都已成為在絲織市場上出賣勞動力的民間手工業者，就算承接官府交付絲織品生產的任務，也是以買賣方式為之，並非無償的徭役性質。[25]而且，蘇州城的「機戶」也開始更顯著地出現規模分化，有些機戶已有能力僱用更多機匠工人從事生產，雍正12年（1734）的〈長洲縣永禁機匠叫歇碑〉，即記載當時「蘇城機戶，類多雇人工織。機戶出資經營，機匠計工受值」，[26]這是蘇州城內已有頗多「機戶」擴大生產規模僱用工人生產絲織品的明證。

蘇州絲織業「賬房」的名稱，正式出現在「1840年鴉片戰爭前夕」，並與「紗緞（莊）」連稱；[27]但依相關史料判斷，其實際興起時間至少可在1720到1730年代之間的康熙、雍正年間，而略晚於1710年代康熙末年出現的南京絲織業賬房。[28]同時，蘇州城賬房的開設地點也多集中在城內東半部，[29]該地正是明代中期以

---

25 王翔，《中國資本主義的歷史命運：蘇州絲織業「帳房」發展史論》，南京：江蘇教育出版社，1992，頁48。

26 《明清蘇州工商業碑刻集》，頁15。

27 例如：清·顧震濤，《吳門表隱》（據清道光年間刊本點校，南京：江蘇古籍出版社，1986）：「此舉責成經造紗緞帳房」（頁352）。值得注意的是，十九世紀後期蘇州和南京雖都通稱賬房，但兩者又分別有「紗緞莊、緞號」的不同別稱，反映雙方經營項目的不同：蘇州賬房「主要經營緞、部分兼營紗、少數專營紗」，故也可通稱「紗緞莊」；南京賬房則「基本上只經營緞，故稱緞號」（上海社會科學院經濟研究所、上海市絲綢進出口公司編寫，徐新吾主編，《近代江南絲織工業史》，頁48）。

28 徐新吾，《中國經濟史料考證與研究》，上海：上海社會科學院出版社，1999，頁154-160。

29 即使到十九世紀後期，蘇州賬房仍集中開設在「城內砂皮巷、闊邱坊巷、古市巷、白塔子巷等多處」（上海社會科學院經濟研究所、上海市絲綢進出口

來絲織業小作坊「機戶」最密集區，[30]此則與蘇州棉布字號集中城西北郊的空間分布形態有異。

康熙《長洲縣志》記載機戶僱用機匠工人可分為兩大類：一類是「計日受值，各有常主」的契約型機匠，另一類則是「無主者，黎明立橋以待喚」的零工機匠。[31]直至十九世紀前期的道光年間，第二類所謂的「無主」機匠，仍維持每日清晨「立橋以待喚」的工作習慣，但聚集地點則已出現專業性的分化：「花橋，每日黎明，花緞織工群集於此。素緞織工聚白蜆橋。紗緞織工聚廣化寺橋。聚金獅子橋。始曰立橋，以便延喚，謂之叫找」。[32]至於在這些零工機匠中，有多少是每日由鄰近鄉村進城打工？又有多少已是較長期居住於蘇州城的外來移民？這都尚待考證；但是，無論是否住於城內或近郊，這些不同專業的絲織工人都反映當時聚集蘇州城工作的絲織工人已經為數眾多。

「賬房」這種絲織業生產組織在1720到1730年代（康熙、雍正年間）之間成立，經營此種生產組織的商人以大量資本預先採購包含經絲與緯絲在內的生絲原料，再將原料發給機戶或織工生產；等機戶或織工完成紗緞織造與加工，則收回成品並將其行銷

公司編寫，徐新吾主編，《近代江南絲織工業史》，頁47）。

30 明·楊循吉，嘉靖《吳邑志》，卷11：「綾、錦、紵絲絹，皆出郡城機房，產兼兩邑，而東城為盛，比屋皆工織作，轉資四方，吳之大資也」。此處從徐新吾先生引文與斷句（徐新吾，《中國經濟史料考證與研究》，頁150）。

31 引見：清·蔡方炳等撰，康熙《長洲縣志》（清康熙22年（1684）序刊本）：蘇州「東城之民多習機業，機戶名隸官籍。傭工之計日受值，各有常主。其無主者，黎明立橋以待喚」，這些機匠工人「什百為群，粥後始散」。

32 清·顧震濤，《吳門表隱》，頁22。

到國內外。因此，雖然沒有出現集中工人生產的工廠制度，但賬房商人仍已將絲織工匠的生產活動與絲綢的銷售活動一般，一體納入自己資本經營與管理的範圍。除了原先擁有資本的商人可經營賬房外，在道光2年（1822）以前，也已有不少蘇州「機戶」擴充成這類資本較為雄厚的賬房。[33] 儘管無法估計人數，但每家賬房僱用絲織工人的平均數目則肯定要比一般機戶所僱織工人數為多。

　　和絲業「賬房」經營方法類似的另一種棉布「字號」組織則成立得更早，在明末即已有紀錄。經營字號的棉布商人也以預發資本的方式，逐漸加強對染坊、踹坊、其他收購棉布商人以及眾多所屬工匠的控制。[34] 十七世紀七〇年代的康熙初年，蘇州棉布字號家數已約在四五十家到六七十家之間。[35] 乾隆年間，在蘇州城開設「字號」棉布商人的資本規模已相當可觀。這種棉布生產組織

---

33 王翔，《中國資本主義的歷史命運：蘇州絲織業「帳房」發展史論》，頁57-70。范金民，〈明清時代蘇州絲織業生產形式和生產關係初探〉，收入洪煥椿、羅崙主編，《長江三角洲地區社會經濟史研究》，南京：南京大學出版社，1989，頁211。直至清末，絲織業仍是蘇州工業的最大宗，經營賬房的商人在當時仍自稱：「蘇郡工界，以敝業之織匠為大宗」（引見：《蘇州商會檔案叢編》第一輯，武昌：華中師範大學出版社，1991，頁650）。

34 傅衣凌，〈論明清時代的棉布字號〉，收入氏著《明代江南市民經濟試探》，頁127-130；全漢昇，〈雅片戰爭前江蘇的棉紡織業〉，收入氏著《中國經濟史論叢》，香港：新亞研究所，1972，頁625-649；橫山英，〈踹布業の生產構造〉，收入氏著《中國近代化の經濟構造》，東京：亞紀書房，1972，頁63-143；寺田隆信，〈蘇州踹布業の經營形態〉，收入氏著《山西商人の研究——關於明代的商人及商業資本》，京都：京大東洋史研究會，1972，頁337-410。

35 《中國資本主義發展史》第一卷《中國資本主義的萌芽》，頁404。

雖然並未採用集中所有工人在同一地點生產的工廠制度，字號下屬的各項生產組織都仍分散於不同的生產空間，但是，史料所記載的字號組織與經營概況：「自漂布、染布，及看布、行布，各有其人。一字號，常數十家賴以舉火，惟富人乃能辦此」，[36] 仍清楚點出眾多以「按件計酬」方式領取字號商人發放工資的棉布從業人員，包含職司漂染布料的「漂布、染布」者，以及負責驗貨與行銷的「看布、行布」者，這些人都是由字號商人所僱募，他們分散或來往於各個染坊、踹坊等不同的工作地點，雖然並不聚集於一處共同的「工廠」廠房，但一些字號商人間接或直接所僱用的工人總數目，卻也十分眾多，因而字號所需龐大資本便絕非一般人可以負擔，是以史料稱「字號」這種經濟組織「惟富人乃能辦此」。

　　蘇州城的棉布字號及其僱用工人的數目有多少？雍正元年（1723），蘇州織造胡鳳翬有報告反映其所見及的蘇州棉布「字號」營業情形：「閶門、南濠一帶，客商輻輳，大半福建人民」，胡鳳翬並指出當時蘇州棉布工人同樣聚集於閶門近郊的梗概：「又有染坊、踹布工匠，俱係江寧、太平、寧國人民，在蘇俱無家室，總計約有兩萬餘人」，[37] 說明當時棉布工人主要是來自江蘇、安徽鄰近蘇州城的移民，這些工匠大多「在蘇俱無家室」，[38] 故可能主要並非長期定居蘇州的移民。雍正7年（1729）、8年

---

36 清‧許治修、沈德潛纂，乾隆《元和縣志》，卷10，〈風俗〉，頁106。

37 《雍正硃批諭旨》，15函4冊，胡鳳翬奏（冊9，頁5185）。

38 另外，如康熙9年（1670）史料也稱踹匠「從江寧屬縣遠來雇工者甚多」；康熙32年（1693）史料則記蘇州踹匠多是「非有家土著之民」（《明清蘇州工商業碑刻集》，頁54、55）。

（1730），又有李衛所做的兩次調查：第一次調查提及蘇州閶門一帶「砑匠」（同指踹匠）已是「數盈萬餘」，第二次報告內容則較為詳細：

> 現在細查蘇州閶門外一帶，充包頭者，共有三百四十餘人，設立踹坊四百五十餘處。每坊客匠各數十人不等，查其踹石，已有一萬九百餘塊，人數稱是。[39]

李衛這次調查是針對踹坊與其所僱踹匠做統計。開設踹坊者稱為「包頭」，他們負責備置踹布所需用的「踹石」，而當時蘇州城內「包頭」人數約有340多人，不過，因為有些包頭擁有不止一家踹坊，故當時蘇州城踹坊計有450餘處。每家踹坊依其規模不同而僱用「數十人不等」的踹匠，李衛計算當時蘇州城踹匠人數約有「一萬九百餘」人。乾隆17年（1752）另一份官方調查則記錄蘇州踹坊、踹石與踹匠數目的減少：「今現在止存（踹）坊三百三十五處，計石九千二百零九塊，踹匠九千餘人」。[40]

要注意的是，無論是「一萬餘」人或是「九千餘人」，這兩個數字都並未算入棉布「字號」組織棉布加工生產所需「漂布、染布」與「看布、行布」等全部從業人員，特別是「染匠」，即很可能不在李衛等人調查的數字內。有紀錄顯示，康熙59年

---

39 分見：《雍正硃批諭旨》，13函4冊，李衛奏（冊8，頁4457-4458）；13函5冊，李衛奏（冊8，頁4515）。

40《宮中檔乾隆朝奏摺》，台北：國立故宮博物院，1982，第5輯，頁63-64。有學者首先介紹此條史料：陳國棟，〈介紹一條有關長江下游踹布業的史料〉，《思與言》，19,2(1981)：135-138。

（1720）時，蘇州城染坊至少有六十四家，[41]就算染坊平均工人數目比不上踹坊的「數十人不等」，則只以每坊十人保守估算，則染坊工人也至少在六百人以上。正因為胡鳳翬報告記錄的「兩萬餘人」應是包括染坊工人在內，故其統計數字要比李衛等官員調查的「一萬九百餘」人與「九千餘人」多了將近一倍。即便依然假定胡氏報告數字可能誇大，則取最保守估計，十八世紀蘇州城的踹布、染布工人總數也肯定在一萬人以上。而十八世紀蘇州城市人口總數，一般估計有五十萬，則單是從事棉布業加工的工人，其所占城市人口比例也已是五十分之一。

　　棉布、絲織及前面提及的其他手工業行業的發展，使蘇州城聚集眾多工人，工人數目的眾多，則進一步為蘇州城的罷工運動提供了基本條件。棉布工人數目最多，罷工活動也最頻繁，其他行業罷工紀錄亦復不少。根據不完全統計，由康熙9年（1670）到道光25年（1845）間，蘇州共發生至少十九次工匠抗爭、罷工或是控告作坊主商人的事件，這些事件大都與工資糾紛有關；其中，踹布業發生十次，絲織業發生兩次，染紙業五次，印書業兩次。[42]若再加上乾隆4年（1739）、乾隆6年（1741）冶坊業兩起工匠「干預把持、訟棍殃民」事件，道光6年（1826）、道光27年（1847）蠟燭店業工匠的「霸停工作、勒派斂錢」事件，以及道光17年（1837）箔作坊業工匠的「霸眾停工」事件，[43]則目前有

41　許滌新、吳承明主編，《中國資本主義發展史》第一卷《中國資本主義的萌芽》，頁404。

42　《中國資本主義發展史》第一卷《中國資本主義的萌芽》，頁719。

43　分別參見：《明清蘇州工商業碑刻集》，頁154、268、273、165。

紀錄可查的清代前期蘇州城工資糾紛事件，至少有二十四件。[44]

　　在這些二十四次工資糾紛事件中，棉布加工業的踹布業即占十次。以剛要進入十八世紀前夕的一次踹匠罷工事件為例，蘇州踹匠在康熙39年（1700）四月發起了這次的罷工，據棉布字號商人在事件過後的康熙40年所做的描述，此次罷工造成的「變亂之勢」，「比諸昔年尤甚，商民受害，將及一載」。發起這次1700至1701年間將近一年之久的罷工運動領袖，被棉布商人叱罵為「流棍」；根據這些氣憤的棉布商人對罷工情景的描述：「流棍之令一出，千百踹匠景從。成群結隊，抄打竟無虛日，以致包頭畏避、各坊束手，莫敢有動工開踹者」；同時，踹匠工人也自行發展了類似「罷工準備金」的制度：「或曰某日齊行，每匠應出錢五文、十文不等；或曰某匠無業……每匠應出銀二分、三分不等，而眾匠無一不出……積少成多，已盈千萬」。[45] 在「千百踹匠」的配合下，這筆「積少成多，已盈千萬」的踹匠捐款，乃使這場踹匠大

---

44 商人與僱用工匠發生的許多工資糾紛，在當時常被稱為「商匠爭端」（《明清蘇州工商業碑刻集》，頁75）。對清代前期蘇州及其他地方「商匠爭端」的分析至少可見：劉石吉，〈一九二四年上海徽幫墨匠罷工風潮──近代中國城市手藝工人集體行動之分析〉，收入《近代中國區域史研討會論文集》，台北：中央研究院近代史研究所，1986，頁411-429。邱澎生，〈由蘇州經商衝突事件看清代前期的官商關係〉，《文史哲學報》，43（1995）：37-92；巫仁恕，〈明末清初城市手工業工人的集體抗議行動──以蘇州城為探討中心〉，《中央研究院近代史研究所集刊》，25（1998）：70-72；巫仁恕，《激變良民：傳統中國城市群眾集體行動之分析》，北京：北京大學出版社，2011；余同元，〈江南市鎮早期工業化中工業行業與職業團體之發展〉，《安徽師範大學學報（人文社會科學版）》，37,2（2009）：214-219。

45 《明清蘇州工商業碑刻集》，頁63。

罷工得以由1700年持續至1701年。而字號商人所謂的「商民受害，將及一載」，固然陳述了棉布商人在罷工事件中的利益損失，但也真實反映了十八世紀蘇州城做為一座「罷工之都」的情景。

　　十八世紀蘇州與江蘇地方政府屢次發布管制工人罷工法令。自康熙40年（1701）頒立〈蘇州府約束踹匠碑〉規定以保甲編查踹匠的具體辦法：命令十家踹坊編成一「甲」，於其中選立「老成者，充任坊長」，然後，令這些「坊長」約束踹匠：每家踹坊「設循環簿」，記錄新收踹匠「何處籍貫、何人保引、何日進坊、何日出坊」等個人資料，規定這些個人資料要「分列舊管、新收、開除三項。每逢朔望，必與坊長倒換」，同時還責成專門官員稽查與彈壓。康熙59年（1720）再頒立〈長洲吳縣踹匠條約碑〉，執行「連環互保」與「夜間關閉在坊」等更為嚴苛的管束踹匠辦法。乾隆58年（1793），蘇州的元、長、吳三縣知縣則聯合援引康熙年間頒布的〈踹匠章程例〉，如法泡製了一套防止蘇州城紙業工人罷工的〈紙匠章程〉。[46]政府在十八世紀不斷頒布管理蘇州城工人的法令，這應該是傳統中國都市史上極特殊的現象，也正好側面說明了蘇州這個城市如何在十八世紀成為一座名符其實的「罷工之都」。

第二節　質檢驗收、工資談判與新工作規訓的形塑

　　由十八世紀蘇州城棉布業中的工資糾紛與罷工事件，可以觀

46《明清蘇州工商業碑刻集》，頁63-64、68-70、92-95。

察到當時工作習慣與「工作規訓」內容的轉變。然而,要掌握當時新出現「工作規訓」的內容,則需先理解當時蘇州棉布業生產結構的變化,特別是要先探究所謂的「質檢驗收」流程究竟如何被嵌入當時的棉布字號「放料制」生產結構中,在字號老闆借助各種「看布朋友」幫助檢查棉布原料與加工成品品質的同時,棉布工人也在日常工作中日益感受到一種由「寫賬、按件計酬」而帶來的誘因與壓力,這構成當時工人將這套新工作規訓予以「內在化」的主要內容。同時,隨著各種工資糾紛與所謂「齊行、叫歇」等罷工運動的展開,在商人與工人之間的工資談判過程中,官方不僅介入工資糾紛仲裁,也頒布更嚴格的踹匠管理法令,這些工人、商人與官方的複雜互動,也形成當時出現一種新工作規訓的外在機制。因而,「質檢驗收」及「齊行叫歇」正是當時新工作規訓興起的關鍵,本節將做分析。

(一)「質檢驗收」的背景與理論

蘇州城在十八世紀成為全國最大的棉布加工與販售中心,主要有三個關鍵成因:一是前節所述蘇州城在全國商貿網絡的優越交通位置,二是地近全國棉布生產中心的松江府地區,三是城內染坊、踹坊工匠對「青藍布」等棉布加工工藝的較高技術水平。[47]松江地區雖然產布最多,但因並不兼具蘇州這三項長處,故松江地區由清初到乾隆年間也愈來愈以蘇州城為銷售中心,從而

---

47 王家範,〈明清蘇州城市經濟研討:紀念蘇州建城兩千五百周年〉,《華東師範大學學報》,1986,5(1986):16。

形成一種「布店在松，發賣在蘇」的產銷格局。[48]所謂的「布店在松，發賣在蘇」，固然再次印證蘇州優越的商業交通地位與更好的棉布加工技術，但其實也同時涉及棉布產銷中的農村與城市關係，要先做些分析。

　　蘇州城主要是做為棉布染色、踹整等工序的加工與銷售中心，每年由蘇州城發售全國各地的棉布原料，並不在城中生產，主要是來自江南地區許多農村與市鎮。江南農村與市鎮生產很多不同種類棉布，而由棉花製成棉布，則需包括以下九道基本工作程序：軋棉、彈絮、搓條、紡紗、搖筒紆、刷經、盤軸、穿筘、上機。根據紡織者工作熟練程度的差異，由棉花到棉布所需時間當然無法一概而論，但勉強取江南農家紡織一般技藝水準而估算，則上述九道工序所需花費工作時間可折算如下：紡紗，需四個勞動日；織布，需一個勞動日；織前一切準備工作，需要一個勞動日。總計織成一匹棉布，大約需要六個勞動日。[49]在農民家庭中，這「六個勞動日」當然是由家庭許多男女成員共同協作完成。但農家所織成的棉布主要是素色，基本上都未經染色等加工程序，當時統稱之為「白布」。江南各地農村所產白布則也有高下之別，當時許多從事收買棉布的牙行或商人，對各地出產不同

48　順治16年（1659）四月的〈蘇、松兩府為禁布牙假冒布號告示碑〉，即已由當時松江「金三陽」等布號商人提及其「布店在松，發賣在蘇」的事實（《上海碑刻資料選集》，頁84）。

49　徐新吾主編，《江南土布史》，頁216。有學者則估計稍微不同：一個成年勞動力從事由彈棉到成布的全部過程，共需七個工作日；其分配大體是：紡紗四日，織布一日，另二日是彈花、漿紗、接頭等準備工作，見：《中國資本主義發展史》第一卷《中國資本主義的萌芽》，頁390。

棉布品質優劣，都要有一定程度的掌握。

　　江南農民生產的棉紡織品，透過商人資本的介入，愈來愈與市場密切關連起來。江南地區棉布市場可區分為農村集鎮與城市兩個層次，在城市進行的棉布交易一般規模較大；而農村家庭生產的大量棉花、棉紗與棉布，則主要都在農村集鎮交易。在商人與農民家庭之間，則是遍布各地農村集鎮市場上的棉業小販、牙行等大小規模不一的中間商，這些中間商負責在各地農村集鎮上與農民交易各色棉紡織品。隨著對棉布市場依賴程度的加深，投入棉紡織工作的農民家庭也愈來愈直接面對市場上季節性價格波動的折磨。[50] 不過，我們若從交易成本的角度看，則這個農民在市場販售棉紡織品的過程，其實也反映了當時江南棉業市場上遍布著眾多農民與棉業商販之間的契約談判和簽訂過程，各種買賣棉布契約的談判技術，成為當時從事棉業生產的農民家庭及各類商人所經常運用的相關知識。

　　棉布市場除了城市與農村集鎮空間不同的水平區別外，還可另依批發規模不同而垂直劃分為三大環節：第一，外地客商攜帶巨款，大批購入已加工完成的棉布，並向全國各地甚或是海外輸出（所謂「富商巨賈，操重資而來市者」）[51]；第二，本地「布牙」接受客商委託，代為收購棉布（所謂「代客收布」）；第三，「布

---

50 徐新吾，《中國經濟史料考證與研究》，頁78-79、87。

51 清・葉夢珠，《閱世編》（原書成於康熙年間，新校本，台北：木鐸出版社，1982），卷7，頁157。葉夢珠對晚明以來松江棉布商業興盛有生動描寫：「標布盛行，富商巨賈，操重資而來市者，白銀動以數萬計，多或數十萬兩，少亦以萬計，以故牙行奉布商如王侯，牙行非勢要之家不能立也」（《閱世編》，頁157-158）。

莊」在市鎮開設分支店鋪，直接派人下鄉選購或是從外地大批買入棉布原料。[52] 隨著時間演進，某些商人開始擴大營業資本，將這三個環節進行垂直整合，形成一種同時整合第一類大批購入已加工完成棉布、第二類接受客商委託「代客收布」，以及第三類的「布莊」在市鎮設立分支店鋪收購棉布原料的一種商業組織；這種商業組織不僅在營業空間上兼跨城市與農村市鎮市場，更隨著委託加工棉布數量的龐大，開始正式跨足棉布的加工生產，逐漸將與自己長期合作的許多染坊、踹坊納入自己資本的經營範圍內，進而使分屬各個染坊、踹坊自行雇用的染匠與踹匠，變得愈來愈像是這類棉布商業組織所雇用的工人。因而，這類「商業組織」也發展成一種實質上的「工業組織」，一種同時結合棉布銷售與生產的新經濟組織於焉成立，這便是那些資本規模較大的棉布「字號」。

　　江南地區這類具有資本規模「字號」的出現與發展，改變了棉布生產與銷售組織中的契約關係。開設字號的棉布商人，透過自身資本的運作，使「漂布、染布、看布、行布」這些原先只是彼此各自私下建立買賣關係的生產者與銷售者，共同形成一種更長期而穩定的契約關係。無論是在蘇州其他江南城鎮中，棉布字號的普及，都使染坊與踹坊等棉布加工業者經常接受特定字號的大量棉布委託加工，從而使這些與字號有長期契約關係的染坊、踹坊，逐漸轉變成為「一般早已都是為商人進行加工」。[53] 隨著前述垂直整合程度的加深，甚至是在農村、市鎮中從事棉業生產的

---

52 徐新吾，《中國經濟史料考證與研究》，頁167-174。

53 徐新吾，《中國經濟史料考證與研究》，頁89。

農民家庭，也透過字號派人進行更長期而穩定的收布關係，而被字號商人間接地統整在一起。

綜合看來，在富有資本規模的字號普及之前，商人委託踹坊、染坊加工生產，以及商人委託布莊、牙行在市鎮中收取農民生產棉布，可以同時存在著各種短期或長期不等的生產與銷售契約，而這些契約其實都涉及買賣雙方如何具體界定、確認、監督、修改與執行權利義務關係的複雜問題；當棉布字號普及並掌握更大產銷能力時，則包含棉布採購與委託加工在內的各種契約，乃由短期而經常更換的形式逐漸轉變為長期而較穩固的形式。[54]

本章主要關心棉布委託加工領域內的商人與工匠衝突事件，下面將針對染坊、踹坊與棉布字號商人的生產結構多做討論。

儘管有些鄰近生產棉布農村的市鎮也存在一些可為農民加工棉布的染坊，而像松江府婁縣的楓涇鎮及嘉定縣的南翔鎮，也有數目不少的踹坊與踹匠，[55]然而，蘇州城的染坊與踹坊，無論是以營業規模或是加工技術而論，都仍在江南地區中獨擅勝場。蘇州城的染色、踹整具有獨到技術，聚集一批優秀的染坊與踹坊工匠。乾隆年間以後，蘇州城的染坊業更加興盛，不僅技術精良，並且能夠印花，時稱「蘇印」。只是，相對於現存的踹坊史料，

---

54 清代前期蘇州棉布字號出現之後，究竟如何影響江南棉布市場短期、長期契約中存在有關「測量與訊息成本、談判成本、執行成本」等不同「交易成本」的各別變動，可見本書第二章的分析。

55 王江涇與南翔這兩個市鎮，在十八世紀也曾發生不少棉布業工資糾紛與罷工事件，現有資料至少可查得康熙37年、康熙54年與乾隆40年等三次罷工與工資糾紛，參見：《上海碑刻資料選輯》，頁98、99。

我們對清代前期蘇州染坊的生產經營與僱傭關係所知仍然不多。[56]踹布這種加工程序最初常由染坊兼營，其規模大小不一，但後來踹坊逐漸自染坊中區劃出來。一般而論，清代前期蘇州平均一座踹坊內的踹匠經常是「20至30人，在同一場所，在同一資本支配下，進行集體勞動」，[57]單一踹坊內的踹匠工人數目已不能算少，而那些稱為「包頭、作頭」的踹坊老板則要負責添置與更換「踹石」等生產設備。有學者不將包頭視為是踹匠的真正老板，其理由在於：「踹匠的工資是按匹計價，由布號發給」，「在經濟關係上，應當說踹匠是布號的僱傭勞動者，付給計件工資」。[58]這是主張「包頭」更像是代收、代發字號商人薪水的中間人，而不是踹坊工作場所內的真正老板。[59]

　　無論當時踹匠心中認定踹坊包頭或是字號商人誰才是其真正「老板」，至少，由字號對踹坊預發等待加工布匹、同時參與一筆棉布加工訂單的踹坊在空間上相對分散，以及踹坊工匠要到完成加工產品後才以按件計酬方式領取棉布商人發放的工資，這些特徵都反映當時蘇州棉布生產主要以「放料制」為基本特徵，或是，我們也可換個方式做描述：當時許多踹坊與字號之間轉而簽訂較為長期而穩固的契約，從而取代了原先常見的短期而不穩定

---

56 《中國資本主義發展史》第一卷《中國資本主義的萌芽》，頁404-405。

57 《中國資本主義發展史》第一卷《中國資本主義的萌芽》，頁409。

58 《中國資本主義發展史》第一卷《中國資本主義的萌芽》，頁407。

59 寺田隆信對此略有不同看法，他認為：康熙、雍正及乾隆初期，踹坊包頭與布商字號之間，「似乎並沒有直接的金錢住來關係」（寺田隆信，〈蘇州踹布業的經營形態〉，收入氏著《山西商人研究》，張正明、道豐、孫耀、閻守誠譯，太原：山西人民出版社，1986，頁332）。

的契約關係。踹坊如此，染坊應也相去不遠，許多染坊同樣與字號商人存在較長期的委託加工契約關係。

　　然而，接受字號委託加工的踹坊、染坊並不集中一處；而且，那些按件計酬領取字號商人工資的工匠人數也不少，在組織技術上，字號商人究竟要如何減少加工棉布品質不穩定、工人怠惰偷懶，甚或是盜賣原料等監督管理方面的問題呢？有學者強調字號商人借助棉布「機頭、牌號」來降低這方面的管理成本，或者直接提出字號可以「質檢驗收」程序有效解決此類管理問題。

　　徐新吾指出：棉布業「字號」與絲織業「賬房」都在自身產品上加附「機頭、牌號」；在棉布生產方面，康熙、雍正年間凡經蘇州、松江等地棉布字號加工的棉布，在布匹「機頭」或包裝上便印有「某某某號監制」或是「某某某號自制」字樣；[60] 而在絲織生產方面，蘇州「賬房」經營方式則是「只經營放絲收綢，不再兼營收購緞匹，這是因為各家賬房均有自己的牌號與固定的規格品種」。[61] 李伯重也強調「機頭、牌號」反映江南字號對棉布品質的「鑒擇尤精」，以及賬房對絲織品進行「讎貨」，從而能對棉、絲織商品的生產流程有效進行「嚴格的質檢驗收」。[62] 李伯重進而指出：江南棉布字號與絲業賬房的放料制生產，不僅「通過發料、收貨這一基本形式」而將「手工作坊、個體勞動者、家庭婦女、小生產者、各種手藝人」的各種工序都組織起來，「形成

60　徐新吾，《中國經濟史料考證與研究》，頁172。

61　上海社會科學院經濟研究所、上海市絲綢進出口公司編寫，徐新吾主編，《近代江南絲織工業史》，頁48。

62　李伯重，《江南的早期工業化（1550-1850）》，頁79-80、83。

一個龐大的工業體系」；更通過上述「質檢驗收」作用，而對紡織工業起到重要貢獻：「可以減少獲取市場和貨源信息所需費用、更有效的規畫產銷組織內部設備與人員的利用效率」，從而「提高了生產效率，並降低了成本」。[63]

　　儘管字號透過「質檢驗收」可以排除不適任的踹坊與染坊，但是，以無法通過「質檢驗收」流程而欲排除繼續委託既有踹坊、染坊加工的這種商業行為，其實仍要看當時司法運作是否真能有效維護此種民間承攬契約的具體協議內容。事實上，蘇州染坊與踹坊即可以自己有長期契約保障為藉口，控告字號商人違反契約，並要求官員不准字號商人另換別人承攬棉布加工。一般說來，對這類踹坊、染坊控告字號商人不得撤換自己，繼續承攬棉布加工契約的訴訟案件，仍是為難清代地方官員的挑戰，在維護「禁止把持」的市場自由原則，以及保護染坊、踹坊「小民」生計之間，地方官其實並不一定容易做成明確而果斷的裁決。[64]

　　即使要考慮各種司法流程與法官法律推理的差異因素，但字號商人透過「質檢驗收」可以有效降低管理監督成本的提法，筆者認為確實有其基本道理。只是，我們仍需留意棉布字號究竟透過何種機制與人員來實際從事「質檢驗收」。依現有史料看，幫助棉布字號商人質檢驗收的主要人員，是一些專精棉布產銷知識的人物，他們自稱為「看布朋友」，這些人物同時稱字號商人為「東家」。[65]在不同的棉布產銷流程中，字號商人聘請許多「看布朋

友」，用以協助收買各式棉布原料並對棉布加工流程與成品進行包括各種細節的「質檢驗收」。

　　字號商人僱用的「看布朋友」各有所司，其職務分工主要可分為「看白布」、「看缸水」與「看光布」等三類：「看白布」職司對布牙蒐集農家紡織各種素色棉布進行分級採購，「看缸水」是對染坊加工「青藍布、翠藍布、月白布」等等眾多不同色布進行品質鑑別及成本控管，「看光布」則是驗收踹坊加工「光布」的品質優劣。「看布朋友」需要兼具棉布產銷與加工方面的各類知識，並要常與各式各樣棉布從業人員打交道。當幫字號「東家」到附近農村集鎮收布時，「看布朋友」不僅要必備自己判別江南各地農家「織手」優劣的知識，還得常與集鎮中各種談判手段高強的「莊客、行家」往復議價；同時，更要能敏銳地意識到棉布市場上變動不居的行情，依白布品質、種類與市場行情變動而採購數量不同的各類白布，此工作也泛稱為「配布」。配布要能依照「行情漲即多買，行情將落則宜少收」的原則，絕不可「稍存私意」，因為：「字號生意，賺錢折本，都在漲落之間，其中因時用事，為東家者，不知全在看布之人也」，這是「看布朋友」看重自己身為「字號之棟樑」的自勉與期許。[66]

　　在講究「看白布」配布能力的同時，「看布朋友」更是協助

耶！」（「布經」，清抄本，安徽省圖書館藏，頁36）。王振忠教授曾抄錄此書，承其美意慨慷賜借閱讀，謹此致謝。又，此抄本原無頁碼，筆者此處徵引原抄本時，則暫依王振忠教授手標頁碼。針對「賈師」的更多分析，可見：邱澎生，〈18世紀蘇松棉布業的管理架構與法律文化〉，《江海學刊》，2012,2（2012）：143-157。

66「布經」抄本，頁13-14、19。

字號商人檢驗染坊、踹坊加工棉布品質的關鍵人物。在這些「看布朋友」口中，染坊業者通稱為「缸上」，而踹坊業者則泛稱為「石上」。乍看之下，「看布朋友」常表露他們對染坊、踹坊全體業者的鄙視，如所謂「缸上人，蠢者多，而好者少」、「石上小人，反覆不常」；[67] 然而，細究其實，這卻主要反映質檢驗收過程中「看布朋友」與「缸上、石上」之間的一種結構性緊張關係。

　　每當檢驗出不合格的染布與踹布時，「看布朋友」便需採取各種輕重不一的手段：情節重者，退還不收；情節輕者，則「寫賬」罰款。這種罰款或退布手段，讓「看布朋友」與染坊、踹坊間常面臨一種緊張關係。以「看光布」這類主要檢驗踹坊加工棉布品質的工作而論，「看布朋友」即曾自述其間艱辛：

　　　看光布一事，俸金雖重，乃是非衙門，卻好，亦不好也。既叨重任，不得不認真究工，豈知招怨。石上貨不能出，而東家不悅；稍為寬容，布又不好，東家又不悅。此乃至難之事。蓋石上原不知禮義，究工太甚，鬼計百出，或停工不踹，或私送禮物，讒言流語，甚至離間賓主。一俟東家辭出，輕則辱罵，重則謀害，於無人之處，被石上打傷者，亦往往而有。[68]

　　由此可見，如果檢驗棉布太過認真，則「看布朋友」是經常要面臨踹坊或送禮賄賂、或直接到字號商人「東家」處講壞話、

67 「布經」抄本，頁20、36。

68 「布經」抄木，頁44。

或罷工抗議，甚至是在私下無人處被踹坊派人「打傷」。「看布朋友」批評「缸上人，蠢者多，而好者少」而「石上小人，反覆不常」，恐怕真有些切膚之痛。但質檢驗收乃「看布朋友」職責所在，更是「缸上、石上」向字號「東家」按件計酬領取工資的主要根據，染坊、踹坊希望字號多收加工棉布，而字號則擔心不良加工棉布無法在競烈棉布市場中順利賣出去，而且也要減少加工成本支出，雙方有一定的利益衝突，「看布朋友」身處第一線並為字號商人的利益代理人，各種緊張衝突，勢所難免，這正反映質檢驗收內部存在的結構性緊張。

如何消減這種結構性緊張關係？有些「看布朋友」做了建議。基於實際經驗，老於此道的「看布朋友」並不建議在質檢驗收中輕易採取重罰或退布手段，這倒不是真要徇情放水，而是因為若驗收踹布時一律採取「凡有破布，必寫賬，與包頭扣算」的方式，則很可能會連累到踹坊內其他「好踹手」的工作意願，反而讓踹布品質更形低下。何以故？因為踹破棉布常肇因「低踹手」技藝不良與不認真，而一座踹坊如果每月都因破布太多被「寫賬」扣算許多工錢，則不僅踹坊拿不到字號發下的全額工價，而低踹手也因自知踹破棉布將會被扣工資，故便預先向踹坊借錢而「透支工銀」，環環相扣，最後必使每月結算工銀時「連累好踹手無銀支」用，如此，則此座踹坊便面臨「好踹手去，而有低踹手在，則破者皆從此而不免」的不利結局。為避免此種字號與踹坊兩蒙其害的結果，有些「看布朋友」便建議要盡量輕罰：「有破碎甚者，或罰二、三分一疋」，或是不要太嚴格驗收：「或有活縐破，可以去得，亦當收」；如此一來，則「包頭省力，石上不致透支，而低踹手自然去，而高踹手自然來，破布之病，

永無矣」。到染坊驗布時，也建議不要過於嚴格：「朋友隨機應
變，不可執自己意見，妄聽人言。要看本家生意多寡，亦要看天
色及缸水高低，如其布色彷彿，即當收下，切勿誤退」，「亦乃各
人活變，不但東家生意好，而缸上亦極心服」。[69] 這也都是明顯要
求有志學習「看布朋友」技術的人，一定要以大局為重：要在保
證「東家生意好」的同時，還要能既讓「缸上人心服」，而且
「石上不致透支」。

　　當然，對於有些品質太離譜的加工棉布，明顯是「缸上」或
「石上」錯誤時，則「看布朋友」仍是強調「必要寫賬重罰」。而
且，在驗看棉布的當場，也仍是有操作的基本原則：「主意拿
穩，不必多言，不可生火。惟以眼光射在布子眼內，好即收，次
則帶，不好即退，萬勿狐疑。凡石上進來，叫他毋許囉唣，只好
言忍慰騙之」。對於棉布加工過程各種細節不僅要能掌握，對於
「石上、缸上」可能用來騙人的小把戲，「看布朋友」也必須要能
洞察其弊。諸如「石上踹布」可分「背地踹、抽套踹、削提踹、
擦皮踹、擦紙踹」，即能一一由這些踹布技藝的優缺點中看出工
人是否是「好踹手」：「背踹法極難，新學手不敢背踹」，「削提踹
法，乃偷工踹也，容易發亮，重水不能踹乾，則外面亮、內裡黑，
又縐破者多，不可取也」，「用擦皮、擦紙踹者，因人不識貨，故
將此法欺之，並害他生意，其布必然上霉也」。[70] 因此，驗布時究
竟是要嚴格或是要稍寬，既是考驗「看布朋友」對棉布產銷與加
工各項細節的熟悉程度，也能充分展現一位優秀「看布朋友」如

69「布經」抄本，頁39、20。
70「布經」抄本，頁42、41、43。

何講究人情事故，以及如何獲致所謂「公私兩利」的權衡技藝。[71]

要之，「看布朋友」在棉布產銷與加工方面所具備的各項商工業知識及應對人事技巧，確實是當時棉布字號這種「放料制」生產在實際執行「質檢驗收」工作時的關鍵，故「布經」曾針對踹坊加工質檢驗收發表以下評論：「看光布一事，原不是勉強做的。如朋友手段高強，必然重俸。若不重，則不能遂朋友之心；若既重俸，而朋友實無手段，徒負虛名，又何以遂東家之意。自古道：為君、為臣不易，此事亦然」，[72]這裡只是要求「看布朋友」要在真能拿捏各種令「公私兩利」權衡技藝的同時，字號東家不僅提供「重俸」，更重要是要能對「看布朋友」充分授權；「看布朋友」甚至於以「君臣之道」來形容此中關係。

我們雖然缺乏棉布工人自己記錄的語言文字，但「布經」仍透露了當時棉布加工行業如何進行「質檢驗收」的第一手史料，在檢驗棉布時，不必向工人強調「時間即是金錢」，因為這種字號施行的「寫賬」制度，本來即使得踹坊與染坊都必須讓因為技藝不達水平與不慎弄壞棉布的工人一併「扣除」每月工銀。在「質檢驗收」按件計酬與「寫賬」制度裡，「看布朋友」對於城市「好踹手」與部分農村優良「織手」是很看重的，當「布經」作者提及「認真好踹手，一日只踹八疋；若踹手低者，要防他起不良之心，有鬼布放在內」，並提醒對這些「低踹手」的種種「小人見識」與技倆，「看布者，必當時時留心」，[73]也一樣是對提升

71「布經」抄本，頁37。

72「布經」抄本，頁35。

73「布經」抄本，頁37。

工人的工作道德與工作規訓等問題顯得幾乎是漠不關心，好像是只要「看布朋友」自己本領高強，則自然不會被「低踹手」騙倒。

由此可再進一步看十八世紀蘇州棉布加工業的「工作規訓」問題。好的「看布朋友」可以設法以自己的知識與智慧讓字號、缸上、石上達成「公私兩利」的結果，進而讓更多從事棉布加工業的工人享有更好的工作環境，不會因為一時出錯而被扣掉太多工資。優秀的「看布朋友」並非只想著自己好處，他們也確實關心字號「東家」以及那些簽訂長期契約的「缸上、石上」棉布加工業者的共同利益；只是，有趣的是，「布經」裡的「看布朋友」不僅對勸人努力工作的道德論述毫無興趣，對於設法增加工人工作時數以及要求工人準時上班的制度設計，也並不關心。這些現象都從側面再次驗證當時蘇州棉布加工業的「工作規訓」本來即是工人依自己努力程度賺得更多工資的一套「內在機制」。

（二）工資談判中的工人、商人與政府互動

由「看布朋友」從側面反映棉布工人那種「高踹手、低踹手」得為自己領取工資多少負責的態度來看，還可以連帶提出一個十分重要的觀察：在「布經」內容中，我們完全看不到有任何棉布工人團體運作的影子，那些在歐洲中古與近代初期對紡織業有重大影響的工匠「行會」，從來便不是蘇州城如此發達棉布手工業中曾經有過的歷史現象。在此種「按件計酬」的制度下，所謂「高踹手、低踹手」等技藝不同的工人，自然即會領到不同的工資。要想多領工資，便得設法改進技藝並且謹慎工作，這便成為工人自己要負起責任的「工作規訓」，沒有類似「行會」的工

人團體力量可以抵抗這個「不同工、不同酬」的「按件計酬」與「寫賬」制度，踹匠、染匠個人要承擔起勤勞、謹慎與否的工作後果。

　　然而，工人認同於依個人工作能力領取不同工資，以及在日常工作生活中看不出來棉布工人團體組織運作的跡象，當然並不等同於字號商人即與棉布工人沒有嚴重的工資糾紛，踹坊、染坊等棉布加工業者也絕不可能對字號商人訂定的「按件計酬」工資水平總無抱怨。而且，「看布朋友」再如何本領高強，也不能靠著個人專業知識與處理人際關係手段高強而使商人與工人間不發生工資糾紛。

　　蘇州踹匠、染匠棉布與其他絲織各業工人的生活如何？我們其實很難一律以「貧困」來概括其間細節的變化。近在蘇州附近的南翔鎮，有兩則與踹匠生活相關的實例。一例是有位商人羅採，先是由徽州到揚州經營鹽業，後來再跑到南翔鎮開設棉布字號；他不僅在雍正11年（1733）曾在南翔鎮參與徽州同鄉捐款設廠煮賑救濟貧民的活動，還曾因為「踹坊各匠逋金無償，當眾悉焚其券」，這個類似古人義行的燒毀債務契據的舉措，據說是令受惠的踹匠們「感泣者載道」。[74]姑且不論這些較富社會正義感的「手工業資本家」商人有多少，至少，踹匠積欠債務的「逋金無償」現象，容易令人聯想到前述「布經」提及「低踹手」向踹坊預支工資，以及每月結算工資時「高踹手」不滿「低踹手」領去太多字號發給踹坊工銀的那種「寫賬」制度，只是，這裡更透露

---

74 清・張承先著，清・程攸熙訂，《南翔鎮志》，朱瑞熙據民國12年（1923）鉛印本點校，上海：上海古籍出版社，2003，卷7，頁89。

了進一步訊息：借錢給踹匠的人，有時候已經不再是踹坊，而是字號商人。這也是十八世紀南翔鎮棉布字號商人羅採燒毀踹匠積欠債務契約義舉相關史料所呈顯的一項重要訊息。

《南翔鎮志》編者程攸熙（1752-1810）在十八世紀後期補充這部鎮志內容時，還採集了另一件有關踹匠日常生活的事例：「王氏，小家女，適踹匠某，生一女。某負坊甲銀，甲固棍惡，禁不令踹布。某無生業，貧難度日，計維鬻妻償負，猶可踹布自活。氏偵知之，恐死後，鬻女為人婢，遂伺深夜，以繩自繫，並繫其女共沉於池。見者酸鼻」，[75] 這件悽慘的「烈女」事蹟，被編者置於鎮志〈列女〉一章，並繫其事於一則明代史實。因為擔心自己死後女兒被賣為婢女，故這位出身「小家女」而錯嫁一位積欠踹坊債務而被禁止繼續踹布踹匠的「王氏」，乃與女兒一起投水自盡。編者謂此事於明代當時是「見者酸鼻」；而由生產結構看，則王氏錯嫁的踹匠何以會被踹坊「禁不令踹布」？恐怕便也同樣是出諸於前述「布經」指出踹坊擔心「高踹手」被「低踹手」連累而必須開除王氏丈夫的主要原因。此外，那些在史料中經常被形容為沒有家室的外來踹匠們，也在晚明的南翔鎮上，出現了一件娶妻生女事例，雖然，其此椿不幸的婚姻實例當然會令後代讀者同感淒涼。

踹匠生活便是充滿債務方面的沉重負擔嗎？當宣稱要用些許事例重建十八世紀蘇州與鄰近江南地區工人的生活水準，甚至是進而將江南工人工資平均所得概括為下降或上升，實在令不少學者不能不感到為難。然而，十八世紀蘇州包含棉布業在內的工資

---

75 清・張承先著，清・程攸熙訂，《南翔鎮志》，卷8，頁114。

糾紛與罷工事件頻傳，則是確實的史實。與其設法估算當時工人
生活水準是否下降，甚至是推論當時中國已然面臨「人口壓力」
等經濟生計方面問題，筆者覺得倒不妨再仔細討論當時工作如何
做為一種「文化的活動」，以及當時是否出現與如何出現一種新
的「工作規訓」。

　　在十八世紀蘇州的工資糾紛中，有些踹匠曾經發揮過組織方
面的長才。不少學者留意到在康熙54年（1715）的蘇州踹匠罷工
運動中有些踹匠曾經試圖組建「會館」，在那些對踹匠團體組織
充滿敵意的字號商人眼中，這是不良踹匠以「欲助普濟院、育嬰
堂」為名而共同「結黨創立會館」的「歛銀」陰謀。[76]布商在法庭
上提出有關踹匠「歛銀」陰謀的指控，其實應細分為兩項不同的
行為：一是「欲助普濟院、育嬰堂」，一是要「結黨」建立「踹
匠會館」。在官府與商人同樣畏懼工人結社的心理背景和政策方
向下，「踹匠會館」最後並未能成功援用蘇州商人與手工業工匠
設立「會館、公所」的既有前例，那些將同業或同鄉捐買、捐建
專屬建築物取得地方政府合法保障產權的「立案」前例，踹匠其
實未能享有這種「前法人」的法律地位。然而，與討論踹匠是否
能成立團體組織的關心不同，夫馬進觀察到極富啟發的一項事
實：蘇州的「普濟堂」其實是康熙49年（1710）一位蘇州地方民
間人士陳明智提倡建立的，陳明智是位民間唱戲人，但可能是他
在結識某位達官顯貴而有機會去北京參觀過「普濟堂」後，他後
來便在蘇州倡建一座與北京「普濟堂」主要功能略有不同的同名
組織，蘇州「普濟堂」主要收養「貧而病者」，這使其功能相對

76《明清蘇州工商業碑刻集》，頁66。

來說更接近於我們今天所說的醫院。蘇州普濟堂成立後，康熙53
年（1714），有位年已八十歲的蘇州老人家王三錫，他在小孩分
家後，將自己用來過晚年生活的「膳田」撥出一百畝捐給蘇州普
濟堂。康熙54年蘇州踹匠王德等人「欲助普濟院、育嬰堂」的事
蹟，在夫馬先生看來，其實反映了捐助普濟堂在蘇州當地「似乎
成了一種時髦」，[77] 這確實是值得留意的現象。而由本章關注的
「工作做為一種文化的活動」角度看，則部分踹匠在前一年王三
錫捐地蘇州普濟堂之後不久，同樣響應對這座專收「貧而病者」
的慈善組織發動同業工人捐款，如果我們不以商人指責的「結社
陰謀」觀點看，則這也是蘇州工人參與地方慈善活動的具體反
映，工人們不是只關心自己的生計問題，也希望捐款幫助地方上
的「貧而病者」。學者指出，明末清初江南城鎮已有不少手工業
工人以「札焚神馬、身背黃布冤單、赴城隍廟告狀」等等「祀神
唱戲」展現其集體抗議活動以及源出某種宗教意識的「工人文
化」；[78] 與此同時，夫馬進指出的工人倡捐地方上這種並不標榜救
濟同業同鄉特殊對象的「普濟堂」，這是工人主動參與地方公共
慈善事業的表現，也很值得留意。

　　踹匠沒能成功創建「會館」，政府同意商人的說辭，以危害
社會治安為理由禁止踹匠成立團體組織。不過，政府取締工人團
體，也絕非是同意商人可以不理會工匠的增加工資要求。早在十

77　夫馬進，《中國善會善堂史研究》，伍躍、楊文信、張學鋒譯，頁437-439。

78　巫仁恕，〈明末清初城市手工業工人的集體抗議行動──以蘇州城為探討中
　　心〉，《中央研究院近代史研究所集刊》，25（1998）：70-72；巫仁恕，《激變
　　良民：傳統中國城市群眾集體行動之分析》。

八世紀以前的康熙9年（1670），蘇州知府已為布商與踹匠重申訂定了協議工資：「照舊例，每匹紋銀一分一厘」，地方政府要求雙方遵守此協議，希望勞僱雙方都能自此在工資糾紛衝突中自我節制：「店家無容短少，工匠不許多勒」。康熙32年（1693）以前，地方政府則已將踹匠工資的相關規定，刊刻在蘇州當地稱為「皇華亭」的公眾場所，[79] 要求商人與工匠一體遵守協議。進入十八世紀，蘇州與松江地方政府處理商人字號與棉布工匠司法訴訟並介入工資協議，更已成為常態。如乾隆2年（1737）四月踹匠殷裕公等人向蘇州地方官抗議布商未能隨「米價昂貴」市場變化而增加工價，踹匠要求能援引「松郡之例」，希望蘇州地方官員能以松江府的地方司法行政前例，強制那些在蘇州開設字號的布商增加工資。可能是不滿意蘇州府、縣級衙門的處理方式，同年十月，踹匠王言亨等人採取逕行「越控督、撫」的上控手段，[80] 要求上級長官直接介入踹匠與商人的工資糾紛。

　　整體看來，蘇州與松江府屬地方政府介入棉布加工業中的工資糾紛，是有個較長期的學習過程。十八世紀之前，官府在宣布商人與工人協議的「舊例」仍然有效時，不太考慮米價與銀錢比價等因素，所謂的「每匹，紋銀一分一厘」，是一種規定平均計價的方法。但進入十八世紀，在康熙40年（1701）至54年（1715）間，政府在同意踹匠工資由「每匹，紋銀一分一厘」提高為「每匹，紋銀一分一厘三毫」的同時，還進一步規定糧價上漲期間的貨幣工資究竟應該如何換算的法定標準問題：「其米價

79《明清蘇州工商業碑刻集》，頁54、55。

80《明清蘇州工商業碑刻集》，頁74。

貴至一兩五錢，每端布千匹，加銀二錢四分。米價一兩二錢，則
止。商店給發工價，每兩外加五厘，名曰捐助」[81]。在工資發放方
式上，地方政府也逐漸習得一些可以較好保障工人的細節，如乾
隆60年（1795）的〈元長吳三縣會議踹布工價給發銀兩碑〉，即
規定：「嗣後坊戶給匠工價，即照所發陳平九八兌九六色銀」給
匠，並讓踹匠能「聽其自行換錢，毋庸坊戶代為經理」。[82]之所以
如此規定，是因為布商發給踹坊的工資，原本多屬於白銀貨幣，
而踹坊坊主則假借代換銅錢之便，在銀錢比價折算價差上，可能
剋扣了踹匠所得到的實際工資。地方政府於此處介入，仍有保護
踹匠利益的考量。

　　在棉布業之外，蘇州地方政府也逐漸採行類似的行政與司法
技術。如乾隆21年（1756）即由元和、長洲與吳等三縣知縣聯合
為紙坊坊主與紙匠定立工資給發標準：「長、元、吳三縣會議，
各坊工價，總以九九平、九五色，按日按工給發，錢照時價高
下。倘敢再將工價折扣給發，請照〈不應重律〉，杖八十；工匠
持伙漲價，應照〈把持行市、以賤為貴律〉，杖八十。如糾眾停
工，請予照律問擬之外，加枷號兩個月」，政府也是已經預先規
定銀錢比價中的「九九平、九五色」細節，只是，這時介於紙坊

81《明清蘇州工商業碑刻集》，頁68-69。有學者曾排比蘇州踹匠領取銅錢貨幣
　　工資以及當期的米價與銀錢比價，可見：Paolo Santangelo, "Urban Society in
　　Late Inperial Suzhou," in Johnson, Linda Cooke, ed., *Cities of Jiangnan in Late
　　Imperial China*. Albany: State University of New York Press, 1993, pp. 81-116。
　　巫仁恕，〈明末清初城市手工業工人的集體抗議行動——以蘇州城為探討中
　　心〉，頁65-66。

82《明清蘇州工商業碑刻集》，頁79。

老板與工人之間，並不像棉布加工業中仍有踹坊「中間人」一層人物，而是直接規範紙坊老板給發工人的銅錢工資。這份議定紙匠工資的碑文，還規定了另一項可觀的細節：依照紙業中的「推、刷、灑、梅、插、托、裱、拖」等不同工技與工序，政府同意勞僱雙方議定而羅列出來的二十四項不同工資計算標準。[83]

在十八世紀蘇州城的紙業工人罷工事件中，地方政府加意嚴懲那些展示組織長才而能「糾眾停工」的工匠，對這些工運領袖採取「照律問擬」並「枷號兩個月」示眾的刑責，這恐怕也同時寓有打擊工運領袖在同業工人與地方社會上名望的用意。不過，與此同時，政府對紙坊老板「折扣給發」踹匠工資以及紙坊「工匠持伙漲價」，則也依據《大清律例》規定，分別立定了依據〈不應重律〉、〈把持行市、以賤為貴律〉的明文定罪內容。這似乎也反映清代江南地方政府確實可以在當時現行《大清律例》的框架下納入依法處理工資糾紛的有用例案。至於那些由政府預先規定資方支付勞工貨幣工資形式的辦法，也由十八世紀穩固地傳承到十九世紀，並由傳統白銀擴及到「洋銀」與銅錢的換算，如道光2年（1822）元和縣知縣處理廿六名「開莊機戶」的「賬房」所提出的工資糾紛訟案，即同時規定賬房給付機匠「應給工價」時，「如各戶用洋，悉照每日錢鋪兌價作算，不得圖減滋畔」，[84]這是將本地「錢鋪」提供兌換包括「洋銀」在內的銀錢比價服務機制，一併納入有關工資糾紛的判案與行政命令中。從地方政府耐心處理工資糾紛中各項細節的行政與立法趨勢看，這正是十八

83《明清蘇州工商業碑刻集》，頁90-92。

84《明清蘇州工商業碑刻集》，頁25。

世紀至十九世紀一脈相繼的地方經濟如何可與司法審判互動的江南地區「商業傳統」。

　　地方政府也是個複雜的機制，蘇州各級官員在包括棉布加工業在內的各次十八世紀蘇州城工資糾紛與罷工事件中，究竟是否曾經有意偏袒布業字號等商人？我們可以私下賂賄能力這項因素為考察點，假設不少官員其實已收受商人好處而暗中做成不利工人的判決。而且，就算是官員在商人與工人的工資衝突事件中因為意圖省事而採取「遵重舊例」的辦法，在無法真正耐煩處理工資如何隨物價上升而訂定增加比率的前提下，決定要求工人遵照以前的商人與工匠協議，若然如此，則工人生計恐怕將難以被有效維護。畢竟，在美洲白銀大量流入而造成清代前期物價上漲的大背景下，十八世紀後半葉的蘇州米價不僅遠較十七世紀為高，而且長期停留在較高價位上。[85] 由康熙四十年代至乾隆、嘉慶年間，蘇州地方政府規定的踹坊每踹一匹布即得若干白銀的「法定」工資，如果我們不相信在白銀工資之外布商可能提供任何其他諸如年節或棉布行銷暢旺時可能增加正式工價以外的「酒資」，則這個「法定」工資的增加幅度看來是頗為緩慢。以此而論，這應不利於十八世紀蘇州棉布工人實質工資的提升。十八世紀蘇州棉布工人屢屢發動罷工並提起司法控告，也許正反映工人聯合起來維護生計的集體努力。

　　政府處理罷工的標準論述，和商人的口徑頗為一致，諸如乾隆2年（1737）地方政府處理工資訟案時即與商人一般地先批判

---

85 全漢昇，〈美洲白銀與十八世紀中國物價革命的關係〉，收入氏著《中國經濟史論叢》，香港：新亞研究所，頁475-508，特別見頁484。

罷工的踹匠：「良匠各安本業，食力糊口，俱系愚民，易為奸棍煽誘，借端齊行，斂錢滋事」，[86] 這可謂是當時政府與商人希望工人接受的「工作規訓」論述：先要工人「各安本業」，再將發起抗爭與「齊行」罷工的工人形容為「奸棍」。

　　現在看來，這種區分「各安本業」好工人與「奸棍、流棍」壞工人的論述，其實並不擴散到其他公共領域上，更不用說對實際面臨日常工作生活與工資上升總趕不及物價上漲幅度的工人。更何況，工人群眾中，肯定也會出現不錯的組織者。康熙54年（1715），當王德、張先進、杜雲升、陳晉侯等踹匠倡議捐助蘇州公共慈善組織「普濟院、育嬰堂」時，儘管政府官員依然重複商人們對這些工運領袖只是借端「斂銀」的奸棍而其他踹匠則只該「各安本業」，然而，此類區別工人的二分法，也並不能阻擋工人自我組織的技巧，而蘇州地方社會其他民眾對工人也有自己的觀察與理解。有趣的是，當商人這次又以「一班流棍」批評王德、張先進、杜雲升、陳晉侯等工運領袖時，卻不經意提及這些工人的另一項組織長才：「以增添工價為由，包攬告狀，肆行科斂」，[87] 若此種批評也算真的反映十八世紀蘇州工人運動部分實情的話，則踹匠們藉以發動捐款的理由除了捐助普濟院、育嬰堂之外，看來至少還有「包攬告狀」一項。商人將「包攬」與「告狀」連在一起，其實是用一種負面語詞，藉以區隔商人們自己的告狀更有正當性，踹匠們的告狀只不過是因為「流棍煽誘」而已。然而，這個區隔卻正好透露當時踹布業中的工運領袖確實已

86《明清蘇州工商業碑刻集》，頁74。

87《明清蘇州工商業碑刻集》，頁66。

採用共同籌募訴訟經費的方式來與商人在地方衙門裡「對簿公堂」；看來，在以司法訴訟解決工資糾紛問題上，當時蘇州工人也已培育出些不錯技巧。商人財力當然比踹匠好，但工人共同聯名控告商人，對地方官員而言，也是不能不認真回應的壓力；更何況，縣級衙門以上，蘇州還有更方便的條件：府級與省級衙門同在這座城市中，空間上近在咫尺，更方便工人「上控」。同時，早自十六世紀以後，蘇州等江南地區即有眾多訟師可以聘請，當訟師出馬為工人操刀寫狀詞，商人與大多數官員仍會感到不能不在工資糾紛中處理好工人所受委屈與「冤情」的壓力，否則，一層層的上級司法覆審機制，仍會讓官員疲於應付。[88] 從這個意義看，向各層級地方政府控告棉布字號商人，在十八世紀實已成為當時蘇州工人可用以要求增加工資的一項重要工具。

在各次工資糾紛當中，因為工人抗爭手段的加強，更多蘇州商人真正感受到工人們的集體壓力，這不僅表現為商人在司法訴訟上的策略：不斷自參加「齊行、叫歇」罷工工人當中，刻意區隔出「流棍亡命」、「退業並不踹布」的那些「壞工人」，同時，棉布商人也開始成立自己的團體組織。棉布字號商人並非早在踹匠罷工事件加劇之前即已成立了所謂「行會」或是任何名稱會

---

88 乾隆《元和縣志》即曾描述蘇州地區訟師的令人可畏：吳中「訟師，民間凡有獄訟，出為謀主」（卷10，頁107）。明清時代蘇州訟師活躍情形，可見：夫馬進，〈明清時代的訟師與訴訟制度〉，王亞新譯，收入王亞新、梁治平編《明清時期的民事審判與民間契約》，北京：法律出版社，1998，頁406。至於清代司法覆審機制加嚴加密，因而「意圖之外地」同時給予訟師與幕友更多發揮長才的權力運作空間，相關分析則可見：邱澎生，〈以法為名：明清訟師與幕友對法律秩序的衝擊〉，《新史學》，15,4（2004）：93-148。

館、公所的團體；棉布字號商人何以之前並不組成團體，可能是
因為他們彼此在棉布市場上主要處於一種頗為激烈的棉布售價競
爭關係，也並不掌握任何政府授予特權以保障他們自身在棉布市
場上的壟斷權利，因此，明末蘇州雖然早已出現棉布字號，但做
為棉布字號行業的商人團體組織「新安會館」，卻要遲至乾隆中
期才告成立。以這項史實為基本背景，再結合十八世紀蘇州棉布
工運領袖「以增添工價為由，包攬告狀，肆行科斂」等工人打官
司的現象看，或許可以推論字號商人成立「新安會館」的主要動
力，很可能即是為了更有效地與藉由罷工和訴訟要求增加工資的
工人們「對簿公堂」。頗為巧合地，蘇州紙業作坊商人也是在乾
隆末年成立「仙翁會館」，這似乎也可視為是紙業作坊商人為了
有效回應當時紙坊手工業愈益明顯的工資糾紛與工人打官司，故
而彼此有了更積極的結社意願，最終因而才組成了「仙翁會館」。

　　至於絲織業的賬房商人，則是到十九世紀前半道光初年才正
式成立「雲錦公所」這一團體組織。當道光16年（1836）蘇州賬
房業因為生絲來源受損，加上絲業市場波動，在接下來的幾年
內，賬房商人乃逐漸減少甚或是暫停發絲放料，這造成蘇州出現
「匠戶嗷嗷莫濟，死於溝壑，慘不忍言」的現象。在道光18年到
19年間，地方政府與社會人士發起救濟：「所恤機匠，共三千六
百餘口，共糜制錢一千萬有奇」。在這次救濟活動中，賬房商人
確實是出資捐款的主力，然而，在捐款救濟機匠工人的同時，這
些「經造紗緞賬房」被要求「秉公開呈」那些需要救濟的「機匠
戶口」，只是，商人們看來對那些昔日經常發動罷工的「壞工人」
仍無法釋懷，他們開出來救濟機匠的標準是：「專救善良」；同
時，出錢救濟工人的同時，商人也不忘順便請政府再次明令：

「嗣後，倡眾叫歇停工，永禁嚴究」。[89]很明顯地，商人口中所提及的真正值得救濟的「善良」，主要即是那些不參加罷工的機匠，更不可能是發起罷工的「流棍」。包括絲業賬房與棉布字號在內的商人，他們沒有可以相互唱和的「小冊子作家」一起高頌「時間就是金錢」的意識形態，也沒有教會等宗教組織在「主日學」時勸民眾好好認真工作，只有等到這種應政府要求救濟失業工人或是與工人群眾對簿公堂之際，這類宣稱「專救善良」以及區隔「流棍、各安本業」不同工人的「工作規訓」，才會成為較公開的論述。

如果懷疑商人「專救善良」之類的道德論述是否有效，那麼，十八世紀清朝中央與地方政府對蘇州「齊行」、「叫歇」等罷工事件的決心與效果，便仍要特別重視。康熙40年（1701）〈蘇州府約束踹匠碑〉將踹坊老闆編為彼此帶有連坐責任的保甲：「一家有事，九家連坐」，規定每家踹坊都「設循環簿」，將新來踹匠的「籍貫、保引人」與「進坊、出坊」時間等資料，按照「舊管、新收、開除三項」等政府常見的會計審核公文書形式，以「每逢朔望」的十五天為一期，要求輪值保甲編組的坊長定時更新（此在史料中稱為「倒換」）；同時，因為顧慮「踹匠夥而強，包頭寡而弱，若盡責包頭，勢難彈壓」，蘇州官員乃仿照松江府已採行的彈壓辦法：「委文、武弁員專董」其事，由「城守營與典史，互相稽查」踹坊的眾多踹匠。[90]這些管制措施的背後，流露著政府官員對江南這股新興工人力量的深刻戒懼；當康熙54

89 清‧顧震濤，《吳門表隱》，頁 351-352。

90《明清蘇州工商業碑刻集》，頁 63-65。

年（1715）禁止工人成立「踹匠會館」時，這份禁令上載明：
「倘會館一成，則無籍之徒結黨群來，害將叵測」，[91] 充分反映官員
防範踹匠危害的戒心。

　　為了防阻罷工對政權穩定與官員考成帶來的危害，康熙59年
（1720）蘇州官員頒布的〈踹匠條約〉，其實已進一步針對踹匠日
常作息進行更積極管理，不僅在要求踹坊附近加強「兵校巡察」
時要將「如有酗酒、奸盜」的踹匠「指名報官嚴究」，更規定
「踹匠五人連環互保，取結冊報，一人犯事，四人同罪。日則做
工，夜則關閉在坊」；不僅如此，字號商人擔心工人「拐布盜逃」
等偷竊原料的經濟問題，也被統合到對踹匠「賭博、行奸、鬥
毆」，以及「聚眾插盟、停工科斂、閒閧花鼓、糾眾不法」等行
為的管制，若有任何一切這些問題，則踹坊「坊長報明包頭，會
同甲長，填簿交坊總，申明拿究」，而若不然，「如有徇隱發
覺」，則「互結保人、本坊坊長，一體同罪」。[92] 由此看來，政府
管制確已由查核工人「賭博、行奸、鬥毆」增加到對「聚眾插
盟、停工科斂、閒閧花鼓」等可能透露抗爭訊息的禁止。而且，
政府也站在商人立場幫助管理與「彈壓」踹匠，特別是將字號商
人關心的「拐布盜逃」等監督成本問題一併放入，更顯示康熙59
年〈踹匠條約〉的非比尋常。只是，商人得到的仍然不是地方政
府的空白支票，工人如果真因商人始終不增加工資而糧價上漲最
後無可忍耐地群起抗爭，則商人與地方官員都要面臨來自上級官
員的極嚴竣壓力。

91《明清蘇州工商業碑刻集》，頁63-64、66、68-71。
92《明清蘇州工商業碑刻集》，頁68-69。

　　大概看來，這些積極甚至是嚴格管理踹坊工人的行政命令，應有一定的規範或是震懾作用；只是，在這些管制措施之下，十八世紀蘇州踹匠與其他行業的某些工人，似乎仍然找到可與棉布字號等商人老闆集體談判工資的好用武器：他們一方面以各種方式持續私下串連，另一方面則直接到各級衙門控告字號商人、踹坊與染坊業主以及其他相關行業商人。職此之故，政府保甲連坐與「夜間關閉在坊」等嚴格規定，固然構成十八世紀蘇州棉布等業工人「工作規訓」的有機一環，使工人參加「齊行、叫歇」面臨的風險愈來愈高，但從某個意義看，我們仍可以說：「工人運動不死」，只是轉換成「以增添工價為由，包攬告狀，肆行科斂」的「工人打官司」現象。如果有愈來愈多工人相信透過工人的集體訴訟也可能解決工資糾紛問題，則這個十八世紀工人打官司的現象，便不可能不構成當時新形態「工作規訓」中的有機一環。

小結

　　位居全國市場重要交通匯集處的蘇州，不僅是當時全國商業中心，也因為棉布、絲織加工等行業的發展，使十六世紀之下的蘇州聚集眾多各行業的工人，而隨著十八世紀蘇州工資糾紛與罷工事件的頻頻發生，也可以看到一種新的工作規訓正處於發展之中。值得注意的是：這個新工作規訓的興起，是由同時來自「外部」與「內在」兩股重要力量所共同促成。

　　在外部力量方面，分別有來自政府與字號、賬房、紙坊等商人的兩層壓力：政府既採取更嚴格的保甲連坐與踹匠宵禁制度，也嘗試以更重視細節的依糧食價格、銀錢比價變動來訂定調整工

資的一些行政原則；而商人也在對付「齊行、叫歇」的罷工運動中，加強那些區隔「各安生業、良善」好工人與「流棍」壞工人有所不同的論述。然而，棉布等業工人的工資抗爭事件，並未被這股由政府與商人合成的外部壓力所震攝，一些工人領導人物仍然將舊有「齊行、叫歇」罷工運動成功地轉化成工人集體募款，以與商人對簿公堂的另一種「工人打官司」抗爭方式。

　　至於內在力量方面，則主要是在放料制生產所必要的「質檢驗收」過程中，由字號「東家」聘請種種「看布朋友」來落實按件計酬的「寫賬」制度，在「看布朋友」與「石上、缸上」等棉布加工業者的互動中，諸如「低踹手、好踹手」等不同加工技術等級的工人，便可以更有效地在驗布過程中被篩選出來，形成每月字號商人結算踹坊、染坊工價銀時的一套工資差異機制。只要「東家」聘得適任的「看布朋友」，透過這些專業管理階層對棉布產銷與加工專業知識的運用，以及他們彈性調節驗布過程中的寬嚴程度，便能使那些技術高而又認真謹慎的工人可以獲得更好的工資，並使與棉布字號有長期契約關係的染坊與踹坊主動淘汰不適任的棉布工人。無需加強對工人進入工廠時間的嚴格管理，主要由「看布朋友」負責落實的這套「寫賬」機制，在理論上，即可以統合分散的踹坊、染坊工人，從而成為當時形塑新工作規訓的一股內在力量。

　　這些來自外部與內在力量的共同形塑，使十八世紀蘇州城隨著以棉布加工業為代表的工資糾紛與罷工運動，出現了一種新的工作規訓。因為史料有限，加上沒有適當的辨認框架，我們現今對此種工作規訓的誕生與演變，仍然缺少足夠的認識。如果我們不是一定非找伴隨英國工廠制度而發生的那種工作規訓變遷，則

十八世紀蘇州城棉布加工業曾經出現的另類工作規訓，仍是我們在理解當時中國江南地區市場發展與都市化現象時不可不正視的歷史變遷內涵。

第四章

十八世紀滇銅市場中的官商關係與利益觀念

明清市場經濟自十五世紀後半至十九世紀中葉之間出現不少值得注意的發展,無論是全國市場上流通商品規模與主要商品性質轉變,或是農工原料、手工業產品的區域經濟分工,都有頗多重要的變化。本章針對十八世紀滇銅市場發展,以「官商關係」與「利益觀念」兩方面變化為主軸,探究明清市場經濟的某些重要特徵。此處討論的「官商關係」主要包括政府資本如何幫助商人經營銅廠,以及滇銅產銷相關市場規範如何受到政府法律的影響。至於所欲探究的利益觀念則大致包括:銅廠商人以何種心態經營銅廠?官員根據何種理由提出改良銅政的政策主張?這些心態與理由既涉及商人用以評量何種經營方式最為有利的價值標準,也涉及官員如何區分國家、百姓與商人各方利益共同構成的優先順序;這些評量與區分「利益」的標準和觀念,正是本章主要分析的所謂「利益觀念」。

本章分做三節:第一節介紹明清政府鑄幣需求擴大後的雲南

銅材流出與白銀輸入。第二節分析官商關係，主要討論銅廠商人對於政府提供資金的運用方式，以及銅政制度如何影響當時滇銅的相關市場規範。第三節分析圍繞滇銅市場而形成的兩種主要利益觀念：一是銅廠商人的經營心態，二是官員改良銅政時經常藉以援用的重要理由。

第一節　政府鑄幣需求與銅材市場規模的擴大

　　無論是由需求面或是供給面來看，明清銅材市場可謂歷經了一段長期的規模擴張過程。先看銅材的需求面。明代銅材用途至少包括製器、造炮和鑄錢三大類，[1]這個分類也大體適用於清代前期。十六到十八世紀的中國銅材市場需求愈來愈大，這固然與人口增長帶動銅器消費數量有關，但更關鍵影響則來自政府鑄造銅錢的需求擴大。十八世紀滇銅產量急速增加，正是直接受政府鑄幣銅材需求擴大的影響。在銅材供給方面，此時期發生的最大變化即是自十八世紀三〇年代開始，滇銅逐漸取代日本進口「洋銅」而成為全國最占優勢的銅材供給地。銅材供給與需求兩方面成長的長期變動趨勢，造成雲南銅材大規模輸出，以及相應的內地白銀透過購滇銅而流入雲南境內。

（一）政府鑄幣需求擴大與雲南省內鑄幣的發展

　　明代以前，中國本土早已建立了鑄造與使用銅錢的悠久習

1　羅麗馨，〈明代的銅礦業〉，《文史學報》（國立中興大學文學院）25（1995）：
　　45。

慣。明初承續宋元以來鈔、錢二元貨幣制度，並更側重推行「大明寶鈔」，甚至還曾一度禁用銅錢而單行寶鈔；雖然不久後政府又放鬆銅錢禁令，但明代前朝政府很少鑄錢。明中期的寶鈔發行與流通問題已很嚴重，[2]白銀不僅逐漸取代寶鈔在市場上的地位，政府也逐漸承認白銀的法償能力。[3]宋元明初以來的鈔、錢複本位幣制，正式變為銀、錢複本位幣制。

明代銅錢流通不善，考察十六世紀以後明中央政府歲入與歲出中的銀、錢比率，銅錢對白銀百分比由萬曆元年（1573）的大約不到百分之零點一，增加到天啟 6 年（1626）的百分之二點九；[4]其中原因不僅是銅錢占政府財政歲入比重甚低，同時還因為白銀在民間市場地位愈來愈高，某些地區甚至出現白銀取代銅錢的現象，銅錢流通因而嚴重受阻。[5]明代後期開始有更多官員建議政府加強鑄造銅錢。

政府鑄錢政策自嘉靖朝以降轉趨積極，從而更重視鑄幣銅材供給問題。在「因銅於礦，不勞買辦」[6]的考量下，有官員建議在購銅以外也該更重視開採銅礦，雲南與陝西、四川、廣東等省的

2　葉世昌，〈論大明寶鈔〉，《平準學刊：中國社會經濟史研究論集》第四輯下冊，北京：中國商業出版社，1989，頁 637-663。

3　張瑞威，〈一條鞭的開端：論明憲宗一朝的貨幣政策〉，《明代研究》，10(2007)：123-139。

4　全漢昇，〈自宋至明政府歲出入中錢銀比例的變動〉，氏著，《中國經濟史研究》，香港：新亞研究所，1976，頁 355-367，特別見頁 359-362。

5　萬曆年間即有官員評論明代銅錢流通不佳情形：「二百餘年來，錢法不修」（孫承澤，《春明夢餘錄》，台北：大立出版社，1980，卷四七，〈工部〉二，「寶源局」，頁 782）。

6　孫承澤，《春明夢餘錄》卷四七，〈戶部〉四，「寶泉局」，頁 782。

銅礦資源乃愈受官員注意。[7]由嘉靖、萬曆、天啟到崇禎年間，鑄錢政策引發許多官員討論。[8]晚明中央與地方政府多次購買銅材、開局鑄幣，雖未成功，但也預告了十八世紀政府鑄幣銅材需求的大規模擴充。

　　經過明末政治動亂與順治、康熙前期的休養生息，十八世紀中國經濟空前繁榮，無論是貨幣供給、總國民生產及物價水準都有顯著提升。十八世紀貨幣供給量劇增主要來自兩種貨幣部門增長：一是代表金屬貨幣部門的白銀、銅錢增加，一是代表私票部門以銀、錢為準備的信用貨幣增加。貨幣制度由原來的銀、錢複本位演變為「銀、錢、私票多元本位」。在不同貨幣部門中，政府其實只對銅錢供給採取較積極控制；儘管私鑄、私銷問題嚴重而使政府銅錢供給政策效果大打折扣，但清朝政府確實相當重視

7　萬曆年間，郝敬向政府建議鑄幣銅材的幾種可能來源：「天下廢銅在民間供具什器者，不知幾千萬億；其產於天下名山者，豪姓大賈負販以擅厚利者，又不知幾千萬億」，「今雲南、陝西、四川、廣東各省有銅礦，為姦商專擅；或封閉未開，為土人竊發」（孫承澤，《春明夢餘錄》卷四七，〈工部〉二，「寶源局」，頁782）。

8　崇禎元年（1628），御史趙洪範描述他在湖北看到「天啟新錢」的使用情形：「臣令楚時，見布政司頒發天啟新錢，大都銅止二三，鉛砂七八。其脆薄，則擲地可碎也；其輕小，則百文不盈寸也。一時胥吏不欲領，市井不得行……一處如此，他處可知」（《明實錄附錄：崇禎長編》，中央研究院歷史語言研究所校印《明實錄》，台北：中央研究院歷史語言研究所，1966，卷一四，頁790）。晚明鑄錢政策的爭論與過程，可見：濱口福壽，〈隆慶萬曆期の錢法の新展開〉，《東洋史研究》，31,3(1972)：381-400；Richard Von Glahn, *Fountain of Fortune: Money and Monetary Policy in China, 1000-1700* (Berkeley: University of California Press, 1996), pp. 142-206.

鑄幣銅材供給相關問題，[9]希望藉以增加鑄幣數量。無論是官方鑄錢量的劇增，或是民間不斷私鑄、私銷銅錢，[10]其實都帶動全國鑄幣銅材需求的急速擴大。

　　晚明以至清代，政府擴大鑄幣銅材來源的主要做法有二，一是多方購買國內外銅材，二是調整礦業政策支持民間開礦採銅。然而，直至清初，雲南仍不是購銅或採銅的重要地區。儘管雲南銅器早見記載，[11]但終明之世雲南一直不是重要銅產地；[12]十七世

9　王業鍵，《中國近代貨幣與銀行的演進（1644-1937）》，頁5, 10-11, 25-26, 37；和文凱，〈乾隆朝銅錢管理的政策討論及實踐──兼與18世紀英國小額貨幣管理的比較〉，《中國經濟史研究》，2016,1（2016）：125-141。

10　僅以《清實錄》所載順治、康熙、雍正三朝的鑄錢數量看，九十年間共鑄造了大約434億文的銅錢，平均每年鑄造四億三千萬文，而且「這恐怕只是北京寶泉局的數字，不是全國的數字」（彭信威，《中國貨幣史》，上海：上海人民出版社，1965，頁883）。由康熙50年（1711）到雍正12年（1734）間的分年鑄錢量，可見：陳昭南，《雍正乾隆年間的銀錢比價變動（1723-95）》，台北：中國學術著作獎助委員會，1966，頁39。政府年年大量鑄幣，但各省官員卻經常指陳民間缺錢行使造成銀錢比價波動影響民生安定，學者認為是人民大量銷毀制錢私鑄銅錢的結果（陳昭南，《雍正乾隆年間的銀錢比價變動（1723-95）》，頁39-40）。

11　雲南銅器鑄造歷史很早，可上溯先秦兩漢，除留下不少「銅鼓」實物外（王大道，《雲南銅鼓》，昆明：雲南教育出版社，1986，東漢也曾有雲南「銅洗」流入內地，但基本上由漢至宋間有關雲南銅器的紀錄仍然不多（李埏，〈漢宋間的雲南冶金業〉，氏著，《中國封建經濟史論集》，昆明：雲南教育出版社，1987，頁202-214）。

12　直至十七世紀中葉，主要銅材供應地仍不包括雲南：「今中國供用者，西自四川、貴州為最盛；東南間自海舶來；湖廣武昌、江西廣信皆饒洞穴。其衡、瑞等郡，出最下品」（宋應星，鍾廣言注釋，《天工開物》，北京：中華書局，1978，頁355）。

紀中國境內銅材主要來源有二，一是由日本進口的「東夷銅」，
一是四川、貴州等地出產的銅材。[13]

　　元代礦廠以官營方式為主體，[14]明承其緒，以衛所軍人、僉派
坑冶戶、或是徵調民夫等方式採礦。十五世紀中葉，全國各地官
礦已趨衰敗而民營礦廠漸漸興起，[15]但是雲南銅產量與政府稅銅數
量都很有限，[16]銅廠也時開時閉，[17]十六世紀雖曾一度以雲南銅材鑄

---

13 當時文獻特別提及日本銅與四川銅：「東夷銅又有托體銀礦內者，入爐煉
　　時，銀結於面，銅沉於下。商舶漂入中國，名曰日本銅，其形為方長板條，
　　漳郡人得之，有以爐再煉，取出零銀，然後寫（瀉）成薄餅，如川銅一樣貨
　　賣者」（《天工開物》，頁356）。儘管四川、貴州販賣銅材可能部分來自雲
　　南，但滇銅仍不著稱。

14 元代後期雖然出現民營礦場，但仍以官營礦場為主體，由政府僉派「冶戶」
　　採礦。元代銅礦開採與生產情形遠比宋朝式微，可見：王頲，〈元代礦冶業
　　考略〉，收入復旦大學中國歷史地理研究所編，《歷史地理研究》，上海：復
　　旦大學出版社，1986），頁156-173。

15 白壽彝，〈明代礦業的發展〉，《北京師範大學學報》，1956,1(1956)：95-
　　129，特別見頁112-115, 119。羅麗馨，〈明代的銅礦業〉，頁43-44。

16 以正統10年（1445）雲南路南州銅課為例，僅為1,080斤，見：許滌新、吳
　　承明主編，《中國資本主義發展史》第一卷《中國資本主義的萌芽》，頁171。

17 成化17年（1481）「封閉雲南路南州銅場，免徵銅課。其私販銅貨出境，本
　　身處死，全家發煙瘴地面充軍」。成化20年（1484）再公布：「令雲南寧州等
　　處軍民、客商，有偷採銅礦私煎，及潛行販賣出境者，照路南州例究治」
　　（萬曆《大明會典》，《續修四庫全書》本，據萬曆內府刻本影印，上海：上
　　海古籍出版社，1995，卷三七，〈課程〉六〈金銀諸課〉，冊七八九，頁
　　661）。《明史》（台北：鼎文書局，1982），卷八一，〈食貨志〉五，冊四，
　　頁1974。成化年間嚴格禁止商賈販賣滇銅出境，可能與國防考量有關，當時
　　滇銅一度銷往安南（越南）鑄造器，據說這還是當時最能獲利的銅材市場
　　（許滌新、吳承明主編，《中國資本主義發展史》第一卷《中國資本主義的萌
　　芽》，頁171）。

錢，[18]但開採與鑄錢成績不佳，都以失敗收場。[19]

　　事實上，在交通運輸成本限制下，滇銅售價也難以在銅材市場上競爭。晚明政府在雲南採銅基本上仍是著眼於供做雲南本地鑄錢，主要用意其實是財政性而非貨幣性。地方政府鑄造銅錢，一方面可藉搭配發放銅錢以減少駐軍薪餉所需白銀數額，另一方面則可在鑄錢過程中賺取白銀（時稱「錢息」）。[20]無論是搭發軍餉或是賺取錢息，都可改善地方財政。嘉靖34年（1555）雲南開局鑄錢後，萬曆初與天啟初又兩度再鑄，[21]儘管雲南鑄幣面臨不少困難，[22]但地方政府還是希望能藉以稍微紓解財政問題。

---

18 嘉靖34年（1555），曾以北京、南京「兩京銅價太高，鑄錢得不償費」，給事中殷正茂建議「直採雲南銅，運至岳州鼓鑄」。戶部覆議：「雲南地僻事簡，即山鼓鑄為便」，明廷下令雲南巡撫「以鹽課銀兩萬兩為工本」在雲南鑄錢（《明史》卷八一，〈食貨志〉五，冊四，頁1966）。

19 史稱：「嘉靖、隆（慶）、萬（曆）間，因鼓鑄，屢開雲南諸處銅場。久之，所獲漸少。崇禎時，遂括古錢以供爐冶焉」（《明史》卷八一，〈食貨志〉五，冊四，頁1974）。

20 錢息基本上即是由鑄幣者自鑄幣銅材市價（實質價值）與鑄幣銅錢面值（名目價值）間價差所獲得的鑄幣利潤。天啟年間，王家彥的疏文具體表達了財政性的考量：「初設錢局，原為借錢息濟軍興」（孫承澤輯，《山書》，杭州：浙江古籍出版社，1989，卷八，〈戶部錢局〉，頁180）。

21 倪蛻輯，李埏校點，《滇雲歷年傳》，卷一二，頁570-571。明代中後期鑄錢的重要研究，可見：張瑞威，〈論法定貨幣的兩個條件：明嘉靖朝銅錢政策的探討〉，《中國文化研究所學報》，60（2015）：183-196；張瑞威，〈足國與富民？江陵柄政下的直省鑄錢〉，《明代研究》，8（2006）：117-124；張瑞威，〈皇帝的錢包──明中葉宮廷消費與銅錢鑄造的關係〉，《新史學》，22,4（2011）：109-147。

22 除了銅錢無法流通外，缺少鑄錢工匠也是嚴重問題。天啟年間的雲南鑄錢，即面臨如此窘境：「滇有餘於銅，偏不足於業銅者，徧索郡國，寥寥二十

　　然而，政府以發行銅錢解決財政問題的想法，經常只是一廂
情願。和元代想在雲南推行紙鈔一般，[23]晚明鑄錢發行也是一樣失
敗。晚明在雲南鑄錢失敗的關鍵之一，是雲南境內使用銅錢的漢
族人口有限，[24]當地多數非漢民族在交易活動中使用的貨幣是海貝
和白銀，銅錢用途很有限。[25]即使如房屋買賣等大筆交易，在十六
世紀雲南也有用貝不用銀的紀錄。[26]銅錢既難流通，加上雲南輸出
銅材、銅錢到內地的交通條件也未改善，地方政府鑄錢政策的財

餘，並且不識錢為何物，如責鳥走，如教獸飛，此無匠之難也」，官員專程
聘請南京鑄錢局工匠到雲南協助鑄錢（閻洪學，《撫滇疏草》，天啟6年
（1626）朱國楨序刊本，卷九，〈條答錢法疏〉，頁3-4）。

23 元代在雲南推行鈔法失敗情形，可見：方慧，〈略論元朝在雲南的經濟法制
措施〉，《雲南社會科學》，1996,5(1996)：59-60。

24 明末崇禎年間，政府登錄的全省人口數字是：「滇省戶口人丁，共二十三萬
七千四百丁零」（王宏祚，〈滇南十議疏〉，收入師範，《滇繫》，《叢書集成
續編》本，上海：上海書店，1994，冊五六，卷八之十二，〈藝文繫〉，頁
45），雖然政府登錄數字偏低，但漢族人口確實有限。

25 天啟年間主持銅錢鑄造官員即說：「滇夷俗用海貝，驟奪之以錢，蚩蚩之氓
譁然，不以為便，翻以為厲。在嘉靖、隆慶之間，經兩次鑄錢，竟格不行」
（閻洪學，《撫滇疏草》卷九，〈條答錢法疏〉，頁3）。

26 在雲南民間現存許多明代契紙中，多係用貝做貨幣，而「尤以各地寺廟的常
住田碑及修橋補路碑記」，多以貝幣做紀錄。參見馬德嫺，〈明嘉靖時用貝買
樓房的契紙〉，《文物》，1963,12(1993)：14-17。有學者統計各類史料，將雲
南貝幣使用場合分為八類：購買土地以捐贈廟宇、宗教性鑄鐘與助印佛經、
售屋、購買書籍衣服鞋子、短期貸借、部分折抵官員米俸、判別人們財富高
低的標準（Hans Ulrich Vogel, "Cowry Trade and Its Role in the Economy of
Yunnan: From the Ninth to the Mid-Seventeenth Century, Part 2," *Journal of the
Economic and Social History of the Orient* 36,4(1993): 309-353, 特別見頁313-
319）。

政性目標也很難達成。

　　直至明末，雲南通用的海貝主要都是用白銀自外地購入的「紫貝」。[27]貝幣在十七世紀以後才逐漸退出雲南，其中因素約有三項：十七世紀以後漢民族移民大增，[28]雲南社會經濟加速被中國內

---

27 明末劉文徵（1555-1626）在雲南所見情形如下：「滇之產，或鑿窮於山、縱斧於石，或泅水而入龍蛇之幽宮，或跰足而走嵐瘴之鄉，冒虎狼之險，貿而得之，皆長物也，滇人無所用之。五方良賈，賤入而貴出，利之歸本土者，十不一焉。銅以供天下貿易，近為圜法之府，而本地人又自以兼金易紫貝，其價日益月增」（劉文徵，古永繼校點，《天啟滇志》，卷三，〈物產〉，「小序」，頁112。該書〈校勘記〉作者說：「具」疑為「貝」之誤（同書，頁155，註11），本段引文從之改正）。劉文徵先祖本為山西大同人，洪武初年在江蘇江浦縣「從戎伍平滇」，從而遷入雲南定居昆明縣城南。其生平可見闊勇，〈劉文徵墓誌考〉，《昆明師院學報》，1982,4(1982)：20-23。

28 由十六世紀初期到十八世紀七〇年代，雲南人口至少由兩百萬增加為四百萬，到道光30年（1850）則「可能增加到一千萬」，而其人口成長的主要動力「並不取決於農業產量的提高」，而是開礦移民增加的結果（李中清，〈明清時期中國西南的經濟發展和人口增長〉，《清史論叢》第五輯，北京：中華書局，1984，頁59, 71, 81, 86-87；李中清，《中國西南邊疆的社會經濟：1250-1850》，林文勛、秦樹才譯，北京：人民出版社，2012）。這些漢人移民帶來更多的用錢習慣與機會，尤其漢人增加帶動的都市化程度加深，更使主要市場交易機會不再限於明末以前形成於較靠非漢民族居住農村附近的「街子」（李元陽纂，鄒應龍修，萬曆《雲南通志》〔民國23年據明萬曆元年刊本鉛字重印〕，卷一，頁64載：「市肆，俗呼街子，日午而聚，日夕而罷，交易用貝」。有關雲南以非漢民族為主體的「集場」研究，可參見：龍建民，《市場起源論──從彝族集會到十二獸紀日集場考察市場的起源》，昆明：雲南人民出版社，1988）。漢人人數增加，配合漢人偏好集中城市居住的生活習慣，更使市場上銅錢流通機會增加。清代雲南漢人多來自江西與湖廣兩省，這些漢人雖多居住城市，但也往鄰近鄉間地區開店並且置買田產：滇省「至今城市中皆漢人，山谷荒野中皆夷。至於歇店……以及夷寨中客商

地吸納，[29]以及十七世紀以後荷蘭、英國等國貿易公司有效推動海上貿易吸走大量原可流入雲南的海貝。[30]在此三項因素綜合影響下，雲南貝幣價格產生嚴重波動而終被排出雲南貨幣市場。在貝幣退出市場前，銅錢流通空間相當有限。此外，雲南與內地交通

鋪戶，皆江西、楚南兩省之人，隻身至滇經營，以至積攢成家，娶妻置產，窮鄉僻壤，無不有兩省之人混迹其間」（吳大勛，《滇南聞見錄》，收入《雲南史料叢刊》第12卷，昆明：雲南大學出版社，2001）。雲南境內漢族商人分布，可見：劉云明，〈清代雲南境內的商賈〉，《雲南民族學院學報》（哲學社會科學版）1996,2(1996)：31-35。

29 Hans Ulrich Vogel, "Cowry Trade and Its Role in the Economy of Yunnan: From the Ninth to the Mid-Seventeenth Century, Part 1," *Journal of the Economic and Social History of the Orient* 36,3(1993)：211-252. 作者將十七世紀中葉雲南境內銅錢取代貝幣分為內部與外部原因，突顯雲南在經濟、政治與文化層面脫離東南亞而進入中國內地（Vogel，上引文，頁213-214）。

30 張彬村曾經詳論第三項因素：十七世紀之際，不僅做為雲南貝幣原產地的南亞次大陸Bengal地區開始使用更多貝幣因而減少原先對外出口的貝幣數量，歐洲人也使用貝幣向西非購買奴隸，因而「雲南在十七世紀被捲入當時世界貿易體系的海貝競爭中，很快地成為西非、Bengal等海貝通貨區面前的失敗者」（張彬村，〈十七世紀雲南貝幣崩潰的原因〉，收入張彬村、劉石吉主編，《中國海洋發展史論文集》第五輯，台北：中央研究院中山人文社會科學研究所，1993，頁172-173）。明末文獻提及當時雲南貝幣價格上漲（「民間貿易，海貝專行，販自廣南，價近騰湧，更苦於貴，無益以害有益」，劉文徵，《天啟滇志》卷二三，〈藝文志〉，〈疏答錢法疏〉，頁795），當與張文分析現象相關。另外，有些學者則強調銅錢比貝幣「進步」（如：楊壽川，〈論明清之際雲南「廢貝行錢」的原因〉，《歷史研究》，1980,6(1980)：109-116）；銅幣是否真比貝幣「優越」？有些熟悉雲南事務的明代士人反而強調銅幣比貝幣其實更不利於當地交易：「蓋用錢，則有檢選；用貝，則枚數而已，五尺童子適市，而人不欺者，其以此耶？故曰簡易而資也……故貨貝在雲（南）中獨不變者」（李元陽，萬曆《雲南通志》，頁65）。

不便，更限制政府推廣銅錢。直至十八世紀清政府大力改善滇銅運道前，雲南對外運輸銅材與銅錢的條件十分有限。特別是明後期政府試圖增鑄銅錢時，貴州、四川、雲南土司常與明朝交戰，更添增滇銅運至內地的困難。[31]

明末清初以來，雲南屢有試鑄銅錢的努力，儘管清初順治年間貝幣在雲南流通範圍已經縮小，但政府鑄錢結局仍是：「雲南地廣人稀，行銷頗少，不十年而錢多貫朽」，康熙9年（1670）再停鑄錢局鑄錢。[32]康熙12年（1673），吳三桂於雲南起事，次年又鑄「利用錢」。康熙20年（1681）十月，清軍入昆明控制雲南全境。[33]

隨著清朝雲南駐軍人數增加，地方政府也想鑄錢「搭發軍餉」用以節省軍費中的白銀支出。康熙21年（1682），雲貴總督蔡毓榮建議在雲南省城重新設局鑄錢，此後又在臨安府城等地設

---

31 天啟年間，有官員說：「滇居荒裔之中，舊少耕桑之業，惟是產銅之區，不一其處。年來黔、蜀梗道，棄擲等於泥沙，幾欲置有用為無用」（劉文徵，《天啟滇志》卷二三，〈藝文志〉，〈疏答錢法疏〉，頁795）。

32 如明末清初孫可望鑄「興朝錢」，順治17年（1660），吳三桂遵清廷規定錢式鑄錢（倪蛻，《滇雲歷年傳》卷一二，頁570-571）。吳三桂於此期間在雲南鑄錢時，曾以兩種方式擴大滇銅流通：一是「占據冶場」，將所得銅材「撥民夫運送楚、粵行銷」；一是在蒙自縣近郊設置「錢市」，將雲南錢局所鑄銅錢販入內地省份，甚至賣給交趾（越南）商人（鄂爾泰等修，李洵、趙貴德主點，《八旗通志》，卷一九七，〈名臣列傳：蔡毓榮傳〉，冊七，頁4610。相關討論可見：李治亭，《吳三桂大傳》，香港：天地圖書有限公司，1994，下冊，頁415-416）。吳三桂強撥民夫運送銅材到湖北、廣東發賣的做法，使雲南當地「刻無寧晷，民不聊生」，康熙9年乃為雲貴總督甘文焜奏令禁止（倪蛻，《滇雲歷年傳》卷一一，頁528）。

33 倪蛻，《滇雲歷年傳》卷一一，頁531-535。

局鑄錢。[34]康熙27年（1688）因軍人拒收銅錢引發省城兵變，總督范承勳將軍餉全部改以白銀支付，[35]康熙28年（1689）中央政府下令「概行停止」雲南五處鑄錢局。[36]看來政府在雲南鑄幣的政策仍未成功。

　　進入十八世紀，這個局面完全改觀，雲南省內鑄幣開始有效流通。雍正元年（1723），重開省城、臨安府城、大理府城、霑益州城鑄局，其後並陸續在東川府城、廣西府城、大理府城、順寧府城、永昌府保山縣城、廣南府城等地，設置爐座數目不等、鑄錢規模有別的十三個鑄錢局，雖然其間有些鑄局時開時停，但鑄錢數目則不斷增加。[37]雲南省局鑄錢總數，據嚴中平估計，以乾隆中葉的每年鑄錢六、七十萬串最盛，雍正一朝與乾隆朝晚年的十八、十九萬串最少，其餘各年大致維持在三十萬至四十萬串不等。[38]數目龐大的雲南省鑄造銅錢，除供省內各項搭發軍餉、鑄局工匠、修河工人等經費開支外，也向廣西、四川、湖北、陝西等省輸出銅錢。儘管雲南錢局鑄錢的用途有三：為京師與別省代鑄銅錢、為本地貨幣市場需要而鑄錢、為財政上增加鑄息而鑄錢；但之所以「開爐日久、鑄量龐大」最重要的目的，仍是第三項的

---

34 阮元等修，道光《雲南通志稿》，道光15年（1835）刊本，卷七七，〈食貨志〉八之五，〈礦廠〉五，〈鼓鑄〉，頁9-10。

35 倪蛻，《滇雲歷年傳》卷一一，頁541-543。

36 清高宗敕撰，《清朝文獻通考》，台北：新興書局，1963，卷一四，〈錢幣〉二，頁4975。

37 道光《雲南通志稿》卷七七，〈食貨志〉八之五，〈礦廠〉五，〈鼓鑄〉，頁10-24。嚴中平，《清代雲南銅政考》，上海：中華書局，1948，頁15-17。

38 嚴中平，前引書，頁16。

獲取鑄息，政府藉以充實省庫、搭放駐軍兵餉、府州縣召募巡防土煉等支出、疏濬金沙江水道，以及補充向銅廠購銅所需的「官本」。[39]

何以過去銅錢無法在雲南流通成功而雍正以來卻又可以如此大量鑄錢？以下三項背景至為關鍵：一是大規模內地移民移入雲南；二是歐洲、南亞、西非區域間貿易擴大引發十七、十八世紀間雲南貝幣進口量銳減；三是此期間雲南對外水運與陸路交通的改善。前兩項因素增加了省內銅錢的流通空間，第三項因素則使雲南銅錢流入全國各地的流動成本降低、流動速率提升。

（二）雲南省內的銅材輸出與白銀流入

除了雲南地方政府鑄幣所需銅材外，中央與外省地方政府在雲南購銅數量也在十八世紀開始大幅增加，雲南成為全國最主要的銅材供應地。滇銅獨霸全國銅材市場的局面，是在1720到1740年代間形成的。[40]乾隆3年（1738）中央政府公布〈雲南運銅條例〉，更在制度上確立滇銅供應北京鑄錢局全部銅材的政策。戶部隨即議定：雲南每年運至「京局銅觔」總數為：「正、耗、餘三項，共銅六百三十三萬一千四百四十斤」。[41]這即是乾隆4年（1739）起始每年固定向北京輸出六百三十三萬斤的京局滇銅。

和地方政府鑄錢偏重財政性考量不同，中央政府每年購入六百三十三萬斤滇銅，主要是貨幣性考量，希望藉此增加銅錢供給

---

39 嚴中平，前引書，頁17-18。

40 嚴中平，前引書，頁12-13。

41 道光《雲南通志稿》卷七六，頁41。

進而解決北京與直隸地方的「錢荒」。康、雍、乾時期發生在中
國內地各省的普遍「錢荒」現象，以及主要由銅錢數量不足所引
發的「錢貴」與銀錢比價波動，[42] 嚴重影響當時物價穩定與社會民
生，加速形成清政府以改革「錢法」為主的貨幣政策。[43]

　　購買銅材增鑄銅錢，是「錢法」的核心內容。乾隆3年滇銅
供應「京局」全部鑄幣銅材的命令，對此至關緊要。中央政府鑄
幣銅材專靠滇銅供應，其實是個逐步演進的過程。據估計，由順
治8到14年之間（1651-1657），清政府鼓鑄銅錢文數，一直穩定
在20到26億之間；但由順治15至18年間（1658-1661），正項錢
文鼓鑄數額突然銳減至每年2億文左右，其根本原因之一，即是
銅、錫、鉛等鑄幣原料無法充分供應。終順治一朝，「嚴重缺銅
和要求擴大鼓鑄間的矛盾，一直未能解決」。到康熙朝，才能以
優惠條件向日本購買「倭銅」以及積極開發雲南銅礦，雙管齊

42 張德昌，〈近代中國的貨幣〉，《人文科學學報》（昆明：中國人文科學社）
　　1,1(1943)：73-92，特別見頁75-80的討論。陳昭南，《雍正乾隆年間的銀錢比
　　價變動（1723-95）》；王宏斌，《晚清貨幣比價研究》，開封：河南大學出版
　　社，1990，頁7-32；鄭永昌，《明末清初的銀貴錢賤現象與相關政治經濟思
　　想》，台北：國立台灣師範大學歷史研究所，1994，頁45-79，謝杭生，〈鴉
　　片戰爭前銀錢比價的波動及其原因〉，《中國經濟史研究》，1993,2(1993)：
　　107-115。

43 佐伯富，〈清代雍正朝における通貨問題〉，收入東洋史研究會編，《雍正時
　　代の研究》，頁618-687；黨武彥，〈乾隆九年京師錢法八条の成立過程およ
　　びその結末：乾隆初年における政策決定過程の一側面〉，《九州大學文學部
　　東洋史論集》，23(1995)：39-86；黑田明伸，《中華帝国の構造と世界経済》，
　　名古屋市：名古屋大學出版會，1994，頁24-61。Hans Ulrich Vogel, "Chinese
　　Central Monetary Policy, 1644-1800," *Late Imperial China* 8,2(1987)：1-52.

下，藉以解決此矛盾。[44]

　　十七世紀後半以來，清朝中央政府每年鑄錢所需的巨額鼓鑄銅材，都由全國各省地方政府負責採買。規定各省採買運交的辦法則有多次改變，[45]雍正8年（1730）訂成「八省分辦洋銅、滇銅」購銅政策，[46]乾隆3年下令中央政府鑄幣銅材全用滇銅。除購銅地區有變化外，購銅人員身分也有變化：中央委派「內務府」商人購銅，地方則以鹽差、關差在內的各級地方官員購銅，而地方官員則經常委請商人協助購銅。[47]在十七、十八世紀全國銅材市

---

44 韋慶遠，〈順治朝鑄錢及其存在的問題〉，氏著，《明清史新析》，頁339-341。

45 由康熙21、22年間（1682-1683）改「鹽差辦銅」為「關差辦銅」、康熙60年（1721）「八省辦銅」、雍正元年（1723）改由江蘇浙江「二省辦銅」、雍正2年以後增加他省協助江浙辦銅。有關此中制度改變的基本史料，可見：《清朝文獻通考》卷一四至一六，〈錢幣考〉，頁4973, 4980-4982, 4988, 4995。

46 其中江蘇、安徽、江西、浙江、福建五省辦「洋銅」，湖北、湖南、廣東三省辦「滇銅」。詳細變化過程，可見：劉序楓，〈清康熙─乾隆年間洋銅的進口與流通問題〉，收入湯熙勇編，《中國海洋發展史論文集》第七輯，1999，頁96-99。

47 辦銅商人可分「官商、額商（民商）」，反映不同採買制度的變化。清政府委派「內務府商人、官商、民商」買銅的制度性變化，可見：劉序楓，〈清日貿易の洋銅商について──乾隆～咸豐期の官商‧民商を中心に〉，《九州大學文學部東洋史論集》，15(1986)：107-152，特別見頁110-115；韋慶遠、吳奇衍，〈清代著名皇商范氏的興衰〉，收入韋慶遠，《檔房論史文編》，福州：福建人民出版社，1984，頁42-69，特別見頁47-50；香阪昌紀，〈清代前期の關差弁銅制及び商人弁銅制について〉，《東北學院大學論集：歷史學‧地理學》，11(1981)：115-153；Helen Dunstan, "Safely Supping with the Devil: The Qing State and Its Merchant Suppliers of Copper," *Late Imperial China* 13,2(1992)：42-81；商鴻逵，〈清代皇商介休范家：《紅樓夢》故事史證之一〉，收入南開大學歷史系編，《明清史國際學術討論會論文集》，頁1009-1020。

場擴大過程中，政府收購銅材來源由日本「洋銅」為主轉變到以滇銅為主，乾隆3年下令京局全採滇銅，正具體標誌了這個變化歷程的最後結果。

　　十七、十八世紀間中國銅材市場由洋銅為主轉為滇銅為主的現象，有兩方面原因：一是洋銅進口數量的減少，二是雲南地方政府有效掌握銅材數量的增加。自康熙23年（1684）清政府開放海禁後，海外貿易更加暢旺，對日貿易更因清政府鼓勵中國商人赴日買銅而發達，洋銅進口日多。[48]然而，自康熙54年（1715）開始，不僅日本本國銅材出產減少，同時，日本政府也更積極地執行減少銅材出口的政策，西元1715年（正德5年，康熙54年）公布的「正德新例」，將中國商人赴日貿易船的輸出銅材額度限定為每年三百萬斤，[49]清政府也連帶感到國內鑄幣銅材不足的嚴重壓力。

　　另一方面，十八世紀伊始，雲南政府自抽稅與購買而持有的

---

[48] 由康熙23到49年（1684-1710）的二十七年間，洋銅大量進入中國，以日本每年出口銅材平均數量來看，前十二年間（1684-1695）進口中國年平均數量為三百至四百萬斤，後十五年間（1696-1710）則增為四百到七百萬斤。參見：劉序楓，〈財稅與貿易：日本「鎖國」期間中日商品交易之展開〉，收入中央研究院近代史研究所編，《財政與近代歷史論文集》上冊，1999，頁282-284。

[49] 日本減少向中國出口銅材，除本國銅產量減少外，也有本國貿易政策改變的影響。十七世紀以降，將近三百年間，日本對中國輸出主要商品有三期變化，一是十七世紀初年以銀為主，二是十七世紀末到十八世紀前期以銅為主，三是十八世紀中期至十九世紀中期以海產品為主。十八世紀開始，日本政府藉發展國內絲織與製糖手工業，試圖減少原先出口銅材換取中國絲綢、砂糖的貿易結構（參見：劉序楓，〈財稅與貿易：日本「鎖國」期間中日商品交易之展開〉，頁312-313）。

滇銅數量持續而穩定地成長。這和康熙44年（1705）雲貴總督貝
和諾查核未經抽稅銅廠，以及以預發「官本」方式擴大收銅的做
法大有關係，[50]其間又經過雍正元年（1723）中央政府下令對雲南
「官本收銅」制度進行改革，以及雍正4年（1726）以後原屬四川
的東川地區劃入雲南省，東川府屬幾個蘊含豐富銅礦的礦廠大舉
增加了雲南地方政府可供抽稅與購買的銅材額數。以上諸種因
素，使雲南地方政府能夠貯存更多銅材，因緣輻湊，適時加速了
清政府鑄幣銅材改由滇銅取代洋銅的進程。[51]雖然當時滇銅市價高
於洋銅，在價格競爭上處於劣勢，[52]但是洋銅進口減少以及雲南地

---

50 「本朝自蔡毓榮於〈籌滇疏〉內四議理財，將金沙江金場、石羊南北衙銀場、
　　媽泰等白銅場、諸州縣鐵場，諸課定額，此為額課之始。然為數尚少，及今
　　二十分之一也。至是而後，年增月加，蓋又倍矣」（倪蛻，《滇雲歷年傳》卷
　　一一，頁555）。

51 直至乾隆元年，還有官員擔心滇銅產量不夠穩定，主張仍然設法多買洋銅：
　　「今若舍置洋銅，專取足於滇、蜀兩省，恐礦砂出產無常，有誤戶、工二局之
　　需」（《硃批奏摺財政類》微卷，中央研究院近代史研究所藏，乾隆元年三月
　　十七日，顧琮奏摺）。但那些熟悉滇銅產銷事務的官員則對當時雲南政府掌
　　握的銅材存量較有把握：「嘗考乾隆二年（1737），滇有餘銅三百七十四萬，
　　故能籌洋銅之停買」（王太岳，〈銅政議〉，收入賀長齡編，《皇朝經世文
　　編》，冊四，頁9下）。

52 以雍正初年滇銅至京與洋銅至京的政府購銅實際成本來比較，前者約是每百
　　斤費銀十六兩二錢，後者則約每百斤費銀十四兩五錢；加上滇銅的平均成色
　　也比不上洋銅，兩相比較，滇銅「實不能和洋銅競爭」。雍正5年（1727）曾
　　發生江蘇省官員寧願受遷延京運銅材程限處分，也不願多花成本改購滇銅的
　　例子，有學者即認為：「要不是進口洋銅不斷地減少，雲南銅礦業能否大大
　　的發達起來，實是很有疑問」（嚴中平，《清代雲南銅政考》，頁12）。劉序
　　楓也強調雍正至乾隆初年間，政府所以將購銅重心由洋銅改為滇銅，其實是
　　「原本不在計畫之中、不得已的選擇」（劉序楓，〈清康熙—乾隆年間洋銅的

方政府貯存鑄幣銅材增多，仍使京局鑄幣在乾隆3年以後由滇銅取代洋銅。

　　此外，雲南對外運輸條件不斷改善，也是政府決定滇銅京運政策的重要背景。在乾隆3年公布滇銅京運政策前，洋銅進口減少的趨勢已迫使愈來愈多的內地各省官員與商人到雲南購銅，在購銅與運銅的過程中，雲南對外運輸能力也得到改善。雍正5年（1727），政府即下令動用六萬兩江蘇省「鹽務銀」收買雲南省局鼓鑄餘銅「二百數十萬觔」，「委員以一百餘萬觔運至漢口，以備湖北、湖南採辦之用；以一百餘萬觔運至鎮江，以備江蘇採辦之用」。[53]乾隆3年（1738），具有主持雲南銅政工作經驗的直隸總督李衛，因為對購買、運送足夠數量滇銅出境有較大把握，才敢建議江、浙兩省承購京局額銅改歸雲南購辦。[54]李衛此議，成為雲南巡撫張允隨成功規畫〈雲南運銅條例〉的前奏。

　　進口與流通問題〉，頁127）。根據王太岳在乾隆年間對外省購買滇銅與洋銅所做的實際價格比較：「閩、浙、湖北及江南、江西，舊買洋銅，每百斤價皆十七兩五錢，而滇銅價止十一兩，較少六兩五錢，其改買宜矣。然此諸路者，其運費雜支，每銅百斤例銷之銀，亦且五、六兩，合之買價，當有十六、七兩……加以各路運官貼費自一、二千至五、六千，則已與洋銅等價矣。以此相權，滇銅實不如洋銅之便，則此數路者，並可停買也」（王太岳，〈銅政議〉，頁10下），然而，王太岳此文只是建議停止外省採買滇銅，以使滇銅能夠專供京局採買。

53 《清朝文獻通考》卷一五，〈錢幣考〉，頁4986。

54 李衛的理由是：「滇銅旺盛，江蘇浙江現已停辦洋銅，但若仍令委官前往採運，萬里長途，呼應不靈，致輾轉貽誤，不若竟令雲南管廠大員辦理，委官押運至京，較為便益」。李衛這個建議，「經九卿等議定，江浙應辦銅二百萬斤，自乾隆四年為始，即交滇省辦運」（道光《雲南通志稿》卷七六，頁7）。

　　無論究竟是洋銅減少的壓力，還是滇銅庫存增加，哪一種原因比較關鍵，至少，當滇銅做為中央政府每年六百三十三萬斤鑄幣銅材唯一來源的政策一旦確立，這就成為十八世紀滇銅發展的最大契機。此後，洋銅仍用為一些地方政府的鑄錢銅材，乾隆年間仍占全國銅材的百分之十二左右。[55] 另外，湖南、貴州、四川、廣西等省也在此時期中陸續開採一些銅材。但在乾隆 4 年以後，滇銅即成為年辦銅材「一千萬餘觔，供京局及各省局鼓鑄」的全國最重要幣材供給地。[56] 如此巨額的政府鑄幣銅材需求量，增加了採煉滇銅的獲利空間，吸引眾多商人資本與礦工勞動投入，也使雲南銅廠在十八世紀至清末引進西法採礦這兩百年間，成為中國境內規模最大的採礦事業。

　　由乾隆 5 年（1740）至嘉慶 15 年（1810），滇銅每年產量皆在一千萬斤以上，多時則達一千四百萬斤（乾隆 34 年，1769）。此期間，同時開採的礦廠常在 30 個以上，最盛時達 46 個，而這些尚只是「母廠」數目；各母廠附近陸續加開數目不等的「子廠」，以及母廠、子廠之外未經申報、未列官方統計數字中的其他銅廠，都遠超過母廠數目。據估計，乾隆朝滇銅開採極盛時，雲南銅廠「實有 300 餘廠」。[57] 其中全省銅廠分布區域，可分滇

---

55 劉序楓，〈清康熙—乾隆年間洋銅的進口與流通問題〉，頁 128。同時，日本銅因為含銅純度較高，不僅有官員強調在鑄錢時洋銅比滇銅品質為高：「夫洋銅細條，原比滇省大片蟹殼銅較淨」（《硃批奏摺財政類》微卷，乾隆元年二月二十五日，顧琮奏摺），乾隆年間洋銅有時還被政府指定做為「銅瓦」建築材料使用。

56 道光《雲南通志稿》卷六三，〈食貨志〉五之一，〈經費〉一，頁 1 下。

57《中國資本主義發展史》第一卷《中國資本主義的萌芽》，頁 490；嚴中平，

北、滇西與滇中三個集中區。滇北大廠以東川府屬各廠為主，湯
丹、碌碌兩廠最盛；滇西大廠以順寧府屬各廠為主，寧台廠最
著；滇中則多為小廠。[58]

　　滇銅出產的極盛時期，是在雍正初年到嘉慶中期之間。單以
政府統計數字論，政府每年購得滇銅分為三大類：一為「京
運」，是由雲南運至北京寶泉、寶源兩個中央鑄幣局的銅材數
額，從乾隆4年起即一律規定為每年6,331,440斤；二為「省
局」，指雲南銅材供做本省各鑄錢局的數額，從雍正初年到嘉慶
15年（1810）的八十七年間，雲南曾先後開設十三個鑄錢局，每
年用銅最多達到3,709,162斤（乾隆32年，1767）；三為「外省採
買」，指供給外省到雲南採購銅材的數額，採買外省前後包括十
個省份，其中採買最多者為貴州，最少者為湖南，合計外省採買
數量最多曾經達到3,870,421斤（嘉慶7年，1802）。[59]

　　《清代雲南銅政考》，頁10；全漢昇，〈清代雲南銅礦工業〉，《香港中文大學
　　中國文化研究所學報》，7,1（1974）：155-182；陳慈玉，〈十八世紀中國雲南
　　的銅生產〉，收入陶希聖先生祝壽編輯委員會編，《國史釋論：陶希聖先生九
　　秩榮慶論文集》上冊，頁286-289。有關清代前中期的雲南銅廠數目、產量估
　　計及各府屬銅廠概況，自嚴中平以來即有許多學者不斷試做整理，目前似仍
　　以《中國資本主義發展史》第一卷《中國資本主義的萌芽》所做最便參考
　　（頁491-496）。至於清代礦業「子廠」的新出研究則可見：溫春來，〈清代礦
　　業中的「子廠」〉，《學術研究》，2017,4（2017）：113-121。

58 嚴中平，前引書，頁31-32。

59 嘉慶初年，滇銅供給開始日益艱難，嘉慶中葉更不得不將京運減為二百萬
　　斤。嘉慶22年（1817）開始採買四川烏坡廠銅以濟滇銅之不足；至於此時外
　　省來滇採買者，更是已無滇銅可發。至道光初年，合全省所產以及烏坡廠購
　　入之銅，仍不足以供應各方需求。參見：夏湘蓉、李仲均、王根元，《中國
　　古代礦業開發史》，台北：明文書局，1989，頁172-177。

十八世紀的一百年間，特別是從乾隆5年到嘉慶15年（1740-1810）的七十年間，滇銅維持一千萬斤以上的年產量，這些銅材都由政府和商人用白銀向銅廠商民購得。民間商人購銅支出難以計算，但各級政府每年購買雲南銅材的數量則確實可觀。自雍正5年（1727）江南各省「動支鹽務贏餘銀兩」六萬兩購得滇銅後，[60]各省官員赴雲南採購銅材次數愈來愈多，雲南流入大量購銅白銀。[61]乾隆4年（1739）始，戶部每年至少編列一百萬白銀做為購買滇銅的「銅本」，這些白銀或由中央撥給，或由外省撥入，都流入雲南購銅。十八世紀百年間，雲南銅材與外省白銀大規模交換的過程，不僅是政府鑄幣需求擴大的結果，也構成當時中國市場經濟的重要一環。[62]

---

60 道光《雲南通志稿》卷七六，頁2。

61 至今仍留下一些當時各省官員攜赴雲南購銅的白銀開支報告。乾隆3年（1738）一個貪污購銅公款的案例，也由反面說明當時各省每年編列白銀購銅的情形：「（廣東）海南道王元樞殘忍貪黷，兼有惡才，前在肇慶府任內，承辦銅觔，豫領帑銀四萬餘兩，乘黔省苗疆用兵，道路梗阻，竟將公項分發各商營運，勒令加三、加五起息，毫無顧忌」（《清高宗實錄》，台北：華文書局，1964，卷六三，乾隆3年三月上諭）。

62 唐炯對十八世紀白銀流入雲南購銅現象，有如下觀察：「國初，京師及東南數省鼓鑄銅斤，率購自東洋。雍正初，李敏達（李衛）、鄂文端（鄂爾泰）相繼開辦滇銅，停止東洋購買。自是以來，逐年加增，京師歲運銅六百數十萬斤，東南數省，歲千餘萬斤，商運不與焉。他省銀到滇省者，歲無慮千萬兩，以是滇民富饒」（唐炯，《成山老人自撰年譜》，台北：廣文書局，1971，卷六，頁7-8）。有學者則強調當時內地各省購銅白銀對雲南資本累積的作用（張朋園，〈落後地區的資本形成——雲貴的協餉與鴉片〉，《貴州文史叢刊》，1990,2（1990）：55）。

第二節　滇銅產銷組織中的官商關係

　　十八世紀雲南與全國銅材市場上流通的每年至少一千萬斤滇銅，是由民間商人與礦工合力採煉得來。隨著滇銅產量急速增加，不僅擴大了採煉銅礦商人投入的資本，政府也每年提撥白銀做為商人辦礦「官本」，希望能夠獲得各級政府每年所需巨額鑄幣銅材。無論是民間商人自籌資本，或是政府提撥包買銅斤的官本，都使礦廠商人可以不斷擴充人力、設備，因而擴大了銅礦經營規模，並且改變了銅廠組織結構。

　　此外，政府更透過一系列攸關銅政的制度改革，諸如「官本收銅、官銅店、運官運銅制、七長制」等，不僅提供開礦糾紛的產權協調機制，也提高有效利用銅廠附近有限運輸條件的可能性，進而降低銅材產銷過程中的交易成本。

（一）銅廠中的商人資本與政府資本

　　十六世紀以後，不斷有外省商人進入雲南開礦，其中又以江西撫州等府商人最為著稱。江西商人赴雲南經商的普遍現象，至少始於晚明。[63]隨著雲南礦廠的開發，外省商民赴雲南開礦者更

63　方志遠、黃瑞卿，〈明清江右商的經營觀念和投資方向〉，《中國史研究》，1991,4(1991)：73-74。艾南英（1583-1646）為江西撫州府東鄉縣人，他在明末時說：「吾鄉富商大賈皆在滇雲」；而且，據艾氏了解，當時江西商人在雲南「恆長子孫，稱雄於其邦」。他曾記載本縣「白城寺」僧人為修建寺院而三次赴雲南向同鄉商人募款梗概：第一次是正顯和尚為募建寺旁堤防而到雲南「金齒、洱、蒼」；第二次為正演和尚募修觀音閣，「歷寒暑凡三載，所至緬甸、騰、川、姚、永、臨、麗，足跡遍七千里，而僅得百金以歸」；第三次

多，湖北、湖南、四川與廣東商人也日漸著名，[64]這些外省商人在雲南銅廠上投入了不少資本。十八世紀清政府逐漸採行了「官本收銅」制度，借放官本給部分銅廠商人開礦。

　　無論是商人出資或是政府提撥官本，都發生在明中期以來的官營礦場衰落背景下。十五世紀以來，隨著明初建立官手工業與匠籍制度的逐步解體，[65]礦場也出現由簽派「礦冶戶」、衛所軍人開礦的官營形態轉為民營形態的趨勢。[66]十六世紀形成的雲南民營

　　則同為正演和尚為續修「觀音閣」時深感款項不足「乃復有滇、黔之行」。在第三次到貴州雲南募款前，正演和尚請艾南英指點化緣的「募辭」，艾氏指出：在雲南的江西商人，因為「所以致財者遠且難若是，故雖父母妻子有棄捐不顧者矣。其董數十緡而歸，銖悉握算，不爽毫毛，至於財如此，其於施可知也」，面對如此儉嗇的同鄉商人，艾氏建議募款時除了要應用鄉鄰姻戚等人情關係外，還要能「誠足以感之」，讓他們相信自己絕非那些「他僧之不職者，往往以乞化為由，背師門逃數千里外，所得財物，盡以漁酒色，故人共駭而不之信」，要能向這些旅居雲南經商同鄉證明：「寺僧向所建立，莫不有成」（艾千子，《天傭子集》，卷九，〈白城寺僧之滇黔募建觀音閣疏〉，頁38-39）。

64 據光緒年間調查，當時人描述十九世紀前期、十八世紀雲南出資經營銅廠的「外省富民」，已由明末江西商人為主轉變成：「從前廠利豐旺，皆由三江、兩湖、川、廣富商大賈厚積資本，來滇開採」（王文韶等修，唐炯等纂，光緒《續雲南通志稿》，卷四五，〈食貨志：礦務：廠員〉，頁2887）。

65 參見：陳詩啟，〈明代商品貨幣關係的發展和官手工業的演變〉，氏著，《明代官手工業的研究》，武漢：湖北人民出版社，1958，頁1-41；徐泓，〈中國官匠制度〉，收入于宗先主編，《經濟學百科全書》第2冊《經濟史》，台北：聯經出版公司，1986，頁38-44；羅麗馨，《十六‧十七世紀中國手工業的生產發展》，台北縣：稻禾出版社，1997，頁11-69。

66 明代雲南官礦衰敗，成化9年（1437）三月，政府「詔減雲南銀課之半，礦夫稱是」，即源於雲南監察御史胡淫等官員上奏礦場凋敝情形：「雲南所屬楚

礦業，更分化為「報准開採、自由開採」兩類。[67]不過，此時商人資本的作用仍不明顯，開礦工人與出資商人間的僱傭關係並未得到政府認可。[68]儘管如此，雲南民營礦業開採形態已在十六世紀基本確立，政府逐漸放鬆對開礦人夫的簽派，將管理重點轉到抽收礦稅上。[69]由晚明到晚清，雲南礦業經營的基本形態，即是商人籌集資本、召募礦工而由政府抽稅，即使在「官本收銅」制度建立

雄、大理、洱海、臨安等衛軍，全充礦夫，歲給糧布。採辦之初，洞淺礦多，課額易完，軍獲衣糧之利，未見其病。今洞深利少，而軍夫多以瘴毒死，煎辦不足，或典妻鬻子，賠補其數，甚至流移逃生，嘯聚為盜」（《明憲宗實錄》，中央研究院歷史語言研究所校印《明實錄》卷一一四，頁2212）。有關十五世紀以降明代官礦衰、民礦興的梗概，可見：白壽彝，〈明代礦業的發展〉，頁95-129。

67 當時王士性看到如下情況：「滇中礦硐，自國初開採至今，以代賦稅之缺，未嘗報也……其未成硐者，細民自挖掘之，一日僅足衣食一日之用，於法無禁。其成硐者，某處出礦曲，其硐頭領之，陳之官而准焉，則視硐大小，召義夫若干人。義夫者，即採礦之人，惟硐頭約束者也」（王士性，《廣志繹》，收入周振鶴編校，《王士性地理書三種》，卷五，〈西南諸省〉，頁384）。

68 晚明雲南礦工還稱「義夫」，仍然可見到官礦制度下近似無償「徭役」的勞動性質。天啟6年（1626）九月十三日，地方官上奏雲南全省水災災情，說及雲南南安州時，在報告當地「表羅場」礦課損失時說：「久雨連綿，山溪大發，以致山行土傾，將表羅場各硐淤沒無蹤，硐頭、號夫、班夫四散，礦課失額甚多」（閔洪學，《撫滇疏草》卷九，頁53）。這裡的「號夫、班夫」礦工名稱，仍十足反映官匠徭役制度的遺跡。

69 萬曆末年，謝肇淛記載當時政府登錄有案的雲南各礦場數量：「滇銀礦共二十有三所，置場委官，以徵其課，歲約二萬緡。然脈有盛衰，課隨盈縮。又有銅礦十九所、鉛礦四所、硃礦一所」（謝肇淛，《滇略》，《四庫全書珍本》三集，台北：台灣商務印書館，1972，卷三，頁21-22）。可見所重者在礦稅而非對礦場工匠的組織與管理。

後，政府提撥各種資金也主要交由商人經理營運。[70]

　　民礦政策到清初有所轉變，清政府一度嚴格封禁全國礦山，原則禁止民間開採。[71]自康熙14（1675）、18年（1679）陸續頒定〈開採銅鉛之例〉，封禁政策開始有所變化，政府針對鑄錢最主要的銅、鉛兩種原料的礦場，以法律形式確立兩個基本管理原則：一是由本地人呈請、官府審查的核可制度；二是稅後餘礦由商人處分的自由發賣制度。以礦產所得十分之二納稅、十分之八聽民發賣的民營礦廠制度，[72]至此大體確立。此後，政府屢次針對各地礦廠制訂不同的法定抽稅與商人自賣比例；同時，也在部分礦廠添入不同比例的稅後餘礦「政府收買」規定。[73]綜合看來，十八世

---

70 晚清為解決滇銅產量大減以及招商不易等問題，政府開始試將滇銅改為「官辦」。光緒5年（1879），雲南巡撫杜瑞聯上奏將部分銅廠改歸官辦：「順寧府之寧台廠，前委鍾念祖督辦，所獲之銅不敷所用之本，且銅質甚低，必經七次鍛煉方能解供京運，紳商虧折甚鉅。迨二年夏間，該郡辦理軍務，砂丁聞警逃亡，紳商亦即星散。事平後，招徠再四，應召無人」（光緒《續雲南通志稿》卷四五，〈食貨志：礦務：廠員〉，頁2881-2882），但這次官辦銅廠的嘗試並未成功。

71 一般清代文獻常說這是鑑於明代萬曆年間「礦稅之禍」引起民變的教訓。如謂：「清初鑑於明代競言礦利，中使四出，暴斂病民，於是聽民採取，輸稅於官」（《清史稿》，北京：中華書局，1976，卷一二四，〈食貨志〉五，〈礦政〉，頁3664）。但事實上，政權初立，也無暇發展礦業政令。

72 這包含康熙14年（1675）、18年（1679）兩條關鍵法律規定：「康熙十四年定開採銅、鉛之例，戶部議准，凡各省產銅及黑、白鉛處，如有本地人民具呈願採，該督即委官監管採取。至十八年，復定：各省採得銅鉛，以十分內，二分納官，八分聽民發賣。監管官准按觔數議敘，上官誅求遍勒者，從重議處。如有越境採取及衙役擾民，俱治其罪」（《清朝文獻通考》卷三〇，〈徵榷〉五，〈坑冶〉，頁5129）。

73 乾隆年間，《清朝文獻通考》編者即對當時政府抽稅與收買制度的演變歷

紀清政府對全國礦廠的基本管理形態可分為三大類：第一大類是「核准商辦」，商民呈請開礦核准後，政府依「抽稅、官買、商人自賣」三種成分，對不同地區不同礦廠進行彈性調整；[74]第二大類是商民領取政府工本的「招商承辦」；第三大類則是政府自己設官經管的「官辦」。事實上，清代官辦礦廠應屬少見，核准商辦與招商承辦才是政府主要的礦廠管理形態。[75]

　　十八世紀雲南銅廠基本上是由民間商人負責實際經營，但政府投入銅廠的資本也在部分銅廠中愈形重要，有必要對雲南銅廠的商人資本與政府資本做些區分與討論。

程，做了簡要說明：「今則湖南、雲、貴、川、廣等處，並饒礦產。而滇之紅銅，黔、楚之鉛，粵東之點錫，尤上供京局者也。大抵官稅其十分之二，其四分則發價官收，其四分則聽其流通販運；或以一成抽課，其餘盡數官買，或以三成抽課，其餘聽商自賣。或有官發工本，招商承辦；又有竟歸官辦者，額有增減價有重輕，要皆隨時以為損益云」（《清朝文獻通考》卷三〇，〈徵權〉五，〈坑冶〉，頁5129）。

74 諸如：「稅其十分之二，其四分則發價官收，其四分則聽其流通販運」；或是「一成抽課，其餘盡數官買」，或是「三成抽課，其餘聽商自賣」（當然還可以有其他組合方式）。

75 乾隆3年（1725），廣西巡撫金珙分析廣西礦廠何以「開採之必須商人、不歸官辦理者」，曾舉出三點理由：「官辦則需員必多，員多則役多。利之所在，胥役家人，難保其不需索生事。故不若商人各自為計，設廠納稅」；「粵西錢糧甚少，歸官辦理，則所用浩繁，無項可墊，不若召募商人，各挾資本，量力開採」；「粵西地雜猺、僮，經官催覓，必多疑畏不前。惟商人皆所熟悉，彼此相須，呼應必靈」（北京第一歷史檔案館藏《戶科題本》：「工業類」，引自：中國人民大學清史研究室等編，《清代的礦業》，北京：中華書局，1983，上冊，頁283-284）。韋慶遠認為，當時像金珙如此考慮礦業必歸商辦而不能由官辦的官員，其實人數不少。可見：韋慶遠、魯素，〈清代前期的商辦礦業及其資本主義萌芽〉，收入韋慶遠，《檔房論史文編》，頁181-182。

　　除准許民間「自行開採」不必納稅的小銅廠之外，清政府管理雲南銅廠一般採取「核准商辦」與「招商承辦」兩類。「核准商辦」銅廠在辦礦商民報呈官府核可後，[76]即將礦廠所出銅礦訂成「抽稅、官買、商人自賣」三種不同成分，分別由政府與辦礦商人所擁有。這基本上是一種商人主動、政府被動的開辦礦廠形態。「招商承辦」銅廠則有所不同，相對來說，政府主動而商人被動，政府既然要主動「招商」，則提供各種優惠措施則必不可少，其中，又以引入政府「官專買」制度與預發「官本」為最主要的優惠手段。政府當然也希望「招商承辦」銅廠的辦礦商人本身即饒富資本，但在「官專買、預發官本」等各種優惠手段運作下，政府資本卻愈來愈在「招商承辦」銅廠中扮演重要地位，這是與「核准商辦」銅廠的基本差異。

　　政府對銅廠的「官專買」，本可分為「礦後收買」和「礦前收買」兩種，前者是商民出礦後再由政府收買，後者是商民出礦前即由政府預發「工本」包下日後所出礦材。在「官專買」制度下，商人原則上可以不必太操心銅材的銷路問題，因為政府基本上一律負責購買。只要政府購買銅材的價格「合理」，「官專買」對辦礦商人的優惠性是顯而易見的。無論是「礦後收買」或是「礦前收買」任一種「官專買」制度，當政府每年提供資金固定

76　核准商民設立銅廠的相關規定，則與全國其他地區各類礦廠大體類似：在商民提出呈請後，「令督撫遴委幹員，會同地方官，據實勘驗。並無干礙民間田園、廬墓者，准其題請開採。其有開採之後，洞老山空、礦砂無出者，取具印結，題明封閉。其一切僻隅深箐、巡察難周之處，俱嚴加封閉」（《欽定戶部則例》，台北：成文出版社，1968，卷三五，〈錢法二〉，「派官管廠」門，頁1）。

承購銅廠主要出產銅材，不僅「礦前、礦後」收買在商人賬簿上
很難區分，政府這筆資金究竟是「購買」或是「投資」也很難區
分。從此意義而論，預借「官本」只是「官專買」的一體兩面，
對政府而言，借給商人資本，既是付給銅廠商人的買銅價格，也
是對銅廠的投資金額；對銅廠商人而言，領取政府官本，既是預
先賣出銅材的訂金，也是接受政府對銅廠的投資。整體看來，
「招商承辦」銅廠並不因為政府預借銅本而影響商人辦礦的民營
性質。[77]

　　自十八世紀初年政府將鑄幣銅材重心改放雲南，每年購買滇
銅的各級政府開支大為增加，由政府「預發官本」購買銅材的雲
南銅廠數目也愈來愈多。在此趨勢下，原先屬於「核准商辦」的
銅廠，當其售予政府銅材數量不斷增加，則政府資金對該廠經營
也日益重要，此時，原有「核准商辦、招商承辦」的分野可能也
漸難區別。隨著銅廠銷售對象及經營獲利情形的變動，其實很難
真正區分十八世紀雲南銅廠究屬「核准商辦」或是「招商承辦」。

　　在政府記錄各主要銅廠購銅紀錄中，那些完全未列「定額通
商」數字的銅廠，應該即是由政府買下該廠所有銅材，假設這種
銅廠即是以政府資本為其經營資金的主要來源。[78]反之，假設列有

---

77 有學者即主張雲南銅廠用以收購銅材的「官本」其實只是提供銅廠商人的一
　筆「營運基金」，相當於政府向商人「預付貨款」，很像是「國家向私營工廠
　長期訂貨」（《中國資本主義發展史》第一卷《中國資本主義的萌芽》，頁
　512-515）。

78 雖然列有「定額通商」的雲南銅廠數目，也會隨時間變動。以《銅政便覽》
　（台北：台灣學生書局，據嘉慶年間鈔本影印，1986）所列馬龍廠為例，此廠
　原係銀廠，但因礦洞夾有「銅氣」足以煉銅，每年所得銅斤由一萬二千斤到

「定額通商」的銅廠即是以民間資本為主體的「核准商辦」銅廠，則進入十八世紀末，雲南「核准商辦」銅廠數目只占當時銅廠總數的三分之一；而在負責京運的銅廠中，「核准商辦」銅廠的比重又更少，只占百分之二十二；至於負責省局、外省採買的銅廠，「核准商辦」銅廠比重則為百分之四十。[79]

　　看來，政府資本對十八世紀雲南銅廠的作用確實很大，但因為政府官員不直接涉入礦廠經營，政府資本只是銅廠商人可以調度運用的預付訂金或是經營資金，所以，政府資本並不影響銅廠經營仍屬民營的根本性質。無論是「核准商辦」或是「招商承辦」，銅廠基本上都以商人為經營主體；負責銅廠事務的政府官員，[80] 主要只負責監督治安、查緝走私，以及代政府抽稅、購買、

二萬餘斤不等，這座礦廠出銅的管理方式即由乾隆25年（1760）奏准「每辦百斤，抽課十斤、公廉捐耗銅四斤二兩、官買餘銅八十五斤十四兩」（按：公廉捐耗銅亦可視為政府額外開徵的稅課）；乾隆38年（1773）奏准通商後，則加列「每百斤給廠民通商銅十斤」，官買餘銅減為七十五斤十四兩；嘉慶年間編成《銅政便覽》時，此廠又已取消分成定額通商規定（卷二，〈廠地〉下，頁125-126）。有關「公廉捐耗銅」的說明及細節，可見《銅政便覽》卷八，〈雜款〉，「公廉捐耗」條（頁523-524）。

79 以嘉慶年間《銅政便覽》所列三十八處雲南銅廠（母廠）做統計，列有「通商額銅」者共十一座。若再依政府收買該廠所出銅斤的「京運、省局、外省採買」三類用途劃分，列入通商額銅的銅廠，又可以有無京運做區分：在有銅斤負責京運的廿三座銅廠中，只有五座列有「通商額銅」（得寶坪廠、大功廠、雙龍廠、發古廠、紫牛坡廠）；專供省局或外省採買的十五座銅廠，則有六座列有「通商額銅」（迴龍廠、秀春廠、萬寶廠、獅子尾廠、綠碌硐廠、鼎新廠）。參見：《銅政便覽》卷一至卷二，〈廠地〉上、下，頁17-180。

80「滇省廠廠，悉歸地方官經管。倘有繁劇地方，離廠較遠，正印官不能照料，亦改委州縣丞倅等官經理。酌量地方遠近、廠分大小，分派各府廳州縣及試

運送銅斤等事宜。即使政府預發工本、招商承辦開礦，也不代表這是「官辦」而非「商辦」礦廠，其中區分在清代應有相對清楚的界限。[81]

　　政府資金對雲南銅廠的作用，集中表現在「官本收銅」制度，而這個制度則有其演變過程。十八世紀初，當清廷對滇銅需要量日益擴增，政府一方面在雲南加強清查未稅銅廠，更進一步提供「廠委盤費」給經營銅廠的「硐民」，由硐民以所得銅材「抵還官本」，其目的當然是在增加政府收購銅斤的數量，這是康熙44年（1705）雲貴總督貝和諾（1647-1712）草創「官本收銅」制度的基本架構。[82] 歷經雍正、乾隆年間，「官本收銅」制度又有所改良，一方面提高購買銅材「官價」，[83] 一方面則增加商人「定

用正印人員承辦」（《欽定戶部則例》卷三五，〈錢法二〉，「派官管廠」門，頁3）。依《銅政便覽》（卷二，頁175），這是乾隆42年（1777）立案的法規。

81　有史料旁證，政府發給價銀預訂收購礦材，並非區別「官辦」與「商辦」不同的標準：「臣前於請歸官辦案內，議免抽稅，按百觔給價十二兩，部未准行。又於仍歸商辦案內，議抽稅外，按八十觔給價十一兩二錢八分，復經部駁」（楊錫紱，《四知堂文集》，乾隆年間乙照齋刊本，卷一一，〈奏明銅鉛價價不敷實難核減疏〉，頁1下），那是乾隆14年（1749）左右湖南郴、桂二州銅鉛礦場的例子。

82　「自康熙四十四年以前，通省銀、銅各廠，俱係督撫各官私開，原未奏報，亦無抽收款項案冊可稽。因事久顯露，經前督臣貝和諾摺奏，始委員分管……又給管廠頭人，名為廠委盤費……硐民即將所得之銅，抵還官本」（高其倬、楊名時，〈奏為遵旨查奏銅斤利弊事〉，見中國第一歷史檔案館編，《雍正朝漢文硃批奏摺彙編》，冊二，頁432-437）。

83　清政府在雲南銅廠收購銅斤價格不一，除銅材市價增減因素外，政府也依各廠銅材品質，或是各廠向政府預借官本多寡，訂出不同收購「官價」。以嘉慶年間《銅政便覽》所列數字來看，每百斤銅材的收購官價可由五兩到八兩

額通商」自由發賣銅材的額數。[84]然而，官本收銅的基本架構未變，都由政府預將白銀發借廠民，藉以支付銅廠上各類採煉銅材開銷，待採煉得礦、扣除課稅銅材後，再由政府向借支官本的廠民收購銅材。[85]

當時所謂「官本」，其實具有廣狹兩義。狹義官本專指上述預借辦銅商人的政府資金；廣義官本則至少包含三類：第一類是發給銅廠商人的購銅銀價，第二類是協助商人採銅、煉銅的貸款，第三類則是支付各類運銅人員與交通工具的費用。第二類官本有時也泛稱「工本銀兩」或是「工本廠費銀」，主要分為「接濟銀兩、底本銀兩、水洩工費」等不同項目，大致都是用以協助商人發放礦工米糧、薪資，以及維修與添購採礦、排水等設備；其中「底本銀兩」的發放方式，大致是以「預借兩月」為準，償還辦法如下：「於交銅百斤之外，扣收銅五斤，計四十個月。扣清之後，再行酌借」，[86]實質上是一種政府給予商人的三年期貸款。第三類官本則主要付給運銅官員、腳夫、運戶、船戶、水手等各類人員的薪資與僱用費用，大致包括「官役廉費銀、腳價銀、盤費銀、舵水工食銀」等不同名色，這類經費並不付給辦礦

多不等，最普遍的是六至七兩之間，最高的是茂麓廠的每百斤「給價銀八兩一錢五分一釐」。參考：《銅政便覽》卷一至卷二〈廠地〉所列購銅官價統計（頁17-180），茂麓廠購銅銀價數字見頁57。

84 有關康熙、雍正、乾隆年間政府對雲南銅廠進行的增加收購「官價」、調高「定額通商」額度等較詳細的討論，可參見：彭雨新，〈清乾隆時期的礦政礦稅與礦業生產發展的關係〉，《中國社會科學院經濟研究所集刊》，1986,8（1986）：118-159，特別見頁132-138。

85 嚴中平，《清代雲南銅政考》，頁27-29。

86《銅政便覽》卷八，〈雜款〉，頁527-537；「底本銀兩」見頁529。

商人，而主要是運銅方面的開支。

　　自乾隆3年定議滇銅京運後，中央政府每年固定撥出一百萬兩白銀購買滇銅，其來源主要包括中央戶部頒發，以及天津道庫、直隸司庫、湖北省司庫、江蘇司庫等幾個京運滇銅經過地方政府財庫的協撥。[87]而其他赴雲南採買銅材的外省地方政府，也固定提撥「秋撥留協銀、鹽務銀」等銀兩購銅。[88]除了這些透過政府財政稅收由外省流入的「官本」外，雲南鑄錢局也經常提撥鑄錢餘息做為滇銅官本的重要來源。[89]由乾隆年間嫻熟雲南銅政的官員奏議看來，中央與外省流入的官本經常不敷使用，大概只能用來支付京運與外省採買，真正用於貸款辦銅商人者，仍是雲南地方政府鑄錢局透過鑄幣收入所累積的「餘息」，[90]以及雲南政府自銀

87《欽定戶部則例》卷三五，〈錢法二〉，「銅本」門，頁25-26。

88 清代外省官員帶入雲南購銅「秋撥留協銀」的相關奏摺，為數頗多。茲引乾隆10年（1745）四月二十九日一份奏摺為例：「雲南乾隆拾年辦銅工本，於湖南秋撥留協銀內，撥銀貳拾伍萬兩。今委湘潭縣縣丞沈章領解銀伍萬兩零，陵縣縣丞孔傳瑄領解銀伍萬兩，永順府同知商思敬領解銀拾伍萬兩，前赴雲南，支納出數，粘批給發，委員回銷」（張偉仁編，《中央研究院歷史語言研究所現存清代內閣大庫原藏明清檔案》，以下簡稱《明清檔案》，台北：聯經出版公司，1985-1997，A137-059）。

89 一個實際官本運用例子，可見乾隆20年（1755）雲南布政使覺羅納世奏摺：「湯丹等廠，每年約辦銅柒、捌百萬斤，所需工本廠費銀伍、陸拾萬兩。又，每年辦運京銅肆百萬斤，約需腳價、官役、盤費銀拾餘萬兩。又，每年應解司庫餘息銀貳拾餘萬兩。應准按年具題，就近撥給銀壹百萬兩，存貯司庫，陸續動用，據實報銷」（《明清檔案》A190-082，乾隆二十年七月二十六日之四）。

90「乾隆十八年（1753），東川增設新局五十座，加鑄錢二十二萬餘千，備給銀鉛工本之外，歲贏息銀四萬三千餘兩。九年之間，遂有積息四十餘萬。自是

廠所獲得的稅課收入。[91]鑄錢餘息與白銀稅入，應是構成當時雲南銅廠中預借商人辦礦的政府資本主要來源。

　　儘管雲南政府、中央政府及全國其他辦理滇銅地方政府都提供了狹義與廣義的「官本」，但是，「工本不敷」仍是雲南銅政官員經常面臨的問題，[92]工本不敷問題繼續惡化，即可能形成嚴重的「廠欠」。一旦中央政府認真清查「廠欠」，官員輕則賠補，重則革職查辦。[93]為了有效解決廠欠問題，由雍正初年到嘉慶年間，政府即不斷發展出向商人追討、由官員賠補、呈請中央政府豁免、加鑄銅錢獲取餘息等多種填補廠欠方法。[94]除卻真正官商勾結侵吞公帑的官員不論，許多銅政官員所以甘冒廠欠難償、連坐賠償甚或革職查辦風險而預借官本給辦銅商人，主要仍是因為自己肩負辦銅考成的巨大壓力，[95]每年京運六百三十三萬斤滇銅的責任，若

以後，雲南始有公貯之錢。而銅本不足，亦稍稍知有取給矣」（王太岳，〈銅政議〉，頁10上）。

91 嚴中平即認為，十八世紀雲南白銀產量增加，是當時銅廠能夠出產巨額銅材的「一個有力的穩定因素」（嚴中平，《清代雲南銅政考》，頁18）。

92 以乾隆7年（1742）雲南巡撫張允隨奏摺為例，即可看到政府對銅廠商人借支官本的緊張情形：「湯丹銅廠每月需本，不下陸、柒萬兩，為數繁多。道庫所收各款銀兩，除發各廠收買銅斤外，只存銀捌萬伍千貳百餘兩，尚不敷湯丹廠閏玖、拾兩月工本，其拾壹、拾貳等月，無銀放給，請於司庫通融借給銀伍拾萬兩」（《明清檔案》A112-090，乾隆七年六月十一日之二）。

93 乾隆33年（1768），乾隆即下令「逮治綜理銅政及司廠之員，著賠銀七萬五千餘兩」；乾隆37年（1772），又再度下令「鈞考廠庫，以稽廠欠。前後廠官賠補數萬勸外，仍有民欠十三萬餘兩」（王太岳，〈銅政議〉，頁8上）。

94 可見《銅政便覽》卷八，〈雜款〉，「廠欠銀兩」門，頁539-541。

95 略如以下規定：「凡各廠辦獲銅斤，校計多寡，酌定年額，劃分十二股，按月計數勒交。如有缺額，令於一月內趕補；倘三月之後不能補足，即將本員

無辦礦商人與礦工努力採煉，[96]所繫官場前程與身家安全非輕。銅政官員借放官本給予辦銅商人，固然有中央政府法令可依循，但也確實有與辦銅商人成敗與共、不得不然的考量。

政府預發官本給銅廠商人，大都由領帑商人實際運用，諸如購買礦工糧食、礦坑照明油燈、抽水通風設備等最重要的開礦支出，都由領帑商人做規畫。官本收銅制度在雲南建立後，商人採煉銅材又增加了資本新來源。那些不接受政府資本而由廠民獨資或合辦的銅廠，在官方資料中被稱為「自備工本」銅廠，接受官本者則稱為「官發工本」銅廠。

官方文獻一般將出資採礦商人通稱為「廠民」或「硐民」，有時也稱「硐戶、管事、鍋頭」。名稱有別，但其實同一。這些人在銅廠上的最主要工作，即是調度資本藉以組織礦廠上的人力、原料與設備。此外，向地方政府申請核可，或是領取與協商借用官本辦法，也是辦礦商人的重要工作。辦礦商人組織資本與勞力，政府也在部分礦場委派「廠員」駐廠，管理治安、抽稅與發放官本等事務。官派廠員，有時來自省內府州縣的承佐官員，有時則委派民間商人或官員親信擔任。由商民出資、集結礦工、報呈官府乃至官員委管，大致即是一個有規模礦廠的形成歷程，「滇南宿學士」[97]王崧對此有所陳述：

撤回，於考成案內議處。若能於月額之外多辦，即於考成案內議敘」（《銅政便覽》卷二，〈廠地〉下，「辦銅考成」門，頁177）。

96 當然，並非所有領取官本開礦的人都會努力採礦和協助官員辦礦：「硐民皆五方無業之人，領本到手，往往私費，無力開採。亦有開硐無成，虛費工本。更或採銅既有，而偷賣私銷」（王太岳，〈銅政議〉，頁7下）。

97 查林，〈雲南備徵志弁言〉（原文作於道光11年，1831年），收入王崧編，道

　　凡廠之初闢也，不過數十人裡糧結棚而棲，曰伙房。所重
者，油、米。油以燃點，米以造飯也。四方之民，入廠謀
生，曰走廠。久之，由寡而漸眾，有成效，乃白於官司，申
謂大府，飭官吏按驗，得實，專令一官主之，稱為廠主。[98]

　　王崧的觀察，反映了「廠主」與那些當時習稱為「走廠」礦
工間最重要的關係：提供每日礦坑內部所需燃油，以及礦工所聚
「伙房」內的糧食。儘管有時辦礦商人也受官府委任成為兼具官
方身分的「廠主」，但這並不妨礙辦礦商人根據專業辦礦知識調
度運用各類資本。

　　十八世紀雲南銅廠商人辦礦花費，主要分為工本、公費兩大
類。「工本」分為採礦、煉礦兩項，第一項採礦工本至少包含五
種：找尋礦苗的探礦費用；支付礦工與各類礦廠管理人員的糧米
與工資；礦坑內架設「鑲木」；配發礦工「亮子」（繫頭頂上，以
備坑內照明）；穿鑿「水竇」、安放「水車」排水（時稱「安龍、
拉龍」）；設置「風櫃」通風。第二項煉礦工本至少包括四種：選
取分辨礦砂品質的花費；購置煉礦所需煉爐設備；支付每日炭、
煤燃料與做為熔劑的原料；聘請煉礦礦師。第二類「公費」，則
可分為「神、公、山、水」四項，分指「廟祀及香資」、「以備差
費」、繳納礦山「山主之租」以及「用農田溝水」的租金。[99]

光《雲南備徵志》，頁首。

98 王崧，〈礦廠採煉篇〉，收入吳其濬，《滇南礦廠圖略》，見任繼愈、華覺民主
　編，《中國科學技術典籍通彙：技術卷》第一分冊，頁 1140-1142。

99 吳其濬，《滇南礦廠圖略》，「規」。公差費用，應指各種官府臨時指派給銅廠
　商人的開支，大概就是送往迎來，以及各種額外規費、餽贈節禮等花費。這

採煉礦石的各類技術，對辦礦商人投資獲利十分重要，礦廠技術人員的專業化十分明顯。採礦出現「鑲頭、領班」等勞動管理者，煉礦也出現「爐頭」等專門人員。「鑲頭」負責坑道內支架工作，主管何處架設鑲木、何時安排風櫃與水車，以及如何將礦工安排在不同開採區中。「領班」聽命於鑲頭，負責調度礦工進入礦洞時機、數目，並選擇最有效的開採方法與器具。在煉礦方面，「爐頭」扮演關鍵角色，要能「熟識礦性，諳練配煎，守視火候」。[100] 對辦礦商人而言，無論是支付礦工食糧與工資、僱請各類技術與管理人員，或是購置開坑、架坑、出碴、通風、排水、運礦、照明、煉爐、氧化法燃料及配煉熔劑等各項設備與原料，在在需要資本。資本是否足夠？成為攸關銅廠成功與否的關鍵。十八世紀許多「外省富商」自備的民間資本，[101] 以及政府提供的官本，都是雲南辦銅商人採煉銅礦需要的資本。

在資本規模擴大、採煉工序分化與富礦銅數增加等不同因素的匯合下，清代前期雲南礦廠內部也形成更複雜的經營組織方式。銅廠可分為獨資制與股份制兩種，「廠民」也兼指獨資商人

類經費應是非正式的支出，或許接近商人辦礦的公關費用。

100 這些專門技術人員都有其重要性，以「鑲頭」而論，時人稱其：「凡初開硐，先招鑲頭，如得其人，硐必成效」。以上均見：吳其濬，《滇南礦廠圖略》，「丁」。

101 光緒年間雲南官員對雲南銅廠規模所做的訪問報告說：「向來辦廠，見功遲速，不能預測。而分尖、淺水，置備器具，修橋開路，以及油米柴炭，需費甚鉅，從前皆賴外省富商，挾資本來滇開採，百物流通，民間生計籍以裕饒。至於本省，戶鮮殷實，不過零星湊集，朋充夥辦」（光緒《續雲南通志稿》卷四五，〈食貨志：礦務：廠員〉，頁2883）。

與眾人出資的「硐戶」。[102]在股份制礦廠中，習用「石分、米分」籌募資金，這種募股制度取義於：「分數人夥辦一硐，股分亦有大小。廠所首需，油米，故計石而折銀焉」，[103]可見提供資金仍是辦礦關鍵。以「石分、米分」股份制合夥開礦的「硐戶」，和經常是獨資制的「廠民」並存，成為商辦礦廠的兩種基本形式，「廠民」與「硐戶」也都可指稱礦廠的重要出資人。

　　眾多廠民與硐戶共同調度資本，應是當時銅廠經營常態，所謂「廠民十百為群，通力合作，借墊之費，極為繁鉅」，[104]說明當時辦銅商人調集資本的重要與頻繁。在廠民、硐戶合資開礦過程中，也發生雲南官員以私人名義介入礦廠經營的例子：

　　　大廠，非常人之所能開者，則院、司、道、提、鎮衙門，差委親信人，擁貲前去。招集硐丁，屏辭米分，獨建其功，並不旁貸。雖獲萬兩，亦與商民無與。[105]

　　所謂「院、司、道、提、鎮衙門」，指的是雲貴總督、雲南巡撫、布政使司、按察使司、糧儲鹽法等道，以及提督、總兵等

102　大概即是因為許多「廠民」可能根本就是由眾多「硐戶」合夥經營而來，如此也能理解廠民辦礦支出中的「山主之租」、引取農田溝水等費用何以被列入「公費」項下。

103　吳其濬，《滇南礦廠圖略》，「規」。另見：「合夥開硐，謂之石分，從米稱也」（吳其濬，《滇南礦廠圖略》，「丁」）。

104　王太岳，〈銅政議〉，頁11下。

105　倪蛻，〈復當事論廠務書〉，《滇繫》卷二之一，〈職官繫〉，頁120-121。

地方文武高官。[106]不過，由於銀廠獲利更快，官員偏愛暗中拿錢辦礦的「大廠」可能仍以銀廠為主。

在經營組織上，礦廠內部形成上、中、下三層人物，上層是出資者，中層是技術管理者，下層則是各類僱傭勞工。上層出資者有「廠民、硐戶、鍋頭、管事」等不同名稱；[107]中層則有兩類主要礦工管理者：一是記錄每日出礦與賣礦所得賬簿的「監班書記」，一是前述的「鑲頭」和「領班」；[108]僱傭勞工則時稱「弟兄、小伙計」，其中以砂丁為最大宗。[109]要之，礦廠實際生產組織方式如下：廠民（硐戶）→管事（鍋頭）→鑲頭→領班→砂丁。[110]

當部分銅廠對政府抽稅與收購銅斤愈形重要，辦礦商人所領

---

106 師範曾記雲南省高官職稱與當地人「俗呼」：「總督部堂，俗呼東院」、「巡撫部院，俗呼西院」、「布政使司，俗呼後司」、「按察使司，俗呼前司」（《滇繫》卷二之一，〈職官繫〉，頁82）。

107 「雇力稱硐戶曰鍋頭，硐戶稱雇力曰弟兄」（吳其濬，《滇南礦廠圖略》，「丁」）。「主之者，名曰管事，出資本、募功力；治之人，無尊卑，皆曰弟兄，亦曰小伙計」（王崧，〈礦廠採煉篇〉）。

108 吳其濬，《滇南礦廠圖略》，「丁」。

109 雲南布政使司唐炯在光緒8年（1882）整頓雲南銅政時，提及銅廠砂丁的規模與來源：「從前，大廠動輒十數萬人，小廠亦不下數萬，非獨本省窮民，凡川、湖、兩粵力作功苦之人，皆來此以求生活」。同時，唐炯更指出砂丁對開採銅礦的重要性：「滇諺所謂，丁由利集，銅由丁出也⋯⋯砂丁既少，雖有美礦，無憑攻採」（光緒《續雲南通志稿》，頁2882-2883）。清代礦廠工人的綜論性研究，可參考：任以都，〈清代礦廠工人〉，《香港中文大學中國文化研究所學報》，3,1（1970）：13-29。

110 「凡硐，管事管鑲頭，鑲頭管領班，領班管眾丁，遞相約束，人雖眾，不亂」（吳其濬，《滇南礦廠圖略》，「役」）。

政府官本也日益增加，政府開始在礦廠設置「七長」：「一曰客長，掌賓客之事。二曰課長，掌稅課之事。三曰爐頭，掌爐火之事。四曰鍋頭，掌役食之事。五曰鑲頭，掌鑲架之事。六曰硐長，掌曹硐之事。七曰炭長，掌薪炭之事」。[111] 這是協助官員與廠民管理廠務的七個重要職務，但因為並非政府明令設置，在不同礦廠上可能出現差異。同時，由「七長」名稱與職責看來，也與商辦礦廠本身固有的「鍋頭、鑲頭」重疊，「硐長」職務也類似於「領班」。除了「課長」協助政府收稅、「客長」負有調解礦廠糾紛任務外，[112]「七長」大致只是政府賦予銅廠固有中層技術管理人員的一種體面稱呼，並不真正妨礙銅廠商人決定如何運用資本。

　　銅廠的勞動主體是「砂丁」。砂丁基本上是各種採礦勞工的統稱，一般可依工作內容分為三類：錘手、鏨手及出碴背礦者。當時雲南銅廠主要挖礦工具仍屬人力操作，和中國其他各地傳統礦廠情形一樣，並無使用火藥開礦的紀錄。[113] 礦坑有通風與排水等設備，但砂丁工作條件仍然甚為艱辛：

　　　弟兄入曹硐，曰下班，次第輪流，無論晝夜。視路之長短，分班之多寡。以巾束首，曰套頭。掛燈於其上，以鐵為之柄，直上長尺餘，於末作鉤，名曰亮子。所用油鐵，約居

111　王崧，〈礦廠採煉篇〉。

112　所謂客長「掌賓客之事」，大體上即是調解礦廠上各類人事糾紛，詳見下一小節的討論。

113　萬平德（Peter Golas），〈火藥在中國採礦中的作用何在？〉，收入李國豪等編，《中國科技史探索》，香港：中華書局，1986，頁437-442。

薪米之半。其中氣候極熱，[114]群裸而入。入深苦悶，掘風洞以疏之，作風箱以扇之。掘深出泉，穿水竇以洩之……水太多，製水車推送而出，謂之拉龍。拉龍之人，身無寸縷，蹲泥淖中如塗附，望之似土偶而能運動。硐內雖白晝，非燈火不能明。路直則魚貫而行，謂之平推，一往一來者，側身相讓。由下而上，謂之鑽天，後人之頂，接前人之踵。由上而下，謂之鉤井，後人之踵，接前人之頂。作階級以便陟降，謂之擺夷樓梯。兩人不能並肩，一身之外，盡屬土石。非若秦晉之窰可為宅舍，釋氏所稱地獄，諒不過是，張僧繇變相未必繪及也。[115]

礦廠全日無休以及礦工全裸工作，反映當時礦工的辛苦工作環境，也與礦坑空間結構密切相關。因為礦坑深入地底，早已不是昔日露天礦苗可以不必深挖可比；而深挖採礦，做為照明設備、通風設備與排水設備的「亮子、風箱、水車」等等開礦工具乃愈形重要。儘管受限當時技術而使這些設施效果有其一定限度，礦坑內部依然是悶熱、潮濕，礦工也經常要在狹窄坑道內工作。然而，這些有限開採設備畢竟也都是辦礦商人用眾多資本堆成的工作場所。

銅廠商人花費巨大資本，也累積了不少礦場採煉技術。以

---

114 雖然王崧並未明言所述是否專指銅礦礦坑，但由占雲南礦廠數量主流的銅廠、銀廠、錫廠或金廠來看，其中只有銅礦會因為開採時的氧化作用而使礦坑內溫度大幅上升，比較符合文中所述「氣候極熱」情形。

115 王崧，〈礦廠採煉篇〉。

「攻採」與「煎煉」兩類最主要礦場技術而論，[116]「攻採」包括了探礦（尋苗）、估礦到採礦，「煎煉」則包括選礦、配料與煉礦。「攻採」講究的是如何由曲折細微的「礦苗」，[117]辨識出經久耐採的「成堂大礦」，以及採掘到高品位礦砂；「煎煉」重點則在於如何揀選含銅品位較高的富礦砂，依照不同礦砂成分配煉出不同的「帶石」（相當於現今煉銅工業的「熔劑」），以及對爐火溫度的掌控。這裡面既存在技術傳承與實務經驗的累積，[118]也是眾多資本與人力投入的結果。透過商人資本與政府資本的投入，十八世紀雲南銅廠累積不少寶貴的採煉技術與知識。[119]

---

116 「鑄山為銅，大要有二，曰攻採，曰煎煉」（倪慎樞，〈採銅煉銅記〉，收入吳其濬，《滇南礦廠圖略》，頁 1142-1144）。

117 所謂「礦有引線，亦曰礦苗，亦曰礦脈」（王崧，〈礦廠採煉篇〉）。

118 如煎煉時要「訪求老匠，多方配鍛」（吳其濬，《滇南礦廠圖略》，「患」）。咸豐年間，蔓延雲南全省的回漢仇殺，原本即由銀廠爭礦所引發，當時銀廠情形也反映「礦師」煎煉技術對礦廠獲利與否的重要性：「石羊廠係楚雄府南安州屬，於道光中，老礦衰微，新廠漸旺，惟礦積如山，常不分汁，廠委虧空纍纍，參撤賠累已有多員，而識礦者知質佳，不肯棄。爐戶亦時而得銀盈千累萬，而又數月不融化，時虧時賺。延至道光末年，委佐職崔紹宗來辦，到後，商之廠紳武舉金鼎（旱谷地回人）、遲某（新平縣界牌人）、貢生王某（獨田人）、武生李本開（南安城內回人），使馬鐘秀聘得礦師馬蛟（河西縣西鄉回人），用代石配煉，無照不紅（原注：照子紅，礦分汁；照子黑，礦不分汁），無礦不化，一連數年，出銀無算。眾呼蛟為財帛星。蛟尤疏財仗義，博施濟、廣交游，到廠者但往會……均極力引導賚助。廠既旺，課自豐，日至少亦抽數百，多或千餘。崔委因功，保知縣，旋委署南安州，仍兼廠委」（〈他郎南安爭礦記〉，收入《回民起義》，上海：神州國光出版社，1953，冊一，頁 252-253）。

119 儘管如此，比起近代歐美發展的採煉技術，清代滇銅生產長期累積的採煉經驗仍有其局限，不僅缺少採煉技術的突破，也無法有效解決採煉銅礦過程中

　　無論成功與否，十八世紀雲南辦礦商人不斷將資本投入開採
雲南各種礦廠，帶動一股開礦白銀由外省流入雲南礦廠的資本流
動現象，王昶對此有以下的觀察：

> 　　且凡珍重之物，理自深載。大礦曰堂，言深邃也。當民物
> 之滋豐，與財力之優裕，辦廠之人，攜有資本。此或無力，
> 彼復繼之，家中之敗子，乃廠上之功臣。故有一硐，經一、
> 二年，更三、四輩，而後得礦。進山既遠，上下左右，路任
> 分行，故其旺也久，而其衰也漸；邇只附近居民農隙從事，
> 曠日而不能持久，朝樹木而冀暮涼，得礦即爭，無礦便散，
> 故衰不能旺，而旺亦易衰。[120]

　　那些不惜傾家蕩產、籌募資本投入礦廠經營的人，造成了內
地白銀資本與雲南銅材間的大規模流動。實際驅動這個資本流動
過程的辦礦商人，其實兼具了兩種角色：「家中之敗子，乃廠上
之功臣」。

　　銅廠商人面對開礦的巨大花費與高度風險，在自己籌募資本
之外，政府提供官本的確具有融資投資與保證收購等正面作用。
當然，運用政府資本是否真能多利少弊，也要銅政官員的道德操
守與行政能力能夠配合。對此，清政府實施一套兼具獎勵與懲處

出現的坑洞愈挖愈深、坑內水患嚴重、礦沙含銅品位降低、煉銅燃料供應困
難等問題，造成清代後期滇銅生產成本的不斷上升。參見：全漢昇，〈清代
雲南銅礦工業〉，頁172-176；陳國棟，〈回亂肅清後雲南銅礦經營失敗的原
因（1874-1911）〉，《史學評論》，4(1982)：73-97。

120 吳其濬，《滇南礦廠圖略》，頁1191。

作用的「銅政考成」法規。在康熙21年（1682）蔡毓榮建議開採
滇銅時，已設計了銅政考成的雛形。[121]雍正、乾隆年間，銅政考
成法規又不斷加詳加嚴。[122]對於那些能力與機緣足堪辦銅成功的
官員，十八世紀滇銅的出產與流通，正為他們升官的「利祿之
途」提供一條制度性管道。[123]以清代滇銅全盛時期出產銅材最多
的東川府湯丹銅廠與順寧府寧台銅廠而論，辦銅能力高超的官員
即經常成為全省長官倚重的對象。[124]

　　十八世紀雲南銅廠商人運用政府資本之所以流弊較少，也不
只是因為政府銅政考成的作用，否則律例有時而窮，貪官污吏總
自有巧取豪奪門道，銅政考成法規便有時而窮。所幸，清代前期
全國平均吏治狀況較好，同時，清政府也加意講求雲南地方官的

---

121 「凡有司招商開礦，得稅一萬兩者，准其優陞。開礦商民，上稅三千至五千
　　兩者，酌量給與頂帶，使知鼓勵。又嚴禁別開官硐，嚴禁勢豪霸奪民硐，斯
　　商民樂於趨事，礦夫既集，礦稅自盈。且予此輩以逐利之途，而漸息其為非
　　之念，是理財而兼弭盜之一法也」（《八旗通志》初集，卷一九七，〈名臣列
　　傳：蔡毓榮傳〉，頁4611）。

122 「滇省每年應辦額銅，按月分股，計數勒交，如缺少銅觔之廠，一、兩月不
　　能補足，量予記過。倘至三月以後，將本員撤回，入於銅政考成案內，聲明
　　議處，另行委員管理。若能於月額之外，多獲銅觔，小則記功，大則議敘」
　　（《欽定戶部則例》卷三五，〈錢法〉二，〈辦銅考成〉）。

123 即使在道光初年，雲南官員仍有如下的「鼓勵」人事命令：「以景東廳同知
　　陳桐生接管寧台銅廠，在正額外，多辦銅至百萬餘斤。奏請鼓勵，以為通省
　　廠員之勸。乃請賞加知府銜」（張鑑等編，《雷塘庵主弟子記》，約為咸豐元
　　年刊本，卷六，頁23-24）。

124 諸如：「以辦廠著名者，東川則蕭君文言，順寧則曹君湛，皆因辦銅功，一
　　進東川府，一進順寧同知。大府倚之如左右手，謂之蕭曹」（檀萃，〈廠
　　記〉，收入《滇繫》卷八之四，〈藝文繫〉冊四，頁79）。

素質，[125]被選充任滇銅管理工作的各級地方官員一般素質較高。這對提升雲南吏治乃至銅政官員水準，是有正面作用。銅政弊端固然時或發生，然而，整體看來，十八世紀雲南銅政官員的操守與能力具有一定水準，銅政考成法規也能有效運作，這才能使銅廠商人同時運用民間資本與政府資本而流弊較少。十八世紀百年間，每年至少一千萬斤滇銅源源流入全國各地，是其明證。

（二）滇銅產銷中的政府法規與市場規範

辦銅商人調集資本投入銅礦採煉工作的主要動機，是希望銅材能在市場上賣得好價錢。然而，單靠投入資本、僱募勞力，並不能保證銅材在市場上順利賣出換成白銀，因為其間還涉及「市場規範」如何形成與維持的問題。

無論是在採銅、煉銅或是賣銅的過程中，都面臨許多市場規範問題，諸如「米分制」下出資股東間如何分配利潤？廠民與礦山地主間如何劃分礦山產權？廠民、炭戶、爐戶、買銅商人間如何結賬？運銅商人與腳夫、馬戶、船戶間如何分擔運輸風險？甚至像是採礦過程中礦坑歸屬權糾紛以何種形式解決？這些問題在

---

125 師範〈名宦說〉即指出清代與明代雲南地方官素質的差異：「滇處天末，前明以處邊謫……至我朝，列聖相承，於邊遠尤為加意，督撫監司，每簡其素負德望者。府廳州縣，選授邊握，一同於他省。倘不法，雖大吏必懲……大吏易於見功，亦易於見過。朝揭一令於轅，而閭閻已夕被其澤。暮夜受金，未旦已喧傳於衢巷」（《滇繫》卷二之一，〈職官繫〉，頁50）。受政府謫戍不一定即是貪官，明代也有才行高超官員被謫戍雲南（如楊慎），但是，做為中央政府安置貶官之地，畢竟影響雲南吏治。清代不再將雲南列為流放官員處所，同時也並不低抑雲南各級地方官員升遷，相信能有助於提升雲南一般吏治水準。

在涉及與銅材產銷活動密切關連的市場規範。

　　市場規範雖常在商民交易銅材過程中產生，但政府在雲南推行「銅政」制度也影響市場規範。這些影響主要包括兩方面，一是銅政法令的規定，特別是有關「官本收銅」與「運官運銅」制度的成文法律；二是在銅政官員支持下有效運作的不成文規約。無論是成文法律或是不成文規約，都為滇銅產銷提供必要的市場規範，使滇銅進入全國銅材市場能較少阻礙。政府推行銅政的主要目的，當然並非為了便利商民在銅材交易中獲利，而著眼在抽課與購買所得滇銅可以有效而按時地運到北京，或是供應雲南本地與他省地方政府鼓鑄銅幣。然而，這些和銅政密切關連的成文法律與不成文規約，卻為銅材產銷提供了足以降低交易成本的市場規範。

　　影響銅材市場規範的成文法律或是不成文規約，可概括區別為「律例」與「規約」兩類。吳其濬曾區分二者之不同：

> 　　官之所奉者，例也。民之所信者，規也。例所不載，規則至悉，相沿之習，實可久之經矣。定於初開時易，改於既旺後難。無礙田園廬墓、跐有引苗者，皆准開採，例如是而已。[126]

　　「官之所奉」的政府律例要比「民之所信」的規約來得少，固然不錯，但對銅材產銷活動有重要影響的銅政法律，卻也並不限於「無礙田園廬墓、跐有引苗者，皆准開採」而已，特別是官

126　吳其濬，《滇南礦廠圖略》，「規」。

本收銅與運官運銅兩類銅政法律都有相當重要性。

銅廠上那些「民之所信」的規約可分為九項：報呈、石分、計尖、洪賬、廢硐、支分、火票、察芜、打頂子。這九類規約至少涉及以下四種不同市場規範：一、廠民資本成立與變動時的股份規範（「石分」）；二、廠民成本計算（時稱「洪賬」）與礦工薪資發放習慣（時稱「支分」）；三、礦坑產權的認定、分割與仲裁（時稱「報呈、廢硐、計尖、打頂子」）；四、礦石冶煉與發賣流程中的數量與成交價格規定（時稱「火票、察芜」）。雖然裡面並未含括銅材產銷的所有流程，但也確實呈顯當時銅材市場上的許多重要市場規範。以下分別做些討論。

有關廠民資本的股份規範方面，其中涉及股份成立與股份變動兩部分。股份成立的一般方式，是以「數人夥辦一硐」時，預先計算開礦所需礦工米糧、礦油燈費用的總數，「計石而折銀」；股份變動的一般方式，則是「退出、添入，或相承頂，令其明定合同，後即無爭」。有關礦石冶煉與發賣流程中的數量與成交價格規定方面，則分別以「火票」和加徵課銀來做規範。「凡爐起火，必請印票」，可見「火票」是冶煉礦石時的必要手續，其作用是便利礦廠「七長」在冶煉「潑爐時，遣役看守」，這固然具有政府監督煉礦不使漏稅的考量，但事實上也便利廠民、爐戶彼此核算冶煉銅材總數。所謂「察芜」，是指：「生課銀廠，定時限出礦，不准參差，並不准不賣。如此礦爐戶還價一兩，不賣者，逾時即令硐戶加價一、二錢上課」，[127] 這種規定硐戶不得惜售、否則多徵稅課的規定，立意應是在避免賣礦廠商等待市場銀價上升

---

127 吳其濬，《滇南礦廠圖略》，「規」。

而間接加劇市場上銀錢比價波動。這種規定目前雖只在銀廠規約上看到，但應也可以增加對當時銅材市場規範形成過程的理解。這些規範大都不是政府銅政法律條文，但卻是在銅政官員支持下而為「民之所信」的規約。

在礦坑產權認定、分割與仲裁方面，不成文規約也很重要。礦坑產權的成立，固然是來自於地主出租礦山給予廠民開礦，但其間也包含政府法令如何依法認定的問題，其中主要涉及「報呈」與「廢硐」兩類規定，前者是：「凡擇有可開之地，具報官房，委硐長勘明。距某硐若干丈，並不干礙，給與木牌，方准擇日破土」；後者是：「伙房無人，灶不起火，准其報明官房，委勘屬實，給與木牌，插立硐口，俟二、三個月後，無人來認，方准別人接報。其或出措工本及有事故者，報明，亦准展限一、二個月。廢尖如之」。這裡的「硐長」亦是礦廠「七長」之一，其作用在這裡是協助政府確立新開礦坑的產權界限，以免與其他礦坑發生礦石歸屬糾紛。包括礦硐與礦尖在內的所有礦坑，一旦廠民廢棄離開或新接承辦，也都有相關的認定程序。[128]

有關礦坑產權分割的規約，當時稱為「計尖」，其法如下：「就人之硐，分開窩路，即客尖也。本硐願放，亦令立明放約、討約。各頭人居間，得礦之後，抽收硐分，或二八，或一九。客尖亦有獨辦、夥辦之不同」。其中涉及的是開礦時必要的借道通風，以及衍生出來的礦權使用權再分割問題。借用他人原有坑道

---

128 雲南箇舊錫廠商民在嘉慶3年（1798）議定的一份〈公議廠規〉碑記上也載：「今將公議條規列後：銅尖無論新舊，以三月不打為廢尖，三年不打為廢硐」（方國瑜，《雲南史料目錄概說》，北京：中華書局，1984，頁1279。

開挖另外礦坑即形成「客尖」，必須交納使用權上的權利金，通常還要委由雙方當事人認可的「頭人」出面擔保，一同訂定「放約」與「討約」，按日後得礦數目的二成或一成交付原礦坑權利人。以現今觀點來看，租用礦山固然是代表廠民取得使用權而非所有權，但在開礦借道過程中，廠民使用權又被進一步分割，可以透過出租「客尖」而獲取權利金。

　　礦脈走勢複雜，不同資本開挖的礦坑經常發生爭奪礦石情形，礦坑產權的界定與仲裁乃成為礦廠上的重要事務。所謂「打頂子」，正好可以具體說明當時預防與仲裁礦坑產權糾紛的部分細節：

> 凡兩硐對面攻通，中設圓木或石，尖頭折回，各走各路。或此硐之尖前行，而彼硐攻通在後，則關後硐之尖以讓先行之尖；或此硐直行，而彼硐橫通，則設木為記，准其借路行走，抑或篷上底下，分路交行。有礦之硐，遇此等事，最宜委勘公斷。既無爭奪，即無滋鬧。即或兩硐共得一堂礦，雙尖並行，中留尺餘，以為界埂，俟礦打完，再取此礦平分。[129]

　　這裡描述「打頂子」的做法，大體即是在礦坑設立界標，設立圓木或石頭，使其成為區分礦坑產權的標誌。打頂子也有不同種類，有的是在界標範圍內「各走各路」，有的則是要有「准其借路行走」的手續，因而也涉及前面所提制訂「計尖」契約等問題。「打頂子」的各項細節很重要，因為「有礦之硐，遇此等

129　吳其濬，《滇南礦廠圖略》，「規」。

事，最宜委勘公斷。既無爭奪，即無滋鬧」。礦廠上爭奪滋鬧事件非同小可，處理不公，不僅兩造廠民不會善罷干休，大規模的礦工集體械鬥更會形成激烈的流血衝突。[130]銅材來源因礦權糾紛衝突而減少，銅材市場也難以順利運行，礦坑產權的仲裁，絕非無關銅材交易。當時礦廠上經常發生「爭尖、奪底」的礦坑產權糾紛：「兩硐相通，並取一礦，曰爭尖。此硐在上，而彼硐從下截之，曰奪底。廠所常有之事也」。同時，當時礦工流行的「燒香結盟，諺曰無香不成廠，或結黨而後入，或遇事而相邀」風氣，[131]更使礦坑產權糾紛加劇，政府官員不能等閒視之，支持「打頂子」這些民間不成文規約，對官員而言，可以防亂於未萌；對銅材產銷活動的參與者而言，則形成了預防調解礦坑產權糾紛等市場規範。

　　政府支持上述大多數未列入銅政律例的不成文規約，對銅材市場順利運作確實有助益。不過，其中措施也並非經常有效，可舉蒙自縣錫礦廠情形做比照：

　　硐口繁多，開採叢雜，雖地外之井口不皆相連，而硐內之窩路常常相通，上下皆硐，或彼硐通於此硐、（此硐）通於彼硐。無論獲礦藏於硐內者，間被鄰盜去；即未獲礦之硐，間有引線，而鄰聞之，往往抄尖奪底，嘵嘵不休。不寧惟是，硐口亟需莫甚於風，無風，即硐內有礦亦不能運於硐

---

130 王崧對礦廠上爭奪礦產衝突的描述是：「相爭無已，殺害亦所不顧」（王崧，〈礦廠採煉篇〉）。

131 吳其濬，《滇南礦廠圖略》，「禁」。

外，是以有借風之說。竊見某硐借風、某硐寫立合同以為確
證，迨後某硐獲礦而通風之某硐見礦生計，因而需索，因而
阻風，遂至彼此詰告，爭訟無已。132

　　這是十八世紀末蒙自縣官員實地觀察到的「廠務大概」，其
中所說「抄尖、奪底」等情形，應和銅廠礦坑大體類似。而由官
員所舉錫廠礦權糾紛案例看來，即使訂立借道開礦合同（「寫立
合同以為確證」），也依然發生「見礦生計，因而需索，因而阻
風，遂至彼此詰告，爭訟無已」的局面。然而，若連「打頂子、
計尖」等礦權規約都沒有，礦廠上便利銅材交易的市場規範大概
就更難形成。

　　除了上述九項產權與交易規約外，官員在礦廠上認可推行的
「七長制」也具有便利銅材交易市場規範的作用，特別是其中的
「客長」，其實被官方賦予某種調停礦廠上各類糾紛的權力，其中
也包括礦坑產權歸屬的仲裁：「或有東西⋯⋯各攻一路，迨深入
而兩線合一，互爭其礦，經客長下視，定其左右。兩造遵約釋
爭，名曰品尖子」。133因為客長在維繫礦廠秩序上具有重要作用，

---

132 李焜修，乾隆《蒙自縣志》，台北：成文出版社，乾隆五十六年影抄本，
　　1967，卷三，〈廠務〉，頁39。

133 王崧，〈礦廠採煉篇〉。所謂「尖子」，即相當現代礦廠中的「採區」（或稱
　　「工作面」，working faces）。當時以「把」做為計算「尖子」的單位，富礦
　　銅廠甚至擁有「多至數十把」的採區。有學者估計，十八世紀雲南銅廠上較
　　具規模的「大硐、大尖」，可同時容納二百人採礦，參見：王明倫，〈鴉片戰
　　爭前雲南銅礦業中的資本主義萌芽〉，《歷史研究》，1956,3(1956)：39-46，
　　頁42。

同時，某些礦廠上出現更明顯的來自外省漢族與回族商民同時聚集礦廠等現象，大小衝突不斷，政府更加重視在礦廠上所設區別族群、省籍的層級式「客長」管理制度：

> 客長，分漢、回，旺廠並分省，而以一人總領之，掌平通廠之訟。必須公正老成為眾悅服，方能息事，化大為小。用非其人，實生屬階。此役最要，而銀廠尤重。[134]

政府以漢回族群及省籍籍貫劃分各自「客長」的協助管理廠務範圍，並設立一個居於所有「客長」之上的「總客長」（「以一人總領之」），其任務即在協助政府解決礦廠糾紛：「掌平通廠之訟」。有些客長同時也是當地「會館」的負責人，而當時礦廠商民設立會館標舉的目的是：「各設會館以為廠規約束之地，而奉香火以崇祀典」。[135]

以上介紹清代前期雲南銅廠上便利銅材市場交易的九種「規約」和「七長制」中客長調停糾紛等作用，下面再分析形成銅材市場規範的相關法律，特別是「銅政」制度中的「官本收買」與「運官運銅」相關法條的演變與作用。

「銅政」也稱「銅務」，基本上是清代前期逐漸發展出來的一套管理銅礦開採、抽稅、收買、運送等相關事務的制度。銅政可

---

134 吳其濬，《滇南礦廠圖略》，「役」。

135 可參證乾隆年間臨安府錫廠的情形：「箇舊銀、錫二廠尤為福國而庇民，是以各省士民商賈往採者絡繹不絕，雲集如響，幾遍天下焉。且各設會館以為廠規約束之地，而奉香火以崇祀典」（箇舊錫廠〈臨安會館碑記〉，收入方國瑜，《雲南史料目錄概說》，頁1282）。

區分為「廠務」與「銅運」兩大部分，「官本收銅」屬於廠務，「運官運銅」則屬銅運，前者初創於康熙44年，修正於雍正元年。後者則正式建立於乾隆3年。兩者對於形成足以降低銅材交易成本的市場規範，大有助益。

自康熙21年雲貴總督蔡毓榮建請雲南開辦銅廠獲准後，政府即以康熙14年的呈報核可制以及康熙18年的二成抽稅制管理銅廠。但在銅政初創過程中，則出現許多礦廠不申報納稅的情形。康熙44年（1705），貝和諾除加強落實「呈報核可制」與「二成抽稅制」，也在銅廠實施「官本收銅」制度，並藉官本收銅獲取「銅息」。[136]政府透過「官本收銅」賺取「銅息」的方法，主要是以設立「官銅店」為憑藉：

> 康熙四十四年，議令雲南省城設立官銅店。時，雲南廣開銅廠，總督貝和諾題定：按廠抽納稅銅，每年變價將課息銀報部，復請於額例抽納外，預發工本，收買餘銅。各銅廠每觔價銀三、四分以至五、六分不等，發運省城，設立官銅店，賣給官商，以供各省承辦京局額銅之用，每百觔定價九兩二錢，除歸還銅本及由廠運省腳費等項外，所獲餘息，盡數歸充公用。從之。[137]

---

136 高其倬、楊名時，〈奏為遵旨查奏銅斤利弊事〉：「各廠銅色高低不齊，價亦不一，自三兩八錢至四兩一二錢不等，名為出山毛銅，其課名為銅息。自四十四年前督臣貝和諾報出之後，遞年加增，尚無一定之額，至四十九年，微獲息銀九千六百二十餘兩，此後即為定額」（《雍正朝漢文硃批奏摺彙編》冊二，頁432-437）。

137《清朝文獻通考》卷一四，〈錢幣〉二，頁4977。

　　雲南地方政府透過昆明「官銅店」統籌收購並貯存銅材，一方面以低於市價價格買入廠民抽稅之後所採煉的所有「餘銅」，一方面則轉手以市價賣給包含各省官員、官商、民商等所有來雲南買銅的人，在一低一高轉手販賣間賺取「銅息」。通過預發工本，政府以較低官價收購廠民採煉的銅材，由政府僱募牛戶、馬戶、人夫，將銅材運至省城等地的「官銅店」存貯。「官銅店」是「官本收銅」制度的重要配套措施。

　　實施「官本收銅」制度初期過程中，產生收購銅材時「每易短少價值，加長秤頭，以致礦民賠累」等弊端。[138]雍正元年（1723）六月，官員建議「皇上嚴敕，革去官銅店名色」。[139]儘管「官本收銅、官銅店」制度對廠民造成損失，但其中也的確存在對廠民有利的作用，一方面是「官本」給予亟需資本的廠民相當經費的融通，一方面是官銅店使銅廠商人面對銅材市場波動時能有較好的「避險作用」。一份雍正元年的調查報告很可說明其中道理：

---

138 道光《雲南通志稿》卷七六，〈礦廠〉四，頁1下。雍正元年六月二十日，刑科給事中趙殿最在「素聞滇省鹽法、銅觔之弊，未知底細，因凡遇雲南人，出其不意，留心採訪」之後，透過實際調查，他更具體指出當時收銅弊端：「礦民入山採銅，官祇給價銀肆兩，至傾銷出時，抽國課貳拾觔，加長秤頭參拾觔，共稱壹百伍拾觔，準作百觔收入」（趙殿最，〈謹奏為敬陳滇省鹽法銅觔利弊以裕國課事〉，《雍正朝漢文硃批奏摺彙編》冊一，頁554）。

139 趙殿最，〈謹奏為敬陳滇省鹽法銅觔利弊以裕國課事〉：「革去官銅店名色，照市秤、市價，每百觔定價五兩，實給礦民。利之所在，人心必趨，如此，則銅觔所出，自必數倍於尋常矣」（《雍正朝漢文硃批奏摺彙編》冊一，頁554）。

　　（銅廠）鑿礦之人，日需鹽米油薪、錘鑽器具、麻線衣等
物，而煎礦煉銅，用炭過於銀廠，件件皆須購買。惟銀砂可
以隨煎隨使，銅雖煎成，必須賣出銀兩，方能濟用。況俱產
於深山窮谷之中，商販多在城市，販買不肯到廠，必僱腳運
至省會併通衢之處，方能陸續銷售。若遇銅缺之時，半年一
載，即可賣出，若至銅滯難銷，堆積在店，遲至二、三年不
等。140

　　白銀在雲南可以直接在市場上買到米糧衣物器具等各種貨
品，也可以直接做為發給礦工的工資，但是「銅雖煎成，必須賣
出銀兩，方能濟用」。不僅如此，銅材生產者還得擔心運銅發賣
過程中貯存與運輸費用等問題，購買銅材的民間商人「多在城
市，販買不肯到廠」；若是銅材市場不景氣，則「銅滯難銷，堆
積在店，遲至二、三年不等」。正因為銅廠商人面臨這些銷售銅
材上的實際問題，即使努力擴充規模增加銅材採煉，也要面臨資
本調度不靈的嚴重難關。官本收銅與官銅店制度正可為辦銅商人
解決此方面問題。正如官員所指出：

　　硐民無富商大賈，不能預為墊出一、二年工本腳價，是以
自行開採抽課者寥寥。從前曾經部議，著多發工本，委賢能
職大官員，專管開採，息銀可以多得……此官發工本，召募
人夫開採之所由來也。雲南銅廠自定額以來，即係借給工
本，官開官收，又發腳價運至省會及通衢，蓋房收貯，撥人

───────────────

140 高其倬、楊名時，〈奏為遵旨查奏銅斤利弊事〉，頁433。

看守，招商銷售，完課歸本，故有官銅店之名色。[141]

接受政府「預發工本」的條件，銅廠廠民不僅可以賴以融通資本，更可將銷售銅材的運輸、貯存、甚至尋找買主等問題，都一併委由政府協助解決。政府不僅在「省會及通衢」處「蓋房收貯，撥人看守」設成「官銅店」，更在官銅店「招商銷售」，這種做法有如由地方政府提供設備場地而形成的一所大規模銅材「拍賣所」，政府在各處指定的官銅店所在，集中貯放由鄰近銅廠運來的銅材，再由各處買銅官員與商人齊聚一堂，買賣銅材。

就辦銅商人而言，接受政府官本固然所得銅價較低，但短期而言，卻可以立即得到一筆融通資本，同時，還可由政府協助僱用當地有限的人力腳夫與各式交通工具，將大量銅材更有效地運至官銅店所在的交通便利處；銅材貯放官銅店，不僅節省了礦廠商人租賃貯存場地與僱人保護銅材安全的花費，更進而降低了發賣雙方接洽、協商、訂約時所必要的交易成本。如果廠民可以將銅材同時以官價賣給政府，又以市價賣給民間商人，則只要政府「官本收銅、官銅店」制度可以盡力防範人為弊端（主要有二：官價與市價的差距，以及官員胥吏的貪污），對辦銅商人仍是大有助益。

銅政官員的操守與能力能維持一定水準，則官本收銅、官銅店制度為銅廠商人帶來的降低市場風險與交易成本作用就愈明顯。除了官員風紀素質問題影響銅廠商人經營利潤外，銅材市場的波動變化當然也很重要。當市場上銅材販售愈困難，銅廠商人

---

141 高其倬、楊名時，〈奏為遵旨查奏銅斤利弊事〉，頁433。

即愈能透過官本收銅而避免風險；反之，當銅材市價愈高漲，則
銅廠商人以「官價」賣給政府的銅材數量愈多，其損失即愈大。
有學者強調貝和諾建立的放本收銅制度使原已興盛的雲南銅礦業
遭受很大打擊，[142] 其實這片面強調了後者情形而忽略前者的可能
性，忘記了銅材市價也會波動、銅廠商人賣銅也有市場風險與交
易成本等問題；同時，也忽略了官本收銅制度逐步改良對銅廠商
人經營利潤帶來的不同作用。即以雍正元年（1723）改革官本收
銅制度而論，其主旨即在減少銅廠商人的利潤損失，改良後的官
本收銅制度是：「所產之銅，除抽稅及官買供本省鼓鑄外，有
餘，聽民間自行販賣流通，毋得禁遏」。[143]

　　銅廠商人可以「自行販賣流通」若干數量以市價賣出的餘
銅，再配上以官價賣給政府官銅店的銅材，既能得到較高利潤，
又能享有政府提供的避險機制與官銅店貯存設施。當政府官銅店
愈開愈多，乾隆初年更進而搭配推行運官運銅制度，許多官銅店
都分布在銅材流通的關鍵運輸節點上，[144] 這等於是為銅廠商人設
置了擴大銷售規模的銅材集散站，具有降低銅材買主與賣主間交
易成本的功能。

　　官本收銅與官銅店之外，運官運銅制度也影響本地銅材市場

---

142 嚴中平，《清代雲南銅政考》，頁6、14。另有學者認為放本收銅政策有其合
　　理性，一方面是地方政府著眼在如期上繳銅額避免受懲處，一方面是中央政
　　府希望藉此保證政府鑄錢用銅的數量不為私鑄所「侵蝕」（常玲，〈清代雲
　　南的「放本收銅」政策〉，《思想戰線》，1988,2(1988)：85-89）。
143 道光《雲南通志稿》卷七六，〈礦廠〉四，頁1下。
144 嘉慶時，至少已有十四處官銅店，其詳細名稱與位置可見《銅政便覽》卷
　　四，〈陸運〉，「各店店費」條，頁309-315。

規範。運官運銅制度奠基於乾隆3年雲南巡撫張允隨主持規畫的〈雲南運銅條例〉，[145]主要有三項重點：一是擴大「官本」銀兩數額與應用範圍，由辦銅工本擴及運銅經費，並由中央每年統籌一百萬兩經費，用以支付購銅、運銅的運輸費和人事費。[146]二是統合雲南與京運沿線地方官，以既有的官員考成辦法要求涉入銅政官員共同分擔責任。三是在雲南銅廠與四川瀘州之間，通盤而合理地規畫本地有限的陸運、水運資源。由乾隆3年到嘉慶、道光年間的十九世紀前期，政府不斷修補「運官運銅」制度，[147]但基本架構已見諸張允隨主持規畫的〈雲南運銅條例〉。

　　「運官運銅」制度對滇銅本地市場規範影響最大的，是上述第三項內容，也就是由政府出面整合雲南銅廠到四川瀘州之間的

---

145 條例內容略有以下十項：「銅斤起程，宜分八運，每年額銅應以五十萬斤為一運」；「委滇省現任府、佐，或州縣官一員為正運，雜職官一員為協運」；「銅斤出廠，宜分兩路，各二百萬斤」；「於正額百斤之外（加）帶餘銅三斤」；責成京銅上運沿線各省督撫等地方官「運腳之雇募」事宜，「如有遲誤，分別查參」；直隸通州張家灣地方，「設立銅房一所」；「銅斤經過地方，文武各官均有巡防之責」；酌給運官養廉銀；預籌辦銅運銅之工本銀一百萬兩（道光《雲南通志稿》卷七六，頁8-11）。

146 張允隨〈雲南運銅條例〉：「湯丹等廠出銅甚多，每百斤需價銀九兩二錢，每年約需工本廠費等項銀五、六十萬兩。其中撥運京銅四百餘斤，又約需腳價及官役盤費銀十餘萬兩。應令按年具題，就近撥給銀一百萬兩，存貯（滇省）司庫，陸續動用報銷。如有餘剩，留作下年之用」（道光《雲南通志稿》卷七六，頁10下）。

147 如乾隆3年定「雲南運銅期限」、乾隆5年更定〈雲南運銅條例〉、乾隆13年更定〈雲南辦銅分路起運之例〉、乾隆15年定〈沉失銅鉛處分〉、乾隆23年更定雲南辦解京銅併為四運、乾隆59年奏准沉溺銅鉛者「運員賠七分，地方官賠三分」（道光《雲南通志稿》卷七六，頁11下～35下）。

各種水陸交通資源，由政府統籌工具與運價，運用當地有限的陸
運、水運資源。可以乾隆3年（1738）一份奏摺為例，藉以說明
當時雲南銅材運送的困難：

> 滇省各銅廠，均產在深山窮谷之中，道路崎嶇。雇牛駝
> 運，腳價可省；牛不能行走者，雇馬駝運，腳價稍增；牛、
> 馬皆不能行走之處，即雇募人夫背送，腳價不得不為添
> 給。[148]

　　牛、馬與人力是當時由銅廠運銅出山的主要運輸方式，船運
則受限於有限的水道以及不利航行的水文條件，因此「牛戶、馬
戶及腳夫」即成為當時銅廠出山一段運銅運線上的主力，其運價
則依序升高。這些畜力與人力的來源，常與銅廠附近的「夷民」
有密切關係，而且不同地區又有不同的「配置」情形，這些都透
過運官運銅制度的規畫，由銅政官員根據不同地區的獨特運輸條
件，訂定相應的運輸方式。例如：「普毛廠運至東川府，計程陸
站。該廠產在東川府屬極邊之金沙江外，夷民不畜駝牛，俱係自
東川府雇馬，往廠駝運。米糧、食物高昂，每雇運銅壹百斤，核
定給腳價銀七錢七分。又，惠隆廠運至茂密白銅廠，計程柒站，
該廠發運茂密，不順大道，俱係山僻小路，鳥道羊腸，牛馬不能

---

148 《明清檔案》A87-045。直至二十世紀四〇年代，曾居十八世紀滇銅最大產區
　　的東川府銅廠所在地，其交通之困難情形仍是：「東川銅礦區地形，起伏特
　　甚，現時交通，多係羊腸小道，登山越嶺，困難異常……惟賴馱馬與人揹」
　　（李洪謨、王尚文，〈東川銅礦地質初報〉，《地質論評》，6(1941)：47）。也
　　可想見十八世紀清朝銅政官員調度有限牛戶、馬戶、腳夫之困難。

行走；雇夫背運，兼有江河阻隔，食物騰貴，每百斤核定給腳價銀壹兩壹錢。其餘各廠雇運程站，遠近不一，地方衝僻各殊，又有牛運、馬駝、人夫背運之異，腳價多寡不同，均係實給確數造銷」。[149] 這只是一個例子，背後反映了許多運銅官員如何根據各地銅廠周遭運輸條件，籌集有限的運輸工具、訂定不同的運輸價格，使巨額銅材可以分批、分運地由銅廠送到附近的「官銅店」貯存，或者上運北京與外省政府，或者讓其他商民購買。

在乾隆 3 年〈雲南運銅條例〉中，張允隨規畫的由「廠」至「店」運銅路線，其實背後搭配著協調、管理有限運輸工具的制度性設計。王太岳在乾隆年間對此有詳細說明：「東川、昭通之馬牛，亦非盡出所治，黔蜀之馬與旁近郡縣之牛，蓋常居其大半。雇募之法，先由官驗馬牛，烙以火印，借以買價，每以馬一匹，借銀七兩；牛四頭、車一輛，借以六兩。比其載運，則半給官價，而扣存其半，以銷前借。扣銷既盡，則又借之，往來周旋，如環無端，故其受雇皆有熟戶，領運皆有恆期，互保皆有常侶，經紀皆有定規。日月既久，官民相習。雖有空乏而無逋逃，亦雇運之一策也」。[150] 這些地方性的制度設計，反映十八世紀一些重要雲南銅廠周遭，已逐漸形成一個較有保障而又有相當效率的本地運輸市場。由政府出面協調、管理各種運輸工具，並提供較合宜的管理法規，不僅便利官員完成京局銅運任務，也為銅廠商人提供銷售餘銅的較好運輸條件，並且降低了銅廠商民與運輸行業訂定運輸契約的交易成本。

149《明清檔案》A87-045。

150 王太岳，〈銅政議〉，頁 12 下。

　　同時，自乾隆3年頒行〈雲南運銅條例〉後，清政府更不斷擴展與加強滇銅京運沿線的各項水陸道運與交通設施。由雲南到北京的滇銅京運路線，既是一套全長超過六千公里的水運系統，同時也是晚清長江通行火輪船前運輸銅錢原料的大動脈，滇銅而外，貴州鉛、湖南黑鉛與廣東錫等鑄幣原料，也一起由此管道運入內地。這條路線可分為四大段，第一段由雲南至四川瀘州，其中又再分為四條支線：金沙江線、南廣河線、納溪水線、赤水河線；[151] 第二段則由瀘州經重慶到漢口（長1,594公里）；第三段由漢口到揚州；第四段由運河通京師或是另轉他省。[152] 滇銅京運後，其他各省雖然已基本免除上運京銅的責任，但仍委派官員繼續到雲南採購，以供各省所需鑄幣銅材，這些銅材也在上述的長江、運河線上行走。[153] 以滇銅為主的這些巨量鑄幣原料，每年即由雲南與各省各級官員護送來往於這套長達六千公里的水運系統

151 第一段運道可稱「廠運集散線」，包含由滇北、滇西、滇中三區的銅材集散地，將各區銅廠銅材運至四川的瀘州，此段以陸運為主、水路為輔（嚴中平，《清代雲南銅政考》，頁31-32）。清代滇銅廠運集散線，有學者挑選其中的滇北銅廠區，繪成「滇銅解運路地圖」（中島敏，〈清朝の銅政における洋銅と滇銅〉，氏著，《東洋史學論集》，東京：汲古書院，頁175-176）。

152 川勝守，〈清、乾隆期雲南銅の京運問題〉，《九州大學文學部東洋史論集》，17(1989)：34；張永海、劉君，〈清代川江銅鉛運輸簡論〉，《歷史檔案》，1988,1(1988)：87-91。嚴中平曾將滇銅廠地、瀘州、重慶、漢口、江寧（南京）、儀徵、天津到通州間滇銅路線里數，綜合製成「雲南各銅廠起運京銅路線里程表」（嚴中平，《清代雲南銅政考》，頁32）。

153 僅以乾隆5年到嘉慶16年間（1740-1811）一些史料做統計，在這七十一年間，共有江蘇、浙江、江西、湖北、湖南、四川等六省官員，採買了六千多萬斤的滇銅。參見：羅傳棟主編，《長江航運史（古代部分）》，北京：人民交通出版社，1991，頁348。

內，加上被僱用運輸的各種大小不等民間船隻，構成了一個重要的國內市場運輸部門。

　　銅材自出雲南境後，沿途所經四川、湖南、湖北、江西、江蘇、安徽、山東、直隸等八省地方，地方官員上自總督巡撫，下至府州縣官，都有監督協助雲南運官運送銅材的責任。[154]銅材自雲南分運起程，乾隆3年以後，由每年八運、四運變為後來的六運，陸路不計，單是每年在長江、大運河沿線上航行的銅鉛即不可勝計，沿途受考成影響而動員的官員也為數眾多。這些官員不僅要保護滇銅入境時免於天災（風浪船覆）與人禍（盜賊偷搶），更要協助雲南「長運官」僱募當地船戶、馬戶與腳夫。[155]與銅廠辦銅官員一樣，運銅官員也有考成，[156]特別是負責運銅進京

---

154 滇銅入京沿途各省各級官員都有保護管轄境內銅斤安全的責任，可見《欽定戶部則例》卷三六，〈錢法三〉「沿途護送查催」節內的規定。另外在一些外省赴滇採買銅斤的路線上，官員也負有保護過境銅船安全的責任，如《粵東省例新纂》（道光26年（1846）序刊本，台北：成文出版社，1968），卷三《戶例》，〈銅鉛〉門，即錄有「鄰省銅鉛過境」的法令規例：「江西省採運滇銅，由廣西蒼梧縣入廣東⋯⋯本省接到文行，即移行沿途地方文武照例護送，並將出境入境日期，及有無風雨耽延各情由，具結申報」（頁213-214）。

155 滇銅入京沿途僱募腳夫、船隻、水手，甚或更換大小不同船隻的細部規定，可見《欽定戶部則例》卷三六，〈錢法三〉有關「京銅運腳、雇辦銅鉛船隻水手、銅船起撥」等各節規定。有學者更由運銅雇用民間船隻規定，留意到清代銅運與漕運兩種涉及大規模物資運送制度的不同：政府漕運配置有專門而常設性的漕運機構與漕船漕丁，而銅運則是以地方官員配合雲南長運官沿途僱募船戶、馬戶與腳夫。參見：E-Tu Zen Sun, "The Transportation of Yunnan Copper to Peking in the Ch'ing Period," *Journal of Oriental Studies* 9(1971)：147.

156 除了詳列到達各運站期限不能延誤，對於沉失銅材也要打撈或買補，否則一

的雲南「長運官」，每年運銅壓力更是相當沉重，一份清代鈔本
《滇南竹枝詞三十首》描寫當時雲南運銅官員的心理壓力：「此間
最苦是官僚，四大窮州怎麼熬！更有一宗坑性命，生生銅運不能
饒！」[157]

　　十八世紀的長江上、中、下游沿岸水運，很大程度因為滇銅
京運而發展起來。沿途長江可行運道與航運安全等措施也不斷加
強，如乾隆7年（1742）張允隨整浚金沙江下游航道、乾隆55年
（1790）朝廷針對瀘州至重慶間長江上游沿線水運，令沿岸「各
州縣刊刻險灘名目，於兩岸插立標記，傳知船戶水手留心趨避，
俾免冒險行」。乾隆56年（1791）「奏准：各處險灘倣照救生船
之例，酌募灘師四、五名，按所在州縣，捐給工食，令其在灘，
專護銅鉛船隻」；同年奏准「銅鉛遇有沉溺，僱募水摸，探量水
勢，設法打撈」。[158]這些設施都是十八世紀清政府對公共運輸條件
的投資，固然不能說是大規模公共投資，但仍有效加強了滇銅對
外運輸能力，同時背後也反映了全國涉及運銅事務眾多官員的辛
勞開創與經常維護之功。

　　十八世紀銅政官員固然存在貪官與庸吏，但要說「運官運
銅、官本收銅」制度背後反映了眾多「銅務能吏」的心力，也是

律議處，而推舉該運員的雲南長官也要連坐處分；若運官能將滇銅順利運至
京師，「並無短少核扣，程限亦無遲逾，帶領引見後，知照吏部，陞補選
用」（《欽定戶部則例》卷三五，〈錢法〉三，〈運員事宜〉冊六，頁2517-
2533）。

157 轉引況浩林，〈鴉片戰爭前雲南銅礦生產性質再探〉，《中央民族學院學報》，
　　1989,4(1989)：70。

158 道光《雲南通志稿》卷七六，頁32-33。

實情。「銅務能吏」的操守與心力，加上身為籌資辦礦商人的「廠上功臣」，為十八世紀滇銅市場提供許多可以有效降低交易成本的市場規範，這裡面反映的「官商關係」也帶有一種有助於促成市場規範的作用，這種官商關係既在十八世紀滇銅市場發展過程中成為制度性的存在，也促使每年至少一千多萬斤滇銅能夠有效地流入全國銅材市場。

第三節　滇銅流通過程中的利益觀念

分析十八世紀滇銅的產銷過程，可以同時看到兩方面變化，一是商人資本與政府資本大量流入銅廠，改變了礦廠組織形態；一是銅政法規的運作與改良，為滇銅市場提供了足以降低交易成本的市場規範，這些都涉及官商關係的調整與變化。與官商關係變化的同時，一些不同的「利益觀念」也在滇銅產銷過程中形成與發展。

在前述銅廠組織與銅政制度的運作下，有些商人經營礦廠的心態發生轉變，部分官員則對礦業政策與銅政制度提出改良的主張。這些商人辦礦心態與官員銅政主張，背後都反映某種「利益觀念」的轉變。商人對於「何種經營方式最有利益」的評量標準，以及官員判別「國家、百姓、商人利益」的優先順序，這些評量與判別「利益」的標準和順序，正是筆者本章所謂的「利益觀念」。這些利益觀念的變化，在十八世紀雲南銅廠組織與政府銅政制度中具體顯現出來。這些顯現在組織與制度上的經商心態與政策理由，不見得總是清楚計算的結果，與其稱為「行為動機」，不如說是「利益觀念」。

（一）銅廠商人的「發財」

　　無論是廠民組織資本與人力進行銅材採煉工作，或是政府僱用牛戶、馬戶、腳夫與船戶運送大量銅材，在探礦、開礦、煉礦、運銅等不同流程中，商人與政府投入的資本與人力都很可觀，連帶使銅廠附近糧價上漲，所謂的「近廠之地，食物必貴」，[159]正是時人的實際觀察。糧價上漲和銅廠聚集大量礦工有關，乾隆年間銅廠最密集的東川地區正是如此：

> 東郡地方，山多田少，土瘠民貧，既無鄰米之流通，全資本地之出產。況附近廠地最多，四處搬運。是乏食之虞，惟此地為最。[160]

　　因應礦工人口增加帶動的食糧需求，東川府糧食市場出現了更活絡乃至更緊張的變化：「各鄉所出米糧，凡漢、夷人等赴市售賣者，原本不少。乃有一種嗜利奸徒，竟於城外私開米店，凡四

---

159 倪蛻，〈復當事論廠務書〉，頁121。

160 廖瑛，〈嚴禁囤積米糧斗升出入不公之積弊以裕民食事〉，乾隆《東川府志》，乾隆26年（1761）刊本，卷二〇，〈藝文〉，葉54上。當時雲南限於交通條件，不僅外省米糧較難運入，即使省內糧食運送的成本也高。因此，清代許多雲南官員都注意倉儲政策，如雍正2年（1724）楊名時所說：「積貯為備荒善策，滇省不通舟車，粟難遠運，尤宜隨處廣為儲蓄，令民食有資」（楊名時，〈議社倉疏〉，氏著，《楊氏全書》，清乾隆59年（1794）江陰葉廷甲水心草堂刊本，卷一七，頁5下）。在省內與省外米糧運輸條件限制下，礦廠聚集眾多人口當對該地農業生產影響更為巨大。

鄉米糧駝運來城，即先行攔買」。[161] 政府官員注意打擊囤積米糧的
不肖商人，包含販賣糧食「漢、夷人等」在內的本地居民，則設
法提高糧食供給，從而在當地農業生產中引入更多的水碾設備。[162]

　　大量銅材的出產與流通，不僅衝擊當地糧食市場，也為銅廠
附近城鎮帶來巨大變化，乾隆26年（1761），在雲南產銅大廠
「湯丹、大水、碌碌」所在地的東川府，廖瑛有以下的觀察：

> 商民雲集湯丹、大（水溝）、碌（碌），三廠之銅，歲以數
> 百萬輸納天府，陸運水遞，浮江沂淮，駱驛踵接。「寶雲錢
> 局」鼓鑄之爐，七十座有奇，足以資昭通、曲（靖）潯
> （甸）二鎮，及列營之兵食。滇、黔、楚、蜀之民，倚開
> 採、鍛冶、轉運以給衣食者，以數萬計，實滇省上游之望
> 郡，非昔之東川比矣。[163]

　　大規模銅材流通以及巨額白銀流入銅廠附近城鎮，使銅廠有
如磁石一般，吸引各色各樣人物到此活動：

> 廠既豐盛，構屋廬以居處，削木板為瓦，編箴片為墻。廠

---

161 廖瑛，〈嚴禁囤積米糧斗升出入不公之積弊以裕民食事〉，乾隆《東川府志》
　　卷二〇，〈藝文〉，葉55下。

162 乾隆年間，廖瑛撰〈勸民培築新河堤埂並插柳以期永固周示〉上說：東川府
　　城「近城一帶田畝，全籍新河之水引流分灌……不日雨水時行，山水漲
　　發……凡沿河有田各戶，以及安碾之人，均當未雨綢繆」（乾隆《東川府
　　志》卷二〇，〈藝文〉，葉53下）。

163 廖瑛，〈東川府志書序〉，乾隆《東川府志》卷首。

之所需，自米粟、薪炭、油、鹽而外，凡身之所被服、口之
所飲啖、屋宇之所陳設、攻採煎煉之器具、祭祀宴饗之儀
品、引重致遠之畜產畢具。商賈負販，百工眾技，不遠數千
里，蜂屯蟻聚，以備廠民之用。而優伶戲劇、奇衺淫巧，莫
不風聞景附，覬覦沾溉。探丸胠篋之徒，亦伺隙而乘之。[164]

　　無論是米、油、炭、鹽，乃至屋宇陳設、礦廠設備、祭祀儀
品、運輸牲畜等物品，或是「商賈負販、百工眾技」，優伶戲子
甚至小偷等人物，都齊聚銅廠附近。許多非漢民族也承接政府與
銅廠商人僱募運銅的工作，成為運銅的牛戶、馬戶或是腳戶。[165]
　　銅廠商人與為數眾多的礦工，以及那些在礦廠上參與各種日

---

164 王崧，〈礦廠採煉篇〉。

165 雍正元年（1723），官員即指出：為銅廠運銅的「腳戶，多係彝猓，自趕
牛、馬，領運銅斤」（高其倬、楊名時，〈奏為遵旨查奏銅斤利弊事〉，頁
433）。早自明代後期以來，雲南許多地方都發生了漢人移民透過各種或欺
騙或購買的方法，侵奪非漢民族世代相傳的田產，一個典型的侵奪方法如
下：「奸商點民，移居其寨，侵占田產，倍索利息。稍不當意，羅告撝詞。
不才有司乘之，上下其手，左右其袒。彼夷民畏城市如陷井，見差役即魂
銷。宿怨深，怒業結，鬱而不可解矣」（陳用賓，〈罷採寶井疏〉，收入乾隆
《雲南通志》，影印《文淵閣四庫全書》本，台北：商務印書館，1983，冊
五七〇，卷二九之三，頁341）。這情形直至清代皆然。銅廠的出現，則在
「田產」之外，成為當地漢與非漢民族間相互交涉的另一個重要「經濟」領
域。只是，「民族」的分別，在明清雲南在漢民逃役等因素影響下，也形成
「民族辨識」上的模糊地帶，如雍正2年（1724）楊名時即指出當時雲南有
些漢人貧戶為逃避賦役而躲入非漢民族居住地內：「他省雖有逃丁，仍屬內
地之民，獨雲南逃丁多歸外番土司，久之，變為夷猓，深堪惘惻」（〈條陳
滇省事宜疏〉，氏著，《楊氏全書》卷一七，頁8上）。

常交易活動的人，由後代人眼光看來，都是從事與開礦事業有關的生產與交易活動，富者可稱是經商求利，貧者則算是糊口謀生。當時有人以「發財」來總括這些人從事的經商與謀生行為：

> 凡廠人獲利，謂之發財。發財之道，有由曹硐者，有由爐火者，有由貿易者，有由材藝者，有由工力者，且有由賭博者。其繁華亞於都會之區，其侈蕩過於簪纓之第。贏縢履蹻而來，車牛任輦而去。又或始而困瘁，繼而敷腴，久之復困瘁，乃至逋負流離，死於溝壑，是故廠之廢興靡常。甫轂擊肩摩，煙火綿互數千萬家，倐為鳥巢獸窟，荊榛瓦礫，填塞谿谷。然其餘礦棄材，樵夫牧豎猶往往拾取之。語曰：勢有必至，理有固然。市，朝則滿，夕則虛。求存，故往；亡，故去。其此之謂與！[166]

不管在礦廠上從事的是採礦、煉礦、買礦賣礦、乃至賭博，活動種類不同，但在當時身處其中的人們看來，都是在追求「發財」。[167]儘管記錄者王崧慨嘆礦廠獲利與衰敗的無常，認為其中存在某種「朝則滿，夕則虛」的道理；但對那些身處礦廠中的廠民、礦工各類人物，他們寧可在礦廠上謀求各種「發財之道」，而不會像王崧在一旁慨嘆礦廠「廢興靡常」。

---

166 王崧，〈礦廠採煉篇〉。

167 從中性的角度看，是為「發財」；從負面的角度看，則是「貪利」。當時即另有人指責礦廠上的「貪利」現象：「大抵廠商聚楚、吳、蜀、秦、滇、黔各民，五方雜聚，誰為親識？貪利亡軀，蓋不知其幾」（崔乃鏞，〈東川府地震紀事〉，乾隆《東川府志》卷二○，〈藝文志〉）。

　　許多在礦廠上追求「發財」的商人與礦工，大多是來自外省
的漢人或回民。至於那些為廠運銅的牛戶、馬戶與腳戶，則有許
多是世居本地的非漢民族。據雍正元年當地官員調查，為銅廠領
價運銅的「腳戶，多係彝猓，自趕牛、馬，領運銅斤，多就山谷
有草之處，住宿牧放，不住店房，圖省草料」，[168] 這些「彝猓」腳
戶寧願露宿山谷，以便讓牛馬吃野草，為的是不用另外花錢支付
店家供應的牛馬草料，節省運銅賺來的收入。但是，這種精打細
算的省錢方式，則與等待「發財」的銅廠商人有同有異，腳戶計
算如何省下牛馬草料花費，和銅廠商人籌計米、油、炭火開銷相
比，儘管計算內容不同、計算金額大小有異，但盤算如何節省成
本與多得利潤，大概仍是性質相同。最不同的，恐怕是礦廠商人
面對「廠之廢興靡常」時的基本心態：「或始而困瘁，繼而敷
腴，久之復困瘁，乃至逋負流離，死於溝壑」，儘管採礦與煉礦
成功機會盛衰無常，但礦廠商人仍然不斷投入大量民間資本與政
府資本，繼續購買米食、油火、設備，等待「發財」。

　　由於礦廠上日常人力與設備開銷的巨額支出，以及銅材採煉
過程的高度風險，廠民一方面不斷面臨資本調度上的困窘與壓
力，另一方面卻是充滿著挖得質優量豐「成堂大礦」的熱情與期
待，展現一股「發財」的強烈欲望。王崧對此做過一段深富戲劇
性的描寫：

　　　常有管事資本乏絕，用度不支，眾將瓦解，徘徊終日，寢
　　不成寐，念及明日天曉，索負者、支米油鹽柴者，紛沓而

---

168 高其倬、楊名時，〈奏為遵旨查奏銅斤利弊事〉，頁433。

至，何以禦之！無可如何，計惟有死而已！輾轉之際，硐中忽於夜半得礦，司事者排闥入室告，管事喜出望外，起而究其虛實，詢其形質高低，踰時，更漏既盡，門外馬喧人鬧，廠主及在廠諸長，咸臨門稱賀。俄頃，服食什器、錦繡綺珠、珠璣珍錯各肆主者，贈遺絡繹，充物階墀，堆累几榻；部分未畢，慧僕羅列於庭，駿馬嘶鳴於廄，效愨勤、譽福澤者，延攬不暇。當此之時，其為榮也，雖華袞有所不及；其為樂也，雖登仙有所不如。[169]

　　這段文字沒有這位「管事」商人的姓氏，但裡面情節卻不會是王崧憑空想像的信口開河。以王崧對當時礦廠實況的熟悉，他筆下這段文字應是反映當時銅廠商人對開礦獲利的渴望，渴望不已，甚至成為一種夢寐以求的焦慮。廠民挖到成堂大礦時的「其為榮也，雖華袞有所不及；其為樂也，雖登仙有所不如」，正是當時「發財」心態的極至表現。由這段文字看來，礦廠上為「夜半得礦」而歡天喜地的人也不只是廠民，至少還包括了礦坑旁的「司事者、廠主、在廠諸長」、各類「肆主商人」，應徵家中廝役的「慧僕」也「羅列於庭」，賣「駿馬」的，另外還有「效愨勤、譽福澤者」。這是一齣在礦廠上搬演的「發財」悲喜劇。

　　為什麼廠民要如此「徘徊終日，寢不成寐」地苦籌資本與算計成本？若只是要獲得更多利潤，賣礦之後，改業放債生息的典商，或是其他可獲利的行業，不是也可以照樣「發財」嗎？何必如此辛苦籌資辦礦呢？並沒有史料顯示當時開礦利潤必然比其他

169　王崧，〈礦廠採煉篇〉。

行業更高，銅廠商人拿同樣巨額資本經營其他行業，應該可以獲得更多利潤。從投資報酬率來看，十八世紀雲南銅廠商人努力籌資開礦，很可能不是一種經過「深思熟慮、理性進行投資報酬率比較」的經商方式選擇。

　　銅廠商人並非是被強迫經營銅廠的。十八世紀雲南銅廠不是由政府經營，無論是「招商承辦」或是「核准商辦」的銅廠，政府實施「官本收銅」，基本上都是向礦廠商人「預買」銅材，商人交付銅材給予政府是因為「訂購」而交銅。假使政府沒錢，商人當然可以不賣。[170] 儘管政府規定某些領取官本的銅廠不得將稅後餘銅販賣旁人，一定得賣給政府，但基本上仍是「預買、訂購」的契約關係。商人賣銅都有若干自由選擇權，就算自己決定改行不再經營銅廠，相信也是可由商人自由決定。法律強制上的「身不由己」較不可能，但是背負債務或其他原因而「身不由己」呢？乾隆初年，有官員在上奏中央政府要求提高購銅官價時，對銅廠商人因積欠「官債」無法改行提出說明：

> 官債難以久欠，而課長之追呼尤急切也！其所以不至舍廠而他事者，徒以長年用力，不忍棄前功。[171]

---

170 康熙59年，江西巡撫白潢發現本省負責購買的康熙55年份銅材，竟然「領價未解」，細察之下，才知是領價官員虧空公款，因為官員「欠銅價銀貳萬兩，商人不肯發行」（收入中國第一歷史檔案館編，《康熙朝漢文硃批奏摺彙編》，冊八，頁2842）。雖不見得是雲南銅廠商人實例，但也從旁證明理論上政府無錢則商人拒賣的當時銅政基本精神。

171 莫庭芝、黎汝謙，《黔詩紀略後編》（清宣統3年（1911）筱石氏刊本），卷五，頁15。

　　捨不得長年投資資金與心血，當然也是理由。但是，若是頂讓其他商人接手經營銅廠，多年投資，總不至於不能售得相當賣價，再用這筆資金經營其他生意，仍是可有作為、可以「發財」，何需忍受此等「追呼尤急切」之苦？

　　既乏銅廠商人自述，後世也難真的清楚銅廠商人為何甘冒風險將各類資本不斷投入銅廠，甚至是不惜親嘗「徘徊終日，寢不成寐」與「追呼尤急切」之苦。但由王崧對雲南礦廠的理解與描寫，十八世紀商人經營銅廠的「發財」心態，可能真的不是核對成本、計算利潤所能包括，那種追求成堂大礦的強烈欲望，確實令人印象深刻。礦廠商人不斷投入資金添增人力與設備、時刻面對是否挖得成堂大礦的風險，為的是開挖到成堂大礦，這種獲取利潤的「發財」心態，其實伴隨著高度渴望與不確定性，在當時中國各行業商人中，雲南礦廠商人的「發財」心態應很特別。

　　銅廠與金廠、銀廠不同，銅價有限，而且多為政府以官價收購，但卻和各種礦廠一樣，無論是採礦與煉礦，都存在投資甚多而收獲甚少的高度風險。十八世紀在雲南經營銅廠，其實是種高風險但不一定高獲利的行業，然而，商人卻仍然不惜耗盡財產投資銅廠，寧願冒著採礦失敗淪為「家中敗子」的風險，也要籌資辦礦成就一位「廠上功臣」。

　　銅廠出銅暢旺，商人獲利，購建華宅、坐擁婢僕，這些「侈蕩過於簪纓之第」的消費風光並不稀奇，其他商人與地主也都可以辦到。然而，一旦探得走勢難料的礦脈引線，進而尋得質美耐採的成堂大礦，則平日所有籌措資本、管領礦工的辛勞統統有了報償，得礦當天，不僅「效慇勤、譽福澤者，延攬不暇」，連銅政官員、「廠主及在廠諸長」，也都「咸臨門稱賀」。這種官員與

民眾齊聚一堂慶賀自己辦礦獲利的「發財」場景，在當日中國大概難有其匹。如果一併考慮這些「雖華袞有所不及」的榮譽感覺，以及「雖登仙有所不如」的刺激心理，那麼，商人選擇經營銅廠，其實已經不是一般成本、利潤考量所計算的「利益」所能統攝，那種「利益」考量內容可能包含得更多，既夾雜著成本利潤計算，也包括了個人成就感，甚至還帶著一種刺激心理。如果銅廠商人真的在經營銅廠過程中體會到其間的道理，則這些商人界定何種「利益」更值得追求的心態，其實已和一般市井商人的「發財」觀念不同，這是一種「利益觀念」的微妙轉變。

形成銅廠商人的特殊「發財」利益觀念，應有兩個主要原因：一是隨著礦廠投入資本增加，無論是籌集民間資本，或是接受政府資本，借貸利息支出與政府收銅期限，都使商人期待得礦心理不斷加深加強；另一方面是在政府辦銅考成壓力增加下，各級銅政官員與銅廠商人的利益更加緊密結合，這不僅僅是收受賄賂與否的問題，更是商人成功出礦則官員加級升官，商人出礦失敗則官員賠補貶官。十八世紀雲南銅廠商人的「發財」，因為大規模銅材流通帶來的大量資本投入與嚴格銅政考成，不僅構成當時一種特殊官商關係，也出現了商人「利益觀念」的轉變。

（二）銅政制度中的「公利之利」

十六世紀以來，礦廠商人期待開礦獲利，但卻經常受到來自社會輿論與國家政策等不同權力的節制。十六世紀以來的民間開礦活動，一直充滿著緊張與對立，即使朝廷官員也是贊成與反對者同時並存，雙方各自提出不同主張與理由。對於開採銅、鉛等鑄幣礦材，支持者可以如此立論：「上可以供鼓鑄，下可以益貧

民」。[172] 反對者則經常提出開礦活動威脅治安、破壞「風水」甚至是自然環境的證據。即使在礦廠林立的清代雲南，也還是有人一直強調開礦破壞自然環境：

> 煎煉之爐煙，萎黃菽豆；洗礦之溪水，削損田苗……有礦之山，概無草木，開廠之處，例伐鄰山，此又民之害也。[173]

礦廠傷害河溪、田苗與山林，是明顯的事實。[174] 即使到十九世紀前半，當雲南礦廠已經大量合法存在百餘年後，仍然出現「藏亡納叛，不問來縱，大憝巨兇，因之匿跡」、「捨其本業，走廠為非，剪絡賭錢，詐騙無忌」[175] 等指控礦廠礦工的字句，這類「流亡日集，奸匪日滋」說法，對身負治安職責、手握軍政權力的地方官而言，是難以輕易放鬆的疑懼。儘管礦廠商人較難被歸類為「流亡、奸匪」，但因為雲南礦廠商人籍貫多屬外省，[176] 也難

---

172 康熙61年（1722）七月，為替商人裴永錫具呈代求准予開採江寧、安慶等地「銅鉛洞口」，李煦給皇帝的奏摺上說：「（裴永錫等）具呈求奴才代奏，叩乞天恩，准其自備工本，照例一體開採，每年所得銅鉛，上可以供鼓鑄，下可以益貧民」（《康熙朝漢文硃批奏摺彙編》冊八，頁2997）。

173 倪蛻，〈復當事論廠務書〉，頁121。

174 銅廠比雲南其他礦廠更耗費炭材，當時平均每煉銅百斤，至少要用炭千斤。若以銅產量每年可達一千萬斤的東川府湯丹銅廠計算，該廠每年用炭便要超過「一萬萬斤」，而這些炭都要靠銅廠周遭的林木來供給（嚴中平，《清代雲南銅政考》，頁64）。儘管雲南銅廠已開始將煤礦「煉焦」（李曉岑，〈明清時期雲南移民與冶金技術〉，收入雲南省社科院歷史研究所編，《中國西南文化研究》，頁233），但對附近林木的砍伐傷害仍十分巨大。

175 倪蛻，〈復當事論廠務書〉，頁121。

176 例如：光緒《續雲南通志稿》卷五，〈地理志〉，〈臨安府‧蒙自縣輿圖表〉

免有時遭到本地居民或是性喜「鋤強扶弱」官員點名批判「專利」之嫌，視為造成貧富不均的潛在敵人。

簡言之，開礦固然可以增加政府稅收，也可以使貧民共享「天地自然之利」，但是，諸如治安、風水等疑懼卻也同時並存，廠民、礦工在銅廠上追求「發財之道」的利益觀念，絕非是可以順利無阻的自然發展，其中充滿著各式各樣不同利益觀念與政策主張的衝突與競爭。[177]在雲南銅材市場發展過程中，影響銅廠組織的「發財」利益觀念若要持續帶動銅礦事業的進一步發展，其實相當程度取決於政府如何調整礦業政策與銅政制度。

晚明至十八世紀間，政府鑄幣銅材需求固然巨幅擴大，但許多圍繞開礦政策的爭議仍然不斷出現。鑄造錢幣，至少涉及銅、鉛、錫礦原料的購買與開採，而鑄幣之外，民間也存在對各類民生日用與白銀貨幣的不同礦材需求。隨著人口增加與政府鑄幣需求增加，早自十六世紀開始，全國各地即陸續興起開採銀、金、銅、錫、煤、鐵礦的社會風潮。對於這波民間開礦風潮，政府究竟應該禁止或是開放？也在中央朝廷屢屢形成正反意見對立的政策論辯。[178]整體看來，由十六至十八世紀，禁止民間採礦的官方

「風俗」欄內記載：「民多流寓，謹愿而勤貿易，亦罕出境。雖礦廠櫛比，惟四方商賈專利」。儘管都是外來人口，但也有新舊「流寓」的差別，這段方志文字並不敢視外來商賈，但也使用當地礦廠為「四方商賈專利」的字眼。

177 里井彥七郎也曾注意到十八世紀湖南省銅、鉛礦業開採中的「官利、私利」衝突情形，並使用了一些當時刑案案例做說明。參見里井彥七郎，〈資本主義萌芽問題研究〉，氏著，《近代中國における民眾運動とその思想》，東京：東京大學出版会，1972，頁106-117。

178 黃啟臣，〈萬曆年間礦業政策的論爭〉，《史學集刊》，1988,3（1988）：26-32；邱仲麟，〈明代的煤礦開採——生態變遷、官方舉措與社會勢力的交互

意見確實是愈來愈小；然而，即使到清代前期，也未真正形成全國通行的鼓勵民間開礦政策，清政府是否開放民間開礦，基本上仍是因時、因地制宜，而且也常隨礦材種類不同而制訂或開或禁的政策。直至十八世紀初年，政府對民間開礦的政策經常擺盪在兩類意見之間，一是著重「防患未然」的禁採政策，一是著重增加稅收以及照顧「窮民」生計的開採政策。

隨著明代後期以來民間開礦活動的增多，政府官員對礦業開採的態度也日趨複雜，主採與主禁雙方其實都各有道理。即使是支持採礦的官員，也經常面臨礦場經營方式何者為宜的問題。海瑞（1514-1587）在知淳安知縣任上，雖然採行禁止當地採礦的政策，甚至將盜採的外來礦徒全部遣送回籍；但是，在遣送礦徒的同時，他仍無奈地慨嘆：「礦乃天地自然之利，官開以應朝廷諸用、軍門不得已之費，減省吾民一二；利之所在，人必趨之，且免盜掘接濟之害，不亦可乎！」可見海瑞基本上並不反對開礦，只是，海瑞理解到，開礦固然可以帶來財政收入增加、農民賦稅減低，以及避免盜採破壞治安等好處，但卻很可能同時帶來官員橫徵暴斂的新問題：「官開，則必立官、設衙門，取掘礦夫役，種種費用，十倍礦利。礦利盡日，且必併其賦於吾民。寧受盜開之害，不可受官開無窮之苦」。海瑞根據他家鄉的親身經歷，[179] 慨

作用〉，《清華學報》37,2（2007）：361-399；唐立宗，《坑冶競力——明代礦政、礦盜與地方社會》，台北：國立政治大學歷史學系，2011；韋慶遠、魯素，〈有關清代前期礦業政策的一場大論戰〉，收入韋慶遠，《檔房論史文編》，頁70-148。

179 海瑞曾說：「瑞，瓊人也，溯思採珠之苦，誠若議者之言。年年戍守珠池，防盜採。臨採，照丁、照畝，起珠夫、起供給。官府諸費，大約民間每珠銀

嘆地指出：

> 私開為盜，盜開為害；官開為正，正開亦為害。廊廟上當
> 事諸公，不知何一無所建明、一無所處置，至棄此天地自然
> 之利，使民不蒙其利、反受其害也！[180]

明朝萬曆年間發生在全國許多地區的礦稅之禍，即為「官開為正，正開亦為害」的明證。

海瑞感慨的「廊廟上當事諸公，不知何一無所建明、一無所處置」，到了清初在雲南銅廠逐步建構銅政制度的過程中，似乎終於在「官開、盜開」中間找到制度性的解決辦法。不過，這裡存在一個制度改良的過程，並非立即有效創成。以「官本收銅、官銅店」為主的初期銅政制度，仍然存在不少商人與政府間利益相互衝突的問題。對政府而言，滇銅增產固然可以在中央政府與地方政府分別帶來貨幣性與財政性不同好處，但是，在推行銅政制度的同時，究竟要如何處理開礦商人的經商利益？仍然是要嚴肅面對的課題。

康熙44年（1705）貝和諾在雲南設立「官本收銅、官銅店」後，隨著政府抽稅與收購所得滇銅數量的快速增加，雲南官員開始更強調財政收入帶來的利益，如同康熙56年（1717）雲南巡撫

一兩可買者，計採珠，並進珠、交珠之費，有二十餘兩之數。官開，誠不可也。實產於地，反不得取之以濟國用、少紓吾民，天地自然之利，反生劫奪、接濟，重為民害」（《海忠介公集》，康熙47年（1708）刊本，卷二，〈條例：開礦〉，頁29-30）。

180 海瑞，《海忠介公集》卷二，〈條例：開礦〉，頁30。

甘國璧奏文所強調的：「滇省礦廠，關係國課。奴才分檄各屬，令民訪查開採，督臣蔣陳錫蒞任，又復遍行曉諭，共圖裕課」。[181]這種片面強調「裕課」而不正面考慮辦礦商人商業利益的說辭，反映了重視商人礦廠有益「國課」而忽略商人如何持續經營銅廠的問題。重點若只是放在裕課，則商人經營礦廠是否一定比政府經營更有效率？根本不會成為這類官員在意的課題，在此情況下，很可能又在雲南銅廠發生海瑞擔心的「官開為正，正開亦為害」結局。只要政府官員不能確立開礦商民追求開礦利益的正當性，商民「發財」之道所面臨的威脅仍然實際存在。

然而，雍正初年發生的「官銅店」存廢爭議，以及接下來的「官本收銅」制度改革，則使官員的「共圖裕課」與商民的「發財」想法間，出現了另一類表達利益觀念的不同主張與說辭，這就是以李紱為代表所提出的「公利之利，無往不利」。

雍正初年，中央政府嚴肅討論了當時雲南官本收銅與官銅店存廢的政策爭議。李紱（1673-1750）在肯定「滇中之利，莫大於銅」的事實後，針對貝和諾「自滇省設立官銅店，而滇銅遂不出矣」的官本收銅弊端，做了以下評論：

> 夫山海之利，公之於人，則普而多；私之於官，則專而少。公之於人，則可以富國而裕民；私之於官，則至於害民而病國。至民逃銅乏，而官課亦虧。專利之弊，反至於無利，往往然也。今滇省開局鼓鑄需銅之時，勢不能不設官店。但官店可設，而官價必不可發。若能出示曉諭，除無干

181《康熙朝漢文硃批奏摺彙編》冊七，頁960。

田園廬墓外，招民肆行開採，照市價發給礦民，則利之所
在，人爭趨之，銅觔所出，自必數倍於尋常矣。上可以佐朝
廷鼓鑄之用，既有利於錢法。而銅觔既多，抽收必廣，又有
益於課銀。下可使窮苦之民入山採銅，得銅獲銀，食天地自
然之利，既有益於民。而銅觔多出，辦銅官員不受缺額之
罰，又有利於官。銅觔既多，則買銅之銀，歸之滇省，有益
於游食習悍之徒聚之礦地，使得衣食，漸知自愛，盜賊鮮
少，訟獄衰息，風俗政治，咸受其益。蓋公利之利，無往不
利，此亦必然之勢，當事者所宜急加之意也。[182]

　　李紱提出的「公利之利」並非傳統中國文獻上的新名詞，類
似主張早已存在前人典籍、奏章與著述中；但是，在清代滇銅流
通的特殊時空背景下，則為這樣主張及其背後的利益觀念，添增
了實際操作的場域——政府推行的礦業政策與銅政制度，從而使
這類利益觀念得到當時人們的更多討論與認同，進而持續改良銅
政。

　　在「官本收銅、官銅店」等制度的實施過程中，李紱提出開
採「山海之利」等自然資源的政策原則：「公之於人，則普而多；
私之於官，則至於害民而病國」。他主張「公利之利，無往不利」
其實是一種「必然之勢」，既然礦產屬於「天地自然之利」，則只
要礦區「無干田園廬墓」，即該將銅礦「招民肆行開採」。在實際

182　李紱，《李穆堂詩文全集》（又名《穆堂初稿》，有雍正 10 年序，道光 11 年
　　（1831）重刊本），卷四二，〈與雲南李參政論銅務書〉，頁 4-6。原文選入賀
　　長齡編，《皇朝經世文編》卷五二，〈戶政〉第 27，〈錢幣〉，頁 14 下～15 上。

做法上，李紱建議既維持「官銅店」也保留民營礦廠，但是政府向民營礦廠收購銅材一定要廢除「官價」改採「市價」，才能避免「專利之弊，反至於無利」，並使「礦民」覺得有利可圖，使「利之所在，人爭趨之，銅斤所出，自必數倍於尋常」。

　　李紱考察當時礦業政策與官本收銅制度的流弊，提出了以「公利之利」原則改革銅政可為國家、社會帶來三組好處：「既有利於錢法、又有益於課銀；既有益於民、又有利於官」，同時還能安置礦徒以使「盜賊鮮少，訟獄衰息」。這些好處都是對稱的，重點在強調國家與社會可以兩蒙其利。比起當時官員奏章中流行的「國計民生，大有裨益」說辭，[183] 李紱提擬的「公利之利」原則更為全面與清晰。再進一步做區分，李紱所提三組好處中的「有益於民」，表面上仍是指稱入山採礦的「窮苦之民」，並未特別為礦廠商人利益說話，但若由文中主張的「招民肆行開採，照市價發給礦民」看來，李紱又確實將維護銅廠商人利益帶入「公利之利」的討論範圍。透過「專利之弊」與「公利之利」的對比，以及建議以市價向民營銅廠買銅，銅廠商人的利益已被帶入

---

183 有關開礦政策中涉及「國計民生、國課民生」利益觀念的言論很多，略舉雍正6年（1728）八月二十四日廣西巡撫郭琇支持採礦的奏章為例：「足民之事非止一端，惟因民之所利而利之，斯取之不窮而用之不竭。如五穀之在地中，利本自然，不過用人力以治之，為利無涯，終古不易也。臣竊以為，礦砂之事，雖不可與農事同語，而實可以濟農事之不足，同一產於地中，亦不過資於人力，上而足以充國課，下而足以裕民生，棄之則等於泥塗，取之則皆為財貨」（郭琇，〈敬陳開採末議以裕邊民事〉，《雍正朝漢文硃批奏摺彙編》冊一三，頁251）。更多討論可見：常建華，〈康熙朝開礦問題新探〉，《史學月刊》，2012,6（2012）：34-44；唐立宗，〈採礦助餉：18世紀初期山東的開礦熱潮與督礦調查〉，《思與言》，52,2（2014）：1-61。

李紱分析銅政制度的利弊得失論述中。

李紱的評論發表在乾隆3年（1738）之前，當時政府仍未下令每年京局全採六百三十三萬斤滇銅，李紱對設立「官銅店」的必要性也只限於「滇省開局鼓鑄需銅」。當政府銅材需求愈來愈依賴滇銅，滇銅擔負的「公利之利」角色又更加突顯，隨著雍、乾年間一系列「官本收銅、官銅店、運官運銅」銅政制度的逐步改良與創新，政府不僅積極統合礦場附近有限運輸工具，「官本」也由預付廠民的銅價變為提供廠民的融資，同時，具有降低交易成本作用的法律規約也陸續制訂與執行，這些都是李紱未能得見的銅政制度後續發展。然而，李紱在雍正初年的礦業政策與銅政制度辯論過程中，明確反對「專利之弊」並提出「公利之利」的主張，巧妙地將銅廠商人的辦礦利益納入經濟政策的考量，這對紓解當時質疑商人辦礦求利的緊張性，應有相當作用。由雍正到乾隆，改良後的銅政制度陸續實施，雖然未能盡如李紱建議廢除官價，但經銅政官員報請中央政府同意，收銅官價也得到幾次調高。[184]同時，政府還視各銅廠產量變化而增加官本，提高對部分銅廠商人的貸款額度，讓商人有更多資金可以投入礦廠組織。

在十八世紀之前的中國，官員貸放官本給銅廠商人，原本很可能是會引發爭議、非難甚或是干法犯紀之事。雖然早自十六世紀鹽業專賣制度發生「綱商制」改革以來，政府鹽務官員和承包鹽稅的大鹽商（時稱「綱商」或「窩商」）關係日益密切，當鹽

---

184 至少分別在乾隆19年（1754）、乾隆21年（1756）、乾隆27年（1762）、乾隆33年（1768）等年份，在湯丹等銅廠增加了收銅官價，可見王太岳在乾隆年間的整理（王太岳，〈銅政議〉，頁6上）。

商周轉不靈時，政府不僅給予賦稅優惠，甚至是貸借公帑給鹽商。[185]在鹽業專賣的領域中，官員與鹽商間金錢往來已不限於私下受賄或是貸借投資，而是在特殊情況下由政府財庫提供鹽商周轉，這種正式的融資制度，其實也和部分官員提出鹽商承包鹽稅、流通官鹽足以「裕課裕民」的主張有所關連。然而，除了政府對鹽商貸款，以及雍正、乾隆年間出現各級衙門設置當舖活動外，[186]在大多數場合下，政府財庫融資商人的制度並不多見。儘管清代官員或皇帝也可能借錢給商人，但一般多為隱密進行。[187]康熙56年（1717），兩淮鹽商透過皇帝親信李煦向康熙皇帝轉達的一份信件，透露了皇帝不願張揚和商人間金錢往來的明顯態度：

---

185 徐泓，〈明代後期的鹽政改革與商專賣制度的建立〉，《國立台灣大學歷史學系學報》，4（1977）：299-311。清代地方政府與鹽商的關係也很密切，經常會在銷售過程中予以協助，請見：黃國信，《區與界：清代湘粵贛界鄰地區食鹽專賣研究》北京：三聯書店，2006。

186 清代地方政府將公庫資金借予地方典鋪商人，官府將公庫存款借予典商，再由典商按月、按季或按年支付政府利息。雍正年間以後，中央政府公開實施「發商生息」制度，則是以照顧八旗生計為名，提存一筆政府基金，交借典商取利（潘敏德，《中國近代典當業之研究，1644-1937》，台北：國立台灣師範大學歷史研究所，1984，頁39-131）。韋慶遠，〈論清代的「生息銀兩」與官府經營的典當業〉，收入氏著，《明清史辨析》，北京：中國社會科學出版社，1989，頁113-127；賴惠敏，〈乾隆朝內務府的當舖與發商生息（1736-1795）〉，《中央研究院近代史研究所集刊》，28（1997）：133-175。

187 清代自康熙年間以後，即由內務府代替皇帝營運內帑資金，基本上並不直接透過民間典商，其中營運項目則包括收取皇莊地租、投資經商、開設當舖以及放債取利。在當時，這些內務府經營內帑的賬目都「被嚴格密藏，絕不許外泄」（可見：韋慶遠，〈康、雍、乾時期高利貸的惡性發展〉，《檔房論史文編》，頁24）。

　　兩淮眾商於康熙四十二年（1703）蒙我萬歲天恩，借給帑銀一百萬兩。據眾商口稱：自借皇帑之後，靠萬歲洪福，生意年年俱好，獲利甚多，萬歲發的本錢極其順利，我們四十二年借的，已完在庫。今求代題再借皇帑一百二十萬兩，商等認利十二萬兩，分作十年完納。我們再領聖主本錢，兩淮生意就好到極處了，務求據呈題本。[188]

　　李煦強調他之所以轉呈兩淮商人上述再借「皇帑」的意見，是因為「錢糧重大，何容冒昧具疏，而事關商情，又不敢壅於上聞」。[189]康熙在李煦奏摺文末批示：

　　借帑一事，萬萬行不得，再不要說了。[190]

　　不管兩淮鹽商究竟是政府公庫支用還是皇帝本人商借，也不論文中所謂「商等認利十二萬兩」究竟是給政府或是皇帝的利息，至少，由康熙反應看來，商人借用「皇帑」總是件不好公開提起的隱密事情。十八世紀雲南銅廠中的官本收銅制度，則逐漸由政府預付收購銅材價格轉變為公開貸借銅廠商人周轉使用。由隱密到公開，這種政府資金融借開礦商人制度的出現，或許正反映了「公利之利」利益觀念對紓解銅政官員公開貸款銅廠商人疑懼的正面作用。

188《康熙朝漢文硃批奏摺彙編》冊七，頁2381。
189《康熙朝漢文硃批奏摺彙編》冊七，頁2381。
190《康熙朝漢文硃批奏摺彙編》冊七，頁2381。

　　除了原本在觀念上可能疑懼公開貸款銅廠商人調度使用外，銅政官員也面臨執行貸放官本的實際困難。乾隆初年，有官員即指出：

　　地方督撫屢飭各廠員諭令召募採買，且許先給資本，得銅之日，始令照本還清。乃各廠員每畏給本之後廠民開挖無效，或至潛逃，必多賠累，往往不敢預借。而在各廠民，更慮領本之後，價值不敷工本，所得不償所費，官債難以久欠。[191]

　　這是一個銅政官員與銅廠商人同時面對的兩難局面，雙方對「官本」其實都是既害怕又喜歡。「官本」在手，銅政官員即可盡力買齊銅材而加級升官，而銅廠商人也得以繼續投資採銅獲取利潤，這本是皆大歡喜的局面；然而，官員既怕商人領取官本後無法按期交銅，甚或潛逃無蹤累己賠補，商人其實也怕領取官本過低致使「所得不償所費」。這不僅需要銅政官員的操守與能力夠水準，也需要中央政府對官本收銅制度的全力支持，更需要銅廠商人真能挖到成堂大礦。無論如何，由官員稱商人領支官本為「官債」，稱官員發放銅本為「先給資本，得銅之日，始令照本還清」看來，至少到乾隆初年，即有官員認定官本收銅制度中的部分「官本」，其性質實接近「借貸周轉」而非「預付銅價」。借錢給商人獲取利潤，不僅在執行上有困難需要克服，在觀念上也有疑懼等待解套。李紱有關「公利之利，無往不利」與政府「專利

---

191 莫庭芝、黎汝謙，《黔詩紀略後編》卷五，頁15。

之弊」觀念的分析，對其後執行銅政官員調整政府角色與看待銅
廠商人辦礦利益問題，會有一定的影響，從這個意義而言，「公
利之利」對日後官員區分銅政制度是否有利、對誰有利等問題，
提供了一種界定「利益觀念」的重要標準。

　　「利益觀念」在歷史變遷過程中不斷被重新界定與具體實
踐。利益觀念的源頭各有不同，有些存於神聖的經典文字中，有
些則存於支配占有財貨的欲望中。在滇銅大規模流通過程中，銅
材市場上的生產、販售與運輸活動日趨複雜，政府購銅政策的討
論與執行也更加細緻，使銅廠組織與銅政制度都發生不少變化。
此時，來自不同源頭的利益觀念，無論是廠民努力籌資渴求成堂
大礦的「發財之道」，或是官員制訂礦業與銅政政策時的「公利
之利」主張，不僅在銅廠組織與銅政制度改革中被具體實踐，也
倒過來影響民間經濟組織與政府經濟政策的未來發展。

小結

　　十八世紀滇銅每年一千萬斤的巨幅流通，直接反映當時全國
銅材市場的擴大，中央與各省官員，以及眾多民間商人，每年花
費大筆白銀到雲南交換巨額銅材。以貿易形式而論，滇銅每年由
僻處西南中國，遠銷北京、江南、福建、兩廣與華北，成為一種
典型的長程貿易；以商品性質而論，滇銅則又是鑄幣基本材料及
日用器皿原料，成為民生消費的非奢侈性商品。滇銅不斷大規模
流入國內市場，既是十八世紀中國區域性經濟分工的表現，同時
又反映長程貿易商品性質的變化。

　　隨著滇銅流入國內市場規模的擴增，無論是商人與政府投入

資本的成長，或是礦工人數的增加，都在雲南銅廠上持續發生。從乾隆5年到嘉慶15年（1740-1810）的七十年間，滇銅每年維持至少一千萬斤的產量，促使雲南銅廠組織發生很大的改變。透過民間與政府資本的源源接濟，礦廠商人得以投入資金添購原料、設備與各種勞動力；無論採礦或煉礦，各種工序組織也在銅廠資本支配下而更加專業化。同時，礦廠商人不斷投入資金採煉銅礦，背後更伴隨著一種渴求挖得富礦的特殊「發財」心態。商人選擇經營銅廠而不改業其他風險較低的行業，除了成本、利潤考量之外，也夾雜著個人成就感和某種追求刺激的心理。在經營銅廠過程中，銅廠商人展現一種更願甘冒投資風險、更有成就動機的不同「利益觀念」。

　　另一方面，十八世紀政府在雲南推行「預發官本、官銅店收銅、運官運銅」等銅政制度改革，以及銅政官員支持「七長制」等解決礦洞產權糾紛的習慣規約，主要用意雖然不在便利市場交易，但銅政改革法規相繼實施，卻為銅材產銷提供了足以降低交易成本的市場規範。同時，隨著雍正到乾隆年間銅政制度的實施，不僅使「公利之利，無往不利」論述由形成而普及，官員在參與銅政制度改革過程中，也對「公利之利」的利益觀念有著更多體會，進一步再回過頭來影響銅政制度的改革。「公利之利」對銅政制度與銅政官員的影響，為銅廠商人提供更大的正當性與更多的保護。

　　十六世紀以降明清中國的官商關係愈趨複雜，在鹽、銅這類大宗物資流通領域中，出現商人資本與政府資本密切結合的現象。以十八世紀滇銅為例，銅政制度的立意，固然是政府為保障鑄幣銅材來源的穩定；但對開礦商人而言，儘管使用政府資本經

常有「官價」太低的壞處，但在當時民間融資條件有限的情況下，政府提供官本確實具有借貸利率較低的好處。「發財」及「公利之利」等利益觀念，在十八世紀滇銅流通過程中得到更多的調整與結合，不僅使銅廠商人更願意投資開礦、煉礦這類獲利風險較高的生產事業，更有助於降低社會對商人追求「私利」現象的疑慮、衝突與對抗。官商關係與利益觀念的變化，具體反映在十八世紀滇銅流通過程中，成為當時中國市場經濟的重要特色。

　　十八世紀滇銅大量流入中國內地，一方面將眾多資本與勞力吸納到雲南銅廠，一方面也使政府法律支持市場規範的現象加速出現，這裡面同時反映著官商關係與利益觀念的轉變。十八世紀滇銅市場急速成長，固然來自於政府京局鑄銅全採滇銅政策的建立，使商民可以全力從事採煉而不必擔心銅材銷路，中央政府每年要求將六百三十三萬斤滇銅有效送達京師，確實是銅材市場成長的原動力，但是，這種表面上看似單純的「需求帶動供給」現象，其背後卻深藏著官商關係的調整與利益觀念的轉變。

第五章

清代中期重慶船運糾紛中的國法與幫規

　　隨著國內長程貿易逐漸擴展及於長江上游，清代前期每年透過長江水道輸入與輸出四川的商品數量都有可觀的增長，四川愈來愈被整合到當時中國全國市場範圍之內。特別是在雍正、乾隆年間，政府投入大筆經費修闢長江上游航道，使得四川省內糧食、食鹽、木材，乃至於鄰省借道四川輸出長江中下游的滇銅、黔鉛，都能藉由水道條件改善而擴大了整體運輸能量，長江上游與中、下游間的航運行業也因此出現巨大的發展契機。隨著航運量增加，來自四川與鄰省民間商船的船主、船長，以及負責行船勞務的船工、水手、縴夫，乃至於負責船務仲介的牙行、出租倉儲與搬裝貨物的行棧，民間眾多的造船與修船業者，都成為投身這波商業航運業擴張的主要從業人員。

　　重慶船運市場的發展，正是清代前期全國市場長期擴張的一環；隨著重慶船運市場發展，不僅出現眾多「船幫」等經濟組織，「八省客長」等移民社團領袖也在官員支持下介入各種船運

糾紛。同時，地方政府管理船運事務的法令規章也產生若干變化。無論是船幫團體支持的「幫規」，或是地方政府執行成文法典的「國法」，都對當時船運市場涉及各種承攬、僱募、貯貨、賠償等相關契約帶來重要影響。同時，市場上的契約行為也會衝擊既有「幫規」與「國法」。幫規與國法的互動如何具體影響民間市場種種契約的訂定與執行？乃至於當時支撐船運相關經濟行為背後的價值觀與意識形態是否出現連帶變化？這些都是本章關心的制度變遷課題。

以清代前期重慶府巴縣衙門現存司法檔案與契約文書為主要史料，筆者將分析當時重慶城船運業糾紛的解決機制，進而論證其間可能出現的制度變遷。本章主要分為三節。第一節介紹重慶航運業發展，並對航運業逐漸出現的不同「船幫」團體略予分類。第二節分析船運糾紛的不同形態，說明地方政府對不同類型船運糾紛的調解與審理方式，以及民間團體於其間的介入過程。第三節綜述政府法律與船運幫規如何影響船運契約的訂定與執行，進而探究當時的制度變遷問題。結論將以清代商業法律在重慶的演變歷程為例，討論當時經濟秩序與法律規範互動的演變軌跡。

第一節 重慶城航運業發展、經社結構與船幫團體的形成

本節討論重慶當時主要船幫團體的形成過程，分為兩小節：第一小節略述全國市場擴張與長江上游地區的商業貿易，以說明重慶做為四川最大轉運港口的興起過程。第二小節將重慶船運業

區分為「長程貨運、短程貨運、短程客運」三類，並據以介紹不同船幫團體的形成與演變。

（一）清代前期全國市場擴張下的重慶航運業成長

　　位處四川東部的重慶，原本即具有總匯長江上游諸幹、諸支流的優越水文條件。在宋代全國商品經濟發展過程中，重慶雖遠比不上成都在四川省內的重要性，但也仍逐步成為重要商貿城市，許多四川本省及雲南、貴州等地貨物在當時都經由重慶轉口販運。[1]優越的水文條件，實為重慶市場經濟發展的重要基礎，當市場規模擴大，其發展潛力便愈雄厚，清代前期重慶經濟發展比宋代更顯著，甚至逐漸追上成都在四川省內的中心城市地位。

　　重慶城的水文優勢，主要即是地當嘉陵江與長江交滙處。嘉陵江在匯合涪江與渠江後，下行至重慶城北郊而注入長江。重慶的城南、城東方向，則有長江橫越而過。沿長江往東，可以直下湖北宜昌、漢口，乃至遠接長江中、下游各省。一路沿長江往西，則有赤水河、沱江、岷江分別由南或由北注入長江，其中，赤水河可通貴州，而沱江、岷江則貫通川中與川北。沿長江持續往西，則可直接金沙江通至雲南。清代乾隆年間，地方人士即如此描述重慶城四通八達的水運交通位置：「內水，則嘉陵、白水，會羌、涪、宕、渠，來自秦。外水，則岷、沫衣帶會，金沙來自滇，赤水來自黔。俱虹盤渝城下，遙牽吳、楚、閩、越、兩

1　隗瀛濤，〈試論重慶的城市化和近代化〉，收入隗瀛濤編《重慶城市研究》，成都：四川大學出版社，1989，頁3。

粵之舟」，[2]可見至少到十八世紀後半的乾隆年間，不僅陝西、雲
南、貴州以重慶城為交通轉運站，長江中下游的湖北、江蘇，乃
至浙江、福建、兩廣都是重慶城可以水運通連的區域。

　　長江與嘉陵江的交匯對重慶航運業發展具有極高的重要性，
兩江交匯帶來的豐厚水量，使重慶城下游的長江水段得以行駛更
大載運量的船隻，這項水文條件使重慶城具備發展成為四川全境
貨物最大轉運集散港的潛力。不過，水文條件優越仍只是自然地
理因素而已，清政府對整治長江上游水路工作投入較多心力，這
項極重要的人文政治因素也促成重慶航運的發展。至少自乾隆初
年開始，政府即特別著力整治包含金沙江在內的長江上游航道，
許多雲南、四川地方官員紛紛投入此項事業，尤其是雲南巡撫張
允隨（生卒年約為1693-1751）自乾隆5年（1740）至乾隆13年
間的積極任事與統合協調，使得金沙江能更安全穩妥地行船運
貨，從而幾乎打通了整段長江上游航道。[3]清政府對水運整治工作
長期投入人力與物力，奠定了四川乃至雲南、貴州等省物產可以

2　清・王爾鑑纂修，乾隆《巴縣志》，有清乾隆25年（1760）序文，中央研究
　　院歷史語言研究所傅斯年圖書館藏本，卷1，〈形勝〉，頁8下。沫水，是大
　　渡河的古稱。同時，重慶城附近的長江水道，無論是往東去長壽縣段，或是
　　往西去江津縣段，當地人都以「岷江」稱之（參見：乾隆《巴縣志》，卷2，
　　〈恤典〉，頁13上；清・有慶監修，道光《重修重慶府志》，有清道光23年
　　（1843）序，中央研究院歷史語言研究所傅斯年圖書館藏本，卷1，〈山川〉，
　　頁44下～45上）。王士禎在清康熙11年（1672）撰有〈蜀道驛程記〉（收入
　　乾隆《巴縣志》，卷12，〈藝文：記一〉，頁66下～69下），對重慶城附近水
　　道有更仔細的紀錄。

3　羅傳棟主編，《長江航運史（古代部分）》，北京：人民交通出版社，1991，
　　頁86-91。

大量而且快速進入長江水路的基礎。

　　在自然水文條件優越，以及清政府努力整治水道的人文政治因素相互配合下，十六至十八世紀全國市場的發展，更是致使重慶城逐漸發展成為四川全省貨物轉運中心的必要條件。乾隆年間，重慶知府石韞玉在說明重慶四通八達的優越水文條件的同時，即指出當時重慶已是四川全省水路運輸中心的事實，眾多來自長江中下游、陝西、雲南、貴州等省商賈、士紳等人員，以及水產、鹽斤、礦產、木材等貨物，都以重慶城為運輸轉運中樞：「在下游者，若楚、若皖、若江、若浙、若閩、若粵，皆溯流而上，至重慶而分。其在上游者，若秦、若黔、若滇，皆沿流而下，至重慶而合。凡夫商賈之所懋遷、仕宦之所軄掌、魚鹽金木之所轉運，覉人旅客之所經臨，千艫萬艘，輻輳於渝城之下，歲不知其凡幾也」，[4]這種省際之間人員、商貨往來頻繁並且齊聚重慶城的「千艫萬艘，輻輳於渝城之下」景象，並非孤立現象，必須配合當時中國全國市場發展才能提供更深入而整體性的理解。

　　隨著十六至十九世紀中國全國市場規模以及內河與沿海航運路線的日形擴大，[5]長江上游地區更大程度地被長程貿易網絡所捲

4　清・石韞玉，〈體仁堂善會記〉，收入清・福珠朗阿纂修，宋煊編輯，道光《江北廳志》（影印道光24年（1844）刊本，台北：台灣學生書局，1971），卷7，〈藝文志〉，頁1001。

5　有學者指出：清代中期中國的「內河航運路線大體已具有近代的規模，全部航程在5萬公里以上，沿海航線約1萬餘公里。事實上，鴉片戰爭後的發展，主要是一部分木帆船改用輪駁船而已」（見許滌新、吳承明主編，《中國資本主義發展史》第一卷《中國資本主義的萌芽》，頁271-272）。明清全國市場規模的擴張方向與數量推估，則見：吳承明，《中國資本主義與國內市場》，頁217-246、247-265；李伯重，〈中國全國市場的形成〉，收入氏著《千里史

入，輸出與輸入商品的種類與數量都有更多增長，從而也使重慶的商貿中心地位日漸顯著。不僅外省輸入四川的貨物在重慶城聚集分銷，全川貨物也愈來愈以重慶城為輸出境外的集散地，特別是由長江中、下游運入四川的棉花、磁器、棉布，以及自四川外銷的稻米、食鹽、滇銅、黔鉛、木材、山貨（包括皮革、桐油、白蠟、木耳、竹筍）、藥材、染料（靛青、紅花），重慶做為四川全省輸出與輸入中心的地位，在十八世紀後半到十九世紀前半期間已愈益明顯，由此進出長江的商品，不僅可到四川全省各府州縣，與四川相鄰的湖南、湖北、雲南、貴州、西藏，乃至於遠及江西、江蘇、浙江、福建、廣東各省，也都成為上述商品流通的經濟區域，重慶不僅成為長江上游與西南地區最大的流通中心，[6]也愈來愈明顯挑戰成都做為全省經濟中心的地位，連帶加速使四川商業重心由原本省境西部轉移到省境東部。[7]

　　做為四川東部最重要的經濟中心，重慶商業在乾隆年間即已十分繁榮：「渝州物產與全蜀同，物之供渝州用者，則與全蜀異。三江總會，水陸衝衢，商賈雲屯，百物萃聚，不取給於土產，而無不給者」，「或販自劍南、川西、番藏之地，或運自滇、黔、秦、楚、吳、越、閩、豫、兩粵之間」，[8]渝州為重慶府古稱，這裡主要指的則是府治所在的巴縣縣城及其近郊，筆者於本

　　學文存》，頁269-287。

6　許檀，〈清代乾隆至道光年間的重慶商業〉，《清史研究》，1998,3(1998)：32-36、39。

7　林成西，〈清代乾嘉之際四川商業重心的東移〉，《清史研究》，1994,3(1994)：62-69。

8　乾隆《巴縣志》，卷10，〈物產〉，頁14。

章也泛稱之為「重慶城」。上述這段對十八世紀後半葉重慶城商貿概況的描寫，既指出眾多客商齊聚這個「三江總會，水陸衝衢」都市的現象，也綜述了重慶做為轉運來自「劍南、川西、番藏」與「滇、黔、秦、楚、吳、越、閩、豫、兩粵之間」等地眾多商品的中心地位，這些事實更能印證十八世紀後半葉重慶城航運發展所具有的重要指標性意義：四川經濟重心已加速由成都轉移至重慶。[9]

長程貿易與全國市場發展，為四川商品經濟與重慶城航運業帶來巨大的發展契機。米糧是四川長程貿易大宗商品，十八世紀的百年間，四川常為全國重要米穀外銷省份：[10]四川糧食每年平均外運他省總數量，在雍正年間（1723-1735）約有一百萬石，乾隆年間（1736-1795）則每年已約達三百萬石；嘉慶年間（1796-1820）以降，隨著四川人口快速增加等變數，川糧外運數量乃開始下滑。[11]米穀之外，四川原也有部分棉花銷往外省，但隨四川人

9　有學者認為重慶遲至十九世紀下半葉才真正超越成都的經濟地位，此前，成都仍是四川「中心都市」而重慶只是「區域都市」（王笛，《跨出封閉的世界——長江上游區域社會研究，1644-1911》，北京：中華書局，1993，頁263）。但若以反映商業發展概況的牙行帖稅做評量，則至少到十九世紀初年，重慶牙帖稅已為183.5兩，而成都則為119兩（常明等重修，楊芳燦等纂，嘉慶《四川通志》，清嘉慶21年（1816）刊本，南京：鳳凰出版社，2011，卷67，〈食貨：權政〉，頁26、28），可見重慶商業早已比成都繁盛。

10　十八世紀初，浙江總督李衛即指出當時四川做為全國重要米糧出口省份的事實：「各省米穀，唯四川所出最多，湖廣、江西次之」（《雍正朝漢文硃批奏摺彙編》，上海：江蘇古籍出版社，1989-1991，冊11，雍正5年（1727）十二月初三日，浙江總督李衛奏摺，頁190-191）。

11　鄧亦兵，〈清代前期內陸糧食運輸量及變化趨勢——關於清代糧食運輸研究

口增加，後來局面即變為本省棉花不敷使用，再加上四川氣候條件對棉花質量的限制，更使四川對棉花的進口需求不斷擴大；據估計，道光年間四川全省棉花需求量已是明代的十倍。[12]

無論以外銷糧食或是進口棉花數量而論，重慶都是四川全省的轉運中心。四川外銷米糧先集中重慶，由此水運漢口，再接續轉運至蘇州；之後，更由各地米商由蘇州分銷浙江、福建等省。[13] 輸入棉花也以重慶城為主要集散港口，即以嘉慶9年（1804）重慶城朝天門碼頭輸入棉花而論，當時實況為：「每日，碼頭上下棉花四、五百包不等」；[14] 若以每包棉花重一百斤做估計，則十九世紀伊始，每天於重慶城朝天門碼頭起卸的棉花，即可達四、五萬斤。[15]

糧食、棉花之外，木材也是長江上游外銷全國的長程貿易大宗商品。明代中期已較大規模地開採西南地區森林，清代則有更多江西、湖廣商人進入金沙江上游、嘉陵江流域伐木；四川、雲南、貴州等省出產木材，分別由金沙江、赤水河、嘉陵江匯入四川境內的長江上游水道，連帶促使重慶逐漸變成木材行銷長江中、下游的轉運樞紐。[16] 還有藥材與「山貨」，也是四川外銷的著

之二〉，《中國經濟史研究》，1994,3（1994）：82。

12 林成西，〈清代乾嘉之際四川商業重心的東移〉，《清史研究》，1994,3（1994）：65。

13 隗瀛濤主編，《近代重慶城市史》，成都：四川大學出版社，1991，頁91、113。

14 四川省檔案館、四川大學歷史系編，《清代乾嘉道巴縣檔案選編》上冊，成都：四川大學出版社，1989，頁338。

15 許檀，〈清代乾隆至道光年間的重慶商業〉，《清史研究》，1998,3（1998）：35。

16 經君健，〈清代前期民商木竹的採伐和運輸〉，《燕京學報》，新1期（1995）：

名商品。十九世紀初年即有時人寫道：「川中財貨之饒，甲於西南」，「而在山中」則「木耳、香蕈、藥材為多」；以黃蓮一項藥材為例，其培育與生產情形是：「商人寫地數十里」，於「老林山凹山溝」中「徧栽之」，「須十年方成，常年佃棚戶守連，一廠輒數十家。大抵山愈高、谷愈深，則所產更好；雪泡山、靈官廟一帶，連廠甚多」，[17]這可見到當時藥材業經營規模頗為可觀，而這些藥材也主要以重慶為外銷集散地。

　　此外，在雍正初年至嘉慶中期的雲南銅礦盛產期間，每年都有大量銅材穿越雲南、四川境內運抵重慶再集中運至外省。清代中央政府每年派遣運銅官員自雲南礦廠出發，一路分段僱用大批民船，押解銅斤送至北京寶泉、寶源兩個鑄幣局。自乾隆4年（1739）起，政府即規定每年運往北京的鑄幣銅材數量為6,331,440斤；這個銅材數字既不包括雲南留用本省鑄錢的每年3,709,162斤

145-189；李伯重，《江南的早期工業化（1550-1850）》，北京：社會科學文獻出版社，2000，頁330-334。至少到明代萬曆年間，重慶即已號稱「木都」；而直至清代前期，自深山林區伐得之木材，仍是經捆紮後投入溪川，然後一路漂抵重慶，故木材每年運抵重慶的數量，有時取決於當年雨量與溪水流量之變化：「抵渝木料，皆伐自深山窮谷，年豐水漲，則木筏順流而下，一歲之中，可以發數歲之木；若遇歲旱水涸，不能漂出，則已筏之木，常積於深溝淺溪，未能到渝」（常明等重修，楊芳燦等纂，嘉慶《四川通志》，卷67，〈食貨：權政〉，頁3上、15上）。

17　清·嚴如煜，《三省邊防備覽》（影印清道光年間刻本，有清道光2年（1822）作者自序，揚州：江蘇廣陵古籍刻印社，1991），卷10，〈山貨〉，頁15。雪泡山距四川開縣縣北320里，山勢險阻，往西行，可通靈官廟（詳見：《三省邊防備覽》，卷8，頁15）。同時，四川藥商經營範圍還上抵甘肅，如岷州所產大黃、黨參、黃芪等藥材即有「川中人時來採取」（《岷州鄉土志》，收入《隴右稀見方志三種》，上海：上海書店，1984，〈物產〉）。

銅材（以乾隆32年（1767）為例），也未列入全國各省官員帶白銀赴雲南購買運出的每年3,870,421斤銅材（以嘉慶7年（1802）為例），更不包括雲南採銅與販銅商人自行銷入全國市場的「官銅」以外的銅材數量。[18]這每年至少一千萬斤以上滇銅的其中絕大部分，都沿長江上游水道運抵重慶城，再轉僱大船輸往長江中下游。銅材之外，鉛材也是轉口重慶外銷的大宗貨材。乾隆至道光年間，中央政府將貴州出產白鉛，每年撥出二百至五百萬斤鉛材運集漢口鎮，讓「各省採買」以配合銅斤融鑄錢幣。[19]這批鉛材也是先集散重慶，再轉換大船駛赴漢口。

　　井鹽亦是外銷大宗。隨著探井技術精進、煤與天然氣燃料的普及、陝西等外省商人資本的投入，乃至籌募資金與頂讓股權的「日份制、做節制」商業制度的盛行，以及清政府擴大核可川鹽的行銷區域等因素，十八世紀以降四川井鹽產銷數量增加甚為快速：乾隆23年（1758），單由官方核可的合法川鹽售量，即已折合約1億6,290餘萬斤。四川、貴州、雲南，乃至於湖北、湖南的部分地區，都成為官方規定的川鹽行銷口岸；[20]到了嘉慶年間，

---

18 許滌新、吳承明主編，《中國資本主義發展史》第一卷《中國資本主義的萌芽》，頁491-496；陳慈玉，〈十八世紀中國雲南的銅生產〉，收入《國史釋論：陶希聖先生九秩榮慶論文集》上冊，台北：食貨出版社，1988，頁286-289。

19 《清代乾嘉道巴縣檔案選編》上冊，頁435-436。

20 張學君、冉光榮，《明清四川井鹽史稿》，成都：四川人民出版社，1984，頁54-61、71-72、86、157-158。有關井鹽業募集資本、讓渡股權的「日份制」與「做節制」研究，可見：吳天穎、冉光榮，《四川鹽業契約文書初步研究：引論：合夥、退夥、借貸和分關約》（收入自貢市檔案館合編，《自貢鹽業契約檔案選輯，1732-1949》，北京：中國社會科學出版社，1985），頁70-

四川食鹽的年產量則已高達三億斤，這約合明代產量的十五倍。[21]

　　在官方規定川鹽行銷口岸中，川鹽銷在本省者稱作「計岸」，銷往貴州、雲南者稱為「邊岸」，而銷往湖北、湖南者則稱「楚岸」。[22]無論是「計岸、邊岸、楚岸」，這些每年高達1.6億到3億斤的井鹽，大都利用水運輸送。特別是銷往「楚岸」的官鹽，以及那些不在官方統計數字內的四川私鹽（「川私」），主要也由長江運出，又使重慶成為合法川鹽與非法「川私」銷往「楚岸」

90、251-272；彭久松、陳然，〈中國契約股份制概論〉，《中國經濟史研究》，1994,1(1994)：56-65；曾小萍（Madeleine Zelin），《自貢商人：近代早期中國的企業家》，董建中譯，南京：江蘇人民出版社，2014，頁42-103。學者對自貢井鹽業合夥制度做過一個整體性評價：「自貢井鹽業之成功，憑藉的是其得以自親屬與非親屬的眾多股東身上同時籌募資本的能力」（Madeleine Zelin, "Managing Multiple Ownership at the Zigong Salt Yard," in Madeleine Zelin, Jonathan K. Ocko, and Robert Gardella eds., *Contract and Property in Early Modern China*, Stanford: Stanford University Press, 2004, p. 230.），其所指稱的籌募資本能力，主要即涉及「日份、做節」等商業合夥制度。

21 同時期淮鹽產量則年達六億斤。當時井鹽與淮鹽的銷售與消費，是以歸州分界，以上為井鹽行銷口岸，以下為淮鹽行銷口岸，單是透過合法販售管道流通的這共計九億斤「淮鹽」與「井鹽」，便使長江流域每年流通鹽斤總量顯得十分驚人。參見：羅傳棟主編，《長江航運史（古代部分）》，頁344。應該留意的是：四川井鹽的更快速發展，是要等到1850年代中後期太平軍亂事阻斷「淮鹽」輸入湖北、湖南等地，原先劃分食鹽行銷口岸的方式只能改弦更張，再加上政府改採「設關抽稅」並使「官鹽、私鹽一概准許販賣」，從而給予「川鹽濟楚」更廣大的販銷空間，極大幅度拓展了四川井鹽銷售的市場規模，造成四川私人開採鹽井活動出現了空前的榮景。參見：陳鋒，《清代鹽政與鹽稅》，鄭州：中州古籍出版社，1988，頁94-108。筆者要向本書審查人致謝其指出陳鋒專書論及四川井鹽銷量與產量在晚清大幅擴增的史實。

22 張學君、冉光榮，《明清四川井鹽史稿》，頁115。

外省的最重要集散港。[23] 這個川鹽外銷湖北、湖南的趨勢，愈往後愈顯著，如道光23年（1843）任職「重慶府經歷兼批驗大使」的趙秉怡，他對「川鹽漸漏楚境，運商捆載而下，舳艫相接」的現象，即採「體恤商艱，開放以時，不苛不擾」的樂觀其成態度，[24] 這使井鹽生產與川鹽外銷更加興旺，也有利於四川船運業發展。

　　上述糧食、棉花、木料、藥材、山貨、銅斤、鉛材、井鹽等大宗商品在清代前期輸入與輸出四川過程中，主要都以重慶城為最大的集散轉運地。大批長程、短程航運業的船隻，密集於重慶城各碼頭區內裝貨、卸貨與儲存，使得重慶城每年貨運吞吐量愈來愈大，船運業者人數也愈來愈多，連帶促成重慶城成為一座具有特殊經濟與社會結構的「河港移民型城市」。

（二）重慶城船運業結構與船幫團體的發展

　　做為水運碼頭的一座河港移民型城市，重慶城有頗複雜的船運業結構。但為較簡明地討論重慶城的船運業發展，此處只以「貨運、客運」與「長程、短程」兩項標準，將其區分為長程貨

---

23 隗瀛濤主編，《近代重慶城市史》，頁91-92。「川私」盛行出口外省，有兩項供給與需求方面因素。在需求面上，川鹽甚受湖北民眾青睞，這主要是因當時官方規定大部分湖北民眾須食用淮鹽，而淮鹽自產區運至湖北，則難免「運遠費多」，過高的運輸成本轉嫁到食鹽價格上，故使湖北民眾喜購「由大江順流而下，運疾費省」的川鹽。在供給上，川鹽在湖北售價高於四川本省：「一交楚界，則價倍於蜀；而楚民買食，猶覺價賤於淮」（乾隆《巴縣志》，卷3，〈鹽法〉，頁49上），利潤更好，也增加鹽販運售川鹽至湖北、湖南外省的動機。

24 民國《巴縣志》，卷9下，頁15下。

運、短程貨運、長程客運、短程客運等四類。同時，由於筆者目前所見「長程客運」相關史料較少，此處只能先簡介「長程貨運、短程貨運、短程客運」三類。

先談長程貨運的船運業結構。十八世紀於重慶城從事長程航運業的船主、船長與水手，已組成不同名稱的船幫。大體而論，至少有四種因素影響「船幫」的劃分方式：一是商船航行路線乃至船身結構的不同，二是船隻承載主要商貨種類的不同，三是船主所屬地緣籍貫的不同，四則與政府以金錢徵雇船隻（所謂「和雇」）或是無償調派船隻（即指「差役」）的需求有關。上述四種影響，可分別歸類成技術性、經濟性、社會性乃至於行政與法律性的不同性質。大致說來，船運業者因為受到船行路線、承載商貨與地緣籍貫等技術、經濟、社會不同因素的影響，本來即已具備區隔成為不同「船幫」的條件，再加上政府「和雇」與「差役」因素的匯合，促使不同船運業者之間形成各類形形色色的「船幫」。

至遲到了嘉慶8年（1803），眾多往來重慶城的商船，便明確以「大河幫、下河幫、小河幫」等所謂「三河船幫」的名稱，在巴縣衙門的公文檔案上出現。這個在公文上出現的「三河船幫」名稱，超越了原先因為技術、經濟與社會因素而相互區別的意涵，變成官員區別船運業者身分，進而成為地方政府考量是否對船運業者「立幫」行為予以「定案」承認其合法效力的行政與法律用語。[25]

---

25 如清嘉慶9年（1804）〈三河船幫差務章程清單〉所記：「三河船幫自嘉慶八年□□明定案」，引見：《清代乾嘉道巴縣檔案選編》上冊，頁402。

　　船幫向地方政府「立幫、定案」的行為，實有其特殊的制度背景，既有技術因素，也涉及經濟與社會因素，並非純由行政或法律因素所決定。船運業者如何認同所屬船幫成員？如何區隔其他不同船幫業者？這些問題都受更複雜因素的影響，並非法律層面或社會經濟層面所能單獨決定。以「三河船幫」名稱為出發點，筆者將說明重慶船幫形成的制度性基礎。

　　基本上，「三河船幫」是船運業者彼此認同與相互區別時可以使用的一個大分類的概念。所謂「大河幫」、「下河幫」與「小河幫」這個「三河船幫」的名稱，確實可用以大致劃分往來重慶城船幫水運路線的差異：「大河幫」泛指由重慶城上溯長江行駛於長江與長江諸支流河道的航船，「下河幫」意謂重慶城往湖北順流而下長江河道的船隊，「小河幫」則指行駛重慶城北方包含嘉陵江在內諸條長江支流河道的船隻。

　　以「大河、下河、小河」判準所構成的「三河船幫」區別，並不只是肇因於水運路線方向的差異，也受行船技術、船身結構與船工規模等不同技術因素的影響。「大河、下河、小河」既有水流量大小、河岸寬窄與暗礁分布等水文條件的差異，也可能進一步形塑當時船運業者所擅長的不同船運知識。依重慶本地人的用語習慣，「大河」與「小河」都可以有更嚴格的定義。「大河」指的是重慶府屬江津縣至長壽縣這段意指「岷江」的長江上游水道，如十八世紀重慶方志編者所記述：「岷江俗稱大河，水程上至江津（縣）界一百里，下至長壽（縣）界一百七十里，大小險灘共七十七處」；[26] 嚴格的「小河」定義，則指由重慶府屬合江縣

26　乾隆《巴縣志》，卷2，〈恤典〉，頁13上。

流至重慶城的嘉陵江一段水道：「嘉陵江俗稱小河，水程上至合州（縣）界一百二十里，大小險灘二十三處」。[27]若按此嚴格定義，則「下河」基本上是指長壽縣以下往長江下游行駛的長江水道。

值得注意的是：這種「大河、下河、小河」的區別，不僅被當地民眾用以標示重慶城周圍不同水道的分類範疇，而由方志所記當時民眾識別各段水道具有數目多寡不同的「大小險灘」記載看來，這種河道分類範疇，其實也同時蘊含著基於船運業者長期工作習慣所累積而得的航行技術與經驗。影響所及，連帶也成為重慶本地人對包含「險灘」在內的不同航運知識的體會與掌握。

不同「船幫」也擁有不同的大、中、小型船隻配置比例。大、中、小船的區別，主要是以船隻體積、吃水量及使用船工人數做區分，這裡涉及船運業者經營船隻的船身結構與駕駛人員規模，也可一併歸類為前文提及區分船幫的「技術性」因素。可略舉運銅船隊情形做說明。

一份清乾隆35年（1770）三月二十一日由江津縣移文巴縣的公文書，開附此次由官府租用運送總計940,991餘斤銅材的承載船隻清單，除了記載26名船戶人名與26艘船體形制外，還詳列了26條船隻的裝銅數量（由22,500斤到45,000斤不等）以及「船身入水」深度（由一尺七寸到二尺四寸不等）。負責運銅官員在公文書中，即稍稍提及長江上游各段長程貨運船隻的不同分布情形：「因瀘州大船稀少，雇募小船二十六隻，裝運至渝，更換大船」。[28]做為眾多體積大、小不同船隻匯聚地點的重慶城，正是轉

---

27 乾隆《巴縣志》，卷2，〈恤典〉，頁13下。

28 四川檔案館編，《清代巴縣檔案匯編：乾隆卷》，頁345-347。

僱各種不同體積船隻的中介碼頭。

　　這26艘在瀘州租用的運銅船，在點齊承載94萬餘斤銅材後，於同年三月十六日自江津縣啟程，三月二十二日抵達巴縣。運抵巴縣後，官員改僱較大船隻，乃租用「中船十四隻」：「內十三隻，每船裝銅七萬斤；尾船一隻，裝銅三萬九百九十一斤六兩四錢」；四月十一日開船，[29]往湖北境內駛去，銅斤運送終點則為北京的鑄錢局。運銅官員也為十四艘「中船」製作清單，除了記載各船裝銅斤數（滿載的十三艘船，都裝載七萬斤銅材）與吃水深度（十三艘船滿載後的吃水深度，由三尺到三尺三寸不等），清單所記船隻操作人員不再是一名「船戶」，而是各船都有兩名「頭舵家」與一名「丁工」的姓名資料。[30]比起中船，大船的吃水深度與操作人員數目都要更高。[31]

　　若依前述「大河、下河、小河」的「三河船幫」名稱做區別，則瀘州經江津縣駛至重慶城的這些運銅船，便可歸屬「大河幫」；而由重慶城往湖北駛去的運銅船，便屬於「下河幫」。因

29《清代巴縣檔案匯編：乾隆卷》，頁347。

30《清代巴縣檔案匯編：乾隆卷》，頁348-349。

31 船隻大小自然影響船上操作人員數目。據二十世紀對四川木船航行操作方式的調查，當時木船主要靠人力推進，每個橈工的負荷量，於船隻順水時約為三噸左右。在船工配額方面，大致是約一百噸大船的配備較齊全，船工可達數十人；而十噸小船，則只有後駕長和橈工等一至二人。在配置完整的較大船隻上，船工可區分為後駕長（又名二太公）、前駕長（又名大太公、撐頭）、二篙（又名開缺）、提拖（又名爬梁架）、工（又名燒火）、號子、三橈（又名結尾）、頭繂（又名水划子）、橈工（又名繂工）、樍子（又名岩板）等十類。參見：王紹荃主編，《四川內河航運史（古、近代部分）》，成都：四川人民出版社，1989，頁328-329。

此，包含運銅船業者在內的「大河幫」，其駕駛與經營船隻一般是「大船稀少」，故應多為吃水量在二萬至五萬斤之間的「小船」；而「下河幫」運銅船業者，則多經營約略七萬斤以上的「中船」或是更大載重量的「大船」。有時候，單是「大船、中船、小船」的船隻區分標準還不夠細緻，如在一份嘉慶9年（1804）的巴縣檔案公文紀錄中，被分類為「忠豐幫」的船幫，便列有「大船、二號船、三號船、小船」等船隻名色；「夔豐幫」項下列有「大船、中船、小船、五板拖蓬船」船隻分別；「辰幫」則開列有「四百石船、三百石船、二百石船、一百石船」。[32] 可見，各個船幫擁有不同載重量船隻的配置比例，應是頗不一致。要之，不同船運業者在擁有船隻類型與船隻操作人員規模方面的差別，確實是可能影響「船幫」分類的技術性因素。

「大河、下河、小河」的區別，除了蘊含水運路線、航行知識、船身結構與船工規模等「技術性」因素之外，還有「行政與法律性」因素在內。至遲到十九世紀初年，以「大河、下河、小河」為船幫劃分判準的所謂「三河船幫」，又演變成為由船運業者自行協議並經政府「定案」承認的，有關如何公平承擔政府「和雇」或「差役」的一種團體，這是一種帶有行政與法律意味的船幫名稱。

但要注意：「三河船幫」成為政府「定案」名稱後，仍繼續有所屬船運業者以其他船幫名稱向政府呈請「立幫」。如巴縣檔案公文書中也出現「瀘州船戶自嘉慶八年立幫」。[33] 從水運路線區

32《清代乾嘉道巴縣檔案選編》上冊，頁404。

33 清嘉慶8年（1803）四月初一日〈巴縣告示〉，收入《清代乾嘉道巴縣檔案選

分，瀘州船戶應可歸屬廣義的「上河幫」，但既有「三河船幫」
的「定案」名稱，也並不限制瀘州船戶再向地方政府呈請「立
幫」。嘉慶8年以降，在「三河船幫」之外，仍有更多其他船幫名
稱並列於巴縣檔案公文書。道光25年（1845）地方政府頒發的公
文書，在「大河幫」項下，即再開列「嘉定幫、敘府幫、金堂
幫、瀘富幫、合江幫、江津幫、綦江幫、長寧幫、犍富鹽幫」等
船幫名稱；「下河幫」項下，也列有「長涪幫、忠豐幫、夔豐
幫、宜昌幫、辰幫、寶慶幫、湘鄉幫」等船幫；「小河幫」項
下，則列出「長慶幫、興順幫、順慶幫、中江‧綿州幫、遂寧
幫、合州幫」等船幫。[34]可見「三河船幫」是個大分類，其下分別
再有不同的船幫名稱；而由這些船幫多以地域命名做推測，這些
船運業者可能也以「籍貫」這個社會性因素做為區隔他者與我群
認同的主要判準。

　　另外，船幫分類也涉及經濟性因素。如在清嘉慶9年（1804）
一份所謂〈八省局紳公議大河幫差務條規〉上，[35]不僅列出嘉定
幫、敘府幫、金堂幫等16個不同船幫名稱，每個船幫項下還列出
主要裝貨種類，如「犍富鹽幫」根本即是以「籍貫」加上「鹽」
這項商品為船幫名稱；而「嘉定幫、敘府幫、金堂幫、瀘富幫、
合江幫、江津幫、長寧幫」項下，都同時列出「棉花、雜貨藥

編》上冊，頁402。
34《清代乾嘉道巴縣檔案選編》上冊，頁403-404、417-418。
35《清代乾嘉道巴縣檔案選編》上冊，頁403-404。這份〈八省局紳公議大河幫
　差務條規〉的名稱似乎是《清代乾嘉道巴縣檔案選編》編者自行加上，由
　〈差務條規〉內容看來，所列船幫名稱其實並不限於「大河幫」，在未見到原
　始檔案前，對此公文名稱似應存疑。

材、廣布、磁器」等四項主要載運貨品；至於其他商幫，則並不特別標列承載商品種類。這可反映主要承載商品種類的不同，也是船幫間相互區隔的判準，這其實是種影響船幫組成的經濟性因素。36

更值得注意的是：上述記載船運業者「立幫、定案」諸種名稱的公文書中，並非一律是以「船幫」名稱劃分船運業者，如名列「下河幫」項下，仍有「歸州峽外、歸州峽內、宜昌黃陵廟」等三個船隊的270餘船隻，並不屬於任何「船幫」，而只是各列出一名「會首」的姓名；同樣的，「小河幫」項下，也有「渠河東鄉、達縣」船隊只有「會首」而不稱「船幫」。37可見船幫名稱並不是任意形成的，即使光靠政府要求船隊設置「會首」的「行政與法律性」力量，也不足以讓部分船運業者組成「船幫」。

由往來重慶城船運業者組成不同名稱的船幫，以及某些只有「會首」而無船隊「幫」名的情形看來，可證明「船幫」其實是一種頗為複雜的組織行為，其中既有合作分擔政府和雇、差役的「行政與法律性」因素，也有船運業者籍貫、主要載運商品種類的「社會性」與「經濟性」因素，更還內含著船行路線、船隻大小、船工規模乃至於航運知識差異的「技術性」因素。儘管大部分船運業者在十九世紀前期已組成了「船幫」，但仍有未形成「船幫」的船運業者。這是當時長程貨運業的基本結構。

介紹長程貨運航業結構後，接著說明十八、十九世紀重慶航運業中的「短程貨運」與「短程客運」，而依既有史料看來，短

36《清代乾嘉道巴縣檔案選編》上冊，頁403-404。
37《清代乾嘉道巴縣檔案選編》上冊，頁417-418。

程貨運業主要即指「撥船」，短程客運業則指「渡船」，以下簡短
做些介紹。

「撥船」也稱「駁船」，主要承載短程託運貨物。當長程貨運
船隻抵達重慶城港口附近，大船貨物需由撥船裝卸，才能方便在
城內碼頭上下貨物。大約也在清嘉慶年間，於重慶城碼頭上下貨
物的撥船業者合組了一個大分類意義下的「五門撥船幫」。據道
光15年（1835）撥船業者回憶此段設立船幫經過，是由嘉慶年間
重慶地方政府命令「八省客長」協調討論，而設置了這個所謂的
「五門撥船幫」：

> 金紫、儲奇、千廝、朝天、太平五門撥船，歷係八省議
> 設，立幫口，裝撥客貨，程規無亂。[38]

由城北往城南方向，「五門」依序指的是千廝門、朝天門、
太平門、儲奇門、金紫門等五處碼頭。這些「五門」撥船業者所
說的「程規」，其實並不只是涉及上段引文提及的撥船業者在航
運市場上承載「客貨」的商業行為，也包括為政府提供「差役」
和「和雇」的服務。如同年一份〈五門撥船幫出船應辦差務單〉，
即列舉此船幫承擔的八項「差役」和「和雇」內容，如其中第七
項即是：「五門造有撥船四隻，在江北停靠，日夜聽差不離，一
切差務並不領價」；第五項則是「渝城江北文武上下衙門，日行
過江差事」，前項已明白宣示「不領價」，算是「差役」，後項則
可能也無法向那些渡江往來巴縣、江北廳的文武官員「領價」。

38《清代乾嘉道巴縣檔案選編》上冊，頁414。

但第二項所列「銅鉛打撈」則應是可領取工價的「和雇」。[39]這些當然是影響船幫設立的「行政與法律性」因素。

　　但與「三河船幫」遠程船運業結構類似，「五門撥船幫」項下，仍可再分別為不同的船幫。如太平門駁船業者有「磁器幫」，儲奇門駁船業者區分為「嘉定撥船幫」、「湘鄉幫」（又稱「天湘幫」）、「寶（慶）幫」。[40]這裡依然可同時看到政府和雇、差役等「行政與法律性」因素、籍貫等「社會性」因素，以及主要承運商貨等「經濟性」因素對「船幫」分類與船運業者彼此認同的影響。下節將對撥船業務與糾紛有較多分析，此處不再多述。

　　「渡船」主要經營短程客運。外來客商或重慶城商鋪店夥經常出入重慶城與附近市集間，而重慶城居民與府屬各縣鄉村居民也常進出重慶城與附近市集，特別是販米鄉民更常搭乘渡船，時人對此有所描寫：「或商或佃，以泝以沿，物土於鄉，貨貿於市，惟舟之渡，利涉攸往，至於鄉里，以米為貨，易其所無者，肩雲蹄霧，登岸問津，故渡口為聚米之場」。[41]這些都為短程交通航運業提供需求，使渡船業有較好發展空間。往來重慶城及近郊市集鄉村的外來商賈更是渡船業重要主顧，如道光元年（1821）巴縣頒布一份公文即指出：「渝城係三江總匯，上通雲南、貴州，下通湖廣、陝西，每日經過客商，絡繹不絕」，[42]正是形容當時客商雲集讓重慶周遭「三河渡船」業者有很好的短程航運商機。

39《清代乾嘉道巴縣檔案選編》上冊，頁414。

40《清代乾嘉道巴縣檔案選編》上冊，頁409-412。

41 乾隆《巴縣志》，卷2，〈津梁：津渡〉，頁43下。

42《清代乾嘉道巴縣檔案選編》上冊，頁409。

以渡船聚集的渡口數來看，乾隆《巴縣志》將重慶城附近較有名的渡口區分為「岷江上游」18個渡口、「嘉陵江上游」16個渡口及「大江下游」9個渡口。[43]這些渡口聚集經營短程客運的渡船，既為來往客商提供運輸服務，也使重慶城郊與府屬鄉村居民都成為渡船業者賴以賺取擺渡船資的顧客群。如謂：「龍門浩上下兩渡，乃渝東居民往來之要道」；[44]再如江北廳附近市集「洛場」，也是當地民眾往來的重要地方性小市場，清乾隆28年（1763）江北廳地方官在一份告示中也提及：「漤洛場，場地逼河幹，所有渡口，往來繁多」。[45]可見本地居民與外來客商都為地近重慶城經營短程客運的渡船業者帶來載運商機。

當時重慶城渡船也有大、小船區分。而由於夏秋之交水流湍急等季節變動與水文條件等因素，加上不肖渡船業者為了多載或強截渡客搭乘，因而常造成翻船或乘客落水等意外。為加強渡船管理以保障乘客安全，巴縣知縣於道光元年（1821）規定渡船的合法搭載人數：「自九月初一日起，至三月底，春冬水平，每大

---

43 乾隆《巴縣志》，卷2，〈津梁：津渡〉，頁41上～43上。

44《清代乾嘉道巴縣檔案選編》上冊，頁401。巴縣檔案此份文件將「浩」做「皓」，恐為字誤。重慶本地人稱小港灣為「浩」，如王士禎對「龍門浩」做過解釋：「操小舟由龍門登岸。龍門者，江濱積石，中斷如門，俗謂龍門浩。巴人謂小港為浩」（王士禎，清康熙11年（1672），〈蜀道驛程記〉，收入乾隆《巴縣志》，卷12，〈藝文：記一〉，頁68下）。「龍門浩」位於重慶城南太平門碼頭對岸，屬於巴縣「廉里七甲」，乾隆《巴縣志》記此渡口有「渡船七」（乾隆《巴縣志》，卷2，〈津梁：津渡〉，頁41下），惟方志中所記「渡船七」應非實際渡船數目，而應只是官方有案可查的登記數，實際營運渡船應不止此數。

45《清代乾嘉道巴縣檔案選編》上冊，頁401。

船裝載十人，小船裝載六人。自四月初一日起，至八月底止，夏秋水漲，每大船裝載六人，小船裝四人」，同時並對船資收費標準製成規定：「大河寬濶，水大時，每人取渡錢五文；水小時，每人取渡錢三文。騎馬者，水大時，每騎取渡錢十五文；水小時，每騎取渡錢九文。坐轎者，水大時，每轎取渡錢十五文；水小時，每轎取渡錢九文。小河狹窄，水大時，每人取渡錢三文；水小時，每人取渡錢二文。騎馬者，水大時，每騎取渡錢九文；水小時，每騎取渡錢六文。坐轎者，水大時，每轎取渡錢九文；水小時，每轎取渡錢六文。挑担之人，不論水大水小，止取人夫渡錢，不取貨担錢。通往官員，不取錢文」。[46]官方規定雖很仔細，但渡船業者遵行效果如何，則仍得另做考察。至於官員免費乘坐渡船的規定，則涉及當時官府與重慶船運業者間的和雇及差役等法令規定變化過程，下文將再做分析。

　　官府對不同渡口渡船搭載乘客的區別標準，也有些許不同，這應與各地木船結構有關。如道光元年九月十一日，巴縣知縣頒布的另一份規定，即針對木船形制訂定了不同的渡船載客數目與船資收費標準：「大篷船每隻撓夫、水手五六名者，准載十六人；小篷船每隻撓夫、水手三四名者，准載十二人。水大時，每人取船錢二十文；水小時，每人取船錢十六文」。在這份告示中，政府還嚴格區別了客運木船與貨運木船的不同：「裝載米石船隻，不准載人」。[47]

　　無論是長程貨運、短程貨運或短程客運，都可見到十八、十

九世紀重慶航運業的發展，這不僅是當時全國市場發展過程中的
有機一環，也促使各類商船團體的分化與整合。而由重慶城船運
業存在許多不同「船幫」名稱看來，其中實在反映貨運業結構中
涉及技術、經濟、社會與法律因素的複雜作用。船運業者與不同
船幫間，有合作也有競爭，連帶出現許多不同船運糾紛。下節將
區別船運糾紛類型，藉以分析船運業者如何在既有經濟制度與法
律規範下經營船運業務。

第二節　船運糾紛的類型及其調解／審理過程

　　清代前期重慶城船運糾紛的部分內容保存於「巴縣檔案」
內。這批涉及司法訴訟的檔案文書，不只反映長江上游運輸業的
成長與變動，也呈顯當時包含「板主」（即船戶老板）、「船工」
（即船舶水手）乃至託運商人、船廠老板等人物在內的各種民間
業者究竟如何建立各式商業契約，以及如何制訂各種「幫規、程
規、條規、舊規」的過程。各式各樣的契約與幫規，既受市場力
量的調整與衝擊，也受社會勢力與司法運作的影響，有時固然可
得到社會與法律力量背書，有時則未能得到政府官員支持，這些
複雜現象都具體反映在各類船運糾紛引發的訴訟案件中。本節將
區分船運糾紛類型，並分析船運糾紛的調解管道與審理方式。

　　長程貨運、短程貨運與短程客運因為經營船運的業務性質有
別，發生船運糾紛的主要類別也有差異。大致而論，長程貨運業
的船運糾紛，主要涉及業者協議如何共同承擔政府和雇與差役事
務、船戶盜賣客商託運貨品訟案、船戶承攬貨品於運送途中受損
時的賠償糾紛、船工向船戶或客商索取應得工資的衝突等。短程

貨運主要的船運糾紛，一是業者成員共同對外搶占市場的衝突，二是業者成員對內分配營運利益的爭議。短程客運糾紛則集中表現在搶占市場的衝突。以下即按長程貨運、短程貨運與短程客運三大類船運糾紛依序討論。

（一）長程貨運業的船運糾紛：和雇與差役類

先談長程貨運業的船運糾紛。由筆者目前所見巴縣檔案相關內容看來，重慶城長程貨運業的主要船運糾紛約有四項：一是業者協議承擔政府和雇與差役事務的糾紛與陳情，二是船戶盜賣客商託運貨品的訟案，三是託運貨品受到損害時，船戶與客商分別承擔過失責任的爭議，四是船工向船戶、客商索取工資的衝突。為節省篇幅，這裡將第一項與後三項糾紛分為兩類，並依序做說明。

第一類長程貨運業常見糾紛，發生在業者共同應付政府要求和雇與徵調差役等事務的協議及衝突過程中。隨著清代前期全國市場擴張帶動重慶城船運業發展，民間船運業者數目不僅愈來愈多，民間船戶的航運能力也頗穩定地成長，甚至是航行途中某些交易安全問題也能由民間船戶自行協調解決；乾隆年間重慶地方官正式提請上級長官核可，廢除原有的「船行」與「埠頭」制度，[48] 地方政府宣布不再透過船行、埠頭等人物對民間船戶進行控管。

此後，重慶地方官員愈來愈依賴民間航運市場，官員也像當時客商一樣到船運市場僱募商船，政府租用商船行為即稱為「和

---

48 乾隆《巴縣志》，卷3，〈賦役志：課稅〉，頁43上～43下。

雇」。只是，政府官員畢竟仍然有別於客商，因為手握軍政與司法大權，官員和雇商船時，也不乏利用各種堂皇理由破壞航運市場供需機制的事例。特別是當中央政府調動軍隊應付地方動亂，以及各級大官過境出巡，都常於和雇召募商船時，發生不依市價全額給付、拖欠運費遲還，甚或是蓄意無償徵調民船的種種不法情事。愈到清代中葉，地方政府此種特權干擾船運市場現象便愈加嚴重；特別是自嘉慶初年白蓮教起事以降，四川成為清廷與白蓮教眾爭奪的戰場，非常時期之下，政府不依和雇規定給付船價而無償徵調民船的機率愈來愈高。職此之故，民間商船乃逐漸聯合起來以應付這個商業經營危機，嘉慶8年（1803）正式出現了所謂「三河船幫」的「定案」。

三河船幫在嘉慶8年向政府「立幫、定案」，並在嘉慶9年由眾多經營長程貨運船幫共同議決一份〈差務章程清單〉。這份章程的主要精神，即是由船戶按進入重慶碼頭運貨船隻的載貨量大小，預先繳納運費公基金，當政府遲付、少付乃至不付僱用商船運費時，這筆公基金便能發揮用處，以補貼被徵募商船業者的損失；如若公基金不敷使用，則再向進港裝卸貨物的商船抽取捐款：「如遇兵差，再行酌量照船議加收取」，而平常如何管理這筆公基金，〈差務章程清單〉也做了仔細規定：船幫「會首，每年三月十五日更換，進出銀錢賬目，每幫經管三個月，憑眾清算，上交下接」。[49]

嘉慶9年的〈差務章程清單〉，應是自前此眾多因承運政府和雇事例引發船運糾紛的處理經驗而總結出來的內容。這份章程不

---

[49]《清代乾嘉道巴縣檔案選編》上冊，頁402-403。

僅是船幫公同議定的行業業規，也是得到地方政府正式核可的
「立案」文字，具有一定程度的法令效果。如嘉慶13年（1808）
江津船幫會首簡明等人在一份訴訟文書上寫道：

> 蟻等均係架船生理，因苗匪作亂，（缺一字）差浩繁，需
> 用船隻，苦樂不均，紛紛具控，荷蒙代辦。府英祖札飭前恩
> 蒠主，諭令蟻等設幫分認（缺兩字），以專責成，俾船戶苦
> 樂均平，每年一更，兵房有案可查。[50]

　　這段訴訟文字不僅說明「苗匪作亂」是這些船戶成立船幫的
重要背景，也證明當時船戶彼此協議「苦樂均平，每年一更」的
承運辦法，確實是「兵房有案可查」得到地方官核可的章程。這
個章程的實際運作效力，既受限於當時地方官支付和雇運價的個
人道德操守與地方政府財力，也取決於船戶共同遵守諸如依照自
身擁有船隻大小抽捐公基金的共同意願；而當時管理抽捐公基金
的船幫「會首」是否具有與官員、吏胥周旋的較好能力？這些因
素也都會影響船戶議定承擔和雇與徵調船運章程的運作效力。會
首當然不見得經常有此能力，而地方官員也不一定都能兼具能力
與操守，因而政府和雇與徵調船運業者時，便經常引發種種問
題，形成當時長程貨運業者經常碰到的一類船運糾紛。
　　道光25年（1845）四月二十八日，由重慶城經營各類貿易客
商所公推的「八省客長」，在代「小河船幫會首」向地方官呈遞
陳情「稟狀」時，即對上述政府僱調商船引起的船運糾紛有很具

---

50 四川省檔案館藏「巴縣檔案微卷」，嘉慶朝，6：511。

體的描寫：「渝城水次碼頭，商賈貨物，上下往來，絡繹不絕，均需船載。每逢省大憲按臨，軍重需務，封條一發，河下紛紛，無論商船已雇、未雇，上載、未上，藉端需索難堪」。[51]然而，筆者要特別指出：這種官員、胥吏與軍隊胡亂朝商船貼「封條」的行為，應非康熙、雍正、乾隆年間常態，而其實是嘉慶年間以後地方動亂加劇之後的政府弊政。無論如何，為應付嘉慶初年以下地方政府變質的「和雇」、差役乃至於公然勒索，重慶城船幫與客商都有創設抽捐設置公基金以應付亂局與弊政的共同需要。在這份道光25年八省客長代小河船幫呈遞的稟狀上，船戶們交待了嘉慶8年「三河船幫」成立的歷史：「公議大、小、下三河船幫，各舉會首，應辦各差，每船抽取厘金，存作辦差公費，免致臨差貽累商船」。[52]在這份稟狀中，還可看到道光15年（1835）一份船戶提出改革章程的簡要內容，三河船幫中「小河幫」項下四幫船戶（「小河四幫」），曾修訂章程要求政府更清楚地劃分「差役」與「和雇」的界線，試圖減少政府與軍隊積欠運價不還的危害：

> 小河四幫船戶會首稟請：凡遇迎接各大憲，以及軍務大差，自甘雇備船隻當差。其餘一切雜差，仍前平雇，庶船戶累輕，商民永安。[53]

所謂的「仍前平雇」，指的即是政府該照昔日清平時局和其他託

51《清代乾嘉道巴縣檔案選編》上冊，頁416。

52《清代乾嘉道巴縣檔案選編》上冊，頁416。

53《清代乾嘉道巴縣檔案選編》上冊，頁416。

運客商一樣付清運費。這份道光15年改革章程得到四川總督核
可，並且「發司、道、府行轅，遵照辦理」。54

　　然而，要地方政府按市場運價和雇或「平雇」商船，在清代
中葉戰爭與動亂頻仍的大環境下，似已愈來愈難。道光25年
（1845）五月二十二日，巴縣知縣在接受「小河幫」船戶稟狀的
陳情後，頒布一份告示，其內容即提及當時船幫捐款內幕。內情
大致如下：小河幫「會首」李廷太、楊文楷、石龍元、劉文發等
四人，向巴縣知縣指責「小河幫」內部有「四幫」船戶不按規定
繳納捐款。巴縣知縣即將稟狀委請「八省客長」洪豫章等人調查
所敘內容是否屬實。小河幫會首的陳情內容道出小河幫捐款歷程
與捐款糾紛：「嘉慶八年，八省客長議舉三河船幫會首，應辦差
徭，經理客貨，稟請督憲批准立案」，捐款辦法為：「有船抵渝，
抽取厘金一次，以作辦差之費」；但年久生變，「今數十載，連年
兵差雜務，三河（船幫）負賬數千金，掯利未賞。近因年久，
渠、保、遂、合四幫船戶，前遵後違，難歸劃一。誠恐差臨有
誤，只得懇恩賞委八省客長酌議章程，差務有著，庶無違誤」，55
所謂的「三河負賬數千金」，當然是與政府「掯利未賞」的賴賬
行為大有關連，而「渠、保、遂、合四幫船戶」（即前文提及過
的「渠河東鄉、達縣會首」、「遂寧幫、合州幫」，以及似屬新出
的保寧府船戶）之所以不願繼續按規定捐款，則應可視為船運業
者對地方政府長期「和雇」不付船價的一種抗議與抵制。

　　值得注意的是，拒繳捐款的抵制行為，似乎並非只有「小河

54《清代乾嘉道巴縣檔案選編》上冊，頁416。

55《清代乾嘉道巴縣檔案選編》上冊，頁417。

四幫」船戶，八省客長在調查報告上即寫道：「惟年年兵務、大差冗繁，雖抽取厘金支應，各幫猶負多金未填」，[56]看來，長程航運業船商在政府經年積欠運價的情形下，只好選擇暗中抵制船幫協議捐納公積金的既有「幫規」，這應是當時實情。要之，這類肇因政府和雇與差役的船運糾紛，正反映十九世紀初年之後重慶長程貨運船運業者已面臨愈來愈惡化的經商環境。此時，地方官的操守與能力，更加成為影響當地船運業經營的重要制度條件。

（二）長程貨運業的船運糾紛：盜賣託運商貨、過失責任賠償與工資爭議類

　　第二類長程貨運業船運糾紛，可區分為三種不同爭議事由：船戶盜賣客商託運商貨、船戶託運貨品遭逢意外損失時的責任歸屬與賠償方式，以及船工水手向船戶與客商索討應得工資。

　　先談船戶盜賣承運商貨所引起的船運糾紛。由現存「巴縣檔案」資料看來，客商無需派人押船，在當時往來重慶城長程貨運中，是頗常見的情形。如清嘉慶23年（1818）十月，在四川射洪縣經營鹽業的商人鄧興發，向巴縣衙門遞呈訴狀控告船戶江道俸盜賣自己託運的商貨。鄧興發在巴縣法庭上說道：自己籍隸射洪縣，「在（射洪縣）治地，憑蕭一品，得寫江道俸的船隻，載裝煤炭，仍在射洪地方發賣，議明水腳錢三十七千文，都付給了，小的並無人在船上押載」。[57]這段口供顯示射洪縣的牙行制度確與巴縣不同，仍依《大清律例》〈私充牙行埠頭〉規定設置「船行」

56《清代乾嘉道巴縣檔案選編》上冊，頁417。

57《清代乾嘉道巴縣檔案選編》上冊，頁421。

與「埠頭」，故而鄧興發提及他在射洪縣「憑蕭一品」寫得「江道俸的船隻」，蕭一品即是船行埠頭，而江道俸即是往來嘉陵江的船戶。至於鄧興發口供提及「小的並無人在船上押載」，則明白顯示他不僅先將運費「都付給了」船戶江道俸，且在將重慶城購買煤斤運回射洪縣的旅途中也未派自己店夥跟隨。

　　在這件案子裡，託運商人不派店夥隨船押送的行為，似乎觸發船戶江道俸的盜賣犯行，至少江道俸的口供確實出現如此說辭：運煤途中，由於自己「往日貧苦，負欠重賬無還，（鄧）興發他又無人在船經理，就起意把他煤炭私賣，是實。不料被興發往返查知，來案具控」。江道俸在巴縣法庭上表現了悔改與賠償誠意：「今蒙審訊，沐把小的鎖押，賣船繳還鄧興發的水腳（錢），並炭價錢文，結案。小的遵諭，賣船繳還，只求寬限就是」。[58]江道俸盜賣鄧興發託運商貨，巴縣知縣判決他賠償，但看來被告已是「負欠重賬無還」，既無現金可償，原告鄧興發乃獲判取得日後江道俸「賣船繳還」的款項。

　　盜賣承運商貨是明顯的犯行，然而，未將託運商品運抵目的地，即要求託運者付清運價，這種長程貨運糾紛便較複雜。有時，相關訟案還在承運者與託運者雙方外，再另外牽連出造船廠老板等第三人，這類涉及承運契約的船運糾紛便較為曲折。

　　清嘉慶24年（1819）年六月二十九日，在江北廳開設造船廠的楊耕萬，[59]控告在巴縣經營「萬順魁」商鋪的湖北商人朱萬

---

58 《清代乾嘉道巴縣檔案選編》上冊，頁421。

59 當時江北廳似是重要造船與修船中心，不僅有展現木匠技藝傳統的廟宇（「魯班廟：在金沙廟」，見道光《江北廳志》，卷2，〈輿地志：寺觀〉，頁

順。[60] 起因是船戶張仕朝向楊耕萬訂購一艘「橈攏船」，當時雙方是以「議價錢三十五千，當收錢五千」船價，簽訂賣船契約。簽約時，張仕朝因現金不足而向楊耕萬表明自己已承攬「萬順魁」託運湖北的「米一百石」與「銀簍一個」，他希望等「萬順魁」商鋪付清「裝載足兌船價」後，即馬上償還船價餘款；楊耕萬同意此議，乃在船價未清償情況下讓張仕朝開走賣出船隻。[61] 然而，約此同時，「萬順魁」與船戶張仕朝間的承運契約卻發生問題。原本承運契約規定商人只需先付部分運價：「議水腳錢八十一千，當付錢五十一千，下存錢三十千，付給票據，言明船過夔關始給」，然而，張仕朝在六月二十三日派出所屬船工水手開船離港後，即於同月二十五日早晨「持票」要求「萬順魁」付清所餘「下存錢三十千」運價。託運商人朱萬順因為未確定那一百石米糧是否已安抵湖北，乃拒絕付清運價，並要求與張仕朝一起另行搭船「一路放船下楚」，以察看糧米運送情形；結果，張仕朝當

304），轄境也有專供造船木料的樹種栽植市場，時人載明栽植黃桐樹供給船廠製船情形：「黃桐：俗呼為桐子樹，結實可榨油，土人遍山種之，以收其利。船家多用以製船，一遇價昂，利市三倍」（道光《江北廳志》，卷3，〈食貨志：物產〉，頁421-422）。乾隆48年（1783）一張巴縣差票上，開列「江北各廠工匠頭」名色，其中即有四名「船廠頭」（《清代乾嘉道巴縣檔案選編》上冊，頁250）。而道光16年（1836）一份訴狀，則涉及當時重慶鄉民「合夥造船」的「賺折均派」合約（《清代乾嘉道巴縣檔案選編》上冊，頁424），但未確知造船地是否也在江北廳。

60「萬順魁」老闆朱萬順的營業項目，即是當時四川輸出入貿易大宗的棉、糧買賣：「民湖北人氏，號名萬順魁，裝販棉花來治發賣，買米、攜銀回籍」（《清代乾嘉道巴縣檔案選編》上冊，頁421）。

61《清代乾嘉道巴縣檔案選編》上冊，頁421-422。

場悻悻然而去，並且自此避不見面。[62]如果確定糧米已安然抵達湖
北，則何以張仕朝要避不見面？這是啟人疑竇處，此案或者也與
船戶盜賣託運商貨有關，也未可知。

　　四天後，也就是六月二十九日，楊耕萬拿著「萬順魁」付給
張仕朝的「親筆出立兌票三紙，注明兌錢三十千」，既抱怨張仕
朝當時矇騙自己未清償船價，也控告萬順魁商號不兌現自己商鋪
開出的票據：「既出票招兌，涼無延騙，未防伊奸，籠蟻收接伊
票，乘蟻不阻，仕朝船已開去。等蟻執票向順魁兌錢，遭伊欺蟻
忠樸，支吾奸推」。楊耕萬不僅表現出自己是船運糾紛中無辜受
害的第三人，還將張仕朝未付清船價事實連繫到萬順魁：「仕朝
裝萬順魁米石，蟻向仕朝追索（船價），乃萬順魁挺身招認」，[63]
這根本即是向官府捏稱「萬順魁」已承諾要代付張仕朝船價，用
心頗為深刻。隔天的六月三十日，萬順魁老板朱萬順迅速遞上稟
狀，稟狀中的楊耕萬，不僅不那麼「無辜」，朱萬順在點出張仕
朝避不見面後楊耕萬隨即控告自己的這項「巧合」事實後，立即
挑明指控楊、張二人根本就是同夥串通：「仕朝忿恨而去，潛躲
不面，復串伊腹黨楊耕萬，持票向民估索錢文，不依理說」。朱
萬順提醒官員注意：「如此惡船串勒，居心不善，難防民船中途
受害」，[64]這其實是將自己不付張仕朝運價餘款而遭人控告的個
案，上綱到重慶長程貨運船戶出現「惡船」日後難保民間託運金
錢貨品不會「中途受害」的通例問題，用心也屬深刻。

62《清代乾嘉道巴縣檔案選編》上冊，頁421-422。

63《清代乾嘉道巴縣檔案選編》上冊，頁421。

64《清代乾嘉道巴縣檔案選編》上冊，頁422。

　　楊耕萬與朱萬順雙方的控詞，都充斥著某些「陰謀論」，若謂有訟師於其間出謀畫策並私下代筆作狀，也不令人意外。筆者尚未見到此案審理結果，但推測承審官員總需先查明託運船貨是否已然安抵湖北。不過，在現存案例數量有限的情況下，重點其實也可放在個案反映的「制度性事實」究竟為何。[65]

　　這件船廠老板與商鋪客商互控的個案，不僅可見及當時的運價付款方式，更可留意其中有關商業「票據」流通效力的問題：「萬順魁」開給船戶張仕朝未來支付運價尾款的三張票據，是否可由張仕朝轉給楊耕萬來要求「萬順魁」兌清？這個票據轉讓第三者的商業實務問題，在當時司法運作上如何認定其效力？這個問題並不會因為清朝沒有票據立法而不實際存在於當時的經濟秩序與法律規範內。在重慶城這類商業發達的城鎮中，類似票據轉讓第三者的問題，也已成為考驗當時司法官員判案能力的法律問題。

　　接著討論重慶長程貨運業中存在的過失責任與損害賠償相關船運糾紛。乾隆50年（1785）七月二十二日，江西商人朱元盛控告船戶謝一華「惡船吞害等事」，指稱東水門船戶謝一華在收取運價費用後，並不依約在七月十六日開船將其於重慶採買的「笋子、紅花、木耳」等山貨載赴湖南湘潭交卸，反而拖拉延遲至七月十九日夜晚「四更時分」因為河水急退造成船隻解纜，所有船中託運貨物都因而「被人搶去」。朱元盛即於事發後「忙投鳴坊

---

65 有關在法律現象上區別「制度性事實」（institutional fact）的一些學術論述，可見：顏厥安，〈規範、制度與行動〉，收入氏著《規範、論證與行動：法認識論論文集》，台北：元照出版公司，2004，頁221-227。

長」並向巴縣衙門「赴案具報」。巴縣知縣很快即票傳被告、原
告與相關證人，於七月二十五日開庭。被告謝一華供稱自己無
辜，純因事發當晚「河水退銷（消），把舡損壞，小的起來把纜
解放，舡隻下河漂流，扯不住，舡上貨物都被小舡搶去」，「並非
有心放舡」。[66] 由現有檔案紀錄看來，巴縣知縣處理本案，著重的
是追查以「裴麻子」為首的那些乘機搶去貨物的駕「小舡」民
眾，並不直接審理被告是否「有心」吞取原告託運船貨，這可能
是某種洞悉原告狀詞慣用「惡船吞害」這類誇大案情嚴重性的審
案經驗。在當時法庭中，船戶的無心之過，基本上並不需承擔賠
償責任；原告商人經常要費力地論證被告船戶實屬「有心吞害」。

　　再舉一例。道光16年（1836），商人陳榮春控告船戶戴三福
「盜賣」自己託運一批運往江西吳城鎮的「青豆、黑豆、冰糖、
大菜」等商貨，但經巴縣衙門調查審理，才發現其實是承運船戶
在行經湖北「荊州府石首縣屬羊渦地方停泊」時，「陡遇風雨大
作，沉溺貨物」。沉貨當時，船戶即已向石首縣報告「有案」，巴
縣查明戴三福「實無盜賣客貨情事」後，做成判決，並要求戴三
福寫立一份〈結狀〉，上面載明：「蟻裝運客貨，自不小心防護，
沐將蟻責懲，斷令蟻沉溺伊貨，一併免追，蟻遵斷，具結備案，
是實」。[67] 由這份巴縣判決看來，儘管船戶不夠「小心防護」是事
實，但官員似乎仍然認為船戶「陡遇風雨大作，沉溺貨物」，是
無需承擔過失賠償責任的。當然，這個判決的事實基礎，仍必須
要有意外發生地方官府出示「有案」可資證明的公文書才行。

66「清代巴縣縣署檔案微卷」，乾隆朝，6：2998。

67《清代乾嘉道巴縣檔案選編》上冊，頁423-424。

如果這是當時通行的過失責任分擔方式，則託運商人於商貨發運過程中，便需自行承擔許多風險。在未出現願意提供船運保險商家的情形下，託運商人似也希望能以追繳給付運費方式來處理此類過失責任賠償的問題。道光18年（1838）四月下旬，在重慶開設店鋪的商人易三義，託船戶楊長盛、劉玉泰、彭聯升三名船戶，將所購「棉花一百六十餘包，稻穀六百餘石」運送到四川嘉定府境，其中，楊長盛船隻則「裝棉花七十二包，裝穀子二百零九石」。此次船運，託運人易三義也在船上，然而，船開離重慶港不久，因「楊長盛與駕長黎狗兒並不小心，將船擦損，全不察覺」，而託運人易三義自己也是等到船泊「黃沙溪不遠新漕房」時，才驚覺到楊長盛船上搭載「棉花、穀子俱被水浸」，急忙「喊（楊）長盛提載，以顧資本」，但仍造成財貨損失。在同年五月五日向巴縣提呈狀紙時，易三義強調自己在開船出貨前，船戶已經領取相當數量的運價：「棉花水腳銀七十餘兩，穀子水腳錢五百餘千」，而當時雙方講明的運價為「棉花每包銀五錢，穀子每石水腳錢一千文」，依此計算，船戶已領得80兩棉花運價中的70餘兩、600千銅錢稻米運價中的500餘千，運價餘款其實已經不多。然而，令易三義氣憤與質疑的是：船戶雖然已領取這麼多的運價頭款，但意外發生時，易三義「清查行江錢文，三船分文俱無」，他質疑船戶是否根本是「有心放炮害客」，並提請承審官員能代向船戶「提載追繳水腳銀錢給領，以儆刁風」。[68]

筆者尚未讀到官府對此案的判決。但由原告訴狀看來，託運人易三義很可能是因為知道這種「不小心，將船擦損」的航運意

68《清代乾嘉道巴縣檔案選編》上冊，頁424。

外事故多半無法理賠，便只能朝船戶有意損害託運財貨的方向做論辯，希望能藉由追討部分已支付的運價來填補自己託運商貨的損失。無論官員是否接受易三義的論辯，但至少，由易三義將貨船航行意外轉變為船戶故意侵害託運商貨的「以傲刁風」論證手段看，船戶基本上無需承擔過失責任，可能是當時貨運業的常態。另一份道光13年（1833）託運商李原吉的〈稟狀〉，也寫明其託船戶胡元由屏山縣裝運的薑黃「一萬一千七百餘斤」與「南炭一萬九千餘斤」，在行經巴縣時「遇風擱石」船貨散落，然而，當時一批撥船業者與水摸頭等救生人員，卻在搶救貨物過程中，將李原吉託運商貨「摟捲一空」。李原吉向巴縣抱怨當地撥船業者「每遇客船有失，摟捲客貨」，進而控告當時假借救貨為名而行搶掠之實的船戶。[69]提控這個案子的原告，是託運商李原吉，而非承運船戶胡元，由此看來，也可更加清楚這類「因風擱石」船運意外所造成的財貨損失，其過失責任多半是由託運人自行承擔，這或許是當時官府與商人都接受了託運人要比承運人更有能力承擔風險的假定。

　　最後一項長程貨運業船運糾紛，則發生於船工水手、船商與客商之間，主因是船戶、客商與船工、水手間因為工資糾紛而互相控告。嘉慶15年（1810）四月三十日，有船工蕭茂金控告鹽船幫船主黃萬年，狀詞指稱：「鹽船幫原有程規，凡船主請成幫工，不得悔退，倘有違規，請明復退，仍給身工錢文，不意（黃）萬年違亂船規，陷蟻等待數日，伊竟另倩幫工」，[70]這是船工依據業

69《清代乾嘉道巴縣檔案選編》上冊，頁423。

70《清代乾嘉道巴縣檔案選編》上冊，頁406。

內僱用船工「程規」而控告船主不發給「身工錢文」的事例。所謂的「身工錢文」，似是當時重慶長程貨運業船工水手間逐漸發展出來一種爭取工資待遇的制度，這個工資制度和船工的互助與宗教組織有密切關係，並成為一種能對船主甚或託運商造成一定影響力的「程規」內容。有時雙方因對「程規」的合理運作方式有不同認知而引發衝突與訟案，由後人角度看，這其實也是船工向船戶甚或是經常往來託運商人要求增加工資的船運糾紛。

如道光元年（1821）在重慶城與陝西略陽縣同時開設店鋪的商人賴豫泰，即因不願再向經常託運船戶所屬船工多付金錢，而被船工金朝相狀告巴縣衙門。被告賴豫泰常僱船裝貨來往於重慶與陝西略陽縣間，他在〈訴狀〉反控道：「川北、略陽，一江上通，陝、甘客號在渝貿易者，其貨物向皆以船裝運略陽（縣）卸發。近因略陽船夫在略陽修廟，名曰搭包會館，實為陷客局地，稍不順意，在彼輒鳴鑼糾眾千餘人。始則僅估船戶，今則並估客人。閤幫無奈，是以公議蟻等在廣元縣，坐店收發貨物」。[71] 為抗拒船工在陝西略陽縣向船戶與客商收取「修廟」經費，以賴豫泰為首一批經常託運船戶載貨往來於陝西、甘肅與四川間的商鋪老板，決定另在嘉陵江上游四川北部的廣元縣，「坐店收發貨物」，這似乎是陝、甘客商與船戶在廣元縣集會重新談判運價與船工工資的集體議價行為。看來，針對船工「始則僅估船戶，今則並估客人」的要求增加工資行徑，客商與船戶聯手進行反擊。船工與船戶、客商間的勞僱爭議，正反映當時一種主要的船運糾紛類型。

71《清代乾嘉道巴縣檔案選編》上冊，頁408。選編者於原文排印時斷句可能有誤，筆者於此重新校點了賴豫泰訴狀的部分原文。

　　根據賴豫泰的說辭，這些要求加收「修廟」經費的船工，早於道光元年五月間，即在貨船行經重慶府江北廳轄境香國寺沿岸時，由船工朱老滿等「率領多人，將船阻靠，索要略陽會銀」。商鋪因而聯合船戶向江北廳提出控告，五月二十九日開庭後，江北廳理民同知斷令：「將朱老滿掌責，其餘（船工），令取保具結，不許勒取廣元船會銀資」。沒想到，接獲判決後，金朝相等船工又轉向巴縣知縣提出控訴。賴豫泰在〈訴狀〉中強調：商人與船戶不願向船工繳交「修廟」或是其他額外金錢，是因「廣元距略（陽），地屬兩省，路隔千餘（里）。今船貨至廣元卸交，何得出會銀！況伊之廟，早已工竣，利有餘金，尚在勒取，不知作何支用。窺其聚眾估客之勢，實為寒心。為此縷悉訴明，懇祈作主訊究」。[72]

　　只是，若照原告船工的說法，則他們索取的其實只是「身工銀兩」，而不是「修廟」經費。金朝相在〈狀詞〉中向巴縣知縣講述了自己這些「拉船人」的歷史：「蟻等均系河下拉船活生，自乾隆年間，前有拉船人等，積有銀兩，置買關山，凡遇老弱無力，在廟供食，病斃者給棺安埋，歷今年久無紊。因略陽（縣）、朝天（關）、廣元（縣）三處幫口，議有身工銀兩，自渝開船，至略陽、朝天、廣元三處，議身工銀二兩四錢」，這才是「身工銀」這項「程規」的由來。至於修廟一事，金朝相強調那是年前略陽縣境王爺廟遭遇洪水「將廟淹倒漂去」，工作地點分布在沿嘉陵江陝西略陽縣、四川朝天關與四川廣元縣的這群船工們，乃「共議」同出「厘金銀」修廟，這筆修廟款項，「未派板

72《清代乾嘉道巴縣檔案選編》上冊，頁408。

主及客分厘」，表明船工修廟並未強迫船戶「板主」與託運商「客」出錢。金朝相呈遞這份狀詞所再現的事實真相是：道光元年五月間船戶杜文貴承運商貨由廣元開船往重慶行駛之際，杜文貴竟然聽從「不法訟棍賴裕泰，與充當老官廟會首鄒代板」兩人的主使，「不將弟兄身價銀二兩四錢給發，反以錢五百文交給，以致弟兄投向蟻等理說」，船工原告要求巴縣知縣協助讓船戶「將銀給領」。[73]

　　雖然「訟棍」各有潛藏本領也不一定都易被抓獲，但至少以本案而論，那位被船工指控為「不法訟棍」的「賴裕泰」是否即是那位開設店鋪的被告「賴豫泰」？巴縣知縣只要派人調查該名被告店鋪究竟開設何處，仍可大致知曉實情。只是，究竟船戶該不該付給船工每人二兩四錢的「身工銀兩」？船工制訂「身工銀兩」這類「程規」或幫規，到底該不該獲得政府承認？若船戶不願支付，則政府又該站在勞方或資方的哪一邊？史料有闕，這些都仍待考。但無論如何，不只船戶需決定是否支付船工「身工銀兩」，重慶官員及其聘請的刑名幕友在這類船運糾紛與訟案中，也都要被迫思考船工「程規」到底能具備多少正當性或合法性。

（三）短程貨運與短程客運業的船運糾紛

　　除了長程貨運糾紛外，還有短程貨運與短程客運方面糾紛。這裡先討論短程貨物兩種船運糾紛：一是業者成員對外搶占市場的衝突，二是業者成員對內分配營運利益的爭議。

　　撥船業經營重慶城各處水運碼頭的短程貨運，原先已因為業

---

[73]《清代乾嘉道巴縣檔案選編》上冊，頁407。

者籍貫、承運商貨種類等因素而出現各類船幫，然而，和長程貨運業的情況類似，受到清廷動員民間船隻運輸軍隊人員與軍需物資以對抗白蓮教起事的影響，嘉慶初年，在重慶城八省客長的居間協商下，重慶城的撥船業者也組成了「五門撥船幫」，將千廝門、朝天門、太平門、儲奇門、金紫門等五處碼頭的撥船業者編成一個可以共同協議提供政府和雇與差役性質航運服務的團體組織。

　　為避免過多無償差役妨礙自身成員的營業，「五門撥船幫」努力將政府付錢「和雇」與無償徵調「差役」間的界限劃訂得更明確。道光15年（1835）由巴縣衙門頒布的〈五門撥船幫出船應辦差務單〉即可謂為撥船業者這方面的努力，在八條內容中，第二條「銅鉛打撈」應是可以領價的「和雇」，而第七條「五門造有撥船四隻，在江北停靠，日夜聽差不離。一切差務，並不領價」，則已注明是不能領價的「差役」。[74]綜合看來，撥船業者提供官府的無償船運服務，雖然有短期損失，但長期而言，則仍可能方便撥船業內部議定「幫規」等既有經營習慣得到官府更大的合法性支撐，在劃分撥船經營地盤上，也可能使政府較易諒解與支持。這是地方政府處理撥船業航運糾紛的重要制度性背景。

　　首先談撥船業者對外搶占市場的第一種船運糾紛。「五門撥船幫」其實是協商如何提供政府和雇與差役的團體，撥船業者內部同時另有連繫更緊密的不同船幫組織存在。有時候，撥船業不同船幫會產生嚴重的爭占營業地盤衝突，特別是距離較近的碼頭區，更容易致使撥船業者競爭白熱化。如道光12年（1832）六月

74《清代乾嘉道巴縣檔案選編》上冊，頁414。

間，儲奇門碼頭撥船戶李順彩等人，即控告經營太平門撥船碼頭的鄧萬海、鄧永林跑到儲奇門碼頭搶生意。在控詞中，可以得見當時重慶撥船業的營業習慣：「渝城五門撥船，歷有舊規，撥運客貨，以客發票為憑，接票撥送。未接發票，不持強霸爭，章程久定，並無紊亂」。[75] 這是一件爭占營業地盤的船運糾紛。

李順彩其實並非立即將這件船運糾紛呈控到官府，而是連續兩次將鄧萬海爭占市場的委曲提到「五門撥船幫」要求協調解決。第一次是鄧萬海「霸裝」李順彩等人長久經營位於儲奇門碼頭的「雲太（泰）站（棧）房客貨」，第二次則是鄧萬海竟然將李順彩等人「已接西昌店紅花十五包、錢二包，發票蟻等放船往撥」生意，「估奪發票，將貨（搬）過伊船，霸裝去訖」。第一次衝突似乎暫時成功調解：「經憑五門撥船，講理眾剖，嗣後，仍照舊規，接票裝撥，無票不得強爭」；但沒多久又發生第二次衝突，雖經主持「五門撥船幫」的蕭洪泰、周興舉、王正雄「三次理剖」，但「萬海等橫惡亂規，不遵眾剖」。李順彩只得到官府，控告鄧萬海「估裝客貨，使恃逞凶，總稱打殺，眾畏不管，蟻等苦貿被奪，絕路難生，情急無奈，叩恩作主，賞准訊究」，這是篇巧思設計的訴狀，特別是結語部分正好配合控詞前段對鄧萬海其實不乏資財的描寫：「鄧萬海等，係買撥船生意，並非下苦之人，仗恃豪強，斯壓蟻等樸懦」，[76] 這樣的訟狀，當然也難免不出自當地訟師之手。

比對鄧萬海訴狀所提出另外版本的故事情節，可得知此次船

運糾紛大致原委。鄧萬海、鄧永林叔姪本即在太平門碼頭經營「撥裝敘幫各行棧客貨」，等於是專門承攬長程貨運業「敘府幫」船隻在重慶太平門碼頭靠岸時的裝卸商貨業務。道光5年（1825）四月與十月，鄧萬海、鄧永林買下太平門碼頭附近兩筆地產、鋪面及徐恆吉、周應龍兩位賣出的「撥船生意」。太平門本即是重慶城的大碼頭，鄧萬海在購入更多太平門碼頭地段「撥船生意」後，業務自然擴充不少，並開始延伸到西側的儲奇門碼頭區。鄧萬海訴狀中，特別附上〈徐恆吉賣約〉、〈周應龍賣約〉，也是想證明自己所握廣大碼頭經營範圍都是有憑有據。有趣的是，鄧萬海在訴狀中不僅未承認原告李順彩的指控，反而說是李順彩「仗恃府轅快頭，欺壓黎民」，「強霸蟻等敘幫雲太（泰）、西昌、吉敘三棧紅花、山貨等項撥裝，絕害蟻等衣食」，[77]這是指控李順彩勾結重慶府胥吏欺壓良民，也是當時容易勾起承審官員注意的指控點。看來李順彩與鄧萬海之間，也不是只有一方搶占、一方被占而已，雙方其實都曾「霸裝」，只不過，兩方人馬對地盤所屬問題有不同認知而已。

　　巴縣知縣先將此次糾紛發交太平門、儲奇門「廂長」及「五門撥船幫」會首進行調查與調解，之後，官員據以做成兩項主要裁定：一是「雲泰棧紅花，歸儲奇門撥運；西昌、吉敘兩棧，歸太平門撥運。日後不得爭論滋事」；二是「如雲泰棧客移寓西昌、吉敘兩棧，紅花仍歸儲奇門撥運；其西昌、吉敘兩棧客移寓雲泰棧，紅花仍歸太平門撥運」。[78]雲泰、西昌、吉敘等棧房，應

77《清代乾嘉道巴縣檔案選編》上冊，頁410。
78《清代乾嘉道巴縣檔案選編》上冊，頁410。

該是經營倉儲與旅館的業者，而「棧客」則是支付運費長程貨運船隻輸送商貨的客商，長程貨運船戶運送貨品到重慶港，「棧客」出錢僱請撥船將貨品存入棧房，這是當時碼頭營運的常態。巴縣的第一條裁定內容，是屬於靜態的分割市場方式，看來雲泰棧地近儲奇門，而西昌、吉敘兩棧地處太平門，巴縣判定的是：只要貨物是由雲泰棧進出，便由儲奇門撥船裝卸；而由另兩棧進出，便由太平門撥船幫裝卸。麻煩的是第二條，這是屬於動態的市場分割方式，在巴縣裁定下，無論「雲泰棧客」或「西昌、吉敘兩棧客」這些客商本人如何改換暫居的旅館，也不影響「紅花」這些當時船運商品大宗的裝卸業者，依然是由進出商貨的貨棧所在地而決定。第二項裁定，似乎是剝奪了客商選擇撥船業者的權利。這也等於是官府正式承認撥船業者的營業地盤，不容客商選擇。在此情形下，前述撥船業營業舊規「仍照舊規，接票裝撥，無票不得強爭」，其中的「票」便徒具形式，因為只要船進入特定港口，便有特定撥船業者承攬裝卸業務，商貨所有者的客商，想要拿「票」給不同撥船者，是不太容易的，巴縣知縣的判決，等於是更強化這項撥船業「舊規」的特定運作方式。

　　前述〈徐恆吉賣約〉、〈周應龍賣約〉內容，即很可說明「舊規」與「契約」如何在地方政府司法運作中內容相互結合、效力彼此加強的過程。〈徐恆吉賣約〉訂於道光5年四月二日，徐恆吉在這份出賣契約中開頭即寫道：「立出賣磁器幫駁船生意人徐恆吉」，文中則再寫明出賣經過：「徐姓因生意無人經理，自行請憑中證說合，一併出賣於鄧萬海、鄧永寧叔姪名下，出銀承買」，「自賣之後，任從買主仍然老薄（疑為「簿」之誤字）舊規撥運，徐姓不得異言阻滯」，「恐口無憑，立出賣約為券」，契約最

後還加添一段文字：「其生意，照老約十年，聽憑原業主張、譚二姓，照價贖取，不異言」。[79] 可見徐恆吉賣的這份「磁器幫駁船生意」，原本是「原業主張、譚二姓」典賣，兩名原業主仍保有「照價贖取」權利。這份契約清楚提及買主可以按照撥船幫「舊規撥運」經營。

而在道光 5 年十月二十九日〈周應龍賣約〉中，鄧永林以「時值九五色銀一百七兩正」向周應龍買下太平門碼頭一段地區，這份「賣約」開頭也清楚寫著「立出分賣撥船生意文約人周應龍，今將上年得買太平門外大碼頭彭姓之全股生意，摘出敘府幫銅、鉛、乾貨等項，憑中張春和、李清夙、周悅順三人作中，出賣與鄧永林名下，承領撥運客貨」，文末寫道：「今恐無憑，立此分賣撥船生意文約一紙為據」。[80] 這也是買賣「撥船生意」的契約，文末還有兩段加注批文，一段是：「石硅鉛，歸周姓撥。敘府上坡鉛，歸鄧姓撥。此批」；另一段批文則加上契約外面，寫著：「大小夫差門面差事，周、鄧二人承辦」。[81] 前面批文講明了這是區分周、鄧二人撥運客貨的地段界址與客貨名色，後段則肯定是官府批示，把兩名撥船業者承辦差役的範圍，做了清楚交待。業者區分經營地盤的「舊規」，以及民間通行的買賣「契約」，在此處做了清楚而奇特的結合，占據營業地盤的壟斷性經濟行為，已經成了市場上可以自由買賣、分割、轉讓的權利，而在這個「幫規」結合「契約」的過程中，政府「批」文關心的，

---

79 《清代乾嘉道巴縣檔案選編》上冊，頁 410。

80 《清代乾嘉道巴縣檔案選編》上冊，頁 411。

81 《清代乾嘉道巴縣檔案選編》上冊，頁 411。

則主要是差役如何由買方與賣方共同承擔。

　　道光28年（1848）九月一份重慶城北面千廝門碼頭區的撥船業訟案，涉及撥船業船戶內部成員之間因為「夥內公共銀兩」賬目不清，以及內部分配裝卸生意等問題而引發的糾紛。船戶李裕泰在狀詞中寫道：「千廝門碼頭駁船輪子，共計三十二股生易，每月應差，裝駁客貨，船幫一切費用，歷係公同酌議。近因生易淡泊，補整船隻，公共挪借外賬銀一千五百餘兩，合幫夥議三節抽還。惟恃強霸惡黃化成，藉伊占生易兩股，從中把持，不還外賬，以致眾債逼索。今化成不惟不還眾賬，反虧空夥內公共銀十餘兩、銅錢四千文，立有字約，穩坐不耳」，[82] 由文中提及的「三十二股、兩股」等字詞看來，千廝門碼頭撥船業生意在當時根本已經是「股份化」了，這種股份化的「撥船生易」不僅可以對內分配營業利益與損失，甚至也可以對外「公共挪借外賬銀」一千五百餘兩。黃化成在千廝門碼頭「撥船生意」三十二股中占了兩股，而且，黃化成在參與「公共挪借外賬銀」時也和其他成員一樣「立有字約」答應一起付還本息，如今卻屢屢賴賬不還，原告乃先「約鄰楊錦堂、何新順等邀算」，但「化成抗不理算」，引起原告等人的公憤。表面上，這是成員共同立約借錢而有人賴賬不還的糾紛，但由狀詞後半部內容來看，這其實是一件因為業者內部「酌議拈鬮，將駁船生易分為三輪，每月每輪，應差十日，裝駁客貨」，但後來協議破裂而引發的衝突，原告氣憤地指出：「化成霸占生易頭輪，不認月小補數」，「化成□直把持，逞凶辱罵」，故乃「扭（黃）化成赴□轅喊控，是以補詞叩究」。很清楚

82《清代乾嘉道巴縣檔案選編》上冊，頁419。

地，這是件因為有成員不願服從撥船業內部規定彼此輪流裝卸客貨「幫規」而引發的糾紛。

最後，則對重慶城短程客運船運糾紛做些說明；基本上，這些糾紛主要仍是劃分營業地盤所導致的衝突。如道光元年（1821）七月十一日有太平渡船戶涂學先等人控告玄壇廟渡口船戶「膽違合約，抗差不幫」。主要案情是太平渡船戶強調在嘉慶15年（1810）間，即因為玄壇廟渡船戶搶占生意，而曾在「三渡首人剖明」下達成載運協議，並且「書立合約」載明：「差務仍照舊規，至船，只各靠碼頭生貿，不得紊亂載裝」，這份合約與協調結果還得到當時巴縣知縣批核「過硃息銷，合約抄粘」，然而，自去年起，玄壇廟渡船戶即開始破壞合約協議，太平渡船戶涂學先等人乃「因差重大，被截生貿，無費難辦」，希望縣官「察訊嚴究，俾免誤差」。[83]這也同樣是藉著提供政府無償渡船差役而要求獨占特定渡口渡船生意的訴訟，而巴縣知縣的裁定主旨是：被告「日後不得紊亂裝載」，並判定原、被告雙方都應「仍照前規裝送，不得在碼頭估裝」，且「不得在碼頭滋事」。[84]除了渡船業者劃分渡口的營業糾紛外，道光15年（1835）七月也有渡船業「橫江渡人小船」阻止「太平門碼頭撥船」在給孤寺一帶裝卸糧食的衝突，[85]這基本上也是渡船戶保衛營業地盤而起的案例，巴縣判決渡船戶不得阻止撥船裝卸糧食，法官理由是：渡船戶被告「日渡行人，並無撥船，亦無差役，今伊捏情混爭，紊亂舊

---

83 《清代乾嘉道巴縣檔案選編》上冊，頁408。

84 《清代乾嘉道巴縣檔案選編》上冊，頁408-409。

85 《清代乾嘉道巴縣檔案選編》上冊，頁413。

規，後禍難□」，渡船戶王麻子等人不僅敗訴，並被「掌責」。[86]

　　儘管第二個案例是渡船戶敗訴，而知縣判決此案的重要理據是渡船戶在該水域「並無撥船，亦無差役」。我們有理由懷疑：如果真有渡船戶擁有撥船業配備，則承審法官是否真能准許他們在該水域經營撥船業務？這個答案恐怕仍然是否定的，畢竟，渡船戶有無承擔差役才是本案裁決關鍵。在此例中，「五門撥船幫」負擔差役遠比渡船戶重要，五門撥船幫平日負擔眾多差役竟達到所謂「差票成捆」的程度，[87]這大概正是渡船戶敗訴的關鍵理由。基本上，無論是道光元年（1821）裁定太平渡船戶與玄壇廟渡船戶「不得紊亂裝載」，或是道光15年裁定渡船戶敗訴，兩案審理原則不僅類同，而且都與前述審理撥船業者要求獨占營業地盤的裁定原則相一致，在業者威脅「因差重大，被截生貿，無費難辦」等停辦差役情勢的綜合影響下，法官准許業者獨占營業。至於所謂船幫公議「舊規、幫規」，以及船戶間自願簽訂的「合約、賣約」，便也都在政府支持的制度條件下統合在一起。

第三節　制度變遷中的「國法」與「幫規」

　　本章分析清代中期「長程貨運、短程貨運、短程客運」三類重慶航運業的發展，以及行業內部出現的不同類型船運糾紛，以「國法」與「幫規」的互動為主要觀察角度，筆者提出三項與制

86《清代乾嘉道巴縣檔案選編》上冊，頁413。

87 五門撥船幫對自身經常承擔差務有頗為傳神的描述：「差務需用撥船，亦係蟻等供應，差票成捆」（《清代乾嘉道巴縣檔案選編》上冊，頁413）。

度變遷相關的議題。

　　第一是明清全國市場發展如何衝擊既有行政與法律規範的議題。隨著十八世紀長江上游長程貿易被整合到全國市場，重慶航運業也有更多發展機會，不僅為託運客商與航運船戶帶來商業利潤，地方政府的船運管理制度也發生變化。其中最關鍵的制度變遷，則是重慶地方政府逐步裁撤原設官船，甚至進而取消了既有的「船行」與「埠頭」制度。

　　先談裁撤官船。伴隨著重慶長程航運業的發展，地方政府實際掌握的官船數量也愈來愈少。明代重慶地方政府原設有官方「輪船」28艘，但到乾隆25年（1760），那些原屬官方運送貨品與軍需的官船則已全被裁撤。[88]這個官船與隸屬官方船工、水手的逐步裁撤過程，與明清時代官方掌握航運資源逐漸減少，舉凡糧食、紡織品、食鹽、茶葉、瓷器、滇銅等貨物，都漸由全國各地民間木帆船航運業取代的大趨勢，[89]看來是基本一致的發展方向。

　　清代前期全國各地發生不少地方政府裁革官船與隸官船工水手的事例，各處地方政府裁革官船或許各有其特殊背景，不能一概而論；然而，以重慶地方政府裁革官船事例來說，這應與重慶的民間木船數量隨著航運市場發展而愈聚愈多有著密切關連。雖

88　乾隆25年（1760）成書的《巴縣志》，記載明清地方政府裁撤官船與官方船工、水手的歷程：「在城水驛：前明縣屬，設輪船二十八隻，沿革無考。國朝康熙十九年（1680），設四橈站船四隻，六橈站船四隻，水手十六名，橈夫四十名」；「康熙二十八年（1689），裁六橈船一隻、水手二名、橈夫四名」；「康熙四十七年（1708），裁四橈船一隻、六橈船一隻」；「今全裁」（乾隆《巴縣志》，卷2〈驛站：水站〉，頁34上～34下）。

89　羅傳棟主編，《長江航運史（古代部分）》，頁415。

然既有官船可能因為維修經費有限，而愈來愈難符合地方政府運
送貨品、軍需與官員的實際需求，但裁革官船的關鍵原因應該
是：政府既然可在船運市場僱到符合需要並且信賴可靠的船隻，
則若非需要應付國內外叛亂或戰爭，平常時日又何必再繼續維持
政府的官船隊？當齊聚重慶城的木船數量愈來愈多，交通本地附
近的短程客運、短程貨運，乃至於往返各地的長程貨運、長程客
運路線，都能由民間船運業者經營的穩定、效率與安全，連帶使
得重慶地方政府對民間船戶運輸能力愈來愈具信心，因而也更能
放心裁撤既有的官船隊。

　　除了逐步裁撤官船隊，重慶的「船行、埠頭」制度也在乾隆
年間被廢除，這也是一個逐步演變過程。十八世紀初的康熙末年
間，或許因為要應付與西藏戰事所需的運輸補給事宜，四川巡撫
年羹堯（？-1725）同意編建「船行」，準備無償徵調民間船戶輸
運軍需。但此舉「非民意」，未得重慶眾多船戶支持，而執行政
令官員卻強迫「嚴督之」，結果在重慶引來「數萬人鼎沸，罷市
數月」局面。幸經時任川東道的董佩笈居中協調，當年參與重慶
罷市的船戶等民眾才倖免被政府同列「勤亂」對象，此事方能平
和收場。[90] 重慶船戶最後似仍採取某種程度的妥協，「船行」繼續

---

90 董佩笈於康熙53年（1714）任川東道，可查見：民國《巴縣志》，卷6，〈職
　　官〉，頁25下。有關董佩笈更多生平事蹟，可見：清‧孫琬、王德茂等修，
　　李兆洛等纂，道光《武進陽湖縣合志》（清道光22年（1842）修，光緒12年
　　（1886）木活字排印本），卷22，〈人物：宦績〉，頁5下。有關明清城市商人
　　「罷市」的研究可見：劉炎，〈明末城市經濟發展下的初期市民運動〉，《歷史
　　研究》，1955,6(1955)：29-59；Tsing Yuan(袁清), "Urban Riots and
　　Disturbances," in Jonathan D. Spence and John E. Wills. Jr. eds., *From Ming to*

設立於重慶城；但這次船戶「罷市」後的半世紀左右，情況出現
轉變：不僅重慶本地「船行」被正式廢除，連通行全國的「埠
頭」制度也在重慶城被地方政府下令裁革。乾隆25年（1760）成
書的《巴縣志》編者，對廢除「船行」與「埠頭」一事有較完整
記錄，以下將對此過程稍做分析。

　　由康熙到乾隆25年之間，重慶「船行」原來主要是承擔政府
運送四川糧食到湖北等省的任務：「渝州每歲下楚米石，數十萬
計，而百貨販運，均非船莫濟，向設船行」，但因為奉命管理
「船行」的民間「埠頭」，經常從中「把持滋累」，故而被地方官
「奉文裁革」。官員強調：裁革船行與埠頭後，不但並不影響船
運，反而在航行與交易安全上，都變得比以前更好。官員對這項
制度變遷的經過與結果做了以下的比較與分析：

> 川江峽灘多，船戶有荊、宜、漢、武四幫，頭舵工惟歸州
> 為最。上下客商，各有信心，船戶世相依結，貨物銀兩，無
> 庸親押，止憑船戶交卸，十無一失，名曰主戶。若設立埠

Ch'ing: Conquest, Region, and Continuity in Seventeenth-Century China, New
Haven: Yale University Press, 1979, pp. 277-320. 楊聯陞著，段昌國譯，〈傳統
中國政府對城市商人的統制〉，收入中國思想研究委員會編，段昌國、劉紉
尼、張永堂譯，《中國思想與制度論集》，台北：聯經出版公司，1981，頁
373-402；巫仁恕，《激變良民：傳統中國城市群眾集體行動之分析》，頁
263-289；金弘吉，〈清代前期の罷市試論——その概觀と事例考察〉，《待兼
山論叢：史學篇》（大阪大學文學部），26（豐中，1992），頁21-62；桑兵，
〈論清末城鎮社會結構的變化與商民罷市〉，《近代史研究》（北京），
5(1990)：51-69。

頭，輪派先後，不由商擇，所雇者不必相識，相識者不能相遇，商人與船戶，兩不相信，而販運維艱。自埠頭革，而商貨通矣。[91]

官員所做這段論述，既強調往來重慶城「荊、宜、漢、武」船幫及其所僱用來自四川歸州「頭舵工」的高超行船技術，藉以論證民間航運市場基本上安全可靠，根本無需政府再設官方核可的航運仲介業者「埠頭」代為管控航運市場。同時，此段論述更清楚反映當時地方官員已認識到重慶航運市場中「船戶」與「客商」彼此間在託運商貨時「貨物銀兩，無庸親押，止憑船戶交卸，十無一失」的市場自發秩序。因而，乾隆年間重慶地方政府廢除「船行、埠頭」，其實正與當時撤除官船與隸官船工手水的「水驛」行政制度改革，同是信賴民間長程貨運業者船運經營能力的一種政府與市場互動趨勢。

「船行」的建立與廢除，比較是地方政府的職掌。但取消「埠頭」，則有可能違反中央政府統一頒行的全國律例規定。明清政府都有頒布〈私充牙行埠頭〉律文：「凡城市鄉村，諸色牙行，及船（之）埠頭，並選有抵業人戶充應，官給印信文簿，附寫（逐月所至）客商船戶，住貫姓名，路引字號，每月赴官查照。（其來歷引貨，若不由官選）私充者，杖六十，所得牙錢入官。官牙埠頭容隱者，笞五十，（各）革去」；康熙年間註律名家沈之奇曾經詳細註解此條律文：「凡城市集鎮，貿易物貨去處，則必有牙行。各路河港，聚泊客船去處，則必有埠頭。此二項

人，皆客商貨物憑藉以交易往來者也，有司官必選有抵業人戶充
應；彼重身家，自知顧惜，而無非分之為、誆騙之弊，即或有
之，亦有產業可以抵還，無虧折之患」。[92]清代中國大部分港口城
鎮都設有「埠頭」，但是，乾隆年間巴縣知縣卻在觀察當時重慶
「上下客商，各有信心，船戶世相依結，貨物銀兩，無庸親押，
止憑船戶交卸，十無一失」現象之後，據以呈請上級從而裁撤了
巴縣原有的「埠頭」與「船行」制度。

　　當然，若真循〈私充牙行埠頭〉法條內容進行文義解釋，則
其實中央政府也只是規定牙行與埠頭不能「私充」，並未規定全
國各地一律都要設立牙行或埠頭。況且，若按沈之奇的法條釋
義，則設立牙行與埠頭的主要用意是為便利「客商貨物憑藉以交
易往來」，並且藉令牙行、埠頭「顧惜」身家並「有產業可以抵
還」，進而保障客商交易安全。既然巴縣知縣認為裁撤埠頭並不
妨礙客商安全，則「就法論法」，恐怕也不能說巴縣知縣此舉真
的違反清律〈私充牙行埠頭〉法律規範。

　　重慶地方政府取消「埠頭」制度，應與當時民間航運業發展
有密切關係，此項制度變動也正是當時經濟發展影響行政與法律
體系的具體例證。雖然自十九世紀初年以後，隨著四川地區戰事
與動亂的加劇，政府希望借重民間船戶的運輸工具與運送能力，
開始更積極地要求船戶提供無償差役與領價和雇，官員要求各類
民間船幫或是船隊自行設置輪流充任的「會首」，從而促使「三
河船幫、五門撥船幫」等船幫團體的形成。然而，這些「會首」

92　清‧沈之奇，《大清律輯註》（清康熙54年（1715）初版，新校本），北京：
　　法律出版社，2000，頁374。

以及基於更多「行政與法律性」因素而組成的「船幫」團體，畢竟仍與過去的「船行」及「埠頭」制度有所區別；這些「船幫」團體仍有較多的自主性，其與地方政府之間，其實具有若干討價還價的能力，同時，船戶成員對此類船幫團體也仍有一定程度的利害與共關係，絕非過去「船行、埠頭」所能相比。以下將對此再做說明。

當地方政府撤廢埠頭與船行制度之後，民間船戶其實也要面對愈來愈自由發展的航運業市場，特別是在長程貨運業方面更是如此。當客商不再需要透過官設「埠頭」與船戶簽訂承運契約，則面對市場上各類可能出現的船戶攜貨捲款潛逃、船隻遭遇風浪或暗礁致使船貨損失、客商積欠託運船費、船工要求增加工資等風險，無論客商或是船戶，都要面臨更多樣、更複雜的新挑戰。有些新挑戰會得到司法體系較有效的回應，或是獲得商人團體的協調，乃至於出現商業制度上的創新，從而使市場秩序更加穩固而有效率；有些新挑戰則似乎暫時無法獲得司法體系或是經濟組織的有效回應，足以降低交易風險的各種商業與法律制度仍未形成，需要靠當事人繼續摸索。

司法體系足以回應市場秩序的例子，至少可由重慶地方政府處理以下兩種船運糾紛的事例看出來。一是船戶盜賣客貨無力賠償時，改由賣掉船戶船隻做賠償，這原先應是逐漸出現的商業習慣，後來在不少案例子中得到當時法官確認，出現一種以船戶賣船賠償客商損失的司法判決趨向。另一例子，則是若船戶遭逢意外損害客商託運船貨時，司法判例會在確定船戶無過失責任後，令客商自行承擔損失。這應是當時航運業中通行的商業習慣，此習慣也可能因為得到司法運作配合而更加穩固。

　　至於司法運作無法積極回應市場秩序的事證，則可舉船工水手向船戶或託運客商要求增加工資的案例。當時遠程航運業已出現船工水手要求增加「身工銀兩」的「程規」，並引來船戶與客商的反彈。從市場營業自由看，客商不願支付因為船工水手添價而增加的額外船資，希望另找別的船戶承運，這固然可視為市場上自由簽訂船運契約的表現；然而，官員面對這類船工水手與船戶、客商互控的案例，究竟該如何處理「程規、幫規」與市場契約之間的矛盾？在當時司法實務上似乎仍看不出有較明確的發展趨勢。

　　最後，至少到十八世紀末的乾隆晚年，清代中央政府的司法運作也出現某些影響船運糾紛解決機制的判例與法令。乾隆56年（1791）有刑部官員做成「說帖」，提及當時針對船戶與旅店業者侵害客商財貨的犯行，中央政府已經通令全國要比一般民眾侵犯他人財物的罪行援用更高刑責的法條做判決：「店家、船戶為客途所依賴」，客貨若被拐騙，則「血本罄盡，進退無門，其情節較之尋常鼠竊為可惡」。「是以，各省有因為害商旅，即照實犯〈竊盜〉律定擬者」；「若非行路客商，止係託帶銀信、寄送貨物、致被拐逃者，悉照〈拐逃〉律科斷」。[93] 拉大「尋常鼠竊」與船戶蓄意侵犯客商財貨兩種犯行之間的法律適用刑度差別，至少

93　清・祝慶祺編次、清・鮑書芸參定，《刑案匯覽》（影印清光緒12年（1886）刊本），台北：成文出版社，1968，冊3，卷17，頁1213-1214。對此問題做進一步的分析，參見：邱澎生，〈真相大白？明清刑案中的法律推理〉，收入熊秉真編《讓證據說話──中國篇》，台北：麥田出版公司，2001，頁166-171。

在十八世紀末年之前，已是通行全國的審判通例。

對於乾隆56年刑部說帖提及加重船戶、旅店業者侵犯客商財貨罪責的法令，究竟在全國範圍內有多少實際執行成效，我們仍可提出懷疑；但筆者在此要再次回到前文提及有關「制度性事實」的觀察角度：政府據以區別船戶、旅店業者何以比一般人侵犯他人財物的「尋常鼠竊」行徑更加「可惡」，以及司法官員以遭受財物損失的受害人是否為「行路客商」來判別法條適用較重的〈竊盜〉律或是較輕的〈拐逃〉律，這些攸關「法律論證」的具體理由，皆實存於當時具體的「店家、船戶為客途所依賴」故而更加不可「為害商旅」的事實認定之中，因而使得這些法律論證成為一種制度性的存在。由乾隆56年刑部官員說帖所反映的上述「制度性事實」出發，更可顯示1760年代重慶官員根據「上下客商，各有信心，船戶世相依結，貨物銀兩，無庸親押，止憑船戶交卸」理由從而廢除當地「船行、埠頭」的制度變革，正是反映長程貿易與全國市場擴張對當時法律規範的具體衝擊。事後看來，這個衝擊在中央政府是以乾隆56年刑部說帖的方式呈顯出來，而在重慶地方政府，則是表現於官員甚有信心地廢除船行、埠頭制度。

由重慶城船運糾紛解決機制所引伸出來的第二項制度變遷課題，則是在十八、十九世紀重慶地方政府審理各項船運糾紛時，「船幫」與所謂「八省會館」等民間社團組織如何在調解與審判過程中發揮集體力量？

前文已提及，往來重慶城許多不同名稱的船幫，其於政府公文書上出現的時間，要比「會館」來得晚。就目前資料看來，重慶船幫業者並未於重慶城設置擁有或長期使用某棟專屬建築物的

「會館」。[94]儘管重慶船幫的存在時間更早，但船幫名稱正式出現在政府公文書中，主要仍於十九世紀初年的嘉慶年間，且其明言成立船幫的目標是共同合作向地方政府承接「和雇」或是應付「差役」。

　　嘉慶初年的白蓮教起事，對重慶城航運業帶來重大衝擊。影響所及，使得重慶地方政府在「和雇」民間船隻之外，愈來愈依賴船戶所提供無償船運服務的「差役」。無論是長程貨運、短程貨運或是短程客運業船戶，都受到這個地方政府增加船運「差役」需求的衝擊，這也正是嘉慶初年設立「三河船幫」與「五門撥船幫」的主要原因。無論是「三河船幫」或「五門撥船幫」，船戶成立這些船幫的主要目的，即是藉以共同協商如何公平有效地承接政府支付船價的「和雇、平雇」或是共同提供無償的「差役」。要特別注意的是：這些船幫的設立，並非政府官員直接下命令強制組成，而是透過那些在重慶城長期經營貿易的知名「八省客長」，經過協調眾多船戶後所形成的團體組織。儘管船戶在政府和雇支付船運服務之外，確實仍提供不少無償差役；但是這些差役的負擔方式，卻是要船戶自行討論與公同議決，而不再是

---

94 在重慶府東鄰綏定府的達縣，至少在嘉慶11年（1806）以前，當地即已有做為「客、船兩幫公所」的「水府宮」（《達縣志》，卷10，〈禮俗門：廟祠〉，頁25）。重慶是否也有船戶業者公建的專屬建築物？暫不可考。但在約道光28年（1848），「渠河船幫」水手們已開始募款抽捐設立「棲流所」，其籌建似乎是在「備作船夫生病死葬之需」的福利因素外，還有藉以排除其他水手進入工作之目的：「不許船戶招留閒耍橈夫，以及來歷不明之人，以免遺累」（《清代乾嘉道巴縣檔案選編》上冊，頁419），這主要仍可視為船戶希望維持僱用水手自由，而既有水手團體則協議保障自身工作機會之間的經濟衝突。

過去政府強迫編入冊籍輪流朋充的「里甲」或是「編審團行」制
度。

　　與其讓官吏或無賴惡棍任意需索造成更大的損失，不如聯合
起來，制訂船戶業者可以共同承受的船運「規則」，筆者以為這
是十九世紀以後重慶船戶與其他工商業者共同的基本心態，同時
也正是船戶在八省客長協調下願意成立「三河船幫」與「五門撥
船幫」的主要原因。嘉慶8年（1803）四月初一日巴縣知縣刊出
一份告示，即謂：「船戶應差，各有分別。藉端需索，查究宜
嚴」。這份告示起因於船戶李必賢等人控告劉文興「藉封船隻裝
載軍米為由，每過大、小兩河船隻抵渝，任意勒索，殊屬膽
玩」，巴縣知縣明令保護船戶不受「不法差役」的「藉公勒索」，
除「將（劉）文興責懲枷號」外，也同時提及：「大河及下河差
務，仍歸大河、下河船戶承辦」，「該船戶人等亦不得私賄隱匿，
違抗差務」。[95]「不法差役」對船戶的危害，道光25年（1845）一
份「小河幫」船戶呈遞稟狀寫得更傳神：「渝城船幫靠岸，每遇
大小差徭，毫無章程，紛紛封船。無論客幫已雇、未雇，上載、
未上，藉索難堪，釀禍不息，客商、船幫，受累無底」。為解決
此弊端，「小河四幫船戶會首稟請：凡遇迎接各大憲以及軍務大
差，自甘雇船備船當差。其餘一切雜差，仍前平雇。庶船戶累
輕，商民永安」。[96]所謂的「封船」之害，即是「不法差役」的極
端表現。因而，船戶選擇以「船戶應差，各有分別」的船幫「應
差」方式，要求除高官（「大憲」）過境或是「軍務大差」之外，

---

95 《清代乾嘉道巴縣檔案選編》上冊，頁402。

96 《清代乾嘉道巴縣檔案選編》上冊，頁416。

「其餘一切雜差」都應要由官府出價「平雇」，藉此換取官府保障
業者不受「不法差役」的「藉公勒索」乃至「封船」的危害，這
正是當時重慶船幫「應差」制度的真相。在十九世紀以後四川政
治與社會局勢日趨動盪的情勢下，「應差」制度應是民間業者的
次佳選擇（the second best）。[97]

　　為使「應差」制度能夠順利運作，船幫都設「會首」。會首
主要工作之一，即是向船幫成員收取公同積金，以應付政府無償
「差役」或是未能按期給價的「和雇、平雇」。嘉慶11年（1806）
四月承擔「大河幫」會首的楊大順等人即說及此中運作概況：
「蟻等自設立船幫以來，不過平常收取厘金，幫給輪流（中缺三
字）戶費用，致大差時，停收厘金，庶船戶苦樂得均」。如何才

---

97 當時重慶不同行業團體組織所承接的政府「差役」，也有各自不同的「次佳
　選擇」。可再以重慶城牙行為例。有論者曾謂：肇因雍正年間的稅制改革，
　導致地方政府需「藉牙行的供奉來填補自主財源的損失」，因而要重新重視
　「牙行與政府間的關係」，不能只強調牙行與商人間的經濟仲介功能（劉錚
　雲，〈官給私帖與牙行應差——關於清代牙行的幾點觀察〉，《故宮學術季
　刊》，21,2(2003)：107-123），此固然亦有所見，但要留意此種「應差」制
　度，仍與舊日里甲「徭役」制度有別，讀者不宜一概歸為同類。如道光13年
　（1833）重慶「酒行」業者向巴縣聲明自己「供應（巴縣）恩轄、（江北廳）
　理民（督捕同知）兩署差務」的同時，即建請官員於巴縣與江北廳一體示
　禁，不准運酒商人再向其他未領牙帖的非法牙行業者做買賣：「出示曉諭，
　俾運酒之人得以周知投行發賣，不致牙行虛設，課稅有賴」（《清代乾嘉道巴
　縣檔案選編》上冊，頁384）。這是以「應差」要求政府加強保障合法牙行權
　益的做法，與純粹義務的里甲「徭役」有所不同。至於蘇州、上海等地自明
　末至乾隆初年的地方官廢止鋪戶與牙行無償差役（「禁革當官」）的過程，至
　少可以參見以下一篇近著：山本進，《明清時代の商人と國家》，東京：研文
　出版，2002，頁208-211。

能讓船幫船戶「苦樂得均」？這經常要靠會首的人品正直以及本人擁有一定的財力。如嘉慶11年六月「南紀、金紫、儲奇三門柴船幫」船戶即聯名抗議「不藝不業、賭博為生之陳世宦」充當會首，他們希望公推前會首廖朝臣的兒子廖洪忠繼任，其理由不僅是廖洪忠「忠實老誠，兼伊父在日，隨同辦差頗熟」，也在於「船幫人多事繁，非正直不能為首」。成員公推，應是當時出任船幫「會首」的重要條件。至於財力，則更是會首的必要條件，因為當船幫成員無法按時繳納捐款或是有突發的軍事或政治重大事件時，「會首暫行借墊」款項，既是常態，也是嘉慶9年明文開載在所謂〈八省局紳公議大河幫差務條規〉的文字。[98]

　　船戶組成「三河船幫」、「五門撥船幫」這些船幫團體後，成員即可透過自願抽捐成立的各項共同基金，以共同應付政府遲付、少付甚至不付運價的營業危機。然而，在維持自願抽捐以應付和雇與差役問題的過程中，「三河船幫」等長程貨運業者似乎不太出現試圖壟斷市場的聯合行為，而「五門撥船幫」則在許多船運糾紛中展現出假借應承差役而試圖壟斷碼頭營業權的高度企圖心，並在政府官員多次判決中，得到一定的合法性，甚而演化成「撥船生意出賣文約」與撥船「三十二股生意」的市場營業權「股份化」現象，讓分割、頂讓、承接撥船生意變得更加靈活，形成一種船幫「幫規」與市場契約相互融合的特殊商業制度。

　　撥船幫劃分彼此經營地盤的合法性愈來愈得到政府認可，連帶地，業者內部共同議定的「幫規」便被賦予更大的安定性，甚而融入民間買賣契約中，從而產生那種太平門碼頭「撥船生意買

98　參見：《清代乾嘉道巴縣檔案選編》上冊，頁405、404。

賣文約」及千廝門碼頭「三十二股生易」的商業制度，究其實，這既可謂是一種幫規「契約化」，也可說是契約「幫規化」的過程。總體看來，若無地方政府司法運作上的承認，便會增加這種幫規與契約彼此轉換融合上的困難度，從這個角度看，撥船業中這種以「股份」從事經營權分割、頂讓的市場秩序，當然是奠基在當時的法律規範上。

然而，也要留意以下事實：「三河船幫」經營的長程貨運業市場規模，遠比「五門撥船幫」來得龐大。因而，重慶城航運市場中的營業壟斷現象，基本上並不發生在長程貨運業，這使官府支持碼頭營業壟斷權的影響，基本上只限於短程貨運與短程客運這些特定範圍內的航運市場，經濟產值有限，不能過度誇大船幫壟斷對航運業市場發展帶來的不利影響。

至於船幫與「八省會館」在調解船運糾紛中的角色，也需再做說明。十九世紀以後重慶地方政府依賴船幫協調船戶「應差」與「和雇、平雇」等事務，而在船幫協商應差事務的同時，「八省客民」也奉地方官命令，參與制訂船幫的「差費條規」：「查路之遠近，船之大小，裝載（原缺二字）足之多寡，公同酌議，按規每次照船收取」。[99]除了協調應差事務外，船幫與「八省會館」一樣，也會介入船運業者間的私下協商。在重慶，這種業者彼此間的協商過程，也常稱為「講理」。如前引道光12年六月儲奇門碼頭撥船戶李順彩等人控告太平門撥船碼頭鄧萬海、鄧永林訟案，即有「經憑五門撥船，講理眾剖，嗣後，仍照舊規，接票裝撥，無票不得強爭」的紀錄。而如道光14年三月的湖南船戶劉長

泰控告客商陳永春案，在向巴縣衙門提起告訴之前，劉長泰即先
請「船幫會首鄧宇盛、左明友」等人，先找陳永春「照單割算」
所積欠未還的船資「三十九千六百文」，但因為理論無效，雙方
互毆，原告「皮破血流」，因而提出告訴。[100]

　　船幫會首主要是協調船戶間的糾紛，至於「八省客民」則更
是廣泛介入包含船運業在內的重慶城各行業商業訴訟，而且似乎
經常以重慶府城隍廟做為兩造「講理」與協商的場所。[101]如乾隆
56年（1791）三月二十三日江西商人余均義控告開設銅鉛鋪的江
西商人劉廷選一案，巴縣知縣於三月三十日第一次開庭審理，即
因雙方各執一詞，只能先暫時裁定「准訴，候訊」，展開調查與
協商工作。四月三十日，原告第二次提出控狀，巴縣知縣乃即於
五月三日下令「仰合夥行中、客長、行鄰秉公查覆」案情。五月
六日，原告余均義邀請「客民」田文燦等人到「府廟」確查相關
事證；大約隔天，被告劉廷選也請「客民」田文燦等人到「府
廟」說明案情；五月十一日，則由「客民」邀請原、被告雙方
「仍在府廟理論」，雙方都拿出合同契約，並且各執一詞，難辨真
假，「客民」只得呈覆官府：原、被告雙方「兩相執拗，民等民
難治民，不敢徇延，理合據實繳委」。同年六月，巴縣知縣再次
開庭訊問口供與證詞，並做成判決。[102]「民難治民」，具體說出
「八省客長」介入糾紛調解並非總能順利成功的真實情境。

100《清代乾嘉道巴縣檔案選編》上冊，頁423。

101 地方志編者也記載重慶城隍廟做為展演「冥訴」的重要場所：「今俗有不得
　　直於官府，焚冤狀於城隍前，曰冥訴」（民國《巴縣志》，卷5，〈禮俗：風
　　俗〉，頁55下。

102「清代巴縣縣署檔案微卷」，乾隆朝，6：1857。

　　再如道光26年（1846）二月間，重慶城絲織業「機房」老板
汪正興等人控告機房匠師熊立富等人，起因主要有二：一是這些
絲業匠師不滿原先制訂的工資發放標準：「每公一千，合銀六錢
六分，定為錢價，以給工資，日後錢價無論高低，亦照合算，永
定章程」；二是原先規定「城內織匠不願幫工，隨從各機房另外
雇請」，也直接威脅織匠的生計。巴縣知縣批示「仰八省客長妥
議章程」，因而勞僱雙方即於二月二十日在「府廟」（府城隍廟）
展開協商。但雙方終仍不歡而散，織匠「熊立富們不聽八省（客
長）酌議稟復」，回至自己的「土主廟」集會，並聚集一群織匠
「聚眾滋事」，毆傷幾位機房老板。該案仍繼續於巴縣衙門審
理。[103]這也是一次「八省客長」無法成功調停糾紛的例子。

　　儘管「八省客長」不一定能成功調停糾紛，但十八、十九世
紀重慶地方司法官員確實較常命令八省客長協調糾紛與調查案
情，這種公開借重民間團體協助解決司法案件的情形，在同時期
的蘇州城商業糾紛案例中則極難得見。[104]這可能要歸因於重慶這
座「河港移民型城市」的特殊性，眾多外省移民在此城市中經商
並定居，許多行業中可能有超過一半以上的業者都是外來移民。
在此特殊情境下，官員希望借助移民間既有的人際關係，來協助
調查案情與弭平爭議，應是很可理解的選擇。只是，隨著移民經
商人數的增加，八省客長也愈來愈難透過私人間的信任關係來解
決爭端，嘉慶6年（1801）六月二十四日的〈八省客長稟狀〉對

103《清代乾嘉道巴縣檔案選編》上冊，頁249-250。
104 清代前期蘇州城商業糾紛案例，參見：邱澎生，〈由蘇州經商衝突事件看清
　　代前期的官商關係〉，《文史哲學報》，43（1995）：37-92。

此情形即說得相當具體：「民等雖屬同省，俱係別府別縣之人，大半素不相識，未能詳晰周知」，[105]更可說明重慶城內「八省客長」調解商業糾紛的能力有其限度。

　　綜合看來，官府並未賦予「八省客長」任何正式的法律權力，只是將調查案情證據與協調爭議的工作，「非正式地」委託八省客長；至於原、被告雙方是否服從協調，主要是靠八省客長的個人威望，以及涉及當事人利益的嚴重性如何來決定，八省客長從來沒有獲得任何法定的商務仲裁能力。所謂的「民難治民」，正是八省客長介入商業糾紛事件過程的寫照。但若將八省客民廣泛參與協調重慶城商業糾紛，以及船幫介入協商「和雇、差役」事務的事實看，這卻可證明發生於十八、十九世紀重慶城的一種制度變遷，這些團體組織的存在與作用，使得地方政府與民間商人之間多了一些有益加強彼此連繫的管道。

　　第三項由船運糾紛引伸出來而與制度變遷有關的議題，則是「法律多元」（legal pluralism）現象在清代中國的持續發展。在當時一些經濟發達城鎮中，隨著官員經常處理各類商業糾紛，當地法庭已開始累積更多處理工商業事務訟案的司法實務經驗；隨著時間演進，有些司法實務經驗在當地社會穩固地上升為可與《大清律例》並行不悖的法律規範，乃使那些在經濟發達城鎮中負責審理案件的法官，比較容易在司法審判過程中更有彈性地選取適合個別案件的「核心價值觀」。在這些城鎮中，商業訟案也更有機會超越「州縣自理刑案」層級，進而上升為府級以上官員承審的重大案件；所謂「錢債」案件一般多屬「州縣自理刑案」的說

105《清代乾嘉道巴縣檔案選編》上冊，頁253。

法，其實並不適用於這些經濟發達城鎮中商業訟案的實際審理情形。以下將對此種「法律多元」現象做些說明。[106]

在前述有關「五門撥船幫」的案例中，巴縣知縣以提供差役而判決允許撥船業船幫獨占碼頭經營，其實可能已違反大清律例〈把持行市〉條律文的相關規定：「凡買賣諸物，兩不和同，而把持行市，專取其利，及販鬻之徒，通同牙行，共為奸計，賣（己之）物以賤為貴，買（人之）物以貴為賤者，杖八十」。[107]當撥船戶在訴狀上說：「渝城五門撥船，歷有舊規，撥運客貨，以客發票為憑，接票撥送。未接發票，不持強霸爭，章程久定，並無紊亂」，這樣的「接票撥送」算不算〈把持行市〉條律文處罰的「把持行市，專取其利」？這樣的撥船幫「舊規」是否違反法律？本來都是可討論的爭點。然而，在撥船業訟案中，無論是原告、被告，參與調解的中間人，或是承審法官，基本上都沒人提起這條律例，即使有前述道光28年（1848）九月李裕泰稟狀中指控被

---

106 儘管不同派別學者對「法律多元」（legal pluralism）一詞可有不同的理解與界定，但自十九世紀歐陸「歷史法學派」以來，則此詞語的基本含義意指對待「法律」的一種反「實證主義法學」（positive law）的觀察與研究傾向，強調不該以政府制訂的法律條文或是司法人員的審判推理為探究法律現象的主要路徑，並主張：法律體系運作背後的經濟基礎、認知模式乃至政治勢力，都是探究整體法律現象時應注意的重要事實。參見：Warwick Tie, *Legal Pluralism: Toward a Multicultural Conception of Law*, Aldershot: Ashgate Publishing Company, 1999, pp. 47-57.

107 清・沈之奇，《大清律輯註》，頁376。有關明清時代〈把持行市〉律例內容的演變，參見：邱澎生，〈由市廛律例演變看明清政府對市場的法律規範〉，收入國立台灣大學歷史系編《史學：傳承與變遷學術研討會論文集》，台北：國立台灣大學歷史系，1998，頁291-333。

告船戶黃化成「把持，逞凶辱罵，眾忿難平」，但是，這個特例也絲毫未見及當事人、調解人與法官的注意。這與重慶城其他行業訟案經常指控人「詭行霸市、心懷壟斷獨登、恃強濫規」或是「霸占獨行，違例控害」，[108]兩者的審理情境與所援用的法律修辭其實頗不相同。

　　何以撥船戶訟案當事人請人代寫狀詞時不與其他業者一樣經常援用〈把持行市〉律例中的關鍵字？值得再做考察；然而，也許當事人都不太希望承審法官真的援引這條法律，這也會是一項重要因素。更有趣的是，官員自己在面對不同訟案時也有不同的推理方式，在面對個案可能適用規範性質有所不同的多種不同法律條文時，承審法官可有不同的考量與抉擇。如當巴縣知縣在嘉慶16年（1811）頒示一份處理重慶城腳夫搶占碼頭搬運生意的公文中，即提及一個論點：「散夫輪流次第各背各貨，自有一定之規，以專責成而免爭競」，[109]法官在這裡支持的是所謂「以專責成而免爭競」的論點，採取了一種擔心過度競爭反而引發市場交易秩序混亂的核心價值觀，這種考量與抉擇方式，正好有別於〈把持行市〉條例處罰「專取其利」經濟行為背後所採行的核心價值觀：聯合壟斷會破壞市場自由交易，因而該予以禁止與懲處。

　　承審法官面對這類民事或經濟案件時，究竟如何抉擇不同的核心價值觀？有學者綜合清代法官判決「找價回贖」與「典妻」的許多案例，指出當時不少法官的基本立場是：「與其說是依據所定之法來判定可否，不如說是在對弱者的關照和對惡者的懲罰

108《清代乾嘉道巴縣檔案選編》上冊，頁239、240、251。

109《清代乾嘉道巴縣檔案選編》下冊，頁3。

兩極之間，探尋避免紛爭最適當的點」，「實際上，府、縣層級在處理每一件紛爭案件時，通常都會考慮當事者的感情和經濟情況，而不拘泥由律法來解決」。[110]巴縣官員支持撥船業壟斷經營碼頭裝卸貨物權的幫規，但不一定支持其他行業業者的類似要求，其中確實有更多元的考量標準，有專人負擔差役，這固然不是太堂皇的法律理由，但是，若讓重慶港碼頭上撥船業真能夠「以專責成而免爭競」，則未始不是碼頭上等待裝卸商貨眾多商人的期待。

　　如何更整體地理解清代法官判決個案時的「核心價值觀」？這其實不是中國法制史學界常稱引的「情、理、法」原則即能概括清楚。只以船運糾紛而論，防止競爭、支持壟斷，抑或是支持競爭、禁止壟斷，表面上看是兩種不同考量，但在實際運作上，兩者都是法官判決時可能抉擇選取的「核心價值觀」。然則，這些同時並存於當時司法體系內的多元價值觀，究竟何者屬於「情、理」範疇？何者屬於「法」的範疇？這仍是個不易斷定的問題。

　　做為一座河港移民型城市，重慶城外來客商之間經常出現各類商業糾紛，也使巴縣法庭常要處理這類訟案，連帶促成某些法官對自己處理商業訴訟的能力頗具自信。如乾隆47年（1782）巴縣知縣批覆江西客商蕭瑞宇控訴住宿「萬盛站房」時「將錢與錢鋪掉銀」而為「豫盛錢鋪」王元祚所騙，巴縣知縣即批示：「渝

110　岸本美緒，〈妻可賣否？明清時代的賣妻、典妻習俗〉、李季樺譯，收入陳秋坤主編，《契約文書與社會生活》，台北：中央研究院台灣史研究所籌備處，2001，頁256。

城為水陸通衢，以現錢兌現銀，立時可得，何致受人愚弄也！且
爾貿易多年，經紀出身，銀錢交易，何必假手他人⋯⋯顯因索欠
不遂，捏詞聳控耳」，[111] 意思是根本便懷疑原告只是因為追索欠債
不成而「捏詞聳控」，只是希望用較嚴重罪名控訴被告以要求還
錢而已。這位縣級法官對自己理解重慶經商環境的自信，真是躍
然紙上。在重慶這類商業發達而商人眾多的城鎮裡，要說地方官
仍對商業訴訟不聞不問，那恐怕才是令人無法想像的事。將重慶
這類經常發生商業訴訟的城鎮法庭，等同於其他工商業較不發達
的縣級法庭進行司法審判的方式，其實是不合時宜的。

　　除了核心價值觀的選擇可以更加多元之外，包含船運糾紛在
內的許多重慶城商業訴訟，有時也可上升到知縣以上承審法官的
訟案，並非只停留於做為由州縣官員自行審理決斷的「細事」案
件層級而已。

　　嘉慶10年（1805），兩名來自江蘇、浙江的商人宋萬茂與章
三昌，向四川按察使提呈狀詞，指控張堯等船戶趁嘉慶6年
（1801）五月承運他們託交磁器雜貨的船行途中，私自「出賣與
顧自俊、王元清等，計實本銀一千六百餘兩」；原告商人雖已發
現船戶盜賣的犯行，並且獲得銅梁、合川、巴縣等三縣衙門判決
船戶被告的犯罪事實：「拿獲夥犯等，屢審供認盜賣，均已確鑿
有據」，但是，由嘉慶6年到10年之間，巴縣知縣卻未積極協助
原告追討賠償款項。原告的兩位江浙商人認為，這其中主因即
是：「顧自俊、王元清等，家道巨富，自恃監貢，出入衙門，串
同蠹役、矜棍午弄，蒙蔽巴主」，原告向按察使直指巴縣知縣：

111　四川檔案館編，《清代巴縣檔案匯編：乾隆卷》，頁336。

「被蠹朦蔽，迄今五載，並未嚴追給領」，並在強調自身處境可憐的同時，也哀訴自己追討欠債的決心：「蟻等控累多年，血本無著，命難聊生，斷不灰心」。四川按察使接受呈詞並初步調查屬實後，立即發文要求重慶知府嚴查此案：「迄今四載，並未審詳，似此泄泄不職，大屬非事」。嘉慶10年七月七日，重慶府乃札文巴縣：「即將宋萬茂等上控顧自俊等案內一干有名人證，限三日內差喚到案，並檢齊卷宗封固其文，專差協同來役□□府以憑訊詳。毋再回護遲延，致干咎尤」。[112]這是重慶知府在按察使施加壓力下，對巴縣知縣發出很不留情面的公文。

　　限於史料，筆者仍未能知曉此案的最後審理結果。但是，由江浙商人將船戶盜賣託運商貨案件「上控」到按察使司，可見到這種屬於「錢債」糾紛的船運訟案，也有機會發展成為超越州縣官員即能審結的「自理刑案」層級，而成為呈送四川按察使審理的「上控」，這正可以證明當時有些錢債糾紛絕非總是停留在司法案件層級中的「細事」而已。特別是像重慶府巴縣這類經常發生各類船運糾紛的港口型城市，無論是巴縣知縣、重慶知府乃至省級的四川按察使等地方司法官員，他們在實際審理各類船運訟案的過程中，恐怕早已不將此類商業訟案簡單地視為是州縣層級即可審斷完畢的「細事」，不能一概因為案件屬於「錢債」性質即認定其不受較高層級地方官員的重視。

　　商業訟案經常涉及民間各種契約的實質內容，因而，法官如

112《清代乾嘉道巴縣檔案選編》上冊，頁420。據文意，這份重慶府札文應是發布於嘉慶十年七月七日，不該是《清代乾嘉道巴縣檔案選編》編者所加的「嘉慶二十年七月七日」。

何取得並判別各類書面或口頭契約、賬冊與字據等文書證據的有
效性？在商業訟案中便需要更加講究。如前引乾隆56年（1791）
三月江西商人余均義控告該鋪昔日夥友劉廷選案件，經過八省客
民調解無功而返，最後讓巴縣知縣做成原告勝訴判決的，即是在
雙方羅列相關賬本與合約之外，被告另外提供了一封由原告雇主
姜宣才寫於乾隆41年（1776）的私人信件抄本。這封信件主旨是
姜宣才開革當時在銅鉛行任職夥友的余均義，信件大意是指責余
氏「一出一入，總是乘轎」、「自尊自大」等驕奢行徑，姜氏強調
自己對待余氏「寬而且厚」，並提及余氏「此兩年可謂大發，支
銀者，非數千兩，即數百兩，且又多加爾俸四百兩」。[113]這封信具
體證明原告身分其實真的只是領取俸金的「夥友」，並非原告宣
稱的是這家銅鉛行的「合夥人」。此案雙方以各種文書證據鋪陳
在巴縣法庭，而巴縣知縣開庭之速捷與調查各項證據之細心，也
都清晰可見。

　　我們不妨再將如何調查商業文書證據的場景拉開到重慶城之
外。十九世紀中葉，穆翰於所著《明刑管見錄》的〈審案總論〉
上，針對審理案件時各類相關的書面與口頭證據，做了清楚羅列
與重點提示：「凡審理案件，查看卷宗，新卷無多，不難於閱
看，若舊卷頭緒紛繁，一時何能記憶清楚，最要緊者」；「如戶婚
田土案之文契、身契、婚書。錢債案之合同、老賬、退約、借券
等（原註：萬金老帳、日用流水鈔、鈔契，均須逐細查對）。因
何兩造尚未輸服之原委（原註：或因要證未到，或因尚須覆勘之
處，務要記清），將諸緊要之處，熟記於心，然後將一干人證先

113「清代巴縣縣署檔案微卷」，乾隆朝，6：1857。

訊一堂，須和容悅色，任其供吐，不必威嚇駁詰」。在審理完戶婚、田土、錢債等案件之後，則要妥善處理兩造「所呈出契據，應發還者（原註：用硃筆在契空處劃一記號），當堂發還，取具領狀附卷，以免書差勒索領費。如應存查者，亦於堂單內註明，即粘運堂單之後，以免遺失（原註：如錢票、銀票，即飭役同本人至鋪對明，示以因訟存案，以防案未結而關閉。對明後，其錢若干、票幾張，用紙包好，硃筆畫封，粘於堂單之後」。[114] 面對商業訟案，像穆翰這類承審法官，也顯得極為仔細，基本上不因「細事」與「重案」不同而有粗略、仔細態度之別。

　　清代是否甚少穆翰這類法官？筆者以為，這類問題實不宜草率做成肯定或否定的泛泛之論。在出現更多相關證據前，此處想強調的是：在審理民間田土、錢債或是商業爭訟等「細事」案件時，像穆翰這類態度依然嚴肅而且仔細的法官，在當時確實存在於清代司法體系裡，我們不能粗率斷定其為「特例」而不予重視。在〈審案總論〉中，穆翰具體闡述了商業訴訟中各項契約、賬冊、錢票、銀票等文書證據的重要性，這是他任官時實際操作的審案經驗與技巧，並非徒託空言而不見諸行事。然則，清代各地法官審理商業訴訟的實際方式究竟為何？到底有多少商業訟案可不受限「州縣自理」層級而「上控」至府級、省級的地方司法衙門？這些問題仍可再做更多考察。

---

114 清・穆翰，《明刑管見錄》（清道光 27 年（1847）刊本，收入清・萬元熙編，《臨民要略》，影印清光緒 7 年（1881）序刊本，收入《叢書集成續編》，上海：上海書店，1994），〈審案總論〉，頁 1。

小結

隨著十六到十九世紀明清全國市場的長期發展，重慶城這類以商業貿易著稱的城鎮也愈來愈多。如何更妥善地處理本地工商業者間因應經濟秩序變動而不斷翻陳出新的各種契約與「幫規」？這是當時許多法官審理訟案乃至於國家修訂法令時所必須面對的挑戰。

十八、十九世紀重慶船運業者遇到各類商業經營與勞僱糾紛時，經常尋求地方衙門的調處或審理。而於審理過程中，地方官也常要求各種「船幫」或是「八省會館」等社團組織介入調解。無論是民間團體的居中調解，或是政府官員的直接審理，這些包含航運契約、債務糾紛與勞僱爭議在內的各種商業問題，都直接或間接地衝擊當時既有司法體系所賴以運作的法律核心價值觀或是意識形態。當官員在既有法律體系與意識形態框架下對商業爭端進行調處或審理時，既有的法律規範也便因此進行微調，從而加速當時市場秩序的變動，最終並形成某種「制度變遷」。

已有學者指出：當明清時代中國商人於本國內地，西北、西南、東北邊區乃至東南亞等海外地區從事商業活動時，包含合夥、股份等不同形態的契約行為，便不斷地傳遞與演化。[115] 而當時在中國參與簽訂各項契約的民眾，他們在「想像、創造、維持與終結（各類契約中的）交換關係」時，究竟如何受到當時既有各類「團體規範」（group norms）的影響與形塑？會是很有意義

---

115 Madeleine Zelin, Jonathan K. Ocko, and Robert Gardella, "Introduction," in *Contract and Property in Early Modern China*, pp. 2-3.

的課題。學者建議不再採取偏重法官與法學家如何建構「契約法」這類所謂「法學中心論者」（legal centralists）所關心的議題，改採團體規範與「契約行為」互動的研究取徑，可能會更有啟發性。[116]筆者對此研究轉向也深有同感，但是，在討論包含契約行為在內的明清商業法律課題時，如何兼顧「法學、法律推理邏輯」以及團體規範的互動？這仍是富有挑戰性的課題；以本章討論清代中期重慶城船運糾紛解決機制而論，包含「幫規」在內的團體規範如何形成與運作固然很重要；但重慶地方官審理案件時，面對既有「國法」範圍內的一些可能內容有別的「法律核心價值」，究竟如何抉擇並做成具體的裁量？這也確實是關鍵課題。

---

116 Jonathan K. Ocko, "The Missing Metaphor: Applying Western Legal Scholarship to the Study of Contract and Property in Early Modern China," in *Contract and Property in Early Modern China,* p. 197.

第六章

十九世紀前期重慶城的
債務與合夥訴訟

　　位處四川東部的重慶，原本即具有總匯長江上游眾多水路幹道與支流的優越水文條件，在宋代全國商品經濟發展過程中，重慶雖遠比不上成都在四川省內的重要性，但仍逐步成為重要商貿城市，許多源出四川本省及雲南、貴州等地貨物，在當時都經重慶轉口販運。到了明代中期之後，特別是隨著十六至十九世紀中國全國市場規模以及內河與沿海航運路線的日形擴大，長江上游地區更大程度地被長程貿易網絡所捲入，輸出與輸入商品的種類與數量都有更多增長，從而也使重慶的商貿中心地位日漸顯著。

　　由長江中、下游運入四川的磁器、棉花、棉布，自四川出口銷售的稻米、井鹽、木材、山貨（包括皮革、桐油、白蠟、木耳、竹筍）、藥材、染料（靛青、紅花），以及借道四川向外販售的雲南「滇銅」、貴州「黔鉛」，都加速了重慶成為四川全省商品輸出入中心的經濟地位，這個趨勢在十八世紀後半到十九世紀前

期變得更加顯著，不僅讓重慶成為長江上游與西南地區最大的商品流通中心，也愈來愈挑戰成都做為全省經濟中心的地位，致使四川商業重心由原本省境西部轉移到省境東部。[1]

　　重慶城在十八、十九世紀之交發展成為長江上游最重要的商業中心，其原因主要有二。一是重慶城地當嘉陵江與長江交滙處的水文優勢，兩江交匯為重慶帶來豐厚水量，使重慶城以下的長江水段得以行駛載運量更大的船隻，連帶使得重慶城發展為四川全境貨物最大的轉運集散港。到了十八世紀後半的乾隆年間，不僅陝西、雲南、貴州以重慶城為交通轉運站，長江中下游的湖北、江蘇，乃至浙江、福建、兩廣都是重慶城可以水運通連的區域。

　　致使重慶城成為長江上游商業重心的第二個主要原因，則可歸諸清政府用心整治長江上游水路。至少自十八世紀前期的乾隆初年開始，清政府即著力整治包含金沙江在內的長江上游航道，許多駐轄雲南、四川的地方官員紛紛投入此項水利交通事業，尤其是雲南巡撫張允隨（約1693-1751）自乾隆5年至13年間（1740-1748）的積極任事與統合協調，使得金沙江能更安全穩妥地行船運貨，從而幾乎打通了整段長江上游航道。[2]這項長期投入人力與

1　林成西，〈清代乾嘉之際四川商業重心的東移〉，《清史研究》，1994,3（1994）：62-69。但也有學者認為重慶在四川的首要經濟地位其實出現較晚，在十九世紀下半葉之前，成都仍是四川的「中心都市」，而重慶只是「區域都市」（王笛，《跨出封閉的世界——長江上游區域社會研究，1644-1911》，北京：中華書局，1993，頁263）。

2　羅傳棟主編，《長江航運史（古代部分）》，北京：人民交通出版社，1991，頁86-91。

物力的水運整治工作，奠定了四川乃至雲南、貴州等省物產可以大量而且快速進入長江水路的基礎。這項政治因素也連帶讓重慶城既有的優越水文位置可以更加發揮其經濟功能。結合水文優勢與水運整治這兩項因素來看，重慶城的興起實可謂是十八、十九世紀之間發生的一個經濟與政治相輔相成的歷史進程。

　　本章以「巴縣檔案」收錄清代乾隆、嘉慶年間幾件商業訴訟檔案為基礎，分析十八世紀末、十九世紀初在重慶這個當時中國長江上游地區最重要的水運商業城市裡，一旦發生商業方面的債務與合夥糾紛時，商人彼此間的衝突、對抗與協商究竟如何反映在司法運作的程序上？地方官員受理商業訴訟時，又是如何借助重慶城內商人團體的力量來處理商業契約、賬冊與書信等「證據」問題？同時，重慶商人團體當時協助官員進行調查與調解商業證據的這一現象，如何能夠藉以論證清代中國社會團體「公共性」的相關議題？筆者也將一併做些討論。

第一節　重慶城的經濟與社會

　　筆者所欲分析的重慶城，同時包括了重慶府治所在的巴縣縣城、嘉陵江南岸的巴縣縣城城郊地帶，以及嘉陵江北岸屬於「江北鎮」（後稱「江北廳」）的部分地區。以清代地方行政區劃而論，重慶城的主體實為巴縣縣城，但因為重慶府署位於其所管轄巴縣的縣城內，故也可泛稱為重慶城。然而，以城市經濟功能而論，則重慶城範圍並不限於巴縣縣城，而是應以巴縣縣城為主，再加上嘉陵江北岸的「江北廳」城廂地區，結合這三個區域，才是較具完整意義的重慶城。

　　巴縣城鄉全境轄區面積大約東西寬245里、南北長270里，[3]位居其中的巴縣縣城面積不大：清代城牆是「高十丈」，而四周長度則為「十二里六分」，約計2,268丈；[4]這是一座築有不規則四方形城牆的城市，有學者估計清代巴縣縣城「東西約4公里，由南至北約1.5公里」，城牆圍合面積則約為2.41平方公里。[5]以地理形勢看，巴縣城位於一座有如伸入嘉陵江與長江交會間的小半島上；同時，巴縣縣城與隔嘉陵江北岸之間則「不過一里」，相隔甚近。[6]

　　隨著清代前期巴縣縣城人口增長與商業繁榮，嘉陵江北岸也日益繁榮，政府乃開始調整既有政治轄區。乾隆19年（1754），將原駐巴縣縣城的「理民同知」改駐對岸同屬巴縣轄區的江北鎮。乾隆23年（1758）又以巴縣轄境「遼濶」為理由，將巴縣「江北之義、禮二里」與「仁里上六甲」地方改隸江北鎮，並將江北鎮同時升格成為江北廳。[7]

3　這是光緒年間巴縣縣令傅松齡委人測繪之數字（民國《巴縣志》，卷1上，頁45上）。但即使在民國初年也仍有作者沿襲舊籍將巴縣疆域記錄成「東西寬285里、南北長115里」（周詢，《蜀海叢談》，收入沈雲龍主編，《近代中國史料叢刊》，台北：文海出版社，第1輯第7種，卷1，〈制度類上：各廳州縣〉，頁193），兩者差距不少；民國《巴縣志》編者因而批評這類巴縣疆域數字乃「臆度之詞」（民國《巴縣志》，卷1上，頁45上）。

4　清．黃廷桂等監修，張晉生等編纂，雍正《四川通志》（收入《文淵閣四庫全書》，台北：台灣商務印書館，1983），冊559，卷4上，頁155。

5　何智亞，《重慶湖廣會館——歷史與修復研究》，重慶：重慶出版社，2006，頁105-106。

6　民國《巴縣志》，卷1上，頁45上。

7　道光《重修重慶府志》，卷1，〈沿革表〉，頁6-7。道光《江北廳志》，卷5，〈職官志〉，頁648。與此同時，原有「理民同知」一職也改稱「理民督捕同知」。

要注意的是：早在江北廳成立前，巴縣轄境中屬於城市行政區劃單位的「坊、廂」地區，本即已延展到嘉陵江北岸江北鎮內的若干區域。康熙46年（1707）重劃巴縣縣城與城郊行政區的「坊、廂」清單時，即開列有「城內二十九坊、城外十五廂、江北六廂」；[8]所謂江北六廂，指的正是同屬巴縣轄境的嘉陵江北岸「城市行政區」。因此，單以清代既有的「坊、廂」城市行政人口有別於「里、甲」鄉村行政人口的差別意義而言，則本章討論重慶城的範圍，原本即該跨越嘉陵江南、北南岸，同時包括巴縣所屬「城內二十九坊、城外十五廂、江北六廂」的當時城市行政區範圍。

依照清代當時行政區劃，嘉陵江北岸設籍江北六廂的民眾在乾隆23年改隸江北廳之前，原也和巴縣「城內二十九坊、城外十五廂」住民同樣，都屬於巴縣管轄的城市居民，[9]因而便與康熙46年巴縣所轄「十二里、一百二十甲」的鄉村居民有所不同。[10]而即使在乾隆23年江北鎮升格江北廳之後，重慶城的意涵也仍需包括原來這「江北六廂」的空間範圍。特別是重慶城經濟實以船運為

8　乾隆《巴縣志》，卷2，〈坊廂〉，頁21-22。

9　清嘉慶2年（1797）以後，江北廳始築城牆（道光《江北廳志》，卷5，〈職官志〉，頁662-663），可見築城與否並不真正關係到「坊、廂」城市行政區劃單元的成立。江北廳的「坊、廂」數目，在康熙46年後也有些許變動，據道光年間方志載，當時江北廳已區劃為「城內五廂」與「城外二廂」（道光《江北廳志》，卷2，〈輿地志〉，頁191-192）。

10　清康熙46年，巴縣知縣孔毓忠將鄉村地區民眾擴編為「忠、孝、廉、節、仁、義、禮、智、慈、祥、正、直」十二里，每里又區分為十甲，故巴縣鄉村地區共切劃為一百二十甲（參見：乾隆《巴縣志》，卷2〈鄉里〉，頁26下）。

大宗，而當時同樣擁有許多碼頭、棧房、商鋪的江北廳，其船運
活動同樣頻繁，實在不能因為地處巴縣城牆之外而被排除不論。

　　重慶城的經濟發展主要與其做為一座「河港移民型城市」密
切相關，而從事這些經濟活動的人口又多來自外省移民。清代前
期重慶城市人口包含許多外省移民，這與清初以降大量外省移民
填補明末四川全省人口急速減少的趨勢相一致。大量的外省移
民，不僅填補了包括重慶在內的明末清初四川人口空缺，也改變
當地的經濟與社會結構。

　　明末清初發生在四川的連年災荒與疾疫，以及長期的社會動
亂與猛烈戰事，造成全省居民大量死亡與流散，[11] 原有耕地也多半
蕪廢。自康熙10年（1671）清廷發布招徠外省客民各項實質獎勵
措施的詔令以來，歷經康熙、雍正年間，許多優惠移民政策有效
落實，直到乾隆中期（1770年代），大規模的移民入川運動才約
略停止。在這段長約一世紀的時間裡，約有來自兩湖、陝西、廣
東、江西、福建等省的數百萬移民先後湧入四川定居，這不僅致
使四川人口總數快速增長，[12] 也成為四川經濟復蘇與發展的重要動

---

11 據估計，明朝初年四川人口約180萬，1600年左右增至約500萬。自十六世
　紀末萬曆年間到十七世紀前半明末清初期間，嚴重的災荒、疾疫、社會動亂
　與長期戰事，使四川全省人口銳減至僅餘約50萬人（曹樹基，《中國移民史》
　第六卷《清‧民國時期》，福州：福建人民出版社，1997，頁68-77）。

12 有學者估計乾隆中期四川人口已約至一千萬，嘉慶中期則約達二千萬以上
　（清末更增至四千八百餘萬），這已是明代四川全省人口最高值的四倍，可見
　乾隆後期至嘉慶年間四川人口曾「出現一個巨大的飛躍」。道光年間四川出
　現「全局性的人口壓力」，不僅大批漢族流民進入四川邊緣山區成為礦徒，
　也開始更多流入雲南與貴州（見：曹樹基，《中國移民史》第六卷《清‧民
　國時期》，頁103-105）。清代四川人口變動及政府人口統計制度如何可能影

力。[13]

　　移入四川的外省移民中，有人幾乎分文俱無地進入川省討生活，有人則為發家致富而來。後者常採「農、商並舉」的經營方式，培植各種經濟作物，如江西、福建移民即將煙葉、甘蔗栽植經營模式帶入四川；另如陝西、江西等省商人之投資四川井鹽業，以及湖南商人開採四川煤礦，[14]都成為移民發展四川經濟的重要例證。

　　同時，隨著長江上游航運愈加便利，航運業不斷發展，因而吸引眾多短期或長期外省移民來到重慶城應募水手、縴夫等所謂「拉把手」工作：「大江拉把手，每歲逗留川中者，不下十餘萬

響相關統計數字等問題，學界仍有不小爭議，可見：G. William Skinner, "Sichuan's Population in the Nineteenth Century: Lessons from Disaggregated Data," *Modern China*, 8,1（1987）：1-79；劉錚雲，〈清乾隆朝四川人口資料檢討：史語所藏《乾隆六十年分四川通省民數冊》的幾點觀察〉，收入《中國近世家族與社會學術研討會論文集》，台北：中央研究院歷史語言研究所，1998，頁301-327；曹樹基，《中國人口史》第五卷《清時期》，上海：復旦大學出版社，2001，頁266-326。

13 郭松義，〈清初四川外來移民和經濟發展〉，《中國經濟史研究》，1988,4（1988）：59-72；郭松義，〈清初四川的「移民墾荒」和經濟發展〉，收入葉顯恩主編，《清代區域社會經濟研究》，北京：中華書局，1992，下冊，頁826-827。

14 郭松義，〈清初四川外來移民和經濟發展〉，上引文，頁66-67。森紀子，〈清代四川的移民活動〉，收入葉顯恩主編，《清代區域社會經濟研究》，下冊，頁838-849。除了煙草、甘蔗、玉米、蕃薯以外，江西的雙季稻、福建的楠竹，以及江西的豆豉，甚至是鴉片，都成為外省移民引入四川的重要經濟作物，詳見：曹樹基，《中國移民史》第六卷《清·民國時期》，頁113-118。陝西商人投資四川等省的概況，也可另見：鈔曉鴻，〈明清時期的陝西商人資本〉，收入氏著《生態環境與明清社會經濟》，合肥：黃山書社，2004，頁222。

人，歲增一歲，人眾不可紀計」，[15] 這每歲「不下十餘萬人」的外省傭工，成為四川航運業的重要勞動力來源，從中也可見證十九世紀前期四川船運業的興盛。外省移民進入重慶城，同樣也有討生活與發財致富兩類不同情境。只是，重慶城所提供的經濟機會，更多是與長程貿易特別是船運業有著直接或間接的關係。

隨著長江上游整合到全國市場，愈來愈多從事商業與航運業的外來移民定居或是較長時間停留於十八、十九世紀的重慶城。乾隆年間，有人描寫眾多外省商人搭船抵達重慶城貿易的繁榮景象：「吳、楚、閩、粵、滇、黔、秦、豫之貿遷來者，九門舟集如蟻。陸則受廛，水則結舫」，從而加速重慶城商業街區的發展：「計城關大小街巷，二百四十餘道，酒樓、茶舍，與市闤鋪房，鱗次繡錯」。但對這位十八世紀的觀察者而言，商業繁榮也同時意謂著城市治安與交易安全的危機：「文武兵役，雖曰供使令，保無悍蠢，局賭囮娼。市井牙儈，雖曰評物價，保無奸猾，騙客吞商」；至於眾多謀充水手工作的移民進入重慶城：「附郭沿江之充募水手者，千百成群」，則被這位觀察者不太友善地形容為：「暮聚曉散，莫辨奸良」。商業繁榮意味著某種需要預防的危險，這位觀察者將水手與出入「酒樓、茶舍、市闤、鋪房」、賭場、妓館的民眾，歸類為威脅重慶城治安的「可深為隱憂者」。[16]

在上述描寫重慶城商業與治安的文字裡，可見到外省商人自

---

15 清・嚴如煜，《三省邊防備覽》，卷10，〈山貨〉，頁15。

16 作者擔心城市治安問題的原文為：「此皆渝州坊廂可深為隱憂者」（乾隆《巴縣志》，卷2，〈坊廂〉，頁24上）。「渝州」雖為重慶府古稱，此處文義則主要是指府署所在的重慶城。

江南、湖北、福建、雲南、貴州、陝西、河南乘船載貨出入重慶城「九門」的熱鬧場景。[17]這些外省客商或是在城內「受廛」買租鋪面開店，成為各行業的「坐賈」；或者委請船戶託運商品，變成經營商品進出口貿易的「行商」；又甚至是自己開辦航船業務，成為安排各式商船「結舫」業務的航運業老板。至於在「附郭沿江」尋找工作的水手，則是「千百成群，暮聚曉散」地成為重慶城的特殊景觀。無論是來自各省客商的開設店鋪、行船販貨甚至是經營航運業，或者是眾多水手聚集碼頭區找尋上船機會，乃至於碼頭區協助裝卸貨物的眾多挑夫、腳夫，興盛的航運業活動，促使清代前期重慶城快速發展成一座商業發達的內河港口型城市。

　　重慶城雖然是座內河港口型城市，但地勢結構上卻基本上是座山城。在這座山城的頂巔，「康熙以前，應是寺廟區域，絕少有人住居」；行政與商業中心都不在城中心，清代設於城內的川東道署、重慶府署、巴縣署，以及府學、縣學等各級文、武衙門，都分布於重慶城「岸埠的毗近處」。同時，最能反映重慶商業繁華的那些由外省商人捐款建成的會館，也都位於城門「以內

---

17 巴縣城有十七座城門，平常「九開八閉」，只開放九門。其中原因有「九宮八卦」等風水考慮，如清初人轉述：「記稱：渝城有門十七，九開八閉，以象九宮八卦云」（王士禎，清康熙11年（1672），〈蜀道驛程記〉，收入乾隆《巴縣志》，卷12，〈藝文：記一〉，頁69上）。開放「九門」為朝天、東水、太平、儲奇、金紫、南紀、通遠、臨江、千廝；常閉「八門」則為翠微、金湯、人和、鳳凰、太安、定遠、洪崖、西水（民國《巴縣志》，卷2上，頁1下。另有學者將「西水門」做「福興門」、「人和門」做「仁和門」，見：孫曉芬編著《清代前期的移民填四川》，成都：四川大學出版社，1997，頁83）。

毗近岸埠處」，[18]因而，有學者早即稱重慶城的「社區中心」其實「是在地理的邊緣」，[19]指的正是這個行政與商業區都不處於城市地理中心，卻反而位居城市地理邊緣沿江碼頭區的現象。

不僅政府公署與商鋪密集於碼頭區附近，不斷增加的外來移民也主要居住此地段，乃至促成都市住宅出現更為顯著的貧富分區化現象：一方面是朝天門與太平門兩大碼頭區附近的貨棧與商鋪林立，促使地價與房租上揚；另一方面則是許多民眾無力於城內租賃房舍，並不斷進占沿江岸邊的無主土地，逐漸變成碼頭區附近的「沿江棚民」。[20]沿江棚民愈聚愈多，使原本即不敷使用的公共設施與不甚良好的衛生條件更加惡化，不僅易有疾疫流行，這些居民更成為每年季節性洪水侵襲的首當其衝犧牲者。[21]

同時，火災也愈來愈成為威脅城市居民的公共安全問題。太平門、朝天門一帶，既包括大宗商貨進出頻繁的碼頭區與延伸而來的商業區，還有眾多貧苦外來民眾搭建簡陋房舍而構成的沿江棚民區；繁榮的碼頭倉儲設備與商業店鋪林立，加上鄰近貧民棚戶的密集，使這個區域成為重慶城最受火災威脅的地方。所謂太平門外「商賈鱗集」，「列廛而居，動遭回祿」；[22]重慶城東北角的

---

18 實季良，《同鄉組織之研究》，重慶：正中書局，1943，頁82。

19 實季良，《同鄉組織之研究》，頁82。

20 隗瀛濤主編，《近代重慶城市史》，頁424-425。

21 隗瀛濤主編，《近代重慶城市史》，頁425。

22 清康熙45年（1706）重慶知府在興修包含府署「豐瑞樓」在內的城市公共建築物時，曾謂：「太平門外，為商賈鱗集之區。列廛而居，動遭回祿」。由康熙45年至47年間，重慶城陸續興建「瑞豐樓」一系列城市公共建築物的經緯如下：「太平門外，為商賈鱗集之區。列廛而居，動遭回祿。因議建樓二所，令經歷涂君廷俊尚督工，奉水火二德星君，以壓其氣。至於千斯、東水、臨江

朝天門也是常發生火災的商業區，朝天門附近居民在道光6年
（1826）提出的一份訴狀中，述及乾隆25年（1760）當地的一場
大火：「因城外蘇柳灣失火，延燒進城，把朝天門地方的街道、
民房、鋪戶，都燒盡了」，[23] 事隔約六十七年，城區居民仍口耳相
傳記憶猶新，也可推想當日火災勢頭之大與損失之巨。[24]

　　太平門、朝天門碼頭區人口密集現象，正是當時重慶城市人
口快速增加的反映。現存道光4年（1824）一份人口調查資料
〈巴縣保甲烟戶男丁、女口花名總冊〉，開列是年巴縣總人口為
82,053戶、386,478人，其中巴縣所轄「城內二十八坊、城外十四
廂」的城市人口數，則是17,850戶、65,286人，[25] 兩組數字相權，
則當年重慶城市人口占巴縣總人口比例如下：以戶數計，是
21.8%；以人口計，則為16.9%。[26] 但要注意：這個道光4年「城內

各門，控帶雄勢，輻輳肩摩；城隍為一郡司命，歲時伏臘，於焉祈禱，皆宜輝
煌生色，不得簡陋者。即次捐修，於丙戌（康熙45年）、丁亥（康熙46年）、
戊子（康熙47年）三歲內，先後告竣」（引見：陳邦器，康熙47年（1708），
〈豐瑞樓記〉，收入乾隆《巴縣志》，卷12，〈藝文：記一〉，頁75下）。

23　四川省檔案館、四川大學歷史系編，《清代乾嘉道巴縣檔案選編》上冊，成
　　都：四川大學出版社，1996，頁61。「麻柳灣」（應該也即是「蘇柳灣」）位
　　於千廝門外（見《清代乾嘉道巴縣檔案選編》，上冊，頁384），可見這場大
　　火是由千廝門附近一直往東延燒到朝天門，火勢想來甚大甚猛。

24　筆者此處並未全面搜羅清代重慶城的火災紀事，但根據方志所錄另一場大火
　　則起自清乾隆23年（1758）三月朔夜：「太平門內外大火，文昌祠災」（見：
　　民國《巴縣志》，卷21〈事紀〉下，頁43）。

25　四川省檔案館、四川大學歷史系編，《清代乾嘉道巴縣檔案選編》下冊，成
　　都：四川大學出版社，1996，頁340-341。

26　許檀，〈清代乾隆至道光年間的重慶商業〉，《清史研究》，1998,3(1998)：36-
　　37。

二十八坊、城外十四廂」的人口調查數字，並未包括前文提及的
自康熙46年至乾隆23年間原屬巴縣管轄的嘉陵江北岸「江北六
廂」城市居民數字；如此，則十九世紀初的重慶城城市人口，都
要高於此處21.8%（戶數）與16.9%（人口數）的估算比例，有學
者粗估十九世紀初年巴縣縣城加上江北廳城廂人口的重慶城城市
人口，當為八萬人左右。[27]

　　接著討論重慶城的人口職業結構。現存乾隆38年（1773）一
份記載重慶城「定遠廂」居民職業的調查資料，[28]反映該地登錄三
百家商鋪當中，從事「駕船、駕戶、渡船、抬木、抬石、抬米、
背貨」等運輸行業者有71戶，占總戶數（300家）的23.7%。此
數字不僅顯示船運業在重慶城的重要性，也表明當時重慶是個水
運碼頭的商業城市。[29]雖未見到朝天門、太平門碼頭區的相關資
料，但這兩處商業與航運既較定遠門碼頭區繁榮，則肯定不僅有
更多「千百成群，暮聚曉散」的水手，又有更多「貿遷來者，九
門舟集如蟻」的外省商人。如此，則朝天門、太平門附近居民的
船運職業比重，應比乾隆38年定遠廂23.7%居民從事運輸職業的
比例更高。而與船運業密切相關的諸如倉儲、仲介、零售等職

---

27 有學者依據此道光4年巴縣縣城人口數，再加上江北廳城廂人口的推估數，
　合計是年「重慶城」城市人口「當在八萬人左右」（參見：隗瀛濤主編，《近
　代重慶城市史》，頁100）。

28 《清代乾嘉道巴縣檔案選編》下冊，頁310-311。

29 許檀，〈清代乾隆至道光年間的重慶商業〉，頁37-38。當時重慶城也有紡織
　機房、漕房等手工業作坊，不過，城內區域基本上仍以牙行與各類店鋪為
　主，郊區則是「無牙行，作坊多」（參見：冉光榮，〈清前期重慶店鋪經
　營〉，收入葉顯恩主編《清代區域社會經濟研究》，下冊，頁802）。

業，也會隨船運業發展而增加，致使重慶城商業人口更加可觀。

　　許多重慶城居民從事船運業與其他種類工商業，而在船運與工商業人口當中，則有很高比例是外來移民。雖然目前缺乏直接證據，但當時從事仲介業務的牙行業者主要籍貫，或可反映外來移民從事工商業的巨幅比重。明清政府規定合法的商業仲介行業「牙行」，必須要領取政府頒發的「官帖」。[30]一般說來，從事牙行這類商業仲介行業，不僅要熟悉本地市場買主與賣家的訊息，還要能掌握本地交易習慣與市場行情變動，因此，經常是以長期居住本地的居民為牙行此種職業的主要人口。[31]但在重慶這個移民城市中，情形則頗有不同：「各行戶，大率俱系外省民人領帖開設者」。嘉慶6年（1801）巴縣核定設置的牙行官帖數目為151張，而據當年統計資料，在這151張官帖之中，光是由江西、湖廣、福建、江南、陝西、廣東等外省移民所領取者即有107家，這些外省商民開設牙行包括銅鉛行、藥材行、布行、山貨行、油行、麻行、鍋行、棉花行、靛行、雜糧行、磁器行、花板行、豬行、酒行、煙行、毛貨行、紗緞行、絲行等等，由此看來，外省商民持有官帖數目，約占當年重慶城官牙總數的七成以上。[32]此與蘇州

---

30 清代官牙制度實施概況，參見：吳奇衍，〈清代前期牙行制試述〉，《清史論叢》，6(1985)：26-52；鄧亦兵，〈牙行〉，收入方行、經君健、魏金玉主編，《中國經濟通史‧清代經濟卷》，北京：經濟日報出版社，2000，中冊，頁1311-1352。

31 如明清山東許多地方的市鎮牙行，即常為地方士紳或商人家族所掌握，可見：山根幸夫，《明清華北定期市の研究》，東京：汲古書院，1995；Susan Mann, *Local Merchants and the Chinese Bureaucracy, 1750-1950*, Stanford: Stanford University Press, 1987, pp. 72-89。

32 《清代乾嘉道巴縣檔案選編》上冊，頁253。

等其他商業城市牙行業一般主要是以本地人開設，兩者情況十分不同，這也可能顯示了重慶城商業人口在籍貫結構上的某種特殊性。

移民占城市商業人口的主要成分，對於重慶城社會結構有著重要影響。當外來移民於重慶城從事商業人數持續增加，則不僅商人移民間出現更多團體組織與商業競爭，即在本地居民與外來移民間也產生更多經濟互動，以及連帶而來的經營合作或是商業糾紛。如有份訴訟文書記載：乾隆50年（1785）某月某日，居住巴縣仁里九甲的駱文元，控告由湖北至重慶城貿易的「楚民」杜名揚。原告提及自己曾與被告合資以240兩購置一艘大船經營航運，其營業方式為：冬天「裝載客米」到湖北發賣，然後，再由湖北「復載磁器、布疋」回返重慶城販售。[33] 在重慶城這種充滿貿易與船運商機的都市中，本地居民與外來商人間的經濟互動肯定較為頻繁。

當然，隨著移民定居重慶城的時間愈來愈長，如何清楚界定「外省移民」與重慶城「本地居民」，有時也會變得比較困難。如重慶城朝天門附近主持馬王廟的道士譚來悅，在道光6年（1826）控告一位從屬「福建館」成員並且承租自己廟旁空地經營「悅來油行」的福建商人時，巴縣知縣為調查並解決這件訟案，乃找來另一位福建商人官永年做證，官永年證詞說道：「小的年五十八歲，自曾祖由閩省來渝，到小的手上，已數輩了」，[34] 像官永年這類移居重慶城已經「數輩」的「福建人」，其與「重慶人」之間

---

33 「清代巴縣縣署檔案微卷」（中央研究院近代史研究所郭廷以圖書館購藏），乾隆朝，6：3006。

34 《清代乾嘉道巴縣檔案選編》上冊，頁61。

的分別其實恐怕也已愈來愈少。

　　無論重慶城本地居民如何看待這類已定居重慶好幾代的「外省移民」，也不管這些定居「數輩」的外省移民究竟如何界定自己與「本地居民」的異同，[35]大概可以肯定的是：當重慶商業因全國市場擴展而趨向繁榮之際，重慶城本地與外來居民彼此共同的經濟利益增加，這將更容易促使重慶城居民摸索出較多的合作管道與更好的協商模式。前述乾隆50年駱文元與杜名揚集資買商合夥經營糧食與磁器貿易，是本地居民與外省移民的一種合作管道，雖然最後演變成合夥股東之間的商業訴訟，但這種合夥行為仍是當時重慶城城市與鄉村居民彼此間有利可圖的一種合作管道。

　　除了與本地居民接觸，重慶城眾多外省移民之間也有許多經濟與社會方面的互動。在這些經濟與社會互動關係中，尤以成立各種名為某某「會、宮、菴、館」或是「會館、公所」的團體組織最為引人注意。[36]

---

35 到了二十世紀四〇年代，有學者「據實地訪問」指出：重慶外來移民「早已與四川土著同化，通婚結好，共營商業，在語言風俗習慣上居然土著了」，他們視「新來的同鄉為『旅渝同鄉』，而自名為『坐渝同鄉』，以示區別」，這些「坐渝同鄉」多半早已成為地方士紳「辦理著地方的公益事業，只能憶及其為某省原籍而已」（竇季良，《同鄉組織之研究》，頁83）。「旅渝」與「坐渝」的區別，既可視其「同」於本地居民，也可視其「異」於本地居民，有時其實只是看論述者如何強調（或操作）「原籍」之真實/象徵意義而已。

36 何炳棣綜理三千餘種方志做成以下觀察：清代外省移民進入四川，在定居若干時間後，經常集資建立「會館」（其中，又以江西人「最喜建會館」），但是，這些會館在方志紀錄中經常不直接稱做「會館」，而是「隱藏在壇廟寺觀等卷」，如江西會館類稱「萬壽宮、許真君廟、真君宮、江西館」，陝西會館常稱「武聖宮、三聖宮、三官廟」甚或有稱「朝天宮、地藏祠」者，湖廣

重慶城內至少有「三元廟」（即陝西會館）、「準提菴」（即江南會館）、「禹王廟」（即湖廣會館）、「列聖宮」（即浙江會館）、「天后宮」（即福建會館）、「山西館」、「南華宮」（即廣東會館）、「雲貴公所」等團體組織。[37] 外省移民於重慶設立之「會館」，大致「創建於康熙，鼎盛於晚清」。隨著創建會館數目的增加，重慶城逐漸出現所謂「八省會館」的名稱；「八省會館」之「八省」，指的是湖廣（湖南、湖北）、江西、江南（江蘇、安徽）、浙江、福建、廣東、山西、陝西等清代分界方式的省份（若依民國時代建置，則為十省）。[38] 上開「雲貴公所」不在「八省會館」名單中，即可反映「八省會館」所列「八省」名稱並非任意選出，而是十八、十九世紀「八省」移民不斷介入重慶城公共事務並於當地取得重要影響力的明證，也正顯示百餘年間外省移民在重慶城經濟與社會中出現更密切的合作與協商。[39]

會館常稱「禹王宮」，福建會館常稱「天后宮、天上宮、福建館」，廣東會館常稱「南華宮、廣東公所、天后宮」（何炳棣，《中國會館史論》，台北：台灣學生書局，1966，頁68-69、78-97）。至少與蘇州城相比，外省移民在四川建立的會館除了名稱與「壇廟寺觀」有更緊密的連結之外，還有何炳棣先生標示之特殊現象：以成都一府十六縣為例，不僅每縣皆有異省會館，而且「四鄉會館有往往早於州縣城內者」（何炳棣，同上書，頁92），於鄉村地區也建「會館」，應是這類「移民會館」與其他地區會館極不相同的特色。

37 民國《巴縣志》，卷2下，〈建置〉下，頁4-5。
38 何炳棣，《中國會館史論》，頁41、112。
39 重慶城民諺有所謂的「四多」：「湖廣館的台子多（指會館裡的廳堂戲台），江西館的銀子多，福建館的頂子多（指可戴頂戴品級的捐官人數），山西館的轎子多」（引見：黃友良，〈四川同鄉會館的社區功能〉，《中華文化論壇》，2002,3(2002)：43），這也可視為是重慶城居民對「八省會館」內部不同特殊性的細節比較與深入認知。此外，愈到十九世紀後期，則移民透過會

　　八省「會館」基本上指的是一棟棟擁有專屬建築物的社團組
織，其地址分別位於「城內朝天門、東水門、太平門、儲奇門、
金紫門以內毗近岸埠處」；[40]至於所謂的「八省會館」，則是用以
泛指清代重慶城內上述八個省份「會館」組織的整體稱謂，本來
並未興建一座特定的專屬建築物，但卻逐漸成為代表外省移民參
與重慶行政與公共事務的一種介於社團與半官方之間的組織。隨
著八省「會館」參與重慶城地方公共事務機會的增多，以及乾隆
年間以後重慶地方官經常賦予「八省客長」種種行政與司法職
能，[41]特別是當原告與被告各執一詞時，官府常令八省客長居中協
調訴訟，或是代替官府出面調查與搜集證據，甚至是出庭作證。
隨著這些「八省客長」參與包括司法協商在內各種公共事務機會
的增加，以及所謂的「八省」商人累積更豐厚的經濟實力，「八

館進行合作與協商的頻度便愈高，在1890年代出版的第一期《海關十年報
告》（1882-1891）中，即指出當時重慶城內會館每年集會次數「均較為經
常」，而其中的江西會館在每年十二月聚會次數可能高「達三百次」，湖廣會
館集會為「每年二百餘次」，福建會館超過「一百次」，其他會館則「在七十
至八十次之間」（引見：彭澤益主編，《中國工商行會史料集》，北京：中華
書局，1995，下冊，頁628-629）。

40 竇季良，《同鄉組織之研究》，頁82。

41 「八省客長」或稱「八省首士、八省局紳」，但這些名詞主要是做為官府使用
的「他稱」；這些人稱「客長、首士」的特定外省移民，在公文書裡則常「自
稱」是「八省客民」。（如見：《清代乾嘉道巴縣檔案選編》上冊，頁252、
403）。有學者指出：隨著官府委託八省客民處理司法糾紛機會的增加，重慶
城內「半邊街」的長安寺，乃逐漸成為八省客民的「辦公」處所（黃友良，
〈四川同鄉會館的社區功能〉，《中華文化論壇》，2002,3(2002)：43），但這種
借用寺廟「辦公」處所的情形，仍與一般會館成員捐建自己團體專屬建築物
的情形不同。

省會館」這樣一種不以專屬建築物為基礎的社團名稱乃更深地嵌植在重慶城市居民的認知中；但若以捐款成立與維修建築物的「會館」基本特徵而論，[42] 則重慶城直至清末則始終只有八省「會館」而無「八省會館」的實體建築物。

相較於廣義的「八省」會館而言，狹義的「八省會館」可謂是清代重慶城內上述八個省份所有會館組織的一種全稱式名詞；雖然這個團體原本並未興建一座特定的專屬建築物，但卻逐漸演變成可以代表重慶城內一些外省移民參與行政與公共事務的某種介於社團與半官方之間的組織。[43]

簡而言之，重慶城內「八省」之內與之外的會館，以及「八省會館」的陸續成立與持續運作，致使這些商人團體逐漸成為重慶城的重要社團組織。以下將介紹一件重慶城商業訴訟，既可展示「證據」問題在當時官員審理商業訟案時所占有的重要位置，

---

42 專屬建築物對會館、公所的組成頗為重要。有學者以漢口情形為例，綜理出「擁有或長期租用一個會所」等三個基本因素，藉以界定會館、公所如何在十九世紀漢口變成一種同業或同鄉的正式組織，參見：羅威廉（William Rowe）著，江溶、魯西奇譯，《漢口：一個中國城市的商業和社會（1796-1889）》，頁314。十八世紀以降蘇州城內眾多會館、公所也經常透過購置專屬建築物以強化社團組織，並演變成一種兼具「自發性、常設性、合法性」等組織特徵的新式工商業團體（參見：洪煥椿，〈論明清蘇州地區會館的性質及其作用〉，《中國史研究》，1980,2(1980)：40-59；邱澎生，《十八、十九世紀蘇州城的新興工商業團體》，頁35-46）。至於對明清城鎮眾多會館建築物的綜述，則可見：周均美主編，谷彥芬、王肅副主編，《中國會館志》，北京：方志出版社，2002，頁323-356。

43 竇季同，《同鄉組織之研究》，頁34-35、45-46。梁勇，〈清代重慶八省會館初探〉，《重慶社會科學》，2016,10(2016)：93-97。

也能藉以檢視受理官員委派「八省」等外省商人團體領袖協助調查各項商業「證據」的具體過程。

第二節　重慶商人債務訴訟的證據問題

　　拜現存卷帙與內容豐富的「巴縣檔案」之賜，[44]清代重慶城留下不少商業訴訟資料，本節特別選取其中一件乾隆年間訟案以進行較仔細的分析。

　　乾隆56年（1791）重慶城發生〈余均義控告劉集賢案〉。[45]從

---

44 現存「巴縣檔案」約有11萬3千卷，排架長度達450公尺，檔案起迄時間約為乾隆17年（1752）至宣統3年（1911），這些案卷主要包括了超過九萬九千六百件案件，而且大約有88%左右的案卷都是當時審理過程的全宗資料。對此份珍貴地方行政與司法檔案的簡介，可見：四川檔案館編，《清代巴縣檔案匯編：乾隆卷》，北京：檔案出版社，1991，〈緒論〉，頁1；賴惠敏，〈清代巴縣縣署檔案：乾隆期（1736-1795）司法類〉，《近代中國史研究通訊》，28(1999)：124-127；Yasuhiko Karasawa, Bradly W. Reed, and Mathew Sommer, "Qing County Archives in Sichuan: An Update from the Field," *Late Imperial China* 26, 2（December 2005）：115-116。至於清代乾隆以至光緒各朝代按年份的巴縣檔案案件數量統計，則可見：夫馬進，〈中国訴訟社会史概論〉，收入夫馬進編《中国訴訟社会史の研究》，京都：京都大學學術出版會，2011，頁24；本文中譯可見：夫馬進，〈中國訴訟社會史概論〉，范愉譯，收入中國政法大學法律古籍整理研究所編《中國古代法律文獻研究》第六輯，北京：社會科學文獻出版社，2013，頁1-74。

45 此案可見：中央研究院近代史研究所購藏「清代巴縣縣署檔案：乾隆期（1736-1795）司法類」微卷，蓋有四川省檔案館編碼：6-1-1857。有關此案原始史料的簡介，可見：邱澎生，〈十八世紀巴縣檔案一件商業訟案中的證據與權力問題〉，收入劉錚雲主編，《明清檔案文書》，台北：國立政治大學人文中心，2012，頁421-491。

事銅鉛買賣生意的余均義（在巴縣經商的江西人，監生）向巴縣
衙門呈遞狀紙，指控劉集賢（也是於巴縣經商的江西人，又名劉
廷選，也是監生）「訛詐滋事」。原告余均義聲稱：自己曾經是銅
鉛行店主劉聲聞（即被告的父親）的合夥人，但被告劉集賢接手
劉聲聞的銅鉛行生意之後，即不承認其合夥身分，並且拒絕歸還
其股金。相隔三天，被告劉集賢也呈遞狀紙，強調余均義並非合
夥人，而是被自己父親劉聲聞辭退的離職夥計。巴縣知縣受理
後，開始展開調查，並委派重慶城的外省商人，針對原告、被告
提出的各種證據，進行查核與協商。巴縣知縣在釐清各項證據之
後，最後乃做成判決。

本案發生在乾隆56年（1791）三月底至六月初，由提出告訴
到最後審結的時間大約為期兩個月，原告與被告雙方在此期間都
曾多次提出人證與物證，最後經由知縣審結並由原、被告雙方同
意出具甘結接受審理決斷。本案留存下來的狀詞、調解呈文、判
決文書，以及期間各方呈附的各種相關私人契約與書信，不僅可
藉以考察巴縣知縣處理商業糾紛流程以及對待各項證據的態度，
也能反映當時原被告商人、抱告、證人、客長、代書、歇家乃至
於廁身背後的訟師這些人物，在當時既有司法與商業制度之內如
何運作並各自發揮其影響力。此案最後由知縣確定相關實情：余
均義其實是被告劉集賢父親劉聲聞聘請的夥計，並非是余均義自
己宣稱的合夥股東；此案主要緣由是：余均義因為被店家辭退，
又向劉集賢借錢不遂，因而心生不滿，乃誣告劉集賢。此案審理
過程可大概區分為六個階段，以下稍做陳述。

第一個階段。乾隆56年（1791）三月二十六日余均義在告詞
中表明：自己曾在乾隆38年（1773）與劉聲聞「夥開銅鉛行」，

並且為此家店鋪「不辭勞瘁」做出許多貢獻，但當劉聲聞兒子劉集賢接手生意之後，余均義起初也仍維持合夥並且照常幫理行務。然而，當乾隆52年（1787）余均義想回家照顧母親並提出退股要求，劉集賢卻始終避不見面，在屢次請求「客長、行鄰」向劉集賢理論之後，也都無效，因而才控告劉集賢。

在告詞之外，余均義並附上兩份書面證據：一份是節錄的乾隆42年「管帳劉靜山親錄帳單」，另一份是乾隆40年（1775）劉聲聞開設銅鉛行經營生意時，受到「奸行」與「訟師」假造該行「圖記、印票」而引起債務糾紛的一份告詞。由第一份證據的賬單顯示：這家銅鉛行的股金高達萬兩白銀，並且該店在某年「二三四五等月生意計長銀貳千兩零」，余均義在節錄賬本後面寫道：「原單沐訊日呈驗，乞吊行簿查對」，巴縣知縣看完告詞與節錄賬單後，批准受理，知縣批文寫道：「合夥生理多年，顯未拆分，劉廷選一旦用計避距，殊乖情理。准喚訊奪」，要求胥役陳俸、楊洪二人，「限三日內」將被告、證人等「逐一喚齊」。

第二個階段。乾隆56年三月三十日被告劉集賢呈上訴狀，並附上兩份書面證據：一份是乾隆39年（1774）「廣貨行」商人公呈，控告余均義，另一份則是劉聲聞給余均義一封私人書信，意圖證明余均義是劉聲聞昔日以「每年脩銀四百兩」聘請的夥計，並非合夥人，劉集賢訴詞寫道：「試問合夥何年？伊曾出工本若干？合約何在？」同時，劉集賢還欲證明：余均義不僅只是父親之前聘請的夥計，而且還曾遭到眾多巴縣「廣貨行」商人公呈，舉發他是一位「無弊不作」素行不良的夥計；至於余均義提出的乾隆40年協助劉聲聞銅鉛行打官司的證據，其實是父親之前「時因差事涉訟，均義在案有名，並未合夥」。劉集賢並且指出：余

均義先是要求重新聘他「入行得修（引者按：脩金，即薪水）」，遭到自已拒絕之後，便又「求借銀兩」，但又受到拒絕。因為兩次所求不遂，余均義才誣告自己。巴縣知縣看完訴狀之後裁定：「准訴，候訊」。

第三個階段。原告余均義第二次提出告詞，表明他確實在乾隆38年與劉聲聞合夥接手之前姜宣才開設的銅鉛行生意，但當時因為劉聲聞「年長」，故在承接姜宣才生意時，「帖更伊父（劉聲聞）之名」，但是所有資本則「皆夥內辦出」，也就是都由他與劉聲聞共同出資。余均義向知縣強調：當年兩人合夥的這份合約，「載憑行簿，懇調查驗」。同年四月三十日，巴縣知縣批示：「仰合夥行中、客長、行鄰，秉公據實查覆奪」，要求這些外來商人與鄰居民眾共同協助調查案情。五月四日，巴縣知縣正式下令「客長田文燦並行鄰等」協助調查案情，並要求客長等人「秉公理處，據實具稟」。

第四個階段。乾隆56年五月六日原告余均義邀請客民田文燦等人到「府廟」（即重慶府城隍廟）確查相關事證（「祈查行帳」），希望證明自己確係合夥。大約隔天，被告劉集賢也請客民田文燦等人到府廟說明案情，強調余均義實乃父親劉聲聞當年聘請「在行幫貿」的夥計，故而「亦無行帳可查」。五月十一日，田文燦邀請原、被告雙方「仍在府廟理論」，雙方都拿出合同契約，並且各執一詞，難辨真假，並且雙方都不願和解。

經過調查與協商，田文燦在五月二十五日呈覆官府：原、被告雙方「各執出合同，民等查看兩造之約，均係同年同月同日，一人筆跡，書寫無異」，同時還寫道：「民等查得：（余）均義回籍復來，（劉）廷選以銀三百兩贈均義另貿，廷選令均義書立會

約，均義不允，故有是控。民等理勸廷選，仍以銀三百兩給均義
免訟，兩相執拗不遵」。田文燦等人在呈文末尾還特別強調：
原、被告雙方各有證據而又各執自見，調解無效，並表明自己做
為百姓因而不具備強制調解權力的無奈：「民等民難治民，不敢
徇延，理合據實繳委」。知縣批示：「候訊奪」。

　　第五個階段。被告劉廷選提出稟詞，並抄附兩份看來最為關
鍵的書面證據：一是乾隆39年九月劉聲聞以及楊楚珩、姜斐才三
人簽訂的各出八百兩整「三股均分」合夥合約，三人議定要由劉
聲聞向外具名，以接替姜宣才開設的銅鉛行。這份合約可以證明
余均義當時並未參與此項合夥。二是乾隆41年（1776）姜宣才將
義子余均義逐出銅鉛行的一封私人信件，信件內容表明要請余均
義「另尋買賣，毋得霸占在行」，表明余均義在此時已遭店家開
除。五月二十九日知縣批示道：「候訊。抄呈爾父合約並姜宣才
信，存」。

　　第六個階段。乾隆56年六月二日巴縣知縣開庭審理，先訊問
多位江西籍貫而在巴縣經商的客民，包含了廣貨行的劉梓青，以
及田文燦、曾天榮、劉靜山、吳西載等四位人證的口供，然後再
訊問余均義與劉集賢；經過核對口供證詞及證據之後，斷定余均
義的合夥主張並不成立，並做成以下判決：「訊得：……查目今
行帖是（劉）集賢之名…（余）均義事隔多年，並無銀本在行…
欲向集賢行中算帳，真可謂憑空訛詐，須責抱告二十板示辱。惟
余均義與集賢，誼同鄉梓，酌量幫銀八十兩，資其贐儀，以便返
棹江右。仍取均義永斷葛藤甘結在卷，倘均義以為……猶敢執
拗，本縣定照〈訛騙例〉嚴究」。六月二日，分別取得余均義願
意領取劉集賢「幫銀八十兩」並且「日後永遠再不敢向集賢行內

滋生事端」的甘結，以及劉集賢願意遵造判決的兩份甘結文書。

綜合審理本案的六個階段來看，證據始終是全案的審理關鍵。具體而論，此案真相到底是原告主張自己為合夥人身分，還是如被告抗辯的原告其實只是夥計？正是巴縣知縣及原告、被告三方面最關心的共同事項。在審理此案過程中，為了爭取巴縣知縣信任，原告與被告都不斷拿出各種有力證據，最後是被告劉集賢（又名劉廷選）拿出來乾隆39年九月的「三股均分」合夥合約，以及乾隆41年姜宣才將義子余均義逐出銅鉛行的私人信件等兩份書面證據，徹底說服了巴縣知縣。

然而，令人好奇的是：被告取出這兩份最有力的書面證據，並非在案件起始階段，而是要到本案審理的第五階段。在此之前，當原、被告雙方在證據問題上爭持不下，致使巴縣知縣由第一到第三階段都無法斷定案情，只能委任「客長田文燦並行鄰等」協助調查案情，希望派請田文燦這些在重慶城經商較久的客商領袖協助此案審理工作，既幫忙知縣調查證據，也試著協調原、被告雙方商人的債務或合夥爭議，這才使得此案進入到第四階段。第四個階段大致由乾隆56年五月六日進行到同年五月二十五日，為時也有二十天之久，時間也還算充裕，但何以被告劉集賢並不早些拿出那兩份第五階段才出現的書面證據呢？劉集賢是真的突然找到兩份文件，還是等待余均義拿出手裡各項證據之後才亮出自己王牌證據的一種訴訟策略？史料有闕，我們後人也許只能繼續猜測。

另外值得注意的是：知縣委請客長田文燦主持的調查與協調工作基本上並未成功。田文燦寫給巴縣知縣的呈文，無奈地表示自己與余均義、劉集賢同為一般百姓，因而無法更有力量地主持

調查與調解工作，只好將過程據實稟報知縣：「民等民難治民，不敢徇延，理合據實繳委」。然而，不管身為「客長」商人的田文燦調停工作如何未能發生效果，這類將商業糾紛委任客長介入調查與協調的做法，特別是讓同鄉商人與「客長」共同聚集重慶府城隍廟，並由地方官指派胥役從旁監督的這種司法調解制度之下，涉訟商人提供各自擁有的商業證據相關文書，大家針對賬本、契約、信件等商業證據共同進行調查，然後再由客長試著提出原、被告雙方可以接受的調停方案，最後才將結果呈報地方官。這套商業糾紛的調查與調停流程，看來在十八世紀末的重慶城已是一種已然確立的地方司法流程或是商業訴訟體制。

　　進入十九世紀前期，在商業訟案審理過程之中，委派外省商人團體領袖調查相關證據，並由這些受到委任的商人領袖負責協調，試著讓原、被告雙方能夠願意和解，這已經是當時重慶城經常發生的現象。這類商業訟案的審理、調查與和解過程，不僅發生在巴縣知縣衙門，同樣位於重慶城內的重慶知府衙門，也會將類似工作委任這些商人團體的領袖。如清嘉慶11年（1806）的〈監生章景昌等稟列聖宮武聖廟會首李定安侵吞公款〉案，重慶知府在批閱巴縣知縣送上此案審理的司法文書之後，理解到將此案提請上控的商人何以對於巴縣知縣的判決感到不公允，決定接受上控將此案發回要求巴縣知縣再做審理，這位知府批示道：「應將此案仍由巴縣轉發八省客總，秉公清算」，[46] 做為商人團體領袖的「八省客總」成為重慶知府特別點名委任賦予調查與調停商

---

46 清嘉慶11年（1806）的〈監生章景昌等稟列聖宮武聖廟會首李定安侵吞公款〉案，43張。藏於四川省檔案館，編號：6-2-0175，頁0391-0470。

業訟案任務的重要人士。

　　值得留意的是：嘉慶11年（1806）〈監生章景昌等稟列聖宮武聖廟會首李定安侵吞公款〉案提及的「八省客總」，以及乾隆56年（1791）〈余均義控告劉集賢案〉出現的「客長」田文燦，兩者在商人團體領袖身分上似乎略有不同。比起「客長」而言，「八省客總」在整個重慶城可能更有知名度，或者說：在商人團體領袖的社會身分層級上，「八省客總」可能要比某一特定省份商人團體領袖的「客長」更有代表性。不過，無論是委派「客長」或是委派「八省客總」，這都反映重慶地方官在審理商業訟案過程中，試圖借助商人團體領袖的既有聲望以及他們在商業經營領域上的專業知識，用以加快解決商業訟案的審理過程。

　　儘管本章主要只以巴縣檔案一件商業訟案為例證，但以筆者所見巴縣檔案有關商業訴訟的其他案例及學界現有研究成果而論，至少到了十八世紀末、十九世紀初之間，重慶城內各級官府委派「客長、八省客總」等商人團體領袖協助調查並調解商業訟案的現象，確實已非特例而是具有一定程度的普遍性。[47]從這個角度看，無論是委派單一省份外來商人支持的「客長」，或是委派多個省份外來商人支持的「八省客總」，兩者都係屬同類做法，

---

47 相關研究可見：陳亞平，〈清代巴縣的鄉保客長與地方秩序──以巴縣檔案史料為中心的考察〉，《太原師範學院學報》，9（2007）：123-127；陳亞平，《尋求規則與秩序：18-19世紀重慶商人組織的研究》，北京：科學出版社，2014；張渝，《清代中期重慶的商業規則與秩序──以巴縣檔案為中心的研究》，北京：中國政法大學出版社，2010；周琳，〈城市商人團體與商業秩序──以清代重慶八省客長調處商業糾紛活動為中心〉，《南京大學學報》（哲學社會科學版），2012,2（2012）：80-99。

既構成重慶司法審理工作的有機一環，也成為當時重慶城日常生活經常上演的場景。

小結

本章以「巴縣檔案」保存乾隆56年（1791）〈余均義控告劉集賢案〉以及嘉慶11年（1806）〈監生章景昌等稟列聖宮武聖廟會首李定安侵吞公款〉案為例證，說明十八、十九世紀重慶城在商業債務或合夥訟案審理的過程中，不僅可見到涉訟雙方商人提供各種書面證據對於官員審案所能起到的關鍵作用，也能發現「客長」與「八省客總」等商人團體領袖協助官府調查賬本、契約、書信各項商業證據文書，以及調停商業訟案等方面所扮演的重要角色。到了十九世紀前期，這些現象應該都已構成重慶城內商業經營、司法審理乃至日常生活的重要一環。[48]

在明清中國商業史上，合夥制度早已十分盛行，[49] 涉及合夥的

---

48 相關研究可見：戴史翠（Maura Dykstra），〈帝國、知縣、商人以及聯繫彼此的紐帶：清代重慶的商業訴訟〉，收入王希編《中國和世界歷史中的重慶：重慶史研究論文選編》，重慶：重慶大學出版社，2013，頁166-180；謝晶，〈無「法」的司法──晚清巴縣工商業合夥債務糾紛解決機制研究〉，《法制史研究》，25（2014）：235-254。

49 明清合夥制度研究成果至少可見：今堀誠二，〈合夥の史的変遷〉，收入氏著，《中国封建社会の構成》，東京：勁草書房，1991，頁526-644；宮崎市定，〈合本組織の発達──「中国近世における生業資本の貸借について」補遺〉，收入氏著《アジア史研究》，京都：同朋舍，1979，頁194-197；藤井宏，〈新安商人的研究〉，傅衣凌、黃煥宗譯，收入《江淮論壇》編輯部編《徽商研究論文集》，合肥：安徽人民出版社，1985，頁131-272；楊國楨，

商業訴訟也留下不少相關記載，[50]這些合夥制度以及涉及合夥的訴訟案件到了清代中後期已然遍布全中國。然而，清代重慶城包括合夥糾紛在內的各種商業訴訟，其處理模式在中國境內到底有著何種程度的代表性？也許可由蘇州城的事例做些對照。

　　相較於重慶城，十八、十九世紀的蘇州城更是人口眾多與工商業繁榮的大城市；當時蘇州不僅也曾發生各類商業訟案，而且在商人捐款成立「會館、公所」等各種不同名稱商人團體的數量與規模上，都比重慶城商人團體更為眾多與龐大。然而，很令人好奇的是：在現存記錄商人訟案與會館、公所涉入司法運作的蘇州碑刻等資料裡，幾乎很難發現類似重慶地方官委派「客長」等商人團體領袖調查或協調商業訟案的紀錄。[51]

　　在現存記錄蘇州商人團體各種集體活動的碑刻資料裡，何以很少見到類似前述重慶城地方官委派「客長、八省客總」商人團

　　〈明清以來商人「合本」經營的契約形式〉，《中國社會經濟史研究》（廈門），3(1987)：1-9；張正明，〈清代晉商的股体制〉，《中國社會經濟史研究》（廈門），1(1989)：39-43；封越健，〈商人、商人組織和商業資本〉，收入方行、經君健、魏金玉主編《中國經濟通史‧清代經濟卷》中冊，北京：經濟日報出版社，2000，頁1251-1309；劉秋根，《中國古代合夥制初探》，北京：人民出版社，2007，頁361-414。

50 范金民，《明清商事糾紛與商業訴訟》，南京：南京大學出版社，2007，頁15-59。

51 當時蘇州經商衝突及相關訟案研究可見：邱澎生，〈由蘇州經商衝突事件看清代前期的官商關係〉，《文史哲學報》（台北），第43期，1995年12月，頁37-92。至於蘇州會館、公所與清代台灣、漢口、重慶等其他城市存在商人團體的異同比較，則可參考：邱澎生，〈會館、公所與郊之比較：由商人公產檢視清代中國市場制度的多樣性〉，收入林玉茹主編《比較視野下的台灣商業傳統》，台北：中研院台史所，2012，頁267-313。

體領袖協助調查商業證據的事例？一個最簡單的答案或許是蘇州
沒有留存類似「巴縣檔案」這樣卷帙龐大而又內容豐富的史料，
故而許多當日可能於蘇州發生的商業訟案審理細節現在已無法找
到。現今尚未發現史料，當然並不代表當時即不曾存在相關史
實。特別是當我們同時考慮現存十九世紀晚期清代台灣「淡新檔
案」也有類似重慶地方官委派商人領袖調查或協調商業訟案的事
例，[52]則蘇州情況更加顯得奇怪。如何解釋這個現象？一個直截的
推測是：若蘇州也能留存類似「淡新檔案、巴縣檔案」之類地方
政府公文書的話，或許能發現當時蘇州同樣存在乾隆56年
（1791）重慶〈余均義控告劉集賢案〉等官府委任商人團體領袖
調查商業訟案的類似例證。

　　不過，筆者對此還是不禁有些懷疑：現存蘇州碑刻等史料當
中保留的商業訟案數量其實並不算少，特別是這些蘇州碑刻史料
也常刊載當時各類商業訟案相關司法文書的節錄文本，有時甚至
還刊錄了諸如仿冒棉布商標牌記案件的當事人部分口供，然而，
在這些現存蘇州碑刻史料裡，卻似乎很難看到類似重慶地方官委
派「客長、八省客總」協助調查商業訟案的蛛絲馬跡，令人頗感
疑惑。

　　無論是〈余均義控告劉集賢案〉，或是〈監生章景昌等稟列
聖宮武聖廟會首李定安侵吞公款〉案，這些重慶城委派「客長、

---

52 相關情形可查考：艾馬克（Mark A. Allee），《十九世紀的北部台灣：晚清中
　　國的法律與地方社會》（王興安譯，台北：播種者文化出版公司，2003）；林
　　玉茹，〈清代竹塹地區的商人團體：類型、成員及功能的討論〉，《臺灣史研
　　究》，5,1(1999)：47-90；林玉茹，《清代竹塹地區的在地商人及其活動網
　　絡》，台北：聯經出版公司，2000。

八省客總」調查證據並協調糾紛的商業訟案處理模式，在巴縣檔案都並非特例，算是尋常得見的現象。但在蘇州這樣經濟情況比重慶更加發達的大都市裡，似乎卻反而未曾留下可供考察的類似線索。如果暫不考慮蘇州未曾留下類似巴縣檔案豐富地方公文書的這層史料有闕因素，則蘇州與重慶上述差異是否可能還反映其他重要的歷史原因呢？有無可能因為重慶城人口規模比蘇州為小，或是外來移民對蘇州城的影響力量遠比重慶城情形小，故而才在兩個城市產生看來頗不相同的商業訟案處理模式？這可能仍是值得嚴肅考慮的重要課題。

蘇州城所在地的吳縣、長洲、元和三縣至今都未留下地方衙門司法檔案，只有在蘇州城外鄰近的太湖地區，曾經留存了同治年間形成的「太湖廳檔案」。有學者以太湖廳檔案對比重慶的巴縣檔案，發現兩類訴訟檔案存在一項重要差異：「只要閱讀兩者並進行比較，任何人都會發現：生活在這兩個地方的民眾所進行的訴訟以及官府的審判方式迥然不同」；太湖廳在清代同治年間涉及訴訟的民眾，「與同時期的巴縣人比較而言，溫和穩重得多，對作出判決的地方官可以說相當順從」；但在同治年間巴縣訴訟給人的感覺則：「像是被捲入到巨大的黑色漩渦中一樣」，呈顯出某種重慶民眾極愛好訴訟的「好訟社會」樣貌，因而與蘇州地區太湖廳民眾進行訴訟的「溫和穩重」方式極不相同。[53]

何以兩類不同司法檔案所反映的地方訴訟情況竟然差異如此之大？夫馬進從時間變動與空間差異兩方面做了論證與推測。在

---

[53] 夫馬進，〈中國訴訟社會史概論〉，范愉譯，收入中國政法大學法律古籍整理研究所編《中國古代法律文獻研究》第六輯，頁1-74，引文見頁6。

時間變動方面，十九世紀後半的同治年間其實與十八、十九世紀之際的乾隆、嘉慶年間頗不相同；即使是在嘉慶時期的巴縣，審判方式其實原本也是「與太湖廳比較接近」。在空間差異方面，同治年間太湖廳檔案反映涉案民眾的經濟社會生活其實比較類似鄉村形態，當地經濟並不以工商活動為特色；重慶城則與太湖廳經濟生活呈現至少三項差異：人口壓力更大、社會結構的都市性質更強、外來移民占當地人口比重較高。[54]夫馬進指出時間變動及空間差異的兩方面因素，提示了日後研究清代中國法律與社會關係的重要線索。

　　王志強曾以巴縣檔案同治朝一些錢債案件為例，發現當時地方官府幾乎完全不憑藉民間力量協助調查證據，故而像是一種「家長官僚型」司法體制，與近代早期（early modern）英格蘭司法程序能夠有效調動各種社會資源的情形很不相同。王志強強調：在當時的英格蘭，民事案件的事實與當事人在法律上提出的主張，以及案件相關證據、糾紛救濟的要求，都必須要由當事人及其律師向法院提出，法院在此過程中只承擔形式審核、監督庭審以及傳喚證人等責任，故而是一種能夠有效結合「自治」（self-government）與「法治」（rule of law）的司法體制。[55]清代中國司法體系雖然與近代早期英格蘭確實存在種種制度差異，但以巴縣檔案乾隆56年（1791）〈余均義控告劉集賢案〉為例證，則若認為當時中國地方官完全不借助民間力量協助調查證據，似乎

54　夫馬進，〈中國訴訟社會史概論〉，頁8-10。
55　王志強，〈清代巴縣錢債案件の受理と審判──近世イギリス法を背景として〉，田邊章秀譯，收入夫馬進編《中國訴訟社会史の研究》，頁821-855。

並不完全符合當時實情。

　　如何評估清代社會力量在司法審判中的作用、地位與性質？一直是不少學者關注的重要議題。只是，這可能屬於歷史比較的課題，王志強持與英格蘭比較是一例證，足立啟二也曾以巴縣檔案訴訟案件對比日本的熊本藩「古文書、古紀錄」，試圖論證清代中國「專制國家」與江戶日本「封建社會」之間存在極不相同的國家與社會互動關係：當時日本是以小農和村落力量發展出以農民為主體的自治團體，從而導致原先的「領主統治」名存實亡，並使日本的社會團體不斷發展壯大。而當時中國雖然出現商品經濟顯著發展，但因為專制國家的作用，加上地方政府內部充斥著人數龐大的書吏、差役，這些吏役都長期滲透到種種社會職能之中，致使中國社會無法出現伴隨商品經濟而凝聚出來種種具有「公共性」的社會團體。[56]這種來自中日歷史比較的綜合性看法也有一定程度的啟發性，但若放在前述夫馬進指出太湖廳與巴縣的空間差異看，則似乎還可對此方面議題再做更深入思考。

　　以東南沿海地區為例，自晚明福建地區開始普遍實施一條鞭法以後，上繳中央稅收增多，以致地方政府財政規模銳減，故而只能「授權」更多公共事務給予當地宗族。[57]至於與巴縣同樣位於四川的南部縣，這是一個商業不若巴縣發達的地方，卻同樣留下豐富的清代地方司法文書「南部縣檔案」，有學者研究其中民事

56 足立啟二，〈十八—十九世紀の日中社會編成の構造比較〉，收入氏著《明清中国の経済構造》，東京：汲古書院，2012，頁593-645。

57 鄭振滿，《鄉族與國家：多元視野中的閩台傳統社會》，北京：三聯書店，2009，頁257-299。

糾紛與司法案件，強調地方政府在「低成本治理」的現實考量下，時常借助宗族與鄉里組織共同維護法律權威及地方社會秩序；無論在訴訟尚未到達衙門之前的處理，或是訴訟到達衙門之後的官府裁決，宗族與鄉里組織都「發揮著重要的調處作用」。[58] 然則，團體成員的互動關係究竟要到達什麼樣的標準，才能算是具有「公共性」的社會團體呢？在不同國家或地區裡，這種社會團體的「公共性」是否都只能有同樣一種標準？[59]

　　以巴縣檔案乾隆56年（1791）〈余均義控告劉集賢案〉與嘉慶11年（1806）〈監生章景昌等稟列聖宮武聖廟會首李定安侵吞公款案〉為例，可清楚見到當時重慶城發生這種地方官委派「客長、八省客總」協助調查證據並努力促成原、被告尋求和解的商業訟案處理模式。以商業發展程度而論，十八、十九世紀之間的巴縣肯定比南部縣繁榮，但卻比不上同時期蘇州、松江等江南地區，但無論如何，巴縣許多商業訴訟仍然是某種都市社會的產物，而由商人自願捐款組成的社會團體也頻繁地在地方官委任之下，介入調查與協調商業糾紛的工作。不管這些商人團體領袖在每個具體案件的調查過程與協調結果上是否真能讓訴訟雙方當事人滿意，這類社會團體與地方政府的經常性互動關係，是否只能簡單地視為類似「差役」性質因而減損其「公共性」？同時，在當時重慶地方官眼中，「客長、八省客總」地位是否有如「鄉

---

58 吳佩林，《清代縣域民事糾紛與法律秩序考察》，北京：中華書局，2013，頁91、123。

59 這方面較全面與更細緻的反思，可見：王國斌，〈近代早期到近現代的中國：比較並連結歐洲和全球歷史變遷模式〉，《文化研究》第19期「明清中國與全球史的連結」專題論文，頁18-57。

約、地保」一般，難以稱為是某種具備一定社會地位的社會菁英？這可能仍要透過更多案件並結合具體時間與空間變化再做仔細探究。

第七章

明清中國商業書中的
倫理與道德論述

　　隨著十六到十八世紀中國全國市場擴展，出現了一批涉及交
通、住宿、貨幣、度量衡、商品、商稅、應酬書信等各方面內容
的商業書，反映了當時明清商業發達的一項特色。[1]這些商業書不
僅有針對一般不分行業的「坐賈」（開設店鋪者）與「行商」（旅
途商販者），其他像是針對從事特定一類商業的典鋪與當鋪，以
及針對經營棉布批發與加工的「字號」業者，也都出現了一些用
以傳授商業經營相關知識的專門書籍，這些文本都可統稱為明清
中國的商業書。[2]對於估計明清中國經濟發展整體概況，特別是想

1　陳國棟，〈懋遷化居──商人與商業活動〉，收入劉岱總主編、劉石吉主編，
　　《中國文化新論：經濟編》，台北：聯經出版公司，1982，頁272。

2　對現存明清中國各種不同商業書（或稱商書）比較全面性的介紹，可見：陳
　　學文，《明清時期商業書及商人書之研究》，台北：洪葉文化有限公司，
　　1997；張海英，〈明清社會變遷與商人意識形態──以明清商書為中心〉，
　　《復旦史學集刊》第一輯《古代中國：傳統與變革》，上海：復旦大學出版

認識當時商業經營所需用的交通路線、數字計算、書信寫作、貨幣換算、學徒與夥友教育訓練等商業知識，以及由商業經營立場去認識或評論各類人際關係的商業倫理或是商業道德問題，這些商業書都反映了不少重要的相關論述。

目前學界有關明清商業書的研究成果已然不少，討論主題大致包括：商業水陸交通路線的概況與變動、[3]客商與「車、船、店、腳、牙」等行業者在商業上的交往經驗、[4]算盤技法與商用數學的演變、[5]針對學徒與夥友的商業與工業教育訓練、[6]「日用類書」

社，2005，頁145-165；張海英，〈明清商業書的刊印與流布──以書籍史／閱讀史為視角〉，《江南社會歷史評論》第八期，北京：商務印書館，2016，頁32-46。

3 韓大成，〈交通運輸的發展〉，收入氏著《明代城市研究》，北京：中國人民大學出版社，1991，頁237-271；谷井俊夫，〈里程書の時代〉，收入小野和子編《明末清初の社會と文化》，京都：京都大學人文科學研究所，1996，頁415-455；Timothy Brook, *Geographical Sources of Ming-Qing History*. Ann Arbor: Center for Chinese Studies, University of Michigan, 2002.張海英，《明清江南商品流通與市場體系》，上海：華東師範大學出版社，2002。

4 鞠清遠，〈清開關前後的三部商人著作〉，收入包遵彭等編《中國近代史論叢》二輯三冊，台北：正中書局，1977，頁205-244；森田明，〈『商賈便覽』について──清代の商品流通に關する覺書〉，《福岡大學研究所報》，16(1972)：1-28；水野正明，〈『新安原板士商類要』について〉，《東方學》，60(1980)：96-117。

5 本田精一，〈『三台萬用正宗』算法門と商業算術〉，《九州大學東洋史論集》，23(1995)：87-125；李伯重，〈八股之外：明清江南的教育及其對經濟的影響〉，《清史研究》，2004,1(2004)：1-14。

6 羅崙，〈乾隆盛世江南坐商經營內幕探微〉，收入洪煥椿、羅崙編《長江三角洲地區社會經濟史研究》，南京：南京大學出版社，1989，頁241-257；范金民，〈清抄本《生意世事初階》述略〉，收入氏著《國計民生──明清社會經

中收錄的商業知識內容，[7]以及商業書中的「抄稿本」與「刊印本」問題，[8]還有商人道德與商人自覺的主要特徵，[9]涉及面向可謂頗為豐富多樣。

　　無論刊印本或是抄稿本，都可做為商人傳承其經商經驗的文本，故兩者形式雖然可能影響其寫作策略，但兩者功能還是具有不少相似性。隨著十六世紀以後明清國內外商貿活動加速進行與擴展，各類經商相關知識也在全國範圍內不斷累積、傳播與演變。這些商業書取材內容常有不同，既有做為標明全國商業路線

　　濟研究》（福州：福建人民出版社，2008），頁742-748；張海英，〈從商書看清代「坐賈」的經營理念〉，《浙江學刊》，2006,2（2006）：94-101；李琳琦，〈從譜牒和商業書看明清徽州的商業教育〉，《中國文化研究》，21（1998）：44-50；王振忠，〈啟蒙讀物與商業書類〉，收入氏著《徽州社會文化史探微：新發現的16-20世紀民間檔案文書研究》，上海：上海社會科學出版，2002，頁312-445；彭南生，《行會制度的近代命運》，北京：人民出版社，2003，第7-9章，頁196-326；余同元，〈傳統工匠及其現代轉型界說〉，《史林》，2005, 4（2005）：57-66。

7　王爾敏，《明清時代庶民文化生活》，台北：中央研究院近代史研究所，1996；吳惠芳，《萬寶全書：明清時期的民間生活實錄》，台北：國立政治大學歷史學系，2001。

8　張海英，〈從明清商書看商業知識的傳授〉，《浙江學刊》，2007,2（2007）：83-90。

9　寺田隆信，〈明清時代の商業書について〉，原載於《集刊東洋學》，20（1968.10），頁111-126，後收入氏著《山西商人の研究：明代における商人および商業資本》，京都：京都大學文學部內東洋史研究會，1972，頁297-336；斯波義信，〈「新刻客商一覽醒迷天下水陸路程」について〉，收入《東洋學論集：森三樹三郎博士頌壽記念》，東京：朋友書店，1979，頁903-918；Richard John Lufrano, *Honorable Merchants: Commerce and Self-Cultivation in Late Imperial China*, Honolulu: University of Hawaii Press, 1997. 張海英，〈明清社會變遷與商人意識形態──以明清商書為中心〉。

及沿途風土民情的「程圖」或「路引」等內容寬泛的商業書；[10]
也有討論類似「買山先種松，買地先種柳」等特定商品經營技巧
等所謂「致富全書」的特定商業書。[11]但無論其涉及經商事務範疇
的寬泛或特定，當這類著作以刊本或是抄稿文本形式出現時，都
能相當程度反映時人整理與傳承各類商業知識與相關倫理道德的
企圖與成果。

---

10 中國歷史上類似「程圖、路引」的文本至少可上溯到宋、元時代的「行
紀」，但延至明清兩代，則出現更多以「路程圖記、程圖、路引」命名的專
書。這類程圖、路引的種類不少，品質也各有高下。有些程圖固然「但施抄
襲」因而並「不準確」（參見：吳璧雍，〈《石渠閣精訂天涯不問》──一部
院藏袖本旅行交通手冊〉，《故宮文物月刊》，21,8(2003)：82-87），但並非所
有程圖都是如此「不準確」，如明隆慶4年（1570）黃汴所輯《一統路程圖
記》（此書又名《新刻水陸路程便覽》或《圖注水陸路程圖》），有學者認為
此書「所記大多數驛站和驛路都很準確」，而這類比較準確的程圖、路引在
十六世紀以後中國境內流行了三、四百年，直至清末通訊方式和交通工具發
生重大變化，才為近代「交通指南」和各種新式地圖所取代（參見：楊正
泰，〈《一統路程圖記》前言〉，收入氏著《明代驛站考》，上海：上海古籍出
版社，1994，頁133-134）。張海英曾仔細比對不同版本的程圖，指出明清其
實存在幾種不同的「路引體系」：明代隆慶年間的黃汴《一統路程圖記》，
「明顯繼承元代許衡編著的《萬寶全書》」相關內容，這套路引體系確實影響
其後許多明代程圖；但明代天啟年間程春宇《士商類要》的程圖內容，則是
影響清代《示我周行》等書籍甚大的另一套路引體系（參見：張海英，〈明
清水陸行程書的影響與傳承──以《一統路程圖記》、《士商類要・路程圖
引》、《示我周行》為中心〉，收錄於《江南社會歷史評論》第五期，北京：
商務印書館，2013，頁21-22）。
11 明・陳繼儒撰，清・嚴逸叟增定，《重訂增補陶朱公致富全書》（《故宮珍本
叢刊》子部第363冊，海口市：海南出版社，2001，據清康熙年間經綸堂刻
本影印），卷3，〈詩賦：田園即事〉，頁23下。

　　明清商業書的刊印本種類頗為多元，諸如用以傳承「行商」
經驗的《客商規鑒論》（約1599）、[12]《士商類要》（約1626）[13]與
《客商一覽醒迷》（約1635），[14]以及標榜同時納入「行商」與「坐
賈」商業知識的《商賈便覽》，[15]這些商業書大多是由書坊製作並
售賣的刊印本。至於抄稿形式的商業書也有些許作品存世，如討
論「坐賈」經商事務的《生意世事初階》、[16]登錄當鋪估價各類貨
品的數種「當譜」，[17]以及收錄棉布加工生產檢驗與買賣行銷原料

---

12 明・不著撰人，《客商規鑒論》，收錄於明・三台館主人仰止余象斗編《新刻
　　天下四民便覽三台萬用正宗》（據明萬曆27年（1599）余氏雙峰堂刻本影
　　印，後文簡稱《三台萬用正宗》），收於酒井忠夫監修，坂出祥伸、小川陽一
　　編《中國日用類書集成》，東京：汲古書院，1999，第三卷，冊2，卷21，
　　「商旅門」，頁294-348。《三台萬用正宗》原刊於明萬曆27年（1599），則收
　　錄書中之《客商規鑒論》應係更早編成。

13 明・程春宇，《士商類要》，書前有明天啟6年（1626）方一桂敘文，楊正泰
　　點校本，收入楊正泰，《明代驛站考（增訂本）》，上海：上海古籍出版社，
　　2006，附錄三，頁299-447。

14 明・李留德，《客商一覽醒迷》，書前有明崇禎8年（1635）〈合刻水陸路程
　　序〉，新校本，收入楊正泰校注《天下水陸路程、天下路程圖引、客商一覽
　　醒迷》，太原：山西人民出版社，1992，頁267-329。據瀧野正二郎先生細核
　　崇禎8年本《客商一覽醒迷》告知，此書作者不是楊正泰校注本所寫「李晉
　　德」，而應是「李留德」，此處據以改正，特此誌謝。

15 清・吳中孚，《商賈便覽》，六集八卷本，書前有清乾隆57年（1792）作者自
　　序，影本藏於中央研究院近代史研究所郭廷以圖書館。

16 清・王秉元，《生意世事初階》，書前有清乾隆51年（1786）汪氏重抄本序
　　言，現藏於南京大學圖書館。感謝范金民與張海英兩位教授協助，使筆者有
　　機會研讀此份抄稿本。

17 如《當鋪集》（書前封面署有清乾隆24年增補鈔本）、《論皮衣粗細毛法》
　　（書前題有清道光23年「任城李氏定本，峻山氏重輯」）、《當譜》（清抄本，

各種相關技藝的《布經》，[18]這些都是當時以抄稿文本形式流傳的商業書。

當然，傳承商業知識的管道很多，並不必然非靠刊印本或是抄稿等文字形式，「口傳心授」其實也經常發揮更為直接的功效。我們不妨將明清商業知識傳承區分為「口傳心授」與「文字傳播」兩大類：前者包括個人的親身經歷、雇主或師長的耳提面命，以及親友的私下指點；後者則主要透過寫錄抄稿或是刊印書籍，藉以傳承商業知識。一般說來，藉文字傳播的商業知識，可能經常比不上口傳心授者來得親切，但卻因為容易流通而具有更廣大的擴散性。而要進一步留意的是：即使同屬文字傳播的商業知識，抄稿與刊印本兩者可能在內容上存在重要區別，刊印本固然流傳範圍比抄稿大，抄稿本卻因製作時未曾特別想要公開提供較多素不相識的讀者閱讀，則作者、編者或是抄者的顧忌便相對較少，反而有時記錄了商人對某些敏感事物或特定人際關係更加真實的想法。[19]明清中國那些透過「口傳心授」的商業知識，現今固然已很難復原，但在某個意義上說，抄稿商業書比起刊印本商

未著年代）、《成家寶書》（清抄本，未著年代）、《定論珍珠價品寶石沅頭》（清抄本，未著年代；書末蓋有民國26年6月10日「袁同禮先生贈」印記），這五種抄本都影印收入北京的國家圖書館分館編《中國古代當鋪鑒定秘籍》，北京：國家圖書館，2001。

18 目前至少有三種不同的《布經》抄本：清‧范銅，《布經》，清抄本，影印收入《四庫未收書輯刊》，3輯30冊，頁82-110；清‧不著撰人，《布經》，清抄本，安徽省圖書館藏；清‧不著撰人，《布經要覽》，據清‧汪裕芳鈔本影印，收入《四庫未收書輯刊》，10輯12冊，頁581-599。

19 有關這方面問題的討論，參見：張海英，〈從明清商書看商業知識的傳授〉，《浙江學刊》，2007,2（2007）：83-90。

業書而論，有時候卻可能更接近當時中國口傳心授的商業知識。

　　在既有的明清商業書研究基礎之上，本章將以出現於十六至十八世紀間的《客商規鑑論》與《商賈便覽》為主要考察對象，針對其中包括的商業知識與倫理道德論述，做較仔細的比較。

第一節　綜論與舉證交錯：《客商規鑑論》的商業訓練與教育

　　現今較易見到的《客商規鑑論》，收錄於當代學者習稱為「日用類書」的《三台萬用正宗》（該書原刊於明萬曆27年（1599）），[20]但此書的具體寫作年代與作者姓名不詳。《商賈便覽》則是以專書形態出現，該書編於乾隆57年（1792）而刊於道光2年（1822），是十八世紀末的文本。[21]整體而論，無論是屬於「日用類書」或「商業手冊」的文本，對閱讀者與編寫、出版者而言，《客商規鑑論》與《商賈便覽》相距約有兩百年，但都具有累積與傳遞商業知識的作用；筆者希望能進一步對這兩件商業知識文

---

20 《三台萬用正宗》全名為《新刻天下四民便覽三台萬用正宗》（影印本，收於《中國日用類書集成》第三卷，東京：汲古書院，1999。該卷計分3冊），該書原刊於明萬曆27年（1599），編者署名「三台館主人仰止余象斗」，但《客商規鑑論》則不附作者與撰著時間，被收錄於《三台萬用正宗》卷21的「商旅門」（影印本，冊2，頁294-348）。

21 現今傳世《商賈便覽》至少有「六集八卷」與「六集十卷」兩個不同版本，兩書章節基本相同，看來不過是將同類內容多添分卷數而已。兩種版本比較概略，可見：陳學文，〈明清時期商業文化的代表作——商賈便覽〉，收入氏著《明清時期商業書及商人書之研究》，頁199-201。筆者目前使用版本應是陳文所指的六集八卷本。

本細做區分，或許也能看出當時如何建構商業知識的演變軌跡。

今日較易見到的《客商規鑑論》文本，主要收錄於《三台萬用正宗》卷21「商旅門」內。由於無法看到《客商規鑑論》作者是否也曾寫有自序，只能以該文本內容及其在《三台萬用正宗》全書所占位置，來與《商賈便覽》進行比較，藉以檢視兩件文本在當時如何做為「文字建構式」商業知識的書籍而被流傳與閱讀。

《三台萬用正宗》全書四十三卷，各卷都賦予不同「門」為標題，全書共有標題四十三門：天文、地輿、時令、人紀、諸夷、師儒、官品、律例、音樂、五譜、書法、畫譜、蹴踘、武備、文翰、四禮、民用、子弟、侑觴、博戲、商旅、算法、真修、金丹、養生、醫學、護幼、胎產、星命、相法、卜筮、數課、夢珍、營宅、地理、剋擇、牧養、農桑、僧道、玄教、法病、閑中記、笑謔。

和萬曆年間其他日用類書的門類結構相比較，[22]《三台萬用正宗》「商旅門」的設計顯得有些凸出，幾乎可說是《三台萬用正宗》特有的一項門類，[23]明顯是以商人為該門內容的最主要讀者。

---

22 這些民間日用類書在明清兩代也常被稱為「萬寶全書」。有學者整理明清兩代乃至民國初年的六十八種萬寶全書版本與簡目，其中所列五十八種刊於明萬曆至清道光年間的萬寶全書目錄（參見：吳蕙芳，前引書，頁641-668），可做為檢視這些日用類書有無「商旅門」分類結構的初步比較。

23 有學者指出明代另一部日用類書《新刻天下四民便覽萬寶全書》（周文煥、周文煒編，32卷，四冊，萬曆刻本）的第26卷也列有「商旅門」，且其所收〈客商規略〉等文字文長七百九十八字，與《三台萬用正宗》卷21《客商規鑑論》文字「只有一字之差」，只是「現尚不明二個版本有何關係」，見：陳學文，〈論明代商業的規範要求〉，收入氏著《明清時期商業書及商人書之研究》，頁57。

雖然當時大多數日用類書都闢有「算法門」，這當然也與經商貿易密切關連，但計算技巧與知識，其實也很難說是只以商人為最主要讀者。與此相較，《三台萬用正宗》在維持設置「算法門」的同時，又再特別新闢「商旅門」，這是明清眾多日用類書中較特別的一種內容分類設計。

《三台萬用正宗》四十三卷，各卷內容都區劃為上、下兩欄。這種分欄的版式設計，普遍見於十六世紀以後的日用類書，兼具節省書版空間容納更多內容，以及減少書籍刊行成本進而降低書價的作用。[24] 檢視《三台萬用正宗》卷21「商旅門」，其上欄內容被賦予「青樓軌範」的標題，看來與不少明代日用類書設置的「風月門」或是「風鑑門」內容相類似；只是，《三台萬用正宗》編者並不將「風月、風鑑」單獨立門，而是將其相關內容併入「商旅門」內。

至於《三台萬用正宗》下欄內容，則再分別放入以下二十七節小標題：客商規鑒論、船戶、腳夫、銀色、煎銷、秤棰、天平、斛斗、穀米、大小麥、黃黑豆、雜糧食、芝麻菜子、田本、棉花、棉夏布、紗羅段匹、竹木板枋、鞋履、酒麴、茶鹽菓品、商稅、客途、占候、論世情、保攝、論搶客奸弊。[25] 雖然這二十七

---

24 吳蕙芳，前引書，頁34-35。這種上、下兩欄乃至於上、中、下三欄的「日用類書」版式設計，至少已見於元代泰定元年（1324）刊行而明代正統、景泰年間屢次翻印《啟箚青錢》的部分門類，參見：吳蕙芳，前引書，頁26、29、35。

25 寺田隆信認為萬曆本《三台萬用正宗》所錄《客商規鑒論》全書分為二十五條（寺田隆信，《山西商人の研究：明代における商人および商業資本》，頁299），此應為誤算，細核全文，當為二十七條。

節小標題彼此並無明顯的從屬關係，但細讀其內容，則第一節小標題〈客商規鑒論〉，其實正可做為《三台萬用正宗》「商旅門」下欄內容的「總論」，而其他二十六節小標題則有如《三台萬用正宗》「商旅門」下欄內容之「分論」。[26]一方面因為存在這個總論、分論的實質內容從屬關係，一方面也為了行文方便，本章即以第一節小標題〈客商規鑒論〉名稱統攝《三台萬用正宗》卷21「商旅門」下欄內容，有時候並直接以《客商規鑒論》書名做稱呼。[27]

　　整體而論，《客商規鑒論》全書二十七節小標題，是以「穀米、大小麥、黃黑豆、雜糧食、芝麻菜子、田本、棉花、棉夏布、紗羅段匹、竹木板枋、鞋履、酒麴、茶鹽菓品」等十三類有關農業、農副業與手工業產品為主體（占全部小標題的48%；頁數則達14頁，占全書27.5頁的51%）。內容次多者，則屬「銀色、煎銷、秤棰、天平、斛斗」等與度量衡有關的五節小標題，頁數達4.5頁，占全書頁數的16%。《客商規鑒論》提及當時物產與度量衡時，基本上並不限定特定區域，江南、江北、上江、下江、華北、四川、福建、廣東、雲南等府縣鎮名，都常見於這些內容之中，看來作者對當時市場的認識也有相當的空間範圍為基礎。而由「棉夏布」小標題該節起首處提及的「至於布匹，真正

---

26 這個實質內容上的從屬關係，也可由〈客商規鑒論〉以下二十六個小標題的文字幾乎都使用「且以、至於、若夫、且如、且夫、至夫、若論、是以」等詞句開頭，明顯表達出承接上文小標題的語氣。

27 這其實也是目前許多研究者共通使用的統攝稱呼方式，見：陳學文，《明清時期商業書及商人書之研究》，頁57。

松江，天下去得」看來，[28]作者心目中的「天下」，當然代表了十六世紀某種大範圍「市場」已經深印在他腦海中。

至於《客商規鑒論》用來表達全書內容的行文方式，也很值得留意。全書基本上是以原則性的綜論與事例性的舉證，兩相交錯，進行敘述。如「銀色」一節，在起始處說道「至於算法，乃買賣之正經，目（按：疑為「自」之誤）有書傳心授，銀色實生涯之本領，過眼須要留心」，之後，便開始一路列舉「九程本色、九二三、九五六、九七八青絲、九七八水絲、上江文銀、上江水絲」等等作者看來皆曾寓目的全國各地色銀，介紹各銀特色，並評論其高低價值，[29]最後再做總結：

> 大抵看銀之法，必須四面參看，程色相同，方纔真正。若還不一，必定蹺蹊。各宜詳察，仔細觀之。[30]

「銀色」小標題全節內容達1,236字，完全不做分段，並呈現出一種先「綜論」，次「舉證」，再「綜論」的行文結構。《客商

28《客商規鑒論》，頁324。

29《客商規鑒論》，頁301、306。對明清不同銀色的區別及其各自行用概況的簡介，可見：Lien-sheng Yang, *Money and Credit in China: A Short History*, Cambridge, Mass.: Harvard University Press, 1952, pp. 46-50；魏建猷，《中國近代貨幣史》，上海：群聯出版社，1955，頁21-42。至於當時中國何以出現眾多不同成色的銀兩貨幣？學者由本地市場與外地市場之間形構成為某種特殊的「水平連鎖」與「垂直統合」結構關係切入，提出一些有啟發性的解釋，可見：黑田明伸，《貨幣制度的世界史——解讀「非對稱性」》，何平譯，北京：中國人民大學出版社，2007，頁181-201。

30《客商規鑒論》，頁301、306。

規鑒論》其餘各節小標題的內容，也基本上採取這種行文方式。

這種綜論與舉證交錯的行文風格，大致貫串《客商規鑒論》全書。第一節〈客商規鑒論〉雖是最多綜論語句的部分，但在綜述「夫人之於生意也，身攜黃金，必以安頓為主；資囊些少，當以疾進為先」、「若搭人載小船，不可出頭露面，尤恐船夫相識，認是買貨客人」等語句後，仍例舉了十種不同性格與行事特徵的牙行（其目詳後），[31] 同時，作者又不忘在行文小結處叮嚀讀者：「小心為本，用度休狂。慎其寒暑，節其飲食」。[32] 這種小心叮嚀的語句，與前引「銀色」總結語句的「若還不一，必定蹺蹊。各宜詳察，仔細觀之」，實有異曲同工之妙。

《客商規鑒論》用來例證的事物甚多，作者不僅在各節小標題內不做分段，而且其舉例證之多，有時甚至是有點不厭其詳，例如：「羅山葛，身重，久而變黑；福建葛，身輕，新則羊羶；廣東慈谿，徒然好看；永新洪郡，終有漿頭。木瀆麻布，粗而真；六畝麻布，真而細；水潮廣生，相類六畝真麻；福生青山，闊狹高低不等；無錫麻布，乃草不堪」；再如：「南京紗段雖多，高低不等，只有黑綠出名。鎮江段絹雖少，身分卻高，最有大紅出色。蘇州紗段有名，或礄或粉，帽料獨高。杭州段絹重漿，少於清水，輕羅可也」。[33]

---

31 《客商規鑒論》，頁294-295。

32 《客商規鑒論》，頁295。

33 《客商規鑒論》，頁327-328。藤井宏也早在1950年代即已由眾多明清方志整理出十六、十七世紀間通行全國各地（四川、雲南、貴州除外）的眾多農商品、手工業產品名色，可見：藤井宏著，傅衣凌、黃煥宗譯，〈新安商人的研究〉，頁131-272。

　　現今所見《客商規鑒論》全部二十七節內容都未做分段。由於這是收錄於《三台萬用正宗》的文本，我們已無法分辨這種分節分段方式究竟是作者原意或是日用類書編者的設計。但是，《客商規鑒論》各節內容基本上採取綜論與舉證交錯的行文方式，卻應可反映此書原貌。同時，由作者常在不憚細瑣舉例後而又叮嚀再囑的風格看來，《客商規鑒論》的作者，真很像是一位飽經商場世故的長者，正在對有意經商貿易者傳授經驗。而由筆者前面所做分類看來，《客商規鑒論》蘊含實質內容，極像是一種「口傳心授式」商業知識，但在累積與傳播的形式上，則又確然已經成為以刊印書籍為媒介的「文字建構式」商業知識。

　　限於篇幅，無法對《客商規鑒論》全書做更仔細分析，此處只挑選《客商規鑒論》第一節〈客商規鑒論〉再做析論。〈客商規鑒論〉小標題項下有七百九十個字，雖然原書未分段落，但其文意可大致區別為四段，各有不同重點。[34]為便討論，筆者試著為其內容按上四項小標題：論旅程安全、論審擇牙行、論節氣物產、論買賣時機。

　　在論旅程安全部分，該書作者除建議客商要依自身所攜財貨多寡，而有「以安頓為主」或「以疾進為先」兩種不同行進速度外，也重視減少「出頭露面」機會，並勸告客商在旅途上盡量「早歇遲行，逢市可住」，此外，「半路逢花，慎勿沾惹；中途搭伴，切記妨閒」，而出門在外也要注意保健身體：「慎其寒暑，節其飲食」。

　　在論審擇牙行方面，作者列舉十種不同性格與行事特徵的牙

34《客商規鑒論》，頁294-297。

行：「好訟者、會飲者、好賭者、喜嫖者、驕奢者、富盛者、真實者、勤儉者、語言便佞撲綽者、行動朴素安藏者」，客商除了該「預先訪問」所擇牙行是否「多惧營生」外，也仍要不忘「臨時通變」，總之，審擇牙行的原則是：「義利之交，財命之托，非恆心者，不可實任」。

在論節氣物產上，作者在綜述「買賣雖與（牙行）議論，主意實由自心」的原則後，接著便舉例證：「如販糧食，要察天時，既走江湖，須知豐歉。水田最怕秋乾，旱地卻嫌秋水。上江地方，春佈種而夏收成；江北、江南，夏佈種而秋收割」，作者由例證再引出另一個綜論：「若逢旱潦，荒歉之源」。同時，作者還進一步例舉節令氣候變化異常可做為不同糧食收成變動的「指標」：「冬月凝寒，暮春風雨，菜子有傷。殘夏初秋，狂風苦雨，花、麻定損。小滿前後風雨，白蠟不收。立夏之後雨多，蠶絲有損。北地麥收，三月雨；南方麥熟，要天晴」；例舉證據後，作者又有如下綜理：「水荒尤可，大旱難當」。這些似乎泰半源出農家經驗的候占精句，都被作者整理成可為商人經營糧食貿易重要參考的憑據。

最後在論買賣時機方面，作者更是扣合前述論節氣物產內容，由「堆垛糧食，須在收割之時；換買布匹，莫向農忙之際」，一路推導出「貨有盛衰，價無常例」、「買要隨時，賣毋固執」、「買賣莫錯時光，得利就當脫手」等原理原則。而在這個舉證與綜斷買賣時機的交錯行文裡，作者對「商機」做了頗為抽象的分析與綜理：

須識遲中有快，當窮好取，藏低再看緊慢，決斷不可狐

疑。貨賤極者，終雖轉貴；快極者，決然有遲。迎頭快者，
可買；迎頭賤者，可停。價高者，只宜趕疾，不宜久守；雖
有利而實不多，一跌便重。價輕者，方可熬長，卻宜本多，
行一起，而利不少，縱折卻輕。[35]

這主要是作者依據當時各種農產品價格漲落商機而做論斷，
他給客商買賣糧食的具體建議是：「如逢貨貴，買處不可慌張；
若遇行遲，脫處暫須寧耐」。即使提出一些外表類似道德詞句的
字眼，作者也並非是離卻商機利潤而自己徒然說教，如所謂「現
做者雖吃虧，而許多把穩。有行市，得便又行。得意者，志不可
驕；驕則必然有失。遭跌者，氣不可餒；餒則必無主張」。

以〈客商規鑒論〉第一個小標題項下的七百九十字內容而
論，作者的務實性格十分明顯，由重視人身與財貨安全，審擇牙
行等商場合作對象，到觀察農產品與農副手工業原料產量的時節
變動，以及傳授其所體會買賣最佳時機的原理原則，這些內容幾
乎都不出現任何提倡家族倫理或是義利之辨等所謂傳統儒家道德
的語句。

即使是銜接發揮〈客商規鑒論〉旨意的其他二十六個小標
題，其實質內容也多是小心身家財貨安全與如何經營謀利等極務
實語句，而其形式也主要是例證與綜斷交錯互見的行文方式。如
第二十三節「客途」的表述方式：「至於客途艱苦，亦當具布其
言：巴蜀山川險阻，更防出沒之苗蠻。山東陸路平夷，猶慎凶強

---

35 《客商規鑒論》，頁 296-297。

之響馬」。[36]再如第二十六節「保攝」，在提出「意既舉於遠行，心當存乎保攝」的綜述句後，作者即對有志經商的讀者在遠行前提出各項建議：「合宜藥食，預可備之」，「早含煨生姜，通神辟瘴；身帶真雄黃，解毒辟邪」，「干胃散加味，諸疾可治；玉樞丹調引，各毒能消；枳术丸，建脾寬中；補陰丸，固精養血；感應丸，可醫瀉痢；神靈散，能治心疼」。各地旅途不僅有人為盜匪竊賊之險，也還有各種動物或其他莫名的危害：「江南溪中，有射工之虫，射人影而即死；渡河者，以物擊水，且宜急渡。深山草中，有黃花蜘蛛，螫人身而即傷；露行者，慎宜防之」；「更兼墳墓、遇神祠，不可輕入，進必恭誠」。[37]

　　從上述實質內容與行文方式做比較，刊行流傳於十六世紀末的《客商規鑒論》與編撰於十八世紀末的《商賈便覽》，兩者之間存在一些明顯的異同處，下文將續做分析。

---

36 盜匪經常造成經商安全的問題，也不限於巴蜀、山東發生，即使在十六世紀江南部分地區，也有頗令人吃驚的例證，《客商規鑒論》作者對此似有切膚之痛：「杭有吳江塘上搶客之患，來則十數小船，百餘人眾，先以禮接，順則狗情，逆則便搶，各持器械，猶強盜一般。雖有武藝，寡豈能敵眾哉？將客捉拿，各分貨物，客淹禁在家。縱有撥天手段，週廻是水，將欲何之！至於數月，方將稀鬆不堪小布，準算高價，勒寫收票，方纔放行。雖則屢問軍徒，未嘗悛改。船戶受賄，竟不為客傳音！似此之徒，天刑誅戮，何足過哉！船戶知情，通同作弊，未必無之。還有嘉定、崑山、太倉諸處亦空，亦各有之」（《客商規鑒論》，「論搶客奸弊」，頁348）。有關明清兩代蘇州城內外客商與地方官如何面對經商治安問題而做回應與改善的案例與過程，可見：邱澎生，〈由蘇州經商衝突事件看清代前期的官商關係〉。

37 《客商規鑒論》，頁345、346-347。

第二節　體系與註釋綰合：由《客商規鑒論》到《商賈便覽》的演變

在《客商規鑒論》被選錄刻入《三台萬用正宗》後的三十至四十年間，至少又出現三份重要的商業書文本。第一份收錄於約在明天啟6年（1626）刊行的程春宇輯錄《士商類要》，該書卷二部分內容列有十一節小標題：「客商規略、雜糧統論、船腳總論、為客十要、買賣機關、貿易賦、經營說、醒迷論、戒嫖西江月、選擇出行吉日、四時占候風雲」，這些標題文字大致呈顯當時重要的商業知識。第二份文本是憺漪子輯《士商要覽》，也刊於明天啟6年，收錄了〈士商規略〉、〈士商十要〉、〈買賣機關〉等商業知識相關內容。[38]第三份文本出版於明崇禎8年（1635），

---

38 明·憺漪子輯，《士商要覽》（有明天啟6年（1626）序，日本「內閣文庫」影本），卷三，頁1-20。感謝劉序楓先生提供其收藏來自日本內閣文庫的此書影本。《士商要覽》全名也做《新刻士商要覽天下水陸行程圖》，這部書現存幾個不同版本，楊正泰校注此書並錄入所編《天下水陸路程、天下路程圖引、客商一覽醒迷》（太原：山西人民出版社，1992，頁345-514）一書時，是選用現藏上海圖書館版本。但楊氏選錄該書時，似乎刪落了原書在《天下路程圖引》以外的其他內容，諸如〈士商規略〉、〈士商十要〉、〈買賣機關〉等重要文本，都未收入。而編者「憺漪子」的身分，也仍有待考究。為此書作序的金聲，其生平大略（字正希，安徽休寧人，崇禎初年進士），已有學者做過考訂（陳學文，〈明清之際商業、商業文化、商業道德之蠡測——《新刻士商要覽》評述〉，收入氏著《明清時期商業書及商人書之研究》，頁183），但因編者「憺漪子」生平未明，故雖有署於天啟6年的金聲序文，仍無法斷定此書究係明刻或是清刻本。最近，王振忠則以署名「西陵憺漪子」所編《分類尺牘新語》、《保生碎事》、《濟陰綱目》等三部書，考定其人即是徽商汪淇，原籍徽州休寧，生於明萬曆32年（1604），清康熙7年（1668）

為李留德輯《客商一覽醒迷‧天下水陸路程》。該書版式為雙欄本，上欄為《客商一覽醒迷》，下欄為《天下水陸路程》。在上欄《客商一覽醒迷》收錄了「商賈醒迷、悲商歌、警世歌、逐月出行吉日、憎天翻地覆時、楊公忌日、六十甲子逐日吉凶」等章節，也多與商業知識內容有關。

有學者認為《士商類要》、《士商要覽》、《客商一覽醒迷‧天下水陸路程》等上述三部商書文本收錄商業知識的內容，都「與《三台萬用正宗‧客商規鑒論》大同小異，只是文字上略有差異，看來大都宗祖於《三台萬用正宗》無疑」。[39]然而，這種論斷恐怕有所偏誤，關鍵其實要看研究者以何種範圍切割其所擬予比較的文本。

單由文字上看，做為《客商一覽醒迷》收錄商業知識主體的〈商賈醒迷〉內容，與《客商規鑒論》頗有不同，並非「只是文字上略有差異」而已。《士商類要》所含「客商規略、雜糧統論、船腳總論」等三部分內容，雖然確實與《客商規鑒論》前三節小標題內容基本相同，但是，《士商類要》其他收錄內容則基本上屬於另外來源的文本，[40]與《客商規鑒論》其餘內容不同。至於《士商要覽》中的〈士商規略〉，則也只是和《客商規鑒論》

則仍健在，時年六十五歲。若此，則署名「明」憺漪子或是「清」憺漪子，其實都指的是汪淇。參見：王振忠，〈明末清初商業書序列的再確立──徽州出版商「西陵憺漪子」生平事蹟考證〉，發表於「社會轉型與多元文化」國際學術研討會（上海：復旦大學歷史系主辦，2005年6月26-28日）。

39 陳學文，《明清時期商業書及商人書之研究》，頁57、138。

40 明‧程春宇輯，《士商類要》（明天啟6年文林閣唐錦池原刻，新校本），收入楊正泰編《明代驛站考》附錄，頁292-304。

第一節內容大致相同，而與《客商規鑑論》其他章節有別。較為
妥當的說法應是：《士商類要》與《士商要覽》部分內容與《客商
規鑑論》雷同，但《客商一覽醒迷》則基本上是完全不同文本。

　　除了如何切割所擬比較文本的範圍之外，還可再由行文方式
與實際內容做更深入比較。《客商一覽醒迷》內容其實與《客商
規鑑論》很不相同，這不僅因為兩者文字多有不同，更重要的差
異仍存在於文句內容與行文方式。已有學者針對《客商一覽醒
迷》第一部分〈商賈醒迷〉的 260 條文句，論證其中與商人道德
有關的不少內容；41 但這項論證與筆者前述有關《客商規鑑論》
「多是小心身家財貨安全與如何經營謀利等極務實語句」所做觀
察有所不同。同時，兩種文本之間的更顯著差異，是其行文方式
迥然不同：《客商規鑑論》行文多是「綜論與舉證交錯互見」，而
《客商一覽醒迷》收錄〈商賈醒迷〉相關文字則採用某種註釋
體，行文方式都以一句「正文」搭配一段「註文」，以這種位階
高低有別方式展現成一種註釋體。

　　舉例而言，《客商一覽醒迷》在錄入「人生在世，非財無以
資身。產治有恆，不商何以弘利」這句「正文」之後，作者即以
低字格方式另起一段寫道：「財為養命之源，人豈可無有，而不

---

41 斯波義信，〈「新刻客商一覽醒迷天下水陸路程」について〉，頁 909-910。斯
　波先生整理《客商一覽醒迷》260 條文句，並予分類放入以下六個範疇內：
　A・論才能與競爭（23 條）；B・論人格主義（58 條）；C・論經營與管理（55
　條）；D・記旅行心得（10 條）；E・論批發銷售機構（108 條）；F・論與官府
　交涉（6 條）。註：斯波先生此文已有中譯〈《新刻客商一覽醒迷天下水陸路
　程》略論〉，曾經發布於「中國經濟史論壇」網頁（http://www.guoxue.com/
　economics/index.asp），網頁全文署期 2004/5/20，19:10:51。

會營運，則蠶食易盡，必須生放經商，庶可獲利，為資身策
也」，這些以低字格另起一段的文字，正如同用來解釋前面「正
文」的「註文」。再如「聲名千古，富貴一時」條下，作者同樣
以低字格另起一段註釋道：「人但責子孫不賢不肖，竟不咎己作
孽作殃。其後代之昌隆，由前人之積德。然德者豈謂捐財施捨建
造、修齋作福？惟存心合乎天理，正三綱，明五倫，拯困苦，解
冤訟，行方便，息是非，恤孤寡，寬貧窮，不妒不奸，毋虐毋強
也」。而在註解「來之無當，去之甚速」條下，作者開始引經據
典，不僅援用「先儒詩云：物如善得方為美，事到巧圖安有
功」，還摘述一則歷史故事：「昔魏祖武，利漢之孤弱，而竊鼎未
幾，孤祚亦為晉所移」。[42]在《客商一覽醒迷》的〈商賈醒迷〉文字
中，作者區別正文、註文的意圖極為明顯，與《客商規鑒論》各
節內容不分段並以綜論、舉證交錯行文的風格相比較，兩者迥然
有別；而〈商賈醒迷〉作者引用「先儒」詩句與歷史故事的文
句，甚且出現「三綱、五倫」等字眼，都是《客商規鑒論》未曾
出現過的論述風格。

吳中孚於十八世紀末編成《商賈便覽》，他也採用類似〈商
賈醒迷〉的註釋體，並不沿用《客商規鑒論》那種綜論、舉證交
錯的行文方式。在《商賈便覽》卷一收錄的《江湖必讀原書》與
《工商切要》兩種商業書文本裡，吳中孚採取了類似〈商賈醒迷〉
文本的註釋體。不僅如此，吳中孚還有意要寫成一部更富體系性
的商業書，他在該書〈自序〉清楚表達了此書設定的商業知識體

---

42 明‧李留德輯，《客商一覽醒迷》，收入楊正泰校注，《天下水陸路程、天下
路程圖引、客商一覽醒迷》，頁270、306。

系架構：

> 因見坊間《江湖必讀》一書，確當行商要說；但既有行商
> 之論，豈遂無坐賈之論！爰增數條，兼及土產、書算、字
> 義、辯銀、路程等類，輯成數卷，名為《商賈便覽》。[43]

　　《商賈便覽》全書八卷，各以五種不同「便覽」名稱冠為各
卷標題，依序為：《商賈便覽》（卷1-3，包含「各省疆域風俗土
產」、「新增各省土產」與「異國口外土產」、「外國方向」、「各
省買賣大馬頭」、「各省關稅」、「各省鹽務所出分銷地方」、「各
省茶引」等分目）、《算法便覽》（卷4）、《銀譜便覽》（卷5，包
含「平秤市譜」與「辨銀要譜」等分目）、《尺牘便覽》（卷
6-7）、《路程便覽》（卷8）。[44]這樣一種以五種「便覽」組成《商
賈便覽》全書體系的構想，出諸於吳中孚的有意設計，在「既有
行商之論，豈遂無坐賈之論」的編撰目標下，全書便在「坐賈之
論」外，「兼及土產、書算、字義、辯銀、路程等類」，於焉形成
了內含「商賈、算法、銀譜、尺牘、路程」五種「便覽」的《商
賈便覽》。
　　嚴格說來，上述吳中孚編輯《商賈便覽》所欲呈現的體系架
構，其實並不真有太多的創新性。十六世紀末流傳的《客商規鑒
論》，即已載有頗為精要的「商賈」與「銀譜」等內容，而當時

43　清·吳中孚，《商賈便覽》，〈自序〉，頁2上。辯與辨字相通。
44　因此，《商賈便覽》實有廣狹二義之不同，廣義者泛指全書八卷內容，狹義
　　者則指卷一至三之《商賈便覽》特定內容。

可供商人使用的「程圖、路引」等書籍已至少通行二、三百年；
此外，可資商人取用的尺牘書信範本，至遲在十七世紀也已出現
專書。[45] 不過，雖然《商賈便覽》在內容上並無真正新創成分，但
吳中孚仍將《商賈便覽》綜合匯編成為五種「便覽」，從這個意
義上說，有學者稱此書「達到了明代以來商業書發展的頂點位
置」，[46] 並非沒有根據的評讚。

　　吳中孚為職業商人，一生幾乎都以商販採買與開店經營為
業。自十二歲起，吳中孚即在江西省撫州府崇仁縣（　崗）「隨父
兄坐店，攻買賣」。後因「隣店回祿累及」，其父乃命其赴江西省
廣信府販貨，吳中孚曾經回憶那段到廣信府販貨的學習經商歷
程：

　　　經營繾綣，凡事謙恭受益，是以貿過貨物，略識高低。即
　　經過市鎮，其規則頗十知五六焉。[47]

　　有了這些「經過市鎮，其規則頗十知五六焉」的商業知識與
經驗，吳家後來於乾隆34年（己丑年，1769）在廣信府玉山縣開
設糧食店時，便將此生意交由吳中孚協助打理。等到乾隆38年

45　參見：鞠清遠，〈清開關前後的三部商人著作〉，收入前引書。鞠氏該文討論
　　了《商賈便覽》、《江湖尺牘分韻》、《酬世群芳雜編》等三部「商人著作」，
　　《江湖尺牘分韻》刊於乾隆47年（1782），已是主要以商人為讀者的書信範文
　　專書。

46　寺田隆信著，張正明、道豐、孫耀、閻守誠等譯，《山西商人研究》，太原：
　　山西人民出版社，1986，頁291。

47　清・吳中孚，《商賈便覽》，〈自序〉，頁1上。

（1773）吳中孚父親以七十高齡謝世，吳中孚便完全接掌了玉山縣糧食店。掌管玉山縣糧食店的日子裡，吳中孚經常要赴江蘇、浙江等鄰省採辦商貨，工作實在太忙，每年甚至可能才有一次機會可以返回撫州府崇仁縣老家探望母親：「走江、浙，繁冗羈絆，不獲朝夕奉養家慈。歲一歸省，為太疎也」。

　　將近十五年間，吳中孚一直全心投入經商生意，但卻於乾隆53年（1788）不幸碰上一場意外變故：玉山縣糧食店隔鄰傳來火災，延燒造成人命傷亡，吳中孚因為官府究責而「陷成不白」被繫監獄。不幸事情接踵而來，在獄中「接見家訃」獲知母親竟於此時逝世，惡耗令吳中孚「痛哭號天」，自責「偷生苟延，養生送死，寸志未盡」而且「不肖不孝」！在自責聲中，吳中孚等來了法官判決：他被發配到古稱「芝陽」的饒州府服刑。

　　饒州府與廣信府隔鄰，而吳中孚長年開設糧食店所在的玉山縣正屬廣信府，因而，這個饒州府的發配地其實正是吳中孚常去採辦商貨的「交易熟地」。雖然身屬發配人犯，但吳中孚於白天仍可見到當地老友，相互敘舊「藉契寬懷」；只是到了入晚時分，想起自己某些悲苦經歷，便乃「夜臥每難安席，泣思先堂賢勤、以訓不肖，繼旦，若不能獨生」。悲傷到了極盡，吳中孚有了更積極想法：「又思前事既不可補，且年將老至，病務交加，恐難永奠、不克繼紹先人、訓成後裔」。[48]有了上述幾層經商歷練與人生慘遇的心理轉折，這才帶出吳中孚前引《商賈便覽》〈自序〉裡所謂「因見坊間《江湖必讀》一書，確當行商要說；但既有行商之論，豈遂無坐賈之論」的一段議論。

---

48 清・吳中孚，《商賈便覽》，〈自序〉，頁1下～2上。

　　值得注意的是，吳中孚在《商賈便覽》〈自序〉開頭即聲明「余家世業儒」，當年吳中孚父親便曾因為身體不好（「甫冠，嘔血」）故而「廢書未就，計圖調安」，吳中孚強調：即使父親「後育余兄弟輩，力以家貧治生」，但在經商忙碌之餘，他的父親仍然始終認同儒家「修齊治平」等倫理價值觀念，這即吳中孚形容的「儒素猶未遽改也」。

　　不僅父親如此，吳中孚本人也有著原本可能持續攻讀儒家經書以朝科舉應試發展的一段童年：「余年七齡入小學，頗能成誦。先君指曰：兒似能讀，奈居學日少，在病日多，棄書而為商賈，可也。且云，諺有之：大富由命，小富由人，是亦存乎兒之為人耳！」[49]一樣因為身體不好，吳中孚才「棄書為商賈」，但父親則提示幼年吳中孚一段重要俗諺：「大富由命，小富由人」，勉勵他努力經商也能成就人生。在吳中孚編寫《商賈便覽》時，這段俗諺進而轉化成為他編寫此書的宗旨：「輯成數卷，名為《商賈便覽》，以訓後裔。庶幾小富由人，或可加之以教，不負先嚴之訓誨也」。看來吳中孚此時對於父親親口傳勉他的「小富由人」觀念，不僅很有確信，更想以此為宗旨，將《商賈便覽》獻給他心目中的商人讀者：「輯成，友人力請剞劂，公諸商賈」，他自信地寫道：此書付梓刊行之後，「或於生理之道，不無小補萬一云爾」。[50]

49《商賈便覽》，〈自序〉，頁1上。

50《商賈便覽》，〈自序〉，頁2上。對《商賈便覽》「小富由人」概念所做較多分析，可見：魏金玉，〈介紹一商業書抄本〉，《安徽師大學報》，1991,1(1991)：43-51；邱澎生，〈由《商賈便覽》看十八世紀中國的商業倫理〉，《漢學研究》（台北），33,3(2015)：205-240。

　　在《商賈便覽》多處行文中，吳中孚不時為此書讀者體貼地設想。如卷三〈各省疆域風俗土產〉的末尾處，吳氏加了一段按語：「所錄疆域，則知何境近於何地，或特往貿易，或便途買賣，皆可預先設計。且錄其風俗，雖未至其地，而其人之剛柔、俗之美惡，無不備悉。如此，則行商之趨避，無不當矣」，[51] 看來吳氏不僅體貼地提醒商人可以「預先設計」合宜商途以適時地買賣各地土產，同時，他其實也並不像〈自序〉提及「既有行商之論，豈遂無坐賈之論」那般嚴格區別行商、坐賈，只要有利於商人追求「小富」，無論行商或是坐賈，都是他的關心對象。

　　在卷三〈新增各省土產〉吳氏又提醒道：「外有各省土產未錄此者，附在第六卷天下路程中，可查」；同樣地，在卷三〈各省買賣大馬頭〉述及貴州幾種大宗土產交易時，也提醒讀者「外有各處大小馬頭口岸，多附於第六卷天下路程中，可查」。在同卷〈各省關稅〉節末，在列舉全國十九省關稅衙門駐所後，吳中孚又附上按語：「外有如江南之各閘，福建之光澤、上杭，廣東之梅縣、南雄，貴州之貴陽、安順、普安、普定、白水、交水，雲南之赤水鵬等處之稅，或稅貨，或稅船，或換腳子稅，或討票稅，或抽分及過隘等項，俱錄在第六卷水陸路程中，可查」。[52] 可見在設計內含「商賈、算法、銀譜、尺牘、路程」五種「便覽」的《商賈便覽》分編體系的同時，吳中孚不忘隨時以「可查」何種「便覽」，來提醒讀者留意此書提供的豐富訊息，這也可反映《商賈便覽》另一項體系性：他不僅將全書有意識地做分編，也

51《商賈便覽》，卷3，頁28下～29上。
52《商賈便覽》，卷3，頁30上、33下、34下～35上。

希望讀者能夠隨時貫通全書各編收錄的重要經商知識。

　　《商賈便覽》預設的讀者是商人，這也表現在「可查」這項書中常用詞句上；對吳中孚而言，「可查」指的當然是和他一樣的職業商人。可舉一段引文，即可明白吳氏此樁心意：

> 　　天下之大，人難遍游，誌豈能悉。故各處物產諸事，不能多知。況予管測，焉識萬一！但經店夥出水，或自目睹，或由耳聞，約略附錄，恐遺悞甚多，企望多識君子刪悞補遺，時加裁增，以便江湖查覽，斯為幸也。53

　　吳氏強調《商賈便覽》所錄中國「各省風俗土產」54以及當時「異國口外土產」，55若非是他「或自目睹，或由耳聞」，即是來自

---

53 《商賈便覽》，卷3，頁31上。

54 有學者做了初步統計，《商賈便覽》此處所列「各省疆域風俗土產」，約包含20個省255個府州以及所列各地的1,800種物產，參見：森田明，〈『商賈便覽』について——清代の商品流通に関する覚書〉，頁21。

55 吳中孚列舉來自「西番、蘇方國、南番、安息國、波斯國、南海、小西洋國、安南國、高麗國、日本國、琉球國、緬甸國、暹羅國、交趾國、紅毛國、扶餘國、摩伽陀國、崑崙」等地區與國家的種種「異國口外土產」（頁30-31），並指出當時中國各省進口洋貨情形：「凡東西南居海各外國，如暹羅、琉球、紅毛、安南等十餘國，買賣客廣東者多，次則飄福建，再次則飄浙江。俱有定例限飄省份」（頁32）；而所謂「福建省近海，洋貨多」（頁32），也是當時中國部分地區消費「洋貨」的例證。至於十六、十七世紀中國進口天鵝絨、錦緞、絲帶、斗蓬、絲襪等來自歐洲絲織品，「佛郎機炮銃」等歐洲製造金屬鉋，以及中國仿製並出口這些絲織品與金屬鉋的概況，可見：沈定平，〈明清之際幾種歐洲仿製品的輸出——兼論東南沿海外向型經濟的初步形成〉，《中國經濟史研究》，1988,3（1988）：49-64。

於其店夥「出水」旅程中獲致的消息。與此同時，他還歡迎「多
識君子」隨時增訂修正本書相關訊息，「以便江湖查覽」。基本
上，「江湖」在此指涉的正是全國各地商人所處的經商環境；所
謂「以便江湖查覽」，正是為了提供商人讀者經商時的閱覽與查
詢。此與前面提及程春宇輯《士商類要》與憺漪子輯《士商要
覽》二書有所不同，《商賈便覽》設定的讀者基本上不是「士」
而是「商」。

　　然而，《商賈便覽》卷一收錄的《江湖必讀原書》，則有許多
內容和《士商類要》、《士商要覽》二書共同收錄的〈買賣機關〉
基本相同。雖然不知道〈買賣機關〉的作者姓名，但這份商業書
文本的作者確曾留下自己撰著旨趣的一些線索：

　　　斯言淺易，無非開啟迷蒙；意義少文，惟在近情通俗。予
　　著斯言，為目擊經商艱于獲利，漸見消替；而牙儈日坐失
　　業，益見困憊。所以人心不古，俗習澆漓，有自來矣。然句
　　法雖淺近無文，其中意義亦能詳盡賓主之弊，指人循道義，
　　履中正，不溺慾海。挽回淳厚，向化美俗。諸君不鄙而共
　　之，俾可少補處世治家之萬一耳。56

　　這段文字傳達了作者至少兩項撰著旨趣：一是「詳盡賓、主
之弊」，以為客商（文中所指之「賓」）與牙行（文中所指之

56　明·程春宇輯，《士商類要》（明天啟6年文林閣唐錦池原刻，新校本），收
　　入楊正泰編《明代驛站考》附錄，頁300。憺漪子輯，《（新鐫）士商要覽》
　　（有明天啟6年敘，內閣文庫影本），卷三，頁20。

「主」，當時或稱牙人為「居停主人」）；一是使人「循道義，履中正」而有益於「處世治家」之道。這裡的確蘊含了某種後世學者所謂「商業道德」的蘊意，[57] 但要特別注意的是，這些道德多半是作者觀察當時牙行、客商各種互動情境而附生的議論或勸誡，有其值得分析的特定脈絡，絕非一般意義下的儒家「義利之辨」而已。

同時，由上引〈買賣機關〉這段引文也可看到：作者對其採用的「註釋體」行文方式，其實是出諸有意的設計：「斯言淺易，無非開啟迷蒙；意義少文，惟在近情通俗」。從作者原意看，這種註釋體並非是要比附儒家的經傳注疏傳統，而主要是為了以「淺易、少文」方式達到「開啟迷蒙、近情通俗」的效果。同樣的註釋體風格也出現在前文述及明末李留德編輯《客商一覽醒迷》的〈商賈醒迷〉文字，這種行文方式同時為《商賈便覽》卷一收錄《江湖必讀原書》與《工商切要》兩份文本所承繼。

《商賈便覽》所錄《江湖必讀原書》收錄了九十一條句子，不少內容都與前述〈買賣機關〉重出；另外，則還添入「蕭廷祚續增」的七條同類內容。這兩者共計九十八條的句子，大概即是吳中孚所謂的「因見坊間《江湖必讀》一書，確當行商要說」；而他在慨嘆「既有行商之論，豈遂無坐賈之論」的同時，便在卷一新增了《工商切要》內容，其體例也一如〈買賣機關〉、〈商賈醒迷〉與《江湖必讀》，都是註釋體，條數則共計三十一條（包

57　有學者即以「商業道德」概括當時商書中出現一種「『致中和』的倫理道德觀」，參見：陳學文，〈明清之際商業、商業文化、商業道德之蠡測──《新刻士商要覽》評述〉，收入氏著《明清時期商業書及商人書之研究》，頁193。

括明顯因為錯簡而被放入卷二的八條）。這些文本採用的「註釋體」行文方式，都與十六世紀末年《客商規鑑論》採用「綜論與舉證交錯」的風格迥然不同。

《商賈便覽》的九十八條「行商之論」與三十一條「坐賈之論」，很難以有限篇幅做較完整說明，此處只能做些相對簡單比較：《江湖必讀》主要討論客商、牙行各種正常或有弊端的相處情境，而《工商切要》則主要涉及開設店鋪的區位、布置與組織，以及學徒夥計訓練等原則。此外，居於「行商之論」與「坐賈之論」的共同匯通處，則另有賬務管理的內容，也可做些介紹。[58]

先談《江湖必讀》中顯示的客商與牙行關係。儘管「東船店腳牙，無罪也可殺」這句流傳清代商業社會的諺語有其一定的真實性，[59]但《商賈便覽》所錄《江湖必讀》描述並勸誡客商、牙行關係的眾多語句內容，其實同時關心雙方利益，很難說作者究係偏愛客商或牙行的哪一方。雖然作者確曾說過：「客堪扶主，十有五六；主能體客，百無二三」（此為正文，下附註文云：「客以貨投牙，扶持牙人之實心；牙人不體客心，坑陷其本，往往有之。為客，可不擇主而投乎？」），但即便如此，作者仍是勸告客商：「好歹莫瞞牙儈，交易要自酌量」，在此段正文所附註文裡，作者有進一步闡釋：「貨之精粗美惡，實告經紀，以便售賣。若昧而不言，希圖僥倖出脫，恐自誤也」。何以牙人對客商「坑陷

---

58 對《商賈便覽》討論「行商之論」與「坐賈之論」內容的更多分析，可見：邱澎生，〈由《商賈便覽》看十八世紀中國的商業倫理〉，《漢學研究》（台北），33,3（2015）：205-240。

59 鞠清遠，〈校正《江湖必讀》〉，《食貨》半月刊，5,9（1937.05）：30-42，頁31。

其本，往往有之」而仍要客商「好歹莫瞞牙儈」？此中關鍵主要在客商買賣貨品的最佳時機，仍常有賴熟悉地方商情的牙行提供較好建議，所謂「現銀爭價不知機，守貨齊行多自惶」，作者對此有所解釋：「貨到地頭，終須要賣。若現銀免（勉）強爭價，亦過於自執；或聽人搊撮，錯過時機，以致貨擱，後悔何及！」從如何不錯過買賣最好「時機」的角度看，區別牙行好壞對客商而言當然是很緊要的商業知識，作者一段註文即明言：「有等經紀，惟圖牙用，不當賣之物，攛掇客賣；不可買之貨，攛掇客買，以致折本徒勞，其過豈小！而賢東良主，既不募人邀客，又不強客起貨，任客自投，聽客自便」；而另一段註文則說：「公平正直之主，當場定價，而于（疑為「牙」之誤字）用是其分內，良客必不爭也」。[60]

　　除了建議區別牙行「賢良、公平正直」與否之外，《江湖必讀》作者也透露了當時牙行與客商交易的運作細節。如牙行內部出現合夥同開的例子，不同合夥者間的內部微妙競爭關係，及其間存在的不同計賬方式，值得留意：「一行若有數人合夥經紀，我當擇其忠厚者，付之以本；能事者，託之以鬻。他日分夥，相投亦必如是，斯可矣」。另外，客商批賣的貨品也有單投一家或是分投數家不同牙行的選擇，作者也分析了其間不同策略的利弊得失：「貨分幾主，鋒快，則彼此懷疑。物在一行，遲滯，則主賓計處」，由下附註文則可清楚知道作者原意：客貨分別委託數家牙行，好處是貨品可能銷售較快，但壞處則是不同受託牙行可能彼此懷疑，反而會爾虞我詐而使貨品難以正常發賣；而客貨單

60《商賈便覽》，卷1，頁7、4下、5上、10下。

託一家牙行，則表面上看來銷貨速度較慢，但有時反而可增強客
商與牙行間的互信度而使貨品賣得更好價錢。[61]

　　而在《工商切要》的三十一條「坐賈之論」中，吳中孚以其
經驗總結了部分語句正文並做了詳細註釋，另外，他也似乎採取
了當時某些相關著作而摘錄部分旁人著作內容而收入《商賈便
覽》的《工商切要》。這裡先擇要介紹其中有關鋪面開設布置、
組織章程及學徒夥計訓練等內容。

　　開店鋪應當選擇好地段，這應該只是一般性建議，但在「行
鋪馬頭擇鬧熱」正文之後，吳中孚則以註釋方式對於「凡開行
鋪，須擇當市馬頭聚集之所」的理由做了一些有趣鋪陳：「取捨
自有機風，來往人繁，貴賤可得權通。買賣既大，高低亦能合
售。果是公平交易，客顧必定源源」，這說明了店面位置與定價
機制間的密切關係，已非汎汎之論。而對於「若或吝惜租金，願
居冷市」、「不顧鬧中現成之處，而募冷街靜巷之家」的做法，吳
中孚在批評勸誡之餘，也加了條但書：「惟有獨行專賣，或作囤
貨棧所，庶幾可矣」。[62]另條正文中，吳氏則勸坐賈要「立規模以
壯觀，定章程而不易」，他的解釋是：「凡開行鋪，無論大小，要
有規模章程，人物整齊，屋雖舊小，雖（疑為「亦」之誤）要打
掃灰塵」。更且，吳中孚還建議「凡開行鋪，屋宇必要土庫高
樓」，其原因除了可以「火燭無虞、盜賊難侵」外（如果我們還
記得吳中孚店鋪至少兩次身受回祿池魚殃及之害，這段正文與註
文內容，便更顯出他自己的感同身受），也有招攬更多顧客的效

61《商賈便覽》，卷1，頁9下。
62《商賈便覽》，卷1，頁23。

果：「店高柱大，規模恢宏，人加精神，生意必興」，[63] 看來，這些吳氏形容為「店高柱大」的「土庫、高樓」建築物，也是當時部分商賈開設店鋪時所講究的重點。

而所謂的店鋪要「定章程而不易」，其實更涉及店鋪的組織概況，「因人授事量能論俸」條有細密的討論，吳氏在註文中區別了以下四種店鋪職員：一為「管總」，其職責為「統事庫房」；二為「內、外店官」，負責「買賣水客、訪市辯貨、接對客友、查收各賬」等業務；三為「尋船」，處理「起貨下貨、管棧出入、收拾貨物」等事；四為「雜務」，職司「粗工、炊爨」等事。[64] 於此可看出這類店鋪的基本組織方式，肯定有一定程度的階層性與決策性，絕非單憑人際關係即可處理其中複雜的商業事務。

在組織章程、店鋪門面等問題外，《工商切要》也很重視夥計與學徒的訓練。學徒是未來店鋪經營重要職員的後備軍，要如何逐步培訓這些人力？吳中孚對此似有一整套理念，由區分個人性情到調教孩童、青年經商，他都提出一些具體主張。細繹書內相關文句，可將其培訓人力相關主張區分為五個基本環節，這些環節都體現在《工商切要》五句正文之內：一是「習慣成性，壞在幼時」，二是「諒質授業」，三是「乘時習藝」，四是「學徒任事切要」，五為「初走水，當帶行李」。[65] 吳氏看法基本如下：「人自孩提時，初性本善」，而孩童對左近相伴的父母、師長則「無

63《商賈便覽》，卷1，頁23-24。

64《商賈便覽》，卷1，頁22-23。

65《商賈便覽》，卷1，頁16-17、22。

不效其賢」否。孩子「年將冠」，則「察其質，授之業」，是否選擇習工商為業？其考慮原則是：「父母自幼留心察識，上質者，習儒業；中質者，學工商；下愚者，務農業」，吳氏強調：「因人而授，責在於專。俗云：行行出狀元，只要有志氣」。即使是讓「中質者」學習工商專業，仍不能忘記要教導其「仁義禮智信」，何以故？因為有了這樣的道德教育，則「長成，自然生財有道矣」，何謂「生財有道」？吳氏由反面對此做了解釋：

> 苟不教焉，而又縱之，其性必改，其心則不可問矣！雖能生財，斷無從道而來，君子不足尚也。[66]

光能賺大錢，仍不能說是「生財有道」，能夠不違「仁義禮智信」，這種「從道而來」的賺錢方式，才是「生財有道」，也才是吳氏在〈自序〉中闡述其父親所諭勉「小富由人」理念中的應有之義。

而在訓練孩童學習工商職業方面，吳氏也頗講究細節：「凡子弟十歲以前，不可為工賈之徒，以其弱小，世故未知，授事難執，教導難明。二十歲以後者，亦屬難學，以其長大，性格已定，師長叱責不便，即嚴督亦難隨事改悔也」，吳氏的具體建議是：「學工賈，必十一、二歲，至十八、九歲。及時勉學，以其性未定，年漸長，世事漸知，師長可以隨時教訓，易為節制也」。這即是第三步驟的「乘時習藝」。

至於第四「學徒任事切要」與第五「初走水，當帶行李」，

66《商賈便覽》，卷1，頁16上。

交待更是異常仔細，而且彼此間實具有某種學習店鋪經營知識的
進階關係，可謂是學徒、夥計的初級班與進階班之別。簡言之，
學徒初入店鋪，先要「遞茶裝煙、打掃各處灰塵、抹洗各局上及
桌凳物件污跡、撿齊各處要用小物件及樣貨」，每日要定時「燃
神位香燈」；而當「店主及師長臥起」時，還要「即侍候梳洗」；
至於其他包括整理「庫房」雜物，乃至司廚司雜、粗工學生等事
項，都可能成為學徒訓練中的一環。至於為店鋪出外辦事，甚或
是赴「京、蘇、楚、粵」置貨，這便是「謀大事繁」，是進階班
學徒夥計才能做的事，吳中孚給學徒們的建議是：「慎者，寧安
樸寔；智者，必揚才情」。[67]進階班的重要任務，即是要開始學習
「走水」，簡單地講，也就是為店鋪赴外地出差辦貨。箇中學問，
也甚有可觀，吳中孚在「初走水，當帶行李」條有非常細節的描
寫，令人想起他當年承父命到玉山縣開店以及其後「走江浙，繁
冗羈絆」無法經常探視其母親的場景。

　　「走水」除要盡量「跟好親友中老客同往」或「請教熟客中
前輩至誠者夥行」外，夥計自己也得多看多學，在「初走水，當
帶行李」正文條下，吳中孚即於註文中傳授了一些「走水」基本
原則：「本銀宜少帶，則易買易賣。走水近處，則易來易往，貨
物高低易識，行情起跌易聞」。即使是將隨身帶赴「買賣地頭」
的許多行李裝箱，連如何選擇箱子、如何打包，吳氏也不憚做出
建議：「不可用大紅皮箱，但用木菝棕箱」，「只要堅固，將衣服
等物及本銀點明，開單放置箱中，扣鎖妥當」。[68]

67《商賈便覽》，卷1，頁22。
68《商賈便覽》，卷1，頁16-17。

最後，另有一項與物產相關的內容，可一併帶入討論。既然某些學徒、夥計總有提升到練習「走水」的機會，而練習走水時又總少不了試驗「辯貨」的技藝，吳中孚在「辯貨要知大概，識物務須小心」這條正文中，即對「辯貨」中的物產價格問題，提出如下註釋：「天下貨物，各有土產不同。任是老商遍游大省名鎮，慣涉江湖洋海，豈能各種皆識高低」，然則，如何對全國各地土產商貨定出可買可賣的成交價格呢？吳氏接著論道：

> 貨之大概，高者，總有自然，買色光亮鮮明，活潤生神，細嫩結寔，滋味美厚，乾淨均勻。而低者，色相死而不活，黯晦灰鸞，枯呆竟硬，麁糙稀鬆，形質惡濁，難摻偽牽。[69]

原來土產貨品的「色相」也可成為商品價格高低的重要依據，而物產本身質量是否符合「光亮鮮明，活潤生神，細嫩結寔，滋味美厚，乾淨均勻」等標準，看來即是當時部分商人「辯貨」時藉以買賣出價的重要憑據，這似乎是吳中孚總結出來某種「市場價格」的生成原理。吳中孚在此條註釋對物產價格做了最後補充：「慣家內行，一見瞭然。外行初認，黑白難分。虛心求教，神而明之，存乎其人，此又不在概論者也」。

另外要注意的是，物產價格當然是變動不居，如何流通傳遞有關物產價格的各種重要商業訊息？也是店鋪講究「小富由人」之道的重要法門。《工商切要》提出「書信勤通，趨避兩得」一條正文，吳中孚對此註釋道：「商賈生理，買有地頭，賣有定

69《商賈便覽》，卷1，頁25。

處」，因而在外「出水」的夥計必要與店鋪總部常通書信，如此則「不但各處貨物行情，時知裁辦，即兩地興居，可亦藉以慰懷」，吳氏的建議如下：「勤謀生理者，不惜筆墨、吝省小費。每逢緊要，即專僱飛報，或給酒錢，附便快交，則知機風早晚，可得趨避而有益矣」，[70]吳氏再次使用「機風」一詞形容商機的變動，也算是當時商業術語中的傳神之筆。[71]

　　簡介了《工商切要》與《江湖必讀》的部分商業知識後，也可再談談無論是坐賈或是行商都會觸及的賬務管理問題。《江湖必讀》提出「出納不問幾何，其家必敗」、「算計不遺一介，凡事有成」等正文條句；[72]而《工商切要》則勸店主要小心所僱店官「浮載賬簿欺主，假盛生意哄人」，並建議店主「請用店官經管（賬簿）之人，須擇老誠忠厚、才德兼備者。雖去重俸，實益於店。所有賬簿，宜自同理查核，方無錯誤。則作奸舞弊之心，無自而生矣」。[73]

　　這些史料當然反映當時行商運販與坐賈開店都必然重視賬簿的實情，而吳中孚建議店鋪主人不要捨不得「重俸」聘請「老誠忠厚、才德兼備」的管賬「店官」，也令人印象深刻。不過，這些商業賬冊不僅無需向政府報備（在當時商業制度下，這當然是有利商人免受官吏可能勒索的好事），當時某些店鋪內部的職員

70《商賈便覽》，卷2，頁4。

71 有關「機風」這一商書主題的分析，可見：邱澎生，〈「機風」與「正氣」：明清商業經營中的物產觀〉，收入《基調與變奏：七至二十世紀的中國（二）》，台北：國立政治大學，2008，頁177-198。

72《商賈便覽》，卷1，頁6上。

73《商賈便覽》，卷2，頁5上。

竟也似乎另有一些私人賬冊，而與店鋪可與眾多合夥股東結算分紅的賬冊不同。《工商切要》對此有頗為詳實的記載：

> 邇來，有等本多之夥，除均本外，仍有餘銀，帶做己分小夥。又有幫夥，己下有銀，亦帶做己下小夥。如此所為，即屬公正之人，日久，不無嫌疑；況其不公者？似難免是非爭論矣！莫若將銀統歸眾做，或補公息，或照本分利，以免一身兩心，豈不盡善。至有大本錢，付眾，難以概理，或抽身自為，或另夥別圖，庶不致一身兼二，以取嫌疑之漸耳。[74]

文中所謂的「均本」，當即是店鋪可與眾多合夥股東結算分紅的賬冊，某些資深夥計早已能入股分紅，然而，當時有些資深夥計仍然在店鋪賬冊之外另行尋找買賣機會，吳中孚將此行徑稱為「帶做己分小夥」。細繹此段文義，吳中孚應該是比較站在店主立場，對此種行徑提出批評，他並建議回歸店鋪內部既有的「均本」會計體系：「莫若將銀統歸眾做，或補公息，或照本分利，以免一身兩心」；如果夥計實在不願意配合，吳中孚也對這些已經擁有眾多本錢的夥計提出類似另起爐灶離開這家店鋪的建言：「或抽身自為，或另夥別圖，庶不致一身兼二，以取嫌疑之漸」，以免這些「帶做己分小夥」的夥計受到店鋪東主的懷疑。[75]

---

74 《商賈便覽》，卷2，頁4上。

75 有關明清會計系統與賬簿組織的個案研究，可見：郭道揚編著，《中國會計史稿》下冊，北京：中國財政經濟出版社，1988，頁82-310；許紫芬，《近代中國商人的經營與帳簿：長崎華商經營史的研究》，台北：遠流出版公司，2015，頁115-209；許紫芬，《近代中國金融機構會計的變革（1823-

　　此外，也與店鋪賬務管理問題有關的現象，即是「賒賬」。吳中孚不認為賒賬有利商家，但他在「賒帳，要擇誠信」條正文下，則指出願意賒賬商家的無奈（有時真不能不賒，但也要盡量選擇「誠信」之人賒賬），並進一步析論了賒賬的三種成因：「買賣肯賒，其故有三：一為攬生意，一為圖多價，一為脫醜貨」。無論如何，吳氏仍以其經驗在註文中對商家願意讓人賒賬的三種考量做了論斷：「三者之利少，而害卻無窮也」。[76]

　　1937）》，台北：新文豐出版公司，2017，頁83-331；朱德蘭，《長崎華商貿易の史的研究》，東京：芙蓉書房，1997，頁1-192；廖赤陽，《長崎華商と東アジア交易網の形成》，東京：汲古書院，2000；范金民，收入氏著《國計民生：明清社會經濟研究》，頁246-252；和田正廣、翁其銀，《上海鼎記號と長崎泰益號──近代在日華商の上海交易》，福岡市：中國書店，2004，頁1-297；彭凱翔，《從交易到市場：傳統中國民間經濟脈絡試探》，杭州：浙江大學出版社，2015，第12章〈市場與資本主義：利潤的核算〉，頁314-328。

76《商賈便覽》，卷1，頁24。賒賬其實是困擾不少明清商人的麻煩問題。王振忠留意到：無論是抄本或刊本的許多徽州商業書籍，乃至於晚清徽州商人的書信信底，都指出當時賒賬問題對商家造成的困擾。如清光緒27年二月某日有聚集某地營業的徽州商人即共同制訂一份抄本「公約」，內文有謂：「交易場中，賒欠原可通融，勤往勤來，比（彼）此皆無折耗……近來人心不古，歲終尚不能歸償，以致有傷血本。推原其由，賒欠乃交易中之第一要害也，是以我等同行公議拙見，賒欠慨行停止。派班輪流查察。如有不遵者，公同議罰」。同時，抄本《日平常》中更有段稱揚開設典鋪好處的文字，也由反面論及賒賬危害商家之普遍：「開典當，真簡穩！獲得利兮容得本，估值當去無賒賬，生意之中為上頂」（王振忠，《徽州社會文化史探微：新發現的16-20世紀民間檔案文書研究》，頁341-342、344）。有趣的是，即以前述光緒27年某地徽商「公約」而論，若賒賬問題如此害人，則何以又要「派班輪流查察」徽商成員是否有人違反公約而仍令人賒賬呢？看來恐怕也仍存在吳

小結

　　無論是做為「日用類書」的《三台萬用正宗》卷21「商旅門」收錄的《客商規鑑論》，或是做為商業書的《商賈便覽》所錄《江湖必讀》與《工商切要》，兩類文本在累積與傳遞商業知識上其實各有不同行文方式：《客商規鑑論》採用「綜論與舉證交錯」的做法，《商賈便覽》的《江湖必讀》與《工商切要》則取用「註釋體」做法。同時，《商賈便覽》還有意匯編五種「便覽」，創成當時一種更富體系性的商業知識文本，是以筆者稱《商賈便覽》行文方式為「體系與註釋綰合」。上述兩種不同行文方式，構成了《客商規鑑論》與《商賈便覽》在傳承商業訓練與職業教育方面的各自特色。

　　斯波義信早即留意到《客商規鑑論》與《客商一覽醒迷》〈商賈醒迷〉文字在行文風格上的重大差異，並對此有所解釋：〈商賈醒迷〉文字「在每條開頭載有兩三行的對句」，「接下來降一格進行若干補充」，「這種體裁整體而言有些散慢，論旨缺乏連貫性」，但「這正構成本書的特色：適合人們在日常起居的空閒時間邊走邊讀，從而獲得有用的訓誡，平易而充實」。[77] 斯波氏形容〈商賈醒迷〉的文字，正是本章所稱「註釋體」的行文格式，而如筆者前面所說，〈商賈醒迷〉這種行文方式正為《商賈便覽》所承接，由此意義而論，這也正是《商賈便覽》有別與《客商規

中孚在百餘年前即已提出三種賒賬考量在繼續「作祟」吧？
77 斯波義信，〈「新刻客商一覽醒迷天下水陸路程」について〉，頁908頁。此處使用了前引網頁刊載斯波義信的此文中譯，特此誌謝。

鑒論》行文方式的最大差異。

　　至於兩種行文方式到底帶來何種不同影響？斯波氏在閱讀相關文本時感受到的差異是：比起《客商規鑒論》，〈商賈醒迷〉的文字令人讀來感到「散慢、缺乏連貫性」。持之與本章前述對《客商規鑒論》的介紹與分析，則斯波氏這個閱讀感受似有一定道理。[78]同樣推論也可能合適放在《客商規鑒論》與《商賈便覽》的比較上，因為，後者收錄的《江湖必讀》與《工商切要》，也採用了與〈商賈醒迷〉類同的註釋體格式。然而，何以〈商賈醒迷〉採取了註釋體格式？斯波先生的解釋很有趣：便於商人或學徒「邊走邊讀」！如果這個回答有效，則或許也可適當說明《商賈便覽》何以與《客商規鑒論》有此不同的行文格式。畢竟，《商賈便覽》沿用了《江湖必讀》這類與〈商賈醒迷〉、《士商類要》〈買賣機關〉同出一源的文本，而若假設《商賈便覽》編撰者吳中孚選用文本時也難免有服從前例文本的慣性，則緊隨《江湖必讀》「行商之論」而出現的「坐賈之論」《工商切要》，也極可能順理成章地採用《江湖必讀》那種註釋體的行文格式。

　　再精確些說，斯波義信提出的便於「邊走邊讀」推測，其實應說是便於客商、夥計與學徒在店鋪中「邊做事邊讀」，以及在旅途中「邊坐船邊讀、邊坐車邊讀」。而由〈買賣機關〉、〈商賈醒迷〉、《江湖必讀》這一系列相沿相承的商業知識行文風格看

---

78 張壽安教授曾提醒筆者，「註釋體」的正文與註文其實也可以具備「體」與「用」的相輔相成關係，正文談做為常經常規的原理原則，而註文則可供做特例變異時的彈性調整。這似乎也是可用以論證《客商一覽醒迷》與《商賈便覽》等註釋體行文方式的重要方向。

來，一條正文、一條附註的方式，或許真是要比《客商規鑑論》
那種整節長文不分段、不憚細瑣舉例，並使「綜論與舉證交錯」
的行文方式，更適合商人在店鋪坐店辦事以及在舟車旅程行進中
閱讀。

　　當然，形式不完全等同於內容，只是形式多少限制了內容的
發展方向。如果十六世紀末出現的《客商規鑑論》行文格式繼續
發展，是否會出現更有「連貫性」的商業知識文本？如果不是流
行使用《商賈便覽》這類註釋體的行文格式，則十八世紀以後的
清代中國商業書籍書寫格式會不會有另外更多的新風格？諸如英
國在十七世紀末出現了按期記錄歐洲貨幣匯率變動等訊息的商業
報紙，[79]十八世紀德意志境內也出現強調要以「理性」（reason）
分析種種不同商業知識的商業書籍，[80]這些近代人類歷史出現的種
種不同商業書籍編寫風格與方向，如何可與明清中國商業書進行
更多比較？確實是考察商業知識累積與演化模式的有趣課題，需
要再做更多講究與考察。無論如何，《客商規鑑論》那種針對商
業經營內容做比較富有連貫性的分析，甚至是嘗試建構某種「客
觀式觀察」的書寫風格，仍是很值得注意的發展。

　　除了行文格式差異之外，明清商業教育的實際內容也仍可再
做若干區別。從內容廣度看，《商賈便覽》是比《客商規鑑論》

---

79 Natasha Glaisyer, *The Culture of Commerce in England, 1660-1720*. Suffold and
New York: The Boydell Press, 2006, pp. 143-183.

80 十八世紀德意志境內出現某些強調客觀與科學分析商業知識的商業書籍，參
見：Daniel A. Rabuzzi, "Eighteenth-Century Commercial Mentalities as Reflected
and Projected in Businiess Handbooks," *Eighteenth-Century Studies*, 29, 2（1995-
1996）：169-189.

更有體系性，對當時商人讀者而言，一部《商賈便覽》在手，確
實是方便查考所需「商賈便覽、算法便覽、銀譜便覽、尺牘便
覽、路程便覽」等各項商業知識，這些內容都要比《客商規鑒
論》豐富，因而算是內容更加全面的商業教育書籍。但《商賈便
覽》同時提及的「生財有道、仁義禮智信」，這些被學者稱為是
帶有「商業道德」色彩的內容，卻幾乎不見於《客商規鑒論》，
因而可以說《客商規鑒論》要比《商賈便覽》更不帶任何「道
德」色彩，這也是兩者在商業教育內容上的重要差異。

　　當然，何謂「商業道德」？這本身即是有趣又複雜的課題。[81]
陸冬遠（Richard John Lufrano）分析清代乾隆年間抄本《貿易須
知》等商業書籍內容，指出當時這類主要供中小商人閱讀的商業
知識，其中雖然也帶有若干儒家道德的色彩，但其實仍然表現出
更多的務實內容；基本上，這些商業書強調的「修身」等商業道
德，還是與儒家修身等道德觀念有所異同，不能將兩者等而論

---

81 以十八世紀德意志商業書而論，也有談論「道德」的層面，當時一些商業書
　作者強調要以「克服激情（passions）與發展德性（virtues），來維持個人信
　用與追求商業上的成功」（Daniel A. Rabuzzi, "Eighteenth-Century Commercial
　Mentalities as Reflected and Projected in Busininess Handbooks," p. 175）。再以美
　國為例，十八、十九世紀以降的美國社會也出現許多公開撰寫或是演講有關
　如何在商業經營過程當中提升道德意涵的相關論述，有學者將此現象稱為
　「商業倫理家」（business ethicists）的出現。若統計1870至1935年間美國相
　關報刊與書籍資料庫，可發現諸如商業道德（commercial morality）、經商道
　德（business morality）、經商倫理（business ethics）、商業正直（commercial
　integrity）、經商正直（business integrity）等詞，皆是當時不少美國「商業倫
　理家」習慣使用的字眼。相關分析可見：Gabriel Abend, *The Moral
　Background: An Inquiry into the History of Business Ethics*, Princeton, N.J.:
　Princeton University Press, 2014, pp. 5-10, 95-99.

之。但陸冬遠還同時指出：明清商業書在討論商業道德的相關內容時，很少由經商事務的層次向外論及諸如政治體制乃至社會演變等外在層次的問題，而「更多的只是關心商人自己的營業利益」，[82]這也值得注意。

以十八世紀以後歐洲社會哲學與政治經濟學者有關商業倫理的著作為例，他們確實討論到不少有關「激情（passion）、德性（virtues）」與「理性、利益（interests）」之間可能存在的各種緊張或互補關係；但也應該同時留意到：這些歐洲作者的身分可能大都並非職業商人，他們撰寫這些商業道德相關題材時，關心的焦點其實是當時歐洲商業發展是否可能節制專制王權，或是商業發展如何可以促成「文明社會」發展等政治社會哲學問題。[83]若將吳中孚等明清商業書籍作者拿來和這些歐洲社會哲學家與政治經濟學家一併討論，似乎有些不夠切題，甚或是不盡公平。

要之，明清商業書籍有其內部的複雜性，《客商規鑒論》所欲累積與傳遞的商業知識，其實很少帶有商業道德的色彩，與十七、十八世紀《商賈便覽》等商業書籍納入較多商業道德內容的情況，兩者的發展方向確實有所不同。

---

82 Richard John Lufrano（陸冬遠），*Honorable Merchants: Commerce and Self-Cultivation in Late Imperial China*, pp. 184-185.

83 Albert O. Hirschman, *The Passions and the Interests: Political Arguments for Capitalism before Its Triumph*. Princeton, N.J.: Princeton University Press, new edition, 1997, pp. 69-113. 有關十八世紀蘇格蘭社會哲學思想家如何討論商業社會與倫理道德的互動關係，也有方便而又深入的中文著作可供參考：陳正國，〈陌生人的歷史意義——亞當斯密論商業社會的倫理基礎〉，《中央研究院歷史語言研究所集刊》，83,4(2012)：779-835。

　　大致說來，無論是「日用類書」收錄的《客商規鑒論》，或是做為商業手冊的《商賈便覽》，這兩類文本做為「文字建構式」商業書籍的流傳與印售，都與當時存在各地的「口傳心授式」商業知識，共同豐富了明清整體商業知識的累積與傳遞。而無論是《客商規鑒論》對農產品價格變動所做的觀察：「須識遲中有快，當窮好取，藏低再看緊慢，決斷不可狐疑」，「迎頭快者，可買；迎頭賤者可停」，以及《商賈便覽》對「取捨自有機風，來往人繁，貴賤可得權通」、「買色光亮鮮明，活潤生神，細嫩結寔，滋味美厚，乾淨均勻」等商品價格變動的總結，這些既是當時商人提出的「價格理論」，也是當時一種特殊的「經濟論述」。

　　無論是收錄於「日用類書」之中的《客商規鑒論》，或是五編本的《商賈便覽》商業手冊，由十六世紀末到十八世紀末的這三百年間，整體看來，當時中國的商業教育形式與內容，既有承續也有斷裂。至於如何繼續深入考察其間商業知識與商業教育的演化？則仍是有待深入探究的課題。曾有學者論及：「在明清士大夫的作品中，商人的意識形態已浮現出來了，商人自己的話被大量地引用在這些文字之中……更值得指出的是：由於『士商相雜』，有些士大夫（特別如汪道昆）根本已改從商人的觀點來看世界了」。[84]要繼續考掘當時「商人意識形態」乃至於「商人世界觀」的演變，應該仍要更好地結合明清商業發展實際情形，及其與商業文化之間的複雜互動關係；而明清之際商業教育形式與內容的變遷，正是回答此課題中的重要一環。

---

84 余英時，《中國近世宗教倫理與商人精神》，台北：聯經出版公司，1987，頁162。

結論

　　回到本書導論提出的明清市場演化問題。明清傳統中國經濟沒有發生類似英國工業革命那類快速顯著的經濟變遷，也未出現類似近代西歐民法、商法的法律體系，但是，在當時中國主要的商業城鎮當中，仍然發生了各種經濟組織、相關法令乃至於文化與意識形態方面的變動，這些現象仍然可在明清中國帶出某些具有重要意義的制度變遷，構成某種值得細緻分析與嚴肅討論的市場演化途徑。

　　本書各章依序探究了以下各個主題：明清蘇州商人團體組織方式與外在政治環境互動關係的長期演變，蘇州棉布加工業字號組織對「測量與訊息成本、談判成本、執行成本」等「交易成本」問題的不同影響，蘇州棉布加工業發生的踹匠「工作規訓」變動，雲南銅礦業基於「官本收銅、運官運銅制」等正式制度而出現的官商關係與利益觀念變遷，重慶船運業糾紛解決機制在「國法」與「幫規」共同作用下呈顯的經濟秩序與法律規範互動，重慶地方官與地方商人領袖之間圍繞著債務與合夥糾紛的合作調解模式，以及《客商規鑑論》與《商賈便覽》等明清商業書籍承載的商業知識與商業道德論述。這些林林總總涉及明清商人團體、經濟組織、法律規範、商業習慣及商業文化在內的各種制

度，既受到當時中國既有市場結構的限制，又逐漸改造了當時中國市場結構。本書選取蘇州、上海、雲南東川府、四川重慶及江西廣信府玉山縣在不同經濟領域的一些具體案例，藉以討論當時中國市場與制度之間的互動關係，希望對於理解明清市場演化問題能夠提供一些有效用的分析以及有意義的思考。

　　整體看來，隨著十六世紀以後中國國內長程貿易不斷發展，眾多明清商人在本國內地，西北、西南、東北邊區，乃至東南亞、東北亞等海外地區從事商業活動。隨著商業行為的頻繁增多，以及不同地區商業人群的彼此互動，加上不同地區司法體系面對商業訴訟在具體執行方面的不同作用，受到包含合夥、股份、承攬、會計、貨幣、信用等不同形態買賣與生產契約影響的各種商業行為，便不斷地加速傳遞與演化，從而改變了不同地區的市場制度。[1]

　　值得注意的是：當時在明清中國各地參與簽訂與執行各項契約的經商民眾，他們在「想像、創造、維持與終結（各類契約中的）交換關係」時，究竟如何受到當時既有各類「團體規範」（group norms）的影響與形塑？會是很重要的課題。歐中坦（Jonathan K. Ocko）建議不再只是採取偏重法官與法學家如何建構「契約法」這類所謂「法學中心論者」（legal centralists）所關心的議題方向，呼籲改採團體規範與「契約行為」互動的研究取

1　Madeleine Zelin, Jonathan K. Ocko, and Robert Gardella, "Introduction," in *Contract and Property in Early Modern China*, pp. 2-3. Jean-Laurent Rosenthal and Bin Wong, *Before and Beyond Divergence: The Politics of Economic Change in China and Europe*, Cambridge, Mass.: Harvard University Press, 2011, pp. 129-166.

徑，可能會更有啟發性。[2]歐中坦的建議其實也頗類似「法律多元論」（legal pluralism）的一些重要主張：諸如要將法律體系運作背後的經濟基礎、認知模式乃至政治勢力，予以更好地納入相關分析。[3]或是強調：要在側重國家法之外，同時重視那些相互競爭以及時相矛盾的社會秩序，並應呈顯那些社會秩序與國家法之間的相互構成關係；針對社會團體看待秩序與社會關係，乃至於社會團體藉以判定「真理」與「公義」的種種不同方式，都應進行更仔細的檢視；對那些隨著不同法律系統之間辯證關係而展開的多元規範，應該改採一種歷史演變的理解方式。[4]本書針對蘇州棉布加工業、滇銅採礦業及重慶航運業所做的個案分析，希望多少能夠符合上述「法律多元論」一些研究旨趣，並期待能有助於分析明清的市場演化現象。

儘管直至清末中國才由西方與日本引入公司、票據、海商、保險等相關法典、案例匯編或是法學專論，但是，缺乏這些近代西方「法學中心論者」所關心的法律議題、術語與修辭，對於清代前期重慶船幫、八省會館等社團組織而言，並不妨礙他們努力將船運承攬、託運風險、票據兌換乃至勞僱爭議等涉及各式契約

2　Jonathan K. Ocko, "The Missing Metaphor: Applying Western Legal Scholarship to the Study of Contract and Property in Early Modern China," in *Contract and Property in Early Modern China,* p. 197.

3　筆者對「法律多元論」的理解主要取自：Warwick Tie, *Legal Pluralism: Toward a Multicultural Conception of Law*, pp. 47-57. Sally Falk Moore, "Certainties Undone: Fifty Turbulent Years of Legal Anthropology, 1949-1999," in idem ed., *Law and Anthropology: A Reader*, Oxford: Blackwell Publishing, 2005, pp. 346-367.

4　Sally Engle Merry, "Legal Pluralism," *Law & Society Review* 22,5（1988）: 869-896.

的相關經濟行為，納入他們宣稱屬於自身既有的「幫規、程規、舊規」，然後上呈重慶地方官進行審理與調停。在調停與審理各類船運糾紛的過程中，重慶地方官員不僅需要經常面對船運業者關心的各式「幫規」與契約問題，也要更好地從既有「國法」當中選擇最為合用的法律核心價值觀。這個「國法」與「幫規」相互作用的事實，構成了清代前期重慶地方司法實務的重要內容，也或多或少地改造了當時中國的市場制度。

　　跨出重慶航運市場制度同時受到「國法」與「幫規」影響與形塑的實例，可以進一步思考當時中國法律規範與經濟秩序如何互動的課題。若將十八、十九世紀重慶船運糾紛與相關司法運作連繫到當時中國其他城鎮發生的經濟現象與司法實務，則無論是本書第二、三章分析的蘇州棉布字號商人、賈師、踹坊與染坊商、踹匠與染匠工人在棉布產銷過程中的各種互動關係，以及蘇州各級地方官針對棉布相關訟案展開的審理過程與法律推理，還是第四章分析雲南銅廠商人與地方官之間共同形構的「放本收銅、官銅店、七長制」，第六章分析重慶合夥與債務糾紛當中地方官與地方商人領袖之間展開的密切合作，乃至於其他學者考察清代四川自貢井鹽業盛行的以分股「做節」方式處理資金合夥、股權頂讓等本地商業習慣的具體實踐過程，[5]或是探究清代長蘆「八大家」鹽業總商家族在債務、合夥與析分家產等商業習慣方

5　Madeleine Zelin, "Capital Accumulation and Investment Strategies in Early Modern China: The Case of Furong Salt Yard," *Late Imperial China* 9,1(1988)：79-112. Madeleine Zelin, "Merchant Dispute Mediation in Twentieth-Century Zigong, Sichuan," in Kathryn Bernhardt and Philip C. Huang eds., *Civil Law in Qing and Republican China*, Stanford: Stanford University Press, 2004, pp. 249-286.

面如何與政府法律進行互動的複雜過程，[6]這些清代各地商業發達地方出現的個案所反映的經濟與法律互動關係，都很可證明當時中國商業發達城鎮其實已然出現商業糾紛導致本地司法實踐受到衝擊與調整的具體過程。

　　至於文化與意識形態方面，本書除了在第四章討論滇銅開採過程出現的「公利之利」相關政策論辯，也在第七章專門分析了明清幾種商業書籍的書寫風格、商業知識與商業道德等問題。有些學者對於明清商業知識的評價不高，如寺田隆信認為：《商賈便覽》等清代中國「商業書雖然提出了對經商能力與品德的要求，認為這是經商致富之法，也是創建商人社會的支柱，但未能從社會結構去看商業的繁榮，也未注意到經商獲利的意義所在。因此，不能不認為作者只是把商業作為一種致富的手段」。寺田還強調：在商業書的作者身上，「似乎並不存在營利與仁義之間的矛盾的苦惱，也看不到企圖建立超越倫理觀的經商之道和積極地為商人在買賣中獲得利益提供理論的動機，這就必然使他們的著作在對現實生活中的商人提出要求時，局限於單純的品德和個人的機智方面」；他甚至將山西商人的經商實踐，結合到他對明清商業書的綜合評價：「山西商人的商業觀和商業書的說教，可以說並不反映包括隨著商業的發展而對產生和支持這種商業道德本身社會體制的批判，也不包含朝著既定的方向勇往直前迫使士

6　Man Bun Kwan（關文彬），"Custom, the Code, and Legal Practice: The Contracts of Changlu Salt Merchants in Late Imperial China," in *Contract and Property in Early Modern China*, pp. 269-297. 關文斌，《文明初曙：近代天津鹽商與社會》，張榮明主譯、齊世和校，天津：天津人民出版社，1999，頁41-96。

大夫階級承認商人階級獨立存在的價值」；因而「其意義是非常
局限的」。[7]

　　寺田隆信認為明清商業書內容「似乎並不存在營利與仁義之
間的矛盾的苦惱」，這個評論很可能反映他也曾受到韋伯（Max
Weber）《基督新教倫理與資本主義精神》相關論點的影響與啟
發。然而，如同學者對韋伯此書的考察，所謂「新教倫理」與
「資本主義精神」的提法，固然是以「簡潔扼要的方式」將西方
資本主義起源「這段最曲折的歷史過程講的如此生動而精彩」，[8]
但其實韋伯此書論證基本內容在1905年首次公開發表時，歐洲學
界的反應不僅「不是佳評如潮，而是嗆聲連連」。[9]也有學者指
出：韋伯的「新教倫理」論述固然精采，但卻難免帶有「以近代
人的自我作為中心」來對歷史進行「尋根式」探究的特殊歷史
觀，因而，我們不宜忽略「韋伯式理論的時空性和問題性」。[10]儘
管如此，《基督新教倫理與資本主義精神》當然是部極有啟發的
好書，而韋伯「新教倫理」論述對包含寺田隆信在內的許多明清
史家而言，似乎一直有很大的吸引力；與此同時，我們也不該忘
記：寺田隆信是明清經濟史大家，長年研究山西商人、蘇州棉布

7　（日）寺田隆信，張正明、道豐、孫耀、閻守誠等譯，《山西商人研究》，頁
　　298。

8　顧忠華，《韋伯的《基督新教倫理與資本主義精神》導讀》，台北：臺灣學生
　　書局，2005，頁177。

9　康樂，〈說明〉，收入韋伯著，康樂、簡惠美譯，《基督新教倫理與資本主義
　　精神》，台北：遠流出版公司，2007，頁1。

10　錢新祖，〈近代人談近代化的時空性〉，收入氏著《思想與文化論集》，台
　　北：臺大出版中心，2013，頁13。

踹坊等明清經濟史重要議題，他熟悉明清經濟發展相關史實，但也如此服膺韋伯「新教倫理」論述，並據以推論出上述明清商業思想「其意義是非常局限的」總體評價。這不得不令我們持續深思其中意涵。

　　余英時則以不同方式評價明清商業思想變動。由晚明以來「士商相雜」的長期現象，余氏論證當時中國商人意識形態（他也稱作「商人精神」）的發展背景及其歷史意義：「在明清士大夫的作品中，商人的意識形態已浮現出來了，商人自己的話被大量地引用在這些文字之中」；同時，「更值得指出的是：由於『士商相雜』，有些士大夫（特別如汪道昆）根本已改從商人的觀點來看世界了」。在余氏看來，「明、清的商業書，雖是為實用的目的而編寫」，但「其中也保存了不少商人的意識形態」；我們尤應重視「商人的社會自覺」，「他們已自覺『賈道』即是『道』的一部分」，而當時其中一些「幼有大志」的商人更「具有超越性的『創業』動機」。余氏認為這些商人的意識形態其實可以具體反映當時中國儒、釋、道三教對於「上層文化」與「通俗文化」的綜合作用，而且還可由其中見到「商人究竟是怎樣巧妙地運用中國傳統中的某些文化因素來發展『賈道』」。他不僅提醒中國思想史研究者不要「有意或無意地把西方的模式硬套在中國史的格局上面」，同時進一步評論道：對於明清商業書反映的思想內容，「我們決不能因為他們依附了某些舊形式而忽視其中所含蘊的新創造」。[11]

---

[11] 余英時，《中國近世宗教倫理與商人精神（增訂版）》，台北：聯經出版公司，2004，頁162-163。余氏這裡有關「具有超越性的『創業』動機」的提

　　至於商人意識形態對社會整體影響到底如何？余英時如此評估：「概括言之，十六世紀以後商人確已逐步發展了一個相對『自足』的世界。這個世界立足於市場經濟，但不斷向其他領域擴張，包括社會、政治與文化；而且在擴張的過程中也或多或少地改變了其他領域的面貌。改變得最少的是政治，最多的是社會與文化」。[12] 余氏的觀察是明清商人精神對當時社會與文化的影響較大，但在政治方面則作用十分有限。卜正明（Timothy Brook）研究明代經濟思想史，也提出了類似余英時的觀察：明清長期「士商相雜」的結果，既是士人價值觀改變了商人，但也未嘗不能說是商人同時反過來改變了士人。[13]

　　明清士人價值觀因為商業衝擊與商人影響而發生種種微妙變化，除了余英時《中國近世宗教倫理與商人精神》著重分析的士人「治生」觀念變動之外，明清消費史的不少研究成果也呈顯晚明以降士大夫因為商人財富增加而引起某種社會身分的「認同焦

　　法，主要涉及韋伯學術有關「宗教倫理」與「經濟發展」之間「選擇性親和」關係的討論，並關連到學者有關中國傳統與現代「儒家倫理」或「經濟倫理」的熱烈爭辯。儒家倫理研究相關簡介，可見：顧忠華，〈儒家文化與經濟倫理〉，收入劉小楓、林立偉編《中國近現代經濟倫理的變遷》，香港：香港中文大學出版社，1998，頁45-66。

12　余英時，〈士商互動與儒學轉向──明清社會史與思想史之一面相〉，收入氏著《中國近世宗教倫理與商人精神（增訂版）》，頁175-248，引見頁203。

13　卜正民（Timothy Brook），方駿、王秀麗、羅天佑等譯，《縱樂的困惑──明朝的商業與文化》，頁355-358。上述有關商人精神與士商相雜的討論，筆者較多引用了一篇拙文的結論幾個段落，敬請諒查：邱澎生，〈由《商賈便覽》看十八世紀中國的商業倫理〉，《漢學研究》（台北），33,3（2015）：205-240。

慮」。[14] 同時，士人價值觀受到商業與商人影響而發生的微妙變化，還反映在政府的經濟政策上。十六世紀以後有愈來愈多士大夫提出「重商以利農」的政策主張，其中主要內容涉及商人在糧食貿易與銀錢比價中的關鍵角色；愈來愈多士大夫認識到：如果商人不帶糧食與白銀來至境內貿易，則本地糧食供給數量與銀錢比價波動都會受到負面影響，某些地區百姓不僅將面對糧食不足的威脅，當小農需將平日使用銅錢兌換白銀以向政府繳納賦稅之際，本地白銀價格會因商人不來而相對上漲，致使小農必須以更多銅錢才能換足繳納賦稅所需的定額白銀。為了保障農民生計，故而必須一併保護商人的經商安全，這便構成晚明以後「重商以利農」相關經濟政策主張的核心理據。[15]

　　類似變化也發生在十六至十八世紀之間「保富」觀念的更普遍發展，[16] 以及本書第四章分析的十八世紀滇銅開採過程中以李紱

14 柯律格（Craig Clunas），《長物志：早期現代中國的物質文化與社會狀況》，高昕丹、陳恆譯，北京：三聯書店，2015；巫仁恕，《品味奢華：晚明的消費社會與士大夫》，台北：中央研究院、聯經出版公司，2007，頁303-315；邱澎生，〈消費使人愉悅？略談明清史學界的物質文化研究〉，《思想》，15(2010)：129-147。王鴻泰，〈明清感官世界的開發與欲望的商品化〉，《明代研究》18(2012)：103-141。

15 岸本美緒，〈清代中期的經濟政策基論——以18世紀40年代的糧價問題為中心〉，收入氏著《清代中國的物價與經濟波動》，劉迪瑞譯，胡連成審校，北京：社會科學文獻出版社，2010，頁263-294；林麗月，〈明清之際商業思想的本末論〉，收入氏著《奢儉・本末・出處——明清社會的秩序心態》，頁183-217。

16 林麗月，〈保富與雅俗：明清消費論述的新側面〉，收入氏著，《奢儉・本末・出處——明清社會的秩序心態》，頁83-105。

這類官員為代表所提出的「公利之利，無往不利」相關論述，透過「公之於人，則可以富國而裕民；私之於官，則至於害民而病國」等經濟修辭，把開採礦藏自然資源的正當性，賦予了饒富資本並有組織能力的銅廠商人。

因此，若從晚明以至清代的經濟政策變化做觀察，前引余英時有關市場經濟與商人意識形態衝擊明清社會的不同層次：「改變得最少的是政治，最多的是社會與文化」，這類判斷似乎需要做些修正；「重商以利農、保富、公利之利」等相關經濟政策，其實也可以反映當時商業經營及商人財產的安全程度都能得到更穩固的支撐，這似乎不能不說是一種受到商業衝擊的明清「政治」。至於本書多篇文章分析清代商業訴訟與地方司法之間的良性互動關係，也可以視為一種受到商業衝擊的「政治」與法律方面變化。

值得注意的是：余英時在肯認商人意識形態衝擊明清社會的同時所區分的政治與社會文化不同層次，所謂「改變得最少的是政治，最多的是社會與文化」，此項判斷其實是與不少明清經濟史家對明清經濟變化的評價有著異曲同工之妙。

如吳承明曾將十六世紀以後中國市場經濟發展綜括為六大範疇：一、大商人資本的興起；二、包括散工制（putting-out system）在內工場手工業的巨大發展；三、因一條鞭法普及而更加確立的財政貨幣化發展；四、押租制與永佃制普及導致經營權與土地所有權分離而形成的租佃制演變；五、由短工與長工在法律上人身自由的進一步解放所帶來的雇工制演變；六、民間海外貿易帶來的大規模世界白銀內流中國。吳氏強調這六大範疇的變化基本上都屬於「新的、不可逆的」重要經濟變遷，並對這些經

濟層面變化予以頗高的肯定。然而，吳氏認為明清市場經濟發展
在政治與法律方面卻面臨著嚴重限制：因為傳統中國未能出現
「保障私有產權和債權的商法」，以及十七世紀後半滿清入主中國
而加強了「專制主義統治」，[17]故而無法形成類似英國工業革命那
般更有意義的經濟變遷。如果把余英時說的「最多的是社會與文
化」替換為吳承明說的「新的、不可逆的」六大經濟範疇，以及
「改變得最少的是政治」替換為未能出現「保障私有產權和債權
的商法」以及加強了「專制主義統治」，則兩位著名學者認識到
的明清經濟變遷其實是英雄所見略同。再如前引寺田隆信對明清
商業書的評價：「不包含朝著既定的方向勇往直前迫使士大夫階
級承認商人階級獨立存在的價值」，寺田氏重視的「政治」不正
是所謂「商人階級獨立存在的價值」嗎？綜合看來，余英時、吳
承明與寺田隆信諸位學者看重的明清中國比較缺少之「政治」變
化，大概就是近代歐洲歷史上出現的所謂「資產階級革命」或是
「立憲政治」吧？

　　上述看法不免讓人再次想起本書導論分析的黃仁宇「數目字
管理」概念。黃氏以此概念呈顯了十六世紀明代中國與十七世紀
末英國在「國家社會架構」方面的巨大差異，黃仁宇對於英國十
七世紀議會政治革命所開啟的資本主義或是現代化社會有以下的
精簡概括：「社會裡的成員，變成了很多能相互更換的零件；更
因之社會上的分工可以繁複。法律既以私人財產權之不可侵犯作
宗旨，也能同樣以數目字上加減乘除的方式，將權利與義務，分

---

17 吳承明，〈現代化與中國十六、十七世紀的現代化因素〉，《中國經濟史研
　　究》，1998,4(1998)：6-7。

割歸併，來支持這樣的分工合作」。[18]這種強調「以私人財產權之不可侵犯作宗旨」的法律，既是黃仁宇強調可以透過「數目字上加減乘除的方式，將權利與義務，分割歸併」以提升整體經濟成效的基礎，也大概同是寺田隆信、吳承明與余英時指稱明清中國經濟無法徹底轉型的「政治」病灶。

　　科大衛也對明清中國經濟做了整體評價：「雖然中國的商業制度確實帶來十六世紀至十八世紀前所未有的經濟增長，但同樣的機制卻不足以帶動十九世紀蒸汽機時代的規模型經營，如工廠、鐵路和輪船等」，而西方何以能夠應付十九世紀規模型經營的挑戰？其原因則在於十六世紀西方的「銀行、公司和商法的基礎就已經奠定」。[19]十六世紀中國與西方商業制度已然存在的主要差異究竟何在呢？科大衛寫道：「原因可能是中國傳統商業的個人化經營模式」，他並引用布勞岱與韋伯的研究成果，指出「家族企業、私人網絡與傳統的會計方式形成了一個相輔相成的商業運作體系」，而「股份制、有限責任制與成本會計則構成了另一個相輔相成的體系」；十六世紀以後，西方逐漸脫離了前一個體系而進入了後一個體系，而中國則自十六世紀形成「以宗族為主導的資產控制方式」之後，直至十九世紀仍始終停留在前一個體系。[20]

---

18 黃仁宇，〈我對「資本主義」的認識〉，《食貨》復刊，16,1/2(1986)：26-49，頁46-47。

19 科大衛，《近代中國商業的發展》，周琳、李旭佳譯，杭州：浙江大學出版社，2010，〈資本主義萌芽與近代經濟變遷〉，頁166。

20 科大衛，《近代中國商業的發展》，周琳、李旭佳譯，〈作為公司的宗族——中國商業發展中的庇護關係與法律〉，頁92。

　　表面上看，科大衛指稱的「股份制、有限責任制與成本會計」，似乎也能很好地呼應黃仁宇指稱的「數目字管理」，兩者都是明清中國經濟變化所缺乏的「商業技術與法律基礎」。然而，科大衛的分析卻表現得更加複雜：儘管缺乏「股份制、有限責任制與成本會計」，但直至十九世紀為止的明清商業制度，其基本運作情況是：「無論是在鄉村、市鎮還是城市，貿易都有條不紊地進行著」，只是，保障這些貿易秩序的主要力量不是法律而是那些可以「通過各種投資控制資產的宗族」，而明清市場從來都「只是社會的一個組成部分」。[21]如何界定明清中國的商業制度或是市場演化？科大衛有關「宗族」主導而非「法律」支配的論述，確實要比黃仁宇「數目字管理」概念更加複雜並且富有啟發性。

　　筆者沒有能力進行明清與西方商業制度史的比較，只希望本書針對蘇州商人團體、蘇州與松江棉布加工業、雲南銅礦業與重慶航運業的種種經濟組織，還有關於重慶債務與合夥訴訟以及明清商業書的分析，能夠稍稍顯示當時中國在「經濟組織、法律體系、文化觀念」三者之間的互動關係，應該並非只是乏善可陳，當時中國經濟也曾出現不少重要變化，而這些變化或許共同構成了明清中國的市場演化之路。

　　至於對許多讀者而言都很難迴避的中西比較問題，筆者只想引用泰勒（Charles Taylor）對「現代性」理論所做的區分與反思做點補充說明。泰勒將西方十八世紀以來出現的種種「現代性理論」區分為兩大類：一是「少文化的（acultural）現代性理論」，

---

21 科大衛，《近代中國商業的發展》，周琳、李旭佳譯，〈作為公司的宗族——中國商業發展中的庇護關係與法律〉，頁103-104。

這類理論看重的是諸如現代科層制國家、市場經濟、科學與科技的散播，以及工業革命、都市化等等「世俗化現象」，基本上將西方現代性視為一種「不帶文化因素影響而純任理性或社會性的操作」（a rational or social operation which is cultural-neutral）；在此觀點之下，現代性的傳布則有如「任何或每一個文化都可以完成的一組社會轉型」（a set of transformations which any and every culture can go through）。至於泰勒區分的另外一類「文化性的（cultural）現代性理論」，則是將近代西方社會出現視為一種「新文化」的興起，背後涉及諸種「人觀」（personhood）、「自然觀」（nature）、「社會觀」（society）、「時間觀」（time）、「優劣觀」（goods and bads）、「善惡觀」（virtues and vices）等等屬於近代西方自身的特殊認知方式（own specific understandings）。[22]

　　儘管黃仁宇也將「數目字管理」國家的出現設定在十七世紀末的英國，也談及私有產權神聖性觀念如何在英國特殊時空條件中擴散，然而，他對資本主義「文化」的說明其實相當有限；同時，他也相信：只要有心改革並且勇敢地拋棄「傳統道德」，則包含中國在內的其他「不能在數目上管理」的國家，也可以順利轉型為「能在數目上管理」的國家，共同朝向十七世紀末英國所完成的「現代性」社會改造一樣。由這些方面看來，黃仁宇「數目字管理」概念背後呈顯的「現代性」理念，應是接近泰勒區分

22　Charles Taylor, "Two Theories of Modernity," in Dilip Parameshwar Gaonkar ed., *Millennial Quartet vol. 1, Alter/Native Modernity, Public Culture* 11,1（2000）：153-154, 172-173. 查爾斯‧泰勒（Charles Taylor），《現代性中的社會想像》，李尚遠譯，台北：商周出版公司，2008，頁292。

的「少文化的（acultural）現代性理論」。

　　泰勒指出「少文化的現代性理論」有以下重大缺點：既扭曲了近代西方社會發展過程的複雜性，也輕估了現代性在傳播過程中可能受限於各地不同文化傳統而出現某種「他類現代性」（alternative modernities）；簡言之，這種看法嚴重忽略了西方現代性其實也部分植基於「原本的道德框架」（original moral outlook）。例如，十七世紀以後近代西方科學的確具有改進技術與增加效率的層面，但是，時人所謂的「將事實（fact）自價值（value）中區分出來」，卻和當代從事物理學研究者希望發現「科學真理」的心態不可等同而論。表面上是要解決現實的技術問題，但背後動機卻可能是宗教道德性的理由。[23]同樣的道理，視個人為「原子式存在」的觀念，也同樣嵌植在近代西方的特殊認知方式。因而，黃仁宇所謂「社會裡的成員，變成了很多能相互更換的零件」，此語其實不能自當時西方「人觀、社會觀」等成套成組的認知觀念（a constellation of understandings）抽離出來。當西方技術傳到東方，所謂的「社會裡的成員，變成了很多能相互更換的零件」，或是「法律既以私人財產權之不可侵犯作宗旨，也能同樣以數目字上加減乘除的方式，將權利與義務，分割歸併」等所謂「現代性」特徵，會與不同東方國家既有文化觀念相互結合與創新。這些都是泰勒所說「少文化的現代性理論」不能妥善分析的重要內容。

　　十六世紀以後英國與西歐在經濟、法律與文化方面展現的種種「現代性」，確實對於我們理解人類近代歷史至關重要。但正

23　Charles Taylor, "Two Theories of Modernity," pp. 159-160, 161-162.

如泰勒所指出:歐洲固然是「現代性的第一個模型」,不過,「它終究只是許多模型之中的一種」,如何重新「描繪現代西方世界的社會想像」?仍然需要更多學者投入研究。[24]對於研究明清中國或是其他歐洲以外地區的經濟史研究者而言,與其斬釘截鐵指稱近代西方如何發展,何不保持更大的開放心態來面對世界不同地區的各自歷史發展?

我們也應避免狹隘的「西方中心論」,莫將西方近代經濟發展的種種「特殊性」變成歐洲文明的「優越性」。有些歐洲史家這樣進行反思:「史家必須揚棄那種舊有研究習慣,那種習慣總是致力找尋獨存於歐洲的特殊因子,以為那些特殊因子使我們歐洲文明變得與其他文明在本質上不同,甚至優於其他文明,諸如所謂歐洲思考方式中的獨特理性、基督教傳統等等遠源於類似羅馬財產法以來的歐洲古典遺產」,而之所以必須揚棄舊有研究習慣,關鍵不僅在於以「歐洲」對比其他地區文明的習慣,本即是十七世紀以後歐洲知識分子特殊意識形態持續作用的結果;問題同時還在於:「就目前所知,凡屬那些導致資本主義、科學技術革命以及其他種種相關的操作手法(modus operandi),沒有什麼是真正獨屬『歐洲』或是『西方』的」。[25]這是來自一位著名歐洲史家的反思,可能也值得明清經濟史研究者對比中西市場演化時一併參考,以便在繼續探究中西「國家社會架構」異同時能夠更細緻地「拿捏輕重」。

---

24 查爾斯‧泰勒,《現代性中的社會想像》,頁293。

25 Eric Hobsbawm, "The Curious History of Europe," in idem, *On History*, New York: The New Press, 1997, p. 225-227.

徵引書目

一、傳統文獻

《一統路程圖記》（此書又名《新刻水陸路程便覽》或是《圖注水陸路程圖》，明‧黃汴，書前有明隆慶4年（1570）序文，楊正泰點校本，收入楊正泰《明代驛站考（增訂本）》，上海：上海古籍出版社，2006，頁199-292。

《一斑錄》，（清）鄭光祖，影印清刊本，北京：中國書店，1990。

《八旗通志》，（清）鄂爾泰（1677-1745）等修，李洵、趙貴德主點，長春：東北師範大學出版社，1985。

《三省邊防備覽》，（清）嚴如熤，據清道光刻本影印，揚州：江蘇廣陵古籍刻印社，1991。

《上海碑刻資料選集》，上海博物館圖書資料室編，上海：上海人民出版社，1981。

《士商類要》，（明）程春宇，書前有明天啟6年（1626）方一桂敘文，楊正泰點校本，收入楊正泰《明代驛站考（增訂本）》，上海：上海古籍出版社，2006，頁299-447。

《大明律箋釋》，（明）王肯堂，影印清康熙30年（1691）顧鼎重輯序刊本，收入《四庫未收書輯刊》，第1輯25冊，北京：北京出版社，1997。

《大清律輯註》，（清）沈之奇，新校本（據清康熙54年（1715）初版標校），北京：法律出版社，2000。

《大義覺迷錄》，影印清雍正年間內府刻本，台北：文海出版社，1970。

《山書》，（清）孫承澤輯，裘劍平點校，杭州：浙江古籍出版社，1989。

《中央研究院歷史語言研究所現存清代內閣大庫原藏明清檔案》，張偉仁編，

台北：聯經出版公司，1985-1997，A137-059。

《中國工商行會史料集》，彭澤益主編，北京：中華書局，1995。

《天工開物》，（明）宋應星，鍾廣言注釋，北京：中華書局，1978。

《天津商會檔案匯編（1903-1911）》，天津市檔案館、天津社會科學院歷史研究所、天津市工商業聯合會編，天津：人民出版社，1989。

《天啟滇志》，（明）劉文徵，古永繼校點，昆明：雲南教育出版社，1991。

《天傭子集》，（明）艾千子（南英），台北：藝文印書館，1980。

《日錄雜說》，（清）魏禧，收入（清）張潮輯，《昭代叢書》，清道光13年（1833）吳江沈氏世楷堂刊本，中央研究院歷史語言研究所傅斯年圖書館藏本。

《四知堂文集》，（清）楊錫紱，清乾隆年間乙照齋刊本，中央研究院歷史語言研究所傅斯年圖書館藏。

《布經》，（清）不著撰人，清抄本，安徽省圖書館藏。

《布經》，（清）范銅，清抄本，影印收入《四庫未收書輯刊》，3輯30冊，北京：北京出版社，1997，頁82-110。

《布經要覽》，（清）不著撰人，（清）汪裕芳鈔本，影印收入《四庫未收書輯刊》，10輯12冊，北京：北京出版社，1997，頁581-599。

《生意世事初階》，（清）王秉元，書前有清乾隆51年（1786）汪氏重抄本序言，現藏於南京大學圖書館。

《刑案匯覽》，（清）祝慶祺編次、鮑書芸參定，影印清光緒12年（1886）刊本，台北：成文出版社，1968。

《回民起義》，中國史學會主編，白壽彝編，《中國近代史資料叢刊》第四種，上海：神州國光出版社，1953。

《成山老人自撰年譜》，（清）唐炯，影印清光緒30年（1904）序刊本，台北：廣文書局，1971。

《成家寶書》，（清）不著撰人，清抄本（未具撰抄年代），影印收入國家圖書館分館編《中國古代當鋪鑒定秘籍》，頁351-495。

《江南土布史》，徐新吾主編，上海：上海社會科學院出版社，1992。

《江蘇省明清以來碑刻資料選集》，江蘇省博物館編，北京：三聯書店，1959。

《自貢鹽業契約檔案選輯，1732-1949》，自貢市檔案館、北京經濟學院、四
　　川大學合編，北京：中國社會科學出版社，1985。

《西江政要》，（清）不著編人，清江西按察司衙門刊本，中央研究院歷史語
　　言研究所傅斯年圖書館藏。

《西江視臬紀事》，（清）凌燽，影印清乾隆8年（1743）刊本，收入《續修
　　四庫全書》，史部，冊882，上海：上海古籍出版社，1997。

《佐治藥言》，（清）汪輝祖，收入《汪龍莊遺書》，影印清光緒15年
　　（1889）江蘇書局刊本，台北：華文書局，1970。

《吳門表隱》，（清）顧震濤，據清道光年間刊本點校，南京：江蘇古籍出版
　　社，1986。

《李穆堂詩文全集》（又名《穆堂初稿》），（清）李紱，有雍正10年（1732）
　　序，道光11年（1831）重刊本，中央研究院歷史語言研究所傅斯年圖
　　書館藏。

《定論珍珠價品寶石沉頭》，（清）不著撰人，清抄本（未具撰抄年代），影
　　印收入國家圖書館分館編《中國古代當鋪鑒定秘籍》，頁497-545。

《明史》，（清）張廷玉等撰，台北：鼎文書局，1982。

《明刑管見錄》，（清）穆翰，清道光27年（1847）刊本，收入葛元熙編，
　　《臨民要略》，影印清光緒7年（1881）序刊本，收入《叢書集成續
　　編》，上海：上海書店，1994，集部168冊。

《明清蘇州工商業碑刻集》，蘇州歷史博物館等編，南京：江蘇人民出版
　　社，1981。

《明清蘇州農村經濟資料》，洪煥椿編，南京：江蘇古籍出版社，1988。

《明實錄》，中央研究院歷史語言研究所校印，據國立北平圖書館紅格鈔本
　　微卷校印，中央研究院歷史語言研究所，1966。

《客商一覽醒迷》，（明）李晉（留）德，書前有明崇禎8年（1635）〈合刻
　　水陸路程序〉，新校本，收入楊正泰校注《天下水陸路程、天下路程圖
　　引、客商一覽醒迷》，太原：山西人民出版社，1992，頁267-329。

《客商規鑒論》，（明）不著撰人，收錄於明・三台館主人仰止余象斗編《新
　　刻天下四民便覽三台萬用正宗》（據明萬曆27年（1599）余氏雙峰堂刻
　　本影印），收於酒井忠夫監修，坂出祥伸、小川陽一編《中國日用類書

集成》，東京：汲古書院，1999，第三卷，冊2，卷21，「商旅門」，頁 294-348。

《宦遊筆記》，（清）納蘭常安，台北：廣文書局，1971。

《春明夢餘錄》，（清）孫承澤，台北：大立出版社，1980。

《皇朝經世文編》，（清）賀長齡編，台北：世界書局，1964。

《重訂增補陶朱公致富全書》，（明）陳繼儒撰，（清）嚴逸叟增定，《故宮珍 本叢刊》子部第363冊，據清康熙年間經倫堂刻本影印，海口市：海南 出版社，2001。

《陔餘叢考》，（清）趙翼，據清乾隆55年（1790）「湛貽堂」版本影印，台 北：華世出版社，1975。

《海忠介公集》，（明）海瑞（1514-1587），收入《丘海二公合集》，清康熙 47年（1708）刊本，中央研究院歷史語言研究所傅斯年圖書館藏。

《消夏閑記摘抄》，（清）顧公燮，《涵芬樓秘笈》本，台北：台灣商務印書 館，1967。

《商賈便覽》，（清）吳中孚，六集八卷本，書前有清乾隆57年（1792）作者 自序，影本藏於中央研究院近代史研究所郭廷以圖書館。

《康熙朝漢文硃批奏摺彙編》，中國第一歷史檔案館編，北京：檔案出版 社，1984-1985。

《清代巴縣檔案匯編：乾隆卷》，四川省檔案館編，北京：檔案出版社， 1991。

《清代的礦業》，中國人民大學清史研究室等編，北京：中華書局，1983。

《清代乾嘉道巴縣檔案選編》上冊，四川省檔案館、四川大學歷史系編，成 都：四川大學出版社，1989。

《清代乾嘉道巴縣檔案選編》下冊，四川省檔案館、四川大學歷史系編，成 都：四川大學出版社，1996。

《清史稿》，趙爾巽等撰，新校本，北京：中華書局，1976-1977。

《清高宗實錄》（《大清高宗純（乾隆）皇帝實錄》），台北：華文書局，1969。

《清朝文獻通考》，清高宗敕撰，台北：新興書局，1963。

《硃批奏摺財政類》微卷，中央研究院近代史研究所藏，乾隆元年三月十七 日，顧琮奏摺。

《欽定戶部則例》，（清）承啟、英傑等纂，影印清同治4年（1865）校刊
　　本，台北：成文出版社，1968。

《雲南史料目錄概說》，方國瑜，北京：中華書局，1984。

《新編文武金鏡律例指南》，（清）凌銘麟輯，清康熙年間刊本，中央研究院
　　歷史語言研究所傅斯年圖書館藏。

《楊氏全書》，（清）楊名時，清乾隆59年（1794）江陰葉廷甲水心草堂刊
　　本，中央研究院歷史語言研究所傅斯年圖書館藏。

《滇南聞見錄》，（清）吳大勛，收入《雲南史料叢刊》第12卷，昆明：雲南
　　大學出版社，2001。

《滇南礦廠圖略》，（清）吳其濬，收入任繼愈、華覺民主編，《中國科學技
　　術典籍通彙：技術卷》第一分冊，鄭州：河南教育出版社，1994，頁
　　1115-1191。

《滇略》，（明）謝肇淛，《四庫全書珍本》三集，冊一五五，台北：台灣商
　　務印書館，1972。

《滇雲歷年傳》，（清）倪蛻輯，李埏校點，昆明：雲南大學出版社，1992。

《滇繫》，（清）師範，《叢書集成續編》本，冊五五至五六，上海：上海書
　　店，1994。

《當鋪集》，（清）不著撰人，清抄本，書前封面署有清乾隆24年（1759）增
　　補，影印收入國家圖書館分館編《中國古代當鋪鑒定秘籍》，北京：國
　　家圖書館，「國家圖書館古籍文獻叢刊」，2001，頁1-128。

《當譜》，（清）不著撰人，清抄本（未具撰抄年代），影印收入國家圖書館
　　分館編《中國古代當鋪鑒定秘籍》，頁169-350。

《粵東省例新纂》，（清）寧立悌等纂，影印清道光26年（1846）序刊本，台
　　北：成文出版社，1968。

《蜀僚問答》，（清）劉衡，收入《官箴書集成》，冊6，合肥：黃山書社，
　　1997。

《蜀海叢談》，（清）周詢，收入沈雲龍主編，《近代中國史料叢刊》第1輯
　　第7種，台北：文海出版社，1966。

《資治新書二集》，（清）李漁編，清「得月樓」刊本，中央研究院歷史語言
　　研究所傅斯年圖書館藏。

《雍正硃批諭旨》，影印清刊本，台北：文海出版社，1965。

《雍正朝漢文硃批奏摺彙編》，中國第一歷史檔案館編，上海：江蘇古籍出版社，1989-1991。

《雷塘庵主弟子記》，（清）張鑑（1768-1850）等編，約為清咸豐元年（1851）刊本，中央研究院歷史語言研究所傅斯年圖書館藏。

《銅政便覽》，據清嘉慶年間鈔本影印，台北：台灣學生書局，1986。

《廣志繹》，（明）王士性，周振鶴編校，收入《王士性地理書三種本》，上海：上海古籍出版社，1993。

《廣陽雜記》，（清）劉繼莊，《人人文庫》本第426號，台北：台灣商務印書館，1976。

《撫滇疏草》，（明）閔洪學，十卷，明天啟6年（1626）朱國楨序刊本，台北漢學研究中心影本。

《論皮衣粗細毛法》，（清）任城李氏定本，（清）峻山氏重輯，清抄本，書前題有清道光23年（1843），影印收入國家圖書館分館編《中國古代當鋪鑒定秘籍》，頁129-168。

《閱世編》，（清）葉夢珠，新校本，台北：木鐸出版社，1982。

《黔詩紀略後編》，（清）莫庭芝、黎汝謙採詩，（清）陳田傳證，清宣統3年（1911）筱石氏刊本，中央研究院歷史語言研究所傅斯年圖書館藏。

《鏡湖自撰年譜》，（清）段光清，新校本，北京：中華書局，1960。

《隴右稀見方志三種》，上海：上海書店，1984。

《蘇州商會檔案叢編》第一輯，章開沅、劉望齡、葉萬忠主編，武漢：華中師範大學出版社，1991。

《讀例存疑（重刊本）》，（清）薛允升，黃靜嘉編校，台北：成文出版社，1970。

「巴縣檔案微卷」，成都市四川省檔案館皮藏。

「清代巴縣縣署檔案」微卷，中央研究院近代史研究所郭廷以圖書館購藏。

民國《巴縣志》，羅國鈞修，向楚等纂，影印民國28年（1939）刊本，台北：台灣學生書局，1967。

民國《達縣志》，藍炳奎等修，吳德準等纂，影印民國22年（1933）鉛印本，台北：台灣學生書局，1971。

光緒《蘇州府志》，（清）馮桂芬等撰，台北：成文出版社，1970。

光緒《續雲南通志稿》，（清）王文韶（1830-1908）等修，（清）唐炯（1829-？）等纂，影印清光緒24年（1898）刊本，台北：文海出版社，1966。

崇禎《吳縣志》，（明）牛若麟等撰，《天一閣明代方志選刊續編》，上海：上海書店，1990。

康熙《長洲縣志》，（清）蔡方炳等撰，清康熙22年（1684）序刊本。

乾隆《元和縣志》，（清）許治修、沈德潛纂，影印乾隆26年（1761）復旦大學原藏刻本，收入《續修四庫全書》，上海：上海古籍出版社，1997。

乾隆《巴縣志》十五卷，（清）王爾鑑纂修，清乾隆25年（1760）刊本，中央研究院歷史語言研究所傅斯年圖書館藏本。

乾隆《東川府志》，（清）方桂纂修，清乾隆26年（1761）刊本，台北故宮博物院藏。

乾隆《雲南通志》，（清）鄂爾泰等監修，（清）靖道謨等編纂，影印《文淵閣四庫全書》本，冊五六九至五七○，台北：台灣商務印書館，1983。

乾隆《蒙自縣志》，（清）李焜修，影印清乾隆56年（1791）抄本，台北：成文出版社，1967。

乾隆《蘇州府志》，（清）邵泰等撰，清刊本，台灣大學研究圖書館藏。

萬曆《大明會典》，（明）李東陽等奉敕撰，（明）申時行等奉敕重修，《續修四庫全書》本，據明萬曆內府刻本影印，上海：上海古籍出版社，1995。

萬曆《雲南通志》，（明）鄒應龍修，（明）李元陽纂，民國23年（1934）據明萬曆元年（1573）刊本鉛字重印，中央研究院歷史語言研究所傅斯年圖書館藏。

道光《江北廳志》，（清）福珠朗阿纂修，（清）宋煊編輯，影印清道光24年（1844）刊本，收入《新修方志叢刊》第229種，台北：台灣學生書局，1971。

道光《武進陽湖縣合志》，（清）孫琬、王德茂等修，（清）李兆洛等纂，清道光22年（1842）修，光緒12年（1886）木活字排印本，中央研究院歷史語言研究所傅斯年圖書館藏本。

道光《重修重慶府志》，（清）有慶監修，清道光23年（1843）刊本，中央
　　研究院歷史語言研究所傅斯年圖書館藏本。

道光《雲南通志稿》，（清）阮元等修，（清）王崧等纂，清道光15年
　　（1835）刊本，中央研究院歷史語言研究所傅斯年圖書館藏。

道光《雲南備徵志》，（清）王崧編，影印清道光11年（1831）刊、宣統2
　　年（1910）重排鉛印本，台北：成文出版社，1967。

道光《蘇州府志》，（清）石韞玉等修，清道光4年（1824）刊本。

雍正《四川通志》，（清）黃廷桂等監修，（清）張晉生等編纂，收入《文淵
　　閣四庫全書》冊559-561，台北：臺灣商務印書館，1983。

嘉靖《吳邑志》，（明）楊循吉，據明嘉靖刊鈔補本影印，收入《天一閣藏
　　明代方志選刊續編》冊10，上海：上海書店，1990。

嘉慶《四川通志》，（清）常明等重修，（清）楊芳燦等纂，清嘉慶21年
　　（1816）年刊本，南京：鳳凰出版社，2011。

二、近人論著：專書

Abend, Gabriel. *The Moral Background: An Inquiry into the History of Business Ethics*. Princeton, N.J.: Princeton University Press, 2014.

Bourdieu, Pierre. *The Logic of Practice*. Trans by Richard Nice. Stanford: Stanford University Press, 1990.

Braudel, Fernand. *Afterthoughts on Material Civilization and Capitalism*. Trans. by Patricia Ranum. Baltimore, Maryland: Johns Hopkins University Press, 1979.

Bray, Francesca（白馥蘭）. *Technology and Gender: Fabrics of Power in Late Imperial China*. Berkeley: University of California Press, 1997.

Brook, Timothy（卜正民）. *Geographical Sources of Ming-Qing History*. Ann Arbor: Center for Chinese Studies, University of Michigan, 2002.

Brook, Timothy and Gregory Blue, eds. *China and Historical Capitalism: Genealogies of Sinological Knowledge*. New York: Cambridge University Press, 1999.

Glaisyer, Natasha. *The Culture of Commerce in England, 1660-1720*. Suffold and

New York: The Boydell Press, 2006.

Chan, Wellington K.K.（陳錦江）. *Merchants, Mandarins, and Modern Enterprise in Late Imperial China*. Cambridge: Mass.: Harvard University Press, 1977.

Coase, R. H. *The Firm, the Market and the Law*. Chicago: University of Chicago Press, 1988.

Hirschman, Albert O. *The Passions and the Interests: Political Arguments for Capitalism before Its Triumph*. Princeton, N.J.: Princeton University Press, new edition, 1997.

Hobsbawm, Eric. *On History*. New York: The New Press, 1997,

Huang, Ray（黃仁宇）. *Taxation and Governmental Finance in Sixteenth-Century Ming China*. London and New York: Cambridge University Press, 1974.

Joyce, P., ed. *The Historical Meaning of Work*. Cambridge: Cambridge University Press, 1987.

Lufrano, Richard John（陸冬遠）. *Honorable Merchants: Commerce and Self-Cultivation in Late Imperial China*. Honolulu: University of Hawaii Press, 1997.

Marmé, Michael. *Suzhou: Where the Goods of All the Provinces Converge*. Stanford: Stanford University Press, 2005.

Mann, Susan（曼素恩）. *Local Merchants and the Chinese Bureaucracy, 1750-1950*. Stanford: Stanford University Press, 1987.

Mercuro, Nicholas and Steven G. Medema. *Economics and the Law: From Posner to Post-Modernism*. New Jersey: Princeton University Press, 1997.

Mokyr, Joel, ed. *The British Industrial Revolution: An Economic Perspective*. Boulder: Westview Press, 1993.

Rosenthal, Jean-Laurent and Bin Wong（王國斌）. *Before and Beyond Divergence: The Politics of Economic Change in China and Europe*. Cambridge, Mass.: Harvard University Press, 2011.

Rowe, William T（羅威廉）. *Hankow: Conflict and Community in a Chinese City, 1796-1895*. Stanford: Stanford University Press, 1989.

Thompson, E. P. *Customs in Common: Studies in Traditional Popular Culture*.

New York: New Press, 1993.

Tie, Warwick. *Legal Pluralism: Toward a Multicultural Conception of Law.* Aldershot: Ashgate Publishing Company, 1999.

Von Glahn, Richard（萬志英）. *Fountain of Fortune: Money and Monetary Policy in China, 1000-1700.* Berkeley: University of California Press, 1996.

Wang, Yeh-chien（王業鍵）. *Land Taxation in Imperial China, 1750-1911.* Cambridge, Mass.: Harvard University Press, 1973.

Willmote, W. E., ed., *Economic Organization in Chinese Society.* Stanford: Stanford University Press, 1972

Zelin, Madeleine（曾小萍）, Jonathan K. Ocko（歐中坦）, and Robert Gardella. *Contract and Property in Early Modern China.* Stanford: Stanford University Press, 2004.

卜正民（Timothy Brook），《縱樂的困惑：明朝的商業與文化》，方駿、王秀麗、羅天佑等譯，台北：聯經出版公司，2004。

卜正民（Timothy Brook）、Gregory Blue 主編，《中國與歷史資本主義：漢學知識的系譜學》，台北：巨流圖書出版公司，2004。

上海社會科學院經濟研究所、上海市絲綢進出口公司編寫，徐新吾主編，《近代江南絲織工業史》，上海：上海人民出版社，1991。

小艾爾弗雷德‧D‧錢德勒（Alfred Chandler）著，《看得見的手：美國商業的管理革命》，重武譯，王鐵生校，北京：商務印書館，1987。

小野和子編，《明末清初の社會と文化》，京都：京都大學人文科學研究所，1996。

山本進，《明清時代の商人と國家》，東京：研文出版，2002。

山根幸夫，《明清華北定期市の研究》，東京：汲古書院，1995。

今堀誠二，《中国封建社会の構成》，東京：勁草書房，1991。

夫馬進，《中國善會善堂史研究》，伍躍、楊文信、張學鋒譯，北京：商務印書館，2005。

夫馬進，《中國善會善堂史研究》，東京：同朋社，1997。

夫馬進編，《中国訴訟社会史の研究》，京都：京都大學學術出版會，2011。

方國瑜，《雲南史料目錄概說》，北京：中華書局，1984。

方行、經君健、魏金玉主編，《中國經濟通史‧清代經濟卷》中冊，北京：
　　經濟日報出版社，2000。

王大道，《雲南銅鼓》，昆明：雲南教育出版社，1986。

王文宇，《民商法理論與經濟分析》，台北：元照出版公司，2000。

王宏斌，《晚清貨幣比價研究》，開封：河南大學出版社，1990。

王振忠，《徽州社會文化史探微：新發現的16-20世紀民間檔案文書研究》，
　　上海：上海社會科學出版，2002。

王國斌，《轉變的中國：歷史變遷與歐洲經驗的局限》，李伯重、連玲玲
　　譯，南京：江蘇人民出版社，1998。

王笛，《跨出封閉的世界：長江上游區域社會研究，1644-1911》，北京：中
　　華書局，1993。

王紹荃主編，《四川內河航運史（古、近代部分）》，成都：四川人民出版
　　社，1989。

王業鍵，《中國近代貨幣與銀行的演進（1644-1937）》，台北：中央研究院
　　經濟研究所，1981。

王爾敏，《明清時代庶民文化生活》，台北：中央研究院近代史研究所，
　　1996。

王澤鑑，《民法學說與判例研究》第八冊，台北：自印本，1996。

史尚寬，《民法總論》四版，台北：史吳仲芳發行，1990。

史若民，《票商興衰史》，北京：中國經濟出版社，1992。

白馥蘭（Francesca Bray）著，《技術與性別：晚期帝制中國的權力經緯》，
　　江湄、鄧京力譯，南京：江蘇人民出版社，2006。

石錦，《中國近代社會研究》，台北：李敖出版社，1990。

任繼愈、華覺民主編，《中國科學技術典籍通彙：技術卷》第一分冊，鄭
　　州：河南教育出版社，1994。

全漢昇，《中國經濟史研究》，香港：新亞研究所，1976。

全漢昇，《中國經濟史論叢》，香港：新亞研究所，1972。

寺田隆信，《山西商人の研究：明代における商人および商業資本》，京
　　都：京都大學文學部內東洋史研究會，1972。

寺田隆信，《山西商人研究》，張正明、道豐、孫耀、閻守誠等譯，太原

　　市：山西人民出版社，1986。

朱英，《中國早期資產階級概論》，開封：河南大學出版社，1992。

朱英，《辛亥革命時期新式商人社團研究》，北京：中國人民大學出版社，
　　1991。

朱德蘭，《長崎華商貿易の史的研究》，東京：芙蓉書房，1997。

艾馬克（Mark A. Allee），《十九世紀的北部台灣：晚清中國的法律與地方社
　　會》，王興安譯，台北：播種者文化出版公司，2003。

何炳棣，《中國會館史論》，台北：臺灣學生書局，1966。

何智亞，《重慶湖廣會館：歷史與修復研究》，重慶：重慶出版社，2006。

余英時，《中國近世宗教倫理與商人精神（增訂版）》，台北：聯經出版公
　　司，2004。

余英時，《中國近世宗教倫理與商人精神》，台北：聯經出版公司，1987。

吳佩林，《清代縣域民事糾紛與法律秩序考察》，北京：中華書局，2013。

吳承明，《中國資本主義與國內市場》，北京：中國社會科學出版社，1985。

吳家麟，《法律邏輯學》，台北：五南圖書公司，1993。

吳惠芳，《萬寶全書：明清時期的民間生活實錄》，台北：國立政治大學歷
　　史學系，2001。

巫仁恕，《品味奢華：晚明的消費社會與士大夫》，台北：中央研究院、聯
　　經出版公司，2007。

巫仁恕，《激變良民：傳統中國城市群眾集體行動之分析》，北京：北京大
　　學出版社，2011。

李中清，《中國西南邊疆的社會經濟：1250-1850》，林文勛、秦樹才譯，北
　　京：人民出版社，2012。

李伯重，《千里史學文存》，杭州：杭州出版社，2004。

李伯重，《江南的早期工業化（1550-1850）》，北京：社會科學文獻出版
　　社，2000。

李伯重，《理論、方法、發展、趨勢：中國經濟史研究新探》，杭州：浙江
　　大學出版社，2013。

李明珠，《中國近代蠶絲業及外銷（1842-1937）》，徐秀麗譯，上海：上海
　　社會科學院出版社，1996。

李治亭，《吳三桂大傳》，香港：天地圖書有限公司，1994。

李埏，《中國封建經濟史論集》，昆明：雲南教育出版社，1987。

里井彥七郎，〈資本主義萌芽問題研究〉，氏著《近代中國における民眾運動とその思想》，東京：東京大學出版会，1972，頁106-117。

足立啟二，《明清中國の經濟構造》，東京：汲古書院，2012。

阮忠仁，《清末民初農工商機構的設立：政府與經濟現代化關係之檢討，1903-1916》，台北：國立台灣師範大學歷史研究所，1988。

周均美主編，谷彥芬、王熹副主編，《中國會館志》，北京：方志出版社，2002。

和田正廣、翁其銀，《上海鼎記號と長崎泰益號：近代在日華商の上海交易》，福岡市：中国書店，2004。

岸本美緒，《清代中國的物價與經濟波動》，劉迪瑞譯，胡連成審校，北京：社會科學文獻出版社，2010。

林玉茹，《清代竹塹地區的在地商人及其活動網絡》，台北：聯經出版公司，2000。

林麗月，《奢儉・本末・出處：明清社會的秩序心態》，台北：新文豐出版公司，2014。

邱澎生，《十八、十九世紀蘇州城的新興工商業團體》，台北：國立臺灣大學出版委員會，1990。

邱澎生，《當法律遇上經濟：明清中國的商業法律》，台北：五南出版公司，2008。

俞江，《近代中國民法學中的私權理論》，北京：北京大學出版社，2003。

施啟揚，《民法總則》，台北：作者發行，1984。

查爾斯・泰勒（Charles Taylor），《現代性中的社會想像》，李尚遠譯，台北：商周出版公司，2008。

柯律格（Craig Clunas），《長物志：早期現代中國的物質文化與社會狀況》，高昕丹、陳恆譯，北京：三聯書店，2015。

段本洛、張圻福，《蘇州手工業史》，上海：江蘇古籍出版社，1986。

科大衛，《近代中國商業的發展》，周琳、李旭佳譯，杭州：浙江大學出版社，2010。

范金民，《明清江南商業的發展》，南京：南京大學出版社，1998。

范金民，《明清商事糾紛與商業訴訟》，南京：南京大學出版社，2007。

范金民，《國計民生：明清社會經濟研究》，福州：福建人民出版社，2008。

范金民、金文，《江南絲綢史研究》，北京：農業出版社，1993。

韋伯，《基督新教倫理與資本主義精神》，康樂、簡惠美譯，台北：遠流出
　　版公司，2007。

韋慶遠，《明清史辨析》，北京：中國社會科學出版社，1989。

韋慶遠，《檔房論史文編》，福州：福建人民出版社，1984。

夏湘蓉、李仲均、王根元，《中國古代礦業開發史》，台北：明文書局，
　　1989。

唐立宗，《坑冶競力：明代礦政、礦盜與地方社會》，台北：國立政治大學
　　歷史學系，2011。

徐新吾，《中國經濟史料考證與研究》，上海：上海社會科學院出版社，
　　1999。

徐鼎新、錢小明，《上海總商會史（1902-1929）》，上海：上海社會科學院
　　出版社，1991。

馬敏，《官商之間：社會劇變中的近代紳商》，天津：天津人民出版社，
　　1995。

馬敏，《馬敏自選集》，武漢：華中理工大學出版社，1999。

馬敏、朱英，《傳統與近代的二重變奏：晚清蘇州商會個案研究》，成都：
　　巴蜀書社，1993。

高浣月，《清代刑名幕友研究》，北京：中國政法大學出版社，2000。

寇斯（R. H. Coase）著，陳坤銘、李華夏譯，《廠商、市場與法律》，台
　　北：遠流出版公司，1995。

張忠民，《艱難的變遷：近代中國公司制度研究》，上海：上海社會科學出
　　版社，2002。

張研，《清代族田與基層社會結構》，北京：中國人民大學出版社，1991。

張晉藩，《清律研究》，北京：法律出版社，1992。

張海英，《明清江南商品流通與市場體系》，上海：華東師範大學出版社，
　　2002。

張海鵬、張海瀛編，《中國十大商幫》，合肥：黃山書社，1993。

張渝，《清代中期重慶的商業規則與秩序：以巴縣檔案為中心的研究》，北京：中國政法大學出版社，2010。

張學君、冉光榮，《明清四川井鹽史稿》，成都：四川人民出版社，1984。

曹樹基，《中國人口史》第五卷《清時期》，上海：復旦大學出版社，2001。

曹樹基，《中國移民史》第六卷《清·民國時期》，福州：福建人民出版社，1997。

梁其姿，《施善與教化：明清的慈善組織》，台北：聯經出版公司，1997。

清水盛光，《中國族產制度考》，宋念慈譯，台北：中國文化大學出版部，1986。

章開沅、馬敏、朱英主編，《中國近代史上的官紳商學》，武漢：湖北人民出版社，2000。

許紫芬，《近代中國金融機構會計的變革（1823-1937）》，台北：新文豐出版公司，2017。

許紫芬，《近代中國商人的經營與帳簿：長崎華商經營史的研究》，台北：遠流出版公司，2015。

許滌新、吳承明主編，《中國資本主義發展史》第一卷《中國資本主義的萌芽》，北京：人民出版社，1985。

郭道揚編著，《中國會計史稿》下冊，北京：中國財政經濟出版社，1988。

陳亞平，《尋求規則與秩序：18-19世紀重慶商人組織的研究》，北京：科學出版社，2014。

陳昭南，《雍正乾隆年間的銀錢比價變動（1723-95）》，台北：中國學術著作獎助委員會，1966。

陳詩啟，《明代官手工業的研究》，武漢：湖北人民出版社，1958。

陳鋒，《清代鹽政與鹽稅》，鄭州：中州古籍出版社，1988。

陳學文，《明清時期商業書及商人書之研究》，台北：洪葉文化有限公司，1997。

傅衣凌，《明代江南市民經濟試探》，上海：上海人民出版社，1957。

傅崇蘭，《中國運河城市發展史》，成都：四川人民出版社，1985。

彭信威，《中國貨幣史》，上海：上海人民出版社，1965。

彭南生，《行會制度的近代命運》，北京：人民出版社，2003。

彭凱翔，《從交易到市場：傳統中國民間經濟脈絡試探》，杭州：浙江大學
　　出版社，2015。

彭慕蘭（Kenneth Pomeranz），《大分流：歐洲、中國及現代世界經濟的發
　　展》，南京：江蘇人民出版社，2003。

彭慕蘭，《大分流：中國、歐洲與近代世界經濟的形成》，邱澎生、陳巨
　　擘、張寧、連玲玲、巫仁恕、呂紹理、楊淑嬌、林美莉、劉士永譯，台
　　北：巨流出版社，2004。

曾小萍（Madeleine Zelin），《自貢商人：近代早期中國的企業家》，董建中
　　譯，南京：江蘇人民出版社，2014。

鈔曉鴻，《生態環境與明清社會經濟》，合肥：黃山書社，2004。

黃仁宇，《放寬歷史的視界》，台北：允晨文化公司，1988。

黃仁宇，《萬曆十五年》，北京：三聯書店，1997。

黃仁宇，《資本主義與廿一世紀》，台北：聯經出版公司，1991。

黃宗智，《長江三角洲小農家庭與鄉村發展，1350-1988》，香港：牛津大學
　　出版社，1994。

黃宗智，〈答雷蒙‧邁爾斯〉，氏著，《中國研究的規範認識危機：論社會經
　　濟史中的悖論現象》，香港：牛津大學出版社，1994，頁66。

黃國信，《區與界：清代湘粵贛界鄰地區食鹽專賣研究》，北京：三聯書
　　店，2006。

黑田明伸，《中華帝国の構造と世界経済》，名古屋市：名古屋大學出版
　　會，1994。

黑田明伸，《貨幣制度的世界史：解讀「非對稱性」》，何平譯，北京：中國
　　人民大學出版社，2007。

愛德華‧湯普孫（E. P. Thompson）著，《共有的習慣》，沈漢、王加豐譯，
　　上海：上海人民出版社，2002。

楊正泰，《明代驛站考（增訂本）》，上海：上海古籍出版社，2006。

楊聯陞，《國史探微》，台北：聯經出版公司，1983。

葉坦，《富國富民論：立足於宋代的考察》，北京：北京出版社，1991。

虞和平，《商會與中國早期現代化》，上海：上海人民出版社，1993。

道格拉斯・諾斯（Douglass C. North），《制度、制度變遷與經濟成就》，劉瑞華譯，台北：聯經出版公司，2017。

道格拉斯・諾斯（Douglass C. North），《經濟史的結構與變遷》，劉瑞華譯，台北：時報文化出版公司，1995。

新宮學，《明清都市商業史の研究》，東京：汲古書院，2017。

隗瀛濤編，《重慶城市研究》，成都：四川大學出版社，1989。

廖赤陽，《長崎華商と東アジア交易網の形成》，東京：汲古書院，2000。

趙岡、陳鍾毅，《中國棉業史》，台北：聯經出版公司，1977。

劉秋根，《中國古代合夥制初探》，北京：人民出版社，2007。

潘敏德，《中國近代典當業之研究，1644-1937》，台北：國立台灣師範大學歷史研究所，1984。

鄭永昌，《明末清初的銀貴錢賤現象與相關政治經濟思想》，台北：國立台灣師範大學歷史研究所，1994。

鄭振滿，《鄉族與國家：多元視野中的閩台傳統社會》，北京：三聯書店，2009。

橫山英，《中国近代化の経済構造》，東京：亞紀書房，1972。

錢新祖，《思想與文化論集》，台北：臺大出版中心，2013。

龍建民，《市場起源論：從彝族集會到十二獸紀日集場考察市場的起源》，昆明：雲南人民出版社，1988。

繆全吉，《清代幕府人事制度》，台北：中國人事行政月刊社，1971。

韓大成，《明代城市研究》，北京：中國人民大學出版社，1991。

顏厥安，《規範、論證與行動：法認識論論文集》，台北：元照出版公司，2004。

羅威廉（William Rowe），江溶、魯西奇譯，《漢口：一個中國城市的商業和社會（1796-1889）》，北京：中國人民大學出版社，2005。

羅傳棟，《長江航運史（古代部分）》，北京：人民交通出版社，1991。

羅麗馨，《十六・十七世紀中國手工業的生產發展》，台北縣：稻禾出版社，1997。

關文斌，《文明初曙：近代天津鹽商與社會》，張榮明主譯、齊世和校，天津：天津人民出版社，1999。

嚴中平，《中國棉紡織史稿，1289-1937：從棉紡織工業史看中國資本主義的
　　發生與發展過程》，北京：科學出版社，1963。

嚴中平，《清代雲南銅政考》，上海：中華書局，1948。

寶季良，《同鄉組織之研究》，重慶：正中書局，1943。

蘇亦工，《明清律典與條例》，北京：中國政法大學出版社，1998。

顧忠華，《韋伯的《基督新教倫理與資本主義精神》導讀》，台北：臺灣學
　　生書局，2005。

三、近人論著：論文

Chen, Fu-mei（陳富美）and Ramon H. Myers（馬若孟）. "Coping with
　　Transaction Costs: The Case of Merchant Associations in the Ch'ing Period,"
　　in Yung-san Lee（李庸三）and Ts'ui-jung Liu（劉翠溶）eds., *China's
　　Market Economy in Transition*. Taipei: The Institute of Economics, Academic
　　Sinica, 1990, pp. 79-103.

Chen, Fu-Mei Chang（陳張富美）. "On Analogy in Ch'ing Law," *Harvard
　　Journal of Asian Studies*, 30(1970): 223-224.

Dunstan, Helen（鄧海倫）. "Safely Supping with the Devil: The Qing State and
　　its Merchant Suppliers of Copper," *Late Imperial China*, 13,2(1992): 42-81.

Hobsbawm, Eric. "The Curious History of Europe," in idem, *On History*. New
　　York: The New Press, 1997, pp. 225-227.

Karasawa, Yasuhiko（唐澤靖彥）, Bradly W. Reed（白德瑞）, and Mathew
　　Sommer（蘇成捷）. "Qing County Archives in Sichuan: An Update from the
　　Field," *Late Imperial China*, 26, 2(2005): 115-116.

Kwan, Man Bun（關文彬）. "Custom, the Code, and Legal Practice: The
　　Contracts of Changlu Salt Merchants in Late Imperial China," in Madeleine
　　Zelin, Jonathan K. Ocko, and Robert Gardella eds., *Contract and Property in
　　Early Modern China*. Stanford: Stanford University Press, 2004, pp. 269-
　　297.

Marglin, S. A. "What Do Bosses Do?" in A. Gorz ed., *The Division of Labour:*

The Labour Process and Class Struggle in Modern Capitalism. Hassocks: Harvester Press, 1976.

Merry, Sally Engle. "Legal Pluralism," *Law & Society Review* 22, 5(1988): 869-896.

Moll-Murata, Christine. "Chinese Guilds in the Qing Dynasty (1644-1911): An Overview," in Jan Lucassen, Tine De Moor, and Jan Luiten van Zanden eds., *The Return of the Guilds.* Utrecht: Utrecht University, 2008, pp. 213-247.

Moore, Sally Falk. "Certainties Undone: Fifty Turbulent Years of Legal Anthropology, 1949-1999," in idem ed., *Law and Anthropology: A Reader.* Oxford: Blackwell Publishing, 2005, pp. 346-367.

Ocko, Jonathan K（歐中坦）. "The Missing Metaphor: Applying Western Legal Scholarship to the Study of Contract and Property in Early Modern China," in *Contract and Property in Early Modern China*, 2004, pp. 178-207.

Rabuzzi, Daniel A. 1995-1996. "Eighteenth-Century Commercial Mentalities as Reflected and Projected in Business Handbooks," *Eighteenth-Century Studies* 29, 2: 169-189.

Rowe, William T（羅威廉）. "Ming-Qing Guilds," *Ming Qing Yanjiu*, 1(1992): 47-60.

Skinner, G. William（施堅雅）. "Sichuan's Population in the Nineteenth Century: Lessons from Disaggregated Data," *Modern China*, 8,1(1987): 1-79.

Sun, E-Tu Zen（孫任以都）. "The Transportation of Yunnan Copper to Peking in the Ch'ing Period," *Journal of Oriental Studies*, 9(1971): 147.

Taylor, Charles. "Two Theories of Modernity," In Dilip Parameshwar Gaonkar ed. *Millennial Quartet vol. 1, Alter/Native Modernity. Public Culture*, 11,1(2000): 153-173.

Vogel, Hans Ulrich. "Chinese Central Monetary Policy, 1644-1800," *Late Imperial China*, 8,2(1987): 1-52.

Vogel, Hans Ulrich. "Cowry Trade and Its Role in the Economy of Yunnan: From the Ninth to the Mid-Seventeenth Century, Part 2," *Journal of the Economic and Social History of the Orient*, 36,4(1993): 309-353.

Wallis, John and Douglass, North. "Measuring the Transaction Sector in the American Economy, 1870-1970," in Engerman, Stanley L. and Gallman, Robert E. eds., *Long-Term Factors in American Economic Growth*. Chicago: University of Chicago Press, 1986, pp. 95-161.

Wang, Fan-shen（王汎森）."Evolving Prescriptions for Social Life in the Late Qing and Early Republic: From *Qunxue* to Society", in Joshua A. Fogel and Peter G. Zarrow ed., *Imaging the People: Chinese Intellectuals and the Concept of Citizenship, 1890-1920*. Armond, New York and London: M. E. Sharpe, 1997, pp. 258-278.

Williamson, Oliver E. "Transaction-Cost Economics: The Governance of Contractual Relations," *Journal of Law and Economics* 22(1979): 233-261.

Yuan, Tsing（袁清）. "Urban Riots and Disturbances," in Jonathan D. Spence and John E. Wills. Jr. eds., *From Ming to Ch'ing: Conquest, Region, and Continuity in Seventeenth-Century China*. New Haven: Yale University Press, 1979, 277-320.

Zelin, Madeleine（曾小萍）. "Capital Accumulation and Investment Strategies in Early Modern China: The Case of Furong Salt Yard," *Late Imperial China*, 9,1(1988)：pp. 79-112.

Zelin, Madeleine. "Managing Multiple Ownership at the Zigong Salt Yard," in Madeleine Zelin, Jonathan K. Ocko, and Robert Gardella eds., *Contract and Property in Early Modern China*. Stanford: Stanford University Press,2004, pp. 230-268.

Zelin, Madeleine. "Merchant Dispute Mediation in Twentieth-Century Zigong, Sichuan." in Kathryn Bernhardt and Philip C. Huang eds., *Civil Law in Qing and Republican China*. Stanford: Stanford University Press,2004, pp. 249-286.

Zurndorfer, Harriet. "Cotton Textile Manufacture and Marketing in Late Imperial China and the 'Great Divergence,'" *Journal of the Economic and Social History of the Orient* 54,5(January 2011)：701-738.

上田信，〈明末清初・江南の都市の「無賴」をめぐる社会関係――打行と
　　夫〉，《史學雜誌》（東京），90,11(1981)：41-59。

川勝守，〈中国近世都市の社会構造――明末清初，江南都市について〉，
　　《史潮》（東京），6(1979)：65-90。

川勝守，〈明末清初における打行と訪行―― 中国社会における無賴の諸史
　　料〉，《史淵》（九州），119(1982)：65-92。

川勝守，〈清、乾隆期雲南銅の京運問題〉，《九州大學文學部東洋史論
　　集》，17(1989)：1-94。

中島敏，〈清朝の銅政における洋銅と滇銅〉，氏著，《東洋史學論集》，東
　　京：汲古書院，頁175-176。

卞利，〈論明清徽商的法制觀念〉，《安徽大學學報（哲學社會科學版）》，
　　23,4(1999)：70-76。

夫馬進，〈中國訴訟社會史概論〉，范愉譯，收入中國政法大學法律古籍整
　　理研究所編《中國古代法律文獻研究》第六輯，北京：社會科學文獻出
　　版社，2013，頁1-74。

夫馬進，〈明清時代的訟師與訴訟制度〉，王亞新譯，收入王亞新、梁治平
　　編《明清時期的民事審判與民間契約》，北京：法律出版社，1998，頁
　　389-430。

夫馬進，〈善會、善堂の出発〉，小野和子編，《明清時代の政治と社會》，
　　京都：京都大學人文科學研究所，1983，頁189-232。

夫馬進，〈「徵信錄」について〉，《中國：社會と文化》，5(1990)：59-74。

方行，〈清代江南農村經濟發展釋例〉，《中國農史》，18,1(1999)：29-33。

方志遠、黃瑞卿，〈明清江右商的經營觀念和投資方向〉，《中國史研究》，
　　1991,4(1991)：73-74。

方慧，〈略論元朝在雲南的經濟法制措施〉，《雲南社會科學》，1996,5
　　(1996)：59-60。

日野開三郎、草野靖，〈唐宋時代の合本に就いて〉，收入日野開三郎，《東
　　洋史論集》第五卷，東京：三一書房，1982，頁485-498。

水野正明，〈「新安原板士商類要」について〉，《東方學》，60(1980)：96-
　　117。

王汎森，〈清末民初的社會觀與傅斯年〉，《清華學報》（新），25,4(1995)：325-343。

王志強，〈清代巴県銭債案件の受理と審判——近世イギリス法を背景として〉，田邊章秀譯，收入夫馬進編《中国訴訟社会史の研究》，頁821-855。

王明倫，〈鴉片戰爭前雲南銅礦業中的資本主義萌芽〉，《歷史研究》，1956,3(1956)：39-46。

王家範，〈明清江南消費風氣與消費結構描述——明清江南消費經濟探測之一〉，《華東師範大學學報》，1988,2(1988)：32-42。

王家範，〈明清蘇州城市經濟研討：紀念蘇州建城兩千五百周年〉，《華東師範大學學報》，1986,5(1986)：16，23-30。

王振忠，〈明末清初商業書序列的再確立——徽州出版商「西陵憺漪子」生平事蹟考證〉，發表於「社會轉型與多元文化」國際學術研討會，上海：復旦大學歷史系主辦，2005年6月26-28日。

王國斌，〈近代早期到近現代的中國：比較並連結歐洲和全球歷史變遷模式〉，《文化研究》第19期「明清中國與全球史的連結」專題論文，頁18-57。

王業鍵，〈明清經濟發展並論資本主義萌芽問題〉，《中國社會經濟史研究》，1983,3(1983)：30-39、54。

王業鍵，〈清代經濟芻論〉，《食貨復刊》，2,11(1973)：541-550。

王頲，〈元代礦冶業考略〉，收入復旦大學中國歷史地理研究所編，《歷史地理研究》，上海：復旦大學出版社，1986，頁156-173。

王鴻泰，〈明清感官世界的開發與欲望的商品化〉，《明代研究》18(2012)：103-141。

冉光榮，〈清前期重慶店鋪經營〉，收入葉顯恩主編，《清代區域社會經濟研究》下冊，北京：中華書局，1992，頁800-811。

本田精一，〈『三台萬用正宗』算法門と商業算術〉，《九州大學東洋史論集》，23(1995)：87-125。

田中正俊，〈十六、十七世紀の江南における農村手工業〉，收入氏著《中國近代經濟史研究序說》，東京：東京大學出版會，1973，頁79-100。

田中正俊〈關於明清時代的包買商制生產——以絲、棉紡織業為中心〉，夏
　　日新譯，收入劉俊文主編《日本學者研究中國史論著選譯》第二卷，頁
　　248-310。

白壽彝，〈明代礦業的發展〉，《北京師範大學學報》，1956,1（1956）：95-
　　129。

任以都，〈清代礦廠工人〉，《香港中文大學中國文化研究所學報》，3,1
　　（1970）：13-29。

全漢昇，〈清代雲南銅礦工業〉，《香港中文大學中國文化研究所學報》，
　　7,1（1974）：155-182。

寺田隆信，〈明清時代の商業書について〉，《集刊東洋学》（仙台），
　　20（1968）：111-126。

朱英，〈中國行會史研究的回顧與展望〉，《歷史研究》，2003,2（2003）：155-
　　174。

朱英，〈論晚清的商務局、農工商局〉，《近代史研究》，1994,4（1994）：73-
　　91。

朱英，〈論清末的經濟法規〉，《歷史研究》，1993,5（1993）：92-109。

朱家楨，〈中國富民思想的歷史考察〉，《平準學刊：中國社會經濟史研究論
　　集》第三輯下冊，北京：中國商業出版社，1986，頁385-410。

西嶋定生，《中國經濟史研究》，馮佐哲、邱茂、黎潮譯，北京：農業出版
　　社，1984。

何敏，〈從清代私家注律看傳統注釋律學的實用價值〉，收入梁治平編，《法
　　律解釋問題》，北京：法律出版社，1998。

佐伯富，〈清代雍正朝における通貨問題〉，收入東洋史研究會編，《雍正時
　　代の研究》，頁618-687。

佐藤學，〈明末清初期一地方都市における同業組織と公權力——蘇州府常
　　熟縣「當官」碑刻お素材に〉，《史學雜誌》，96,9（1987）：1468-1487。

余同元，〈江南市鎮早期工業化中工業行業與職業團體之發展〉，《安徽師範
　　大學學報（人文社會科學版）》，37,2（2009）：214-219。

余同元，〈傳統工匠及其現代轉型界說〉，《史林》，2005,4（2005）：57-66。

余英時，〈士商互動與儒學轉向：明清社會史與思想史之一面相〉，收入

《近世中國之傳統與蛻變：劉廣京院士七十五歲祝壽論文集》上冊，台
　　北：中央研究院近代史研究所，1998，頁1-52。

余英時，〈現代儒學的回顧與展望：從明清思想基調的轉換看儒學的現代發
　　展〉，《現代儒學論》，香港：八方文化公司，1996，頁14-27。

況浩林，〈鴉片戰爭前雲南銅礦生產性質再探〉，《中央民族學院學報》，
　　1989,4（1989）：65-71。

吳奇衍，〈清代前期牙行制試述〉，《清史論叢》（北京），6（1985）：26-52。

吳承明，〈現代化與中國十六、十七世紀的現代化因素〉，《中國經濟史研
　　究》，1998,4（1998）：6-7。

吳璧雍，〈《石渠閣精訂天涯不問》——一部院藏袖本旅行交通手冊〉，《故
　　宮文物月刊》，21,8（2003）：82-87。

呂作燮，〈明清時期蘇州的會館和公所〉，《中國社會經濟史研究》，
　　1984,2（1984）：10-24。

巫仁恕，〈明末清初城市手工業工人的集體抗議行動——以蘇州城為探討中
　　心〉，《中央研究院近代史研究所集刊》，25（1998）：70-72。

李中清，〈明清時期中國西南的經濟發展和人口增長〉，《清史論叢》第五
　　輯，北京：中華書局，1984。

李伯重，〈八股之外：明清江南的教育及其對經濟的影響〉，《清史研究》，
　　2004,1（2004）：1-14。

李伯重，〈中國全國市場的形成，1500-1840〉，《清華大學學報（哲學社會
　　科學版）》，14,4（1999）：48-54。

李伯重，〈英國模式、江南道路與資本主義萌芽〉，《歷史研究》，2001,1
　　（2001）：116-126。

李伯重，〈從「夫婦並作」到「男耕女織」——明清江南農家婦女勞動問題
　　探討之一〉，《中國經濟史研究》，1996,3（1996）：99-107。

李伯重，〈墮胎、避孕與絕育——宋元明清時期江浙地區的節育方法及其運
　　用與傳播〉，《中國學術》，1（2000）：71-99。

李洪謨、王尚文，〈東川銅礦地質初報〉，《地質論評》，6（1941）：43-72。

李琳琦，〈從譜牒和商業書看明清徽州的商業教育〉，《中國文化研究》，21
　　（1998）：44-50。

李達嘉，〈上海商會領導層更迭問題的再思考〉，《近代史研究所集刊》，49（2005）：41-92。

李達嘉，〈商人與政治：以上海為中心的探討，1895-1914〉，台北：國立台灣大學歷史學研究所博士論文，1994。

李曉岑，〈明清時期雲南移民與冶金技術〉，收入雲南省社科院歷史研究所編，《中國西南文化研究》，頁219-233。

沈定平，〈明清之際幾種歐洲仿制品的輸出──兼論東南沿海外向型經濟的初步形成〉，《中國經濟史研究》，1988,3（1988）：49-64。

谷井俊夫，〈里程書の時代〉，收入小野和子編《明末清初の社會と文化》，京都：京都大學人文科學研究所，1996，頁415-455。

谷霽光，〈唐末至清初間抑商問題之商榷〉，《文史雜誌》，1,11（1942）：1-10。

和文凱，〈乾隆朝銅錢管理的政策討論及實踐──兼與18世紀英國小額貨幣管理的比較〉，《中國經濟史研究》，2016,1（2016）：125-141。

周琳，〈城市商人團體與商業秩序──以清代重慶八省客長調處商業糾紛活動為中心〉，《南京大學學報》（哲學社會科學版），2012,2（2012）：80-99。

周琳，〈書寫什麼樣的中國歷史？──「加州學派」中國社會經濟史研究述評〉，《清華大學學報》，2009,1（2009）：50-58。

周德華，〈盛澤絲綢行莊〉，《蘇州史志資料選輯》，15（1990）：137。

岸本美緒，〈妻可賣否？明清時代的賣妻、典妻習俗〉，李季樺譯，收入陳秋坤主編，《契約文書與社會生活》，台北：中央研究院臺灣史研究所籌備處，2001，頁225-264。

岩井茂樹，〈明清時期商品生產問題的爭論〉，夏日新譯，收入劉俊文主編《日本學者研究中國史論著選譯》第二卷，北京：中華書局，1993，頁485-489。

果鴻孝，〈論清末政府在經濟上除弊興利的主要之舉〉，《中國社會經濟史研究》，1991,3（1991）：69-79。

林玉茹，〈清代竹塹地區的商人團體：類型、成員及功能的討論〉，《臺灣史研究》，5,1（1999）：47-90。

林成西，〈清代乾嘉之際四川商業重心的東移〉，《清史研究》，3(1994)：62-69。

林麗月，〈陸楫（1515-1552）崇奢思想再探——兼論近年明清經濟思想史研究的幾個問題〉，《新史學》，5,1(1994)：131-153。

邱仲麟，〈明代的煤礦開採——生態變遷、官方舉措與社會勢力的交互作用〉，《清華學報》37,2(2007)：361-399。

邱仲麟，〈從禁例屢申看明代北京社會風氣的變遷過程〉，《淡江史學》，4(1992)：67-88。

邱仲麟，〈誕日稱殤——明清社會的慶壽文化〉，《新史學》，11,3(2000)：120-127。

邱澎生，〈18世紀中國商業法律中的債負與過失論述〉，收入《復旦史學集刊》第一卷《古代中國：傳統與變革》，上海：復旦大學出版社，2005，頁211-248。

邱澎生，〈18世紀蘇松棉布業的管理架構與法律文化〉，《江海學刊》，2012,2(2012)：143-157。

邱澎生，〈十八世紀巴縣檔案一件商業訟案中的證據與權力問題〉，收入劉錚雲主編，《明清檔案文書》，台北：國立政治大學人文中心，2012，頁421-491。

邱澎生，〈以法為名：明清訟師與幕友對法律秩序的衝擊〉，《新史學》，15,4(2004)：93-148。

邱澎生，〈由公產到法人——清代蘇州、上海商人團體的制度變遷〉，《法制史研究》，10(2006)：117-154。

邱澎生，〈由市廛律例演變看明清政府對市場的法律規範〉，收入國立臺灣大學歷史系編，《史學：傳承與變遷學術研討會論文集》，台北：國立臺灣大學歷史系，1998，頁291-334。

邱澎生，〈由《商賈便覽》看十八世紀中國的商業倫理〉，《漢學研究》（台北），33,3(2015)：205-240。

邱澎生，〈由蘇州經商衝突事件看清代前期的官商關係〉，《文史哲學報》（台北），43(1995)：37-92。

邱澎生，〈消費使人愉悅？略談明清史學界的物質文化研究〉，《思想》，

15（2010）：129-147。

邱澎生，〈真相大白？明清刑案中的法律推理〉，收入熊秉真編，《讓證據說話：中國篇》，台北：麥田出版公司，2001，頁135-198。

邱澎生，《商人團體與社會變遷：清代蘇州的會館公所與商會》，國立台灣大學歷史學研究所博士論文，1995年6月。

邱澎生，〈會館、公所與郊之比較：由商人公產檢視清代中國市場制度的多樣性〉，收入林玉茹主編《比較視野下的台灣商業傳統》，台北：中央研究院台灣史研究所，2012，頁267-313。

邱澎生，〈禁止把持與保護專利：試析清末商事立法中的蘇州金箔業訟案〉，《中外法學》，12,3（2000）：311-328。

邱澎生，〈「機風」與「正氣」：明清商業經營中的物產觀〉，收入《基調與變奏：七至二十世紀的中國（二）》，台北：國立政治大學，2008，頁177-198。

金弘吉，〈清代前期の罷市試論——その概観と事例考察〉，《待兼山論叢：史學篇》（大阪大學文學部），26（豐中，1992），頁21-62。

金民，〈清代江南棉布字號探析〉，《歷史研究》，2002,1（2002）：88-98。

俞江，〈《大清民律（草案）》考析〉，《南京大學法律評論》，1998,1（1998）：146-161。

封越健，〈商人、商人組織和商業資本〉，收入方行、經君健、魏金玉主編，《中國經濟通史‧清代經濟卷》中冊，頁1251-1309。

施仁章，〈清末獎勵工商實業政策及其影響〉，《中國社會經濟史研究》，1982,2（1982）：78-84。

洪煥椿，〈明清時期蘇州城市工商業的優勢及其活力〉，收入吳廷璆等編，《鄭天挺紀念論文集》，北京：中華書局，1990，頁359-374。

洪煥椿，〈明清蘇州地區的會館公所在商品經濟發展中的作用〉，收入氏著《明清史偶存》，南京：南京大學出版社，1992，頁566-612。

洪煥椿，〈論明清蘇州地區會館的性質及其作用〉，《中國史研究》，1980,2（1980）：40-59。

胡光明，〈論早期天津商會的性質和作用〉，《近代史研究》，1986,4（1986）：182-223。

范金民，〈明清時期活躍於蘇州的外地商人〉，《中國社會經濟史研究》，1989,4（1989）：39-46。

范金民，〈鑽天洞庭遍地徽──明代地域商幫的興起〉，《東方學報》，80（2007）：68-152。

香阪昌紀，〈清代前期の関差弁銅制及び商人弁銅制について〉，《東北學院大學論集：歷史學・地理學》，11（1981）：115-153。

原祖杰，〈文化、消費與商業化：晚明江南經濟發展的區域性差異〉，《四川大學學報》，2010,5（2010）：31-38。

唐力行，〈從碑刻看明清以來蘇州社會的變遷〉，《歷史研究》，2000,1（2000）：61-72。

唐文權，〈蘇州工商各業公所的興廢〉，《歷史研究》，1986,3（1986）：61-75。

唐立宗，〈採礦助餉：18世紀初期山東的開礦熱潮與督礦調查〉，《思與言》，52,2（2014）：1-61。

宮崎市定，〈中国近世における生業資本の貸借について〉，收入氏著，《アジア史研究》，頁176-193。

宮崎市定，〈合本組織の発達──「中国近世における生業資本の貸借について」補遺〉，收入氏著，《アジア史研究》，京都：同朋舍，1979，頁194-197。

徐泓，〈中國官匠制度〉，收入于宗先主編，《經濟學百科全書》第2冊《經濟史》，台北：聯經出版公司，1986，頁38-44。

徐泓，〈「中國資本主義萌芽」研究範式與明清經濟史研究〉，《中國經濟史研究》，2018,1（2018）：169-181。

徐泓，〈明代後期的鹽政改革與商專賣制度的建立〉，《國立台灣大學歷史學系學報》，4（1977）：299-311。

徐泓，〈明末社會風氣的變遷〉，《東亞文化》，24（1986）：83-110。

徐鼎新，〈舊中國商會溯源〉，《中國社會經濟史研究》，1983,1（1983）：12-18。

桑兵，〈論清末城鎮社會結構的變化與商民罷市〉，《近代史研究》（北京），5（1990）：51-69。

郝秉鍵，〈晚明清初江南「打行」研究〉，《清史研究》，2001,1（2001）：13-26。

馬敏，〈商會史研究與新史學的範式轉移〉，《華中師範大學學報（人文社會科學版）》，2003,5（2003）：9-20。

馬德嫻，〈明嘉靖時用貝買樓房的契紙〉，《文物》，1963,12（1963）：14-17。

商鴻逵，〈清代皇商介休范家：《紅樓夢》故事史證之一〉，收入南開大學歷史系編，《明清史國際學術討論會論文集》，頁1009-1020。

常建華，〈康熙朝開礦問題新探〉，《史學月刊》，2012,6（2012）：34-44。

常建華，〈論明代社會生活性消費風俗的變遷〉，《南開學報》，1994,4（1994）：53-63。

常玲，〈清代雲南的「放本收銅」政策〉，《思想戰線》，1988,2：85-89。

張乃和，〈近代英國法人觀念的起源〉，《世界歷史》，2005,5（2005）：45-55。

張正明，〈清代晉商的股俸制〉，《中國社會經濟史研究》（廈門），1（1989）：39-43。

張永海、劉君，〈清代川江銅鉛運輸簡論〉，《歷史檔案》，1988,1（1988）：87-91。

張朋園，〈落後地區的資本形成──雲貴的協餉與鴉片〉，《貴州文史叢刊》，1990,2（1990）：50-74。

張海英，〈明清水陸行程書的影響與傳承──以《一統路程圖記》、《士商類要‧路程圖引》、《示我周行》為中心〉，收錄於《江南社會歷史評論》第五期，北京：商務印書館，2013，頁1-22。

張海英，〈明清社會變遷與商人意識形態──以明清商書為中心〉，收錄於《復旦史學集刊》第一輯《古代中國：傳統與變革》，上海：復旦大學出版社，2005，頁145-165。

張海英，〈明清商業書的刊印與流布──以書籍史/閱讀史為視角〉，《江南社會歷史評論》第八期，北京：商務印書館，2016，頁32-46。

張海英，〈從明清商書看商業知識的傳授〉，《浙江學刊》，2007,2（2007）：83-90。

張海英，〈從商書看清代「坐賈」的經營理念〉，《浙江學刊》，2006,2（2006）：94-101。

張偉仁，〈清代法學教育〉（下），《國立台灣大學法學論叢》，18,2（1989）：1-55。

張彬村，〈十七世紀雲南貝幣崩潰的原因〉，收入張彬村、劉石吉主編，《中國海洋發展史論文集》第五輯，台北：中央研究院中山人文社會科學研究所，1993，頁172-173。

張瑞威，〈一條鞭的開端：論明憲宗一朝的貨幣政策〉，《明代研究》，10（2007）：123-139。

張瑞威，〈足國與富民？江陵柄政下的直省鑄錢〉，《明代研究》，8（2006）：117-124。

張瑞威，〈皇帝的錢包——明中葉宮廷消費與銅錢鑄造的關係〉，《新史學》，22,4（2011）：109-147。

張瑞威，〈論法定貨幣的兩個條件：明嘉靖朝銅錢政策的探討〉，《中國文化研究所學報》，60（2015）：183-196。

張德昌，〈近代中國的貨幣〉，《人文科學學報》（昆明）1,1（1943）：73-92。

梁元生，〈慈惠與市政：清末上海的「堂」〉，《史林》，2000,2（2000）：74-81。

梁其姿，〈明末清初民間慈善活動的興起：以江浙地區為例〉，《食貨月刊》，15,7-8（1986）：52-79。

梁勇，〈清代重慶八省會館初探〉，《重慶社會科學》，2016,10（2016）：93-97。

許檀，〈清代乾隆至道光年間的重慶商業〉，《清史研究》，1998,3（1998）：30-40。

許懷琳，〈《鄭氏規範》剖析——兼論「義門」聚居的凝聚力〉，鄧廣銘、漆俠主編，《中日宋史研討會中方論文選編》，保定：河北人民大學出版社，1987，頁153-165。

郭松義，〈清初四川外來移民和經濟發展〉，《中國經濟史研究》，1988,4（1988）：59-72。

郭松義，〈清初四川的「移民墾荒」和經濟發展〉，收入葉顯恩主編，《清代區域社會經濟研究》下冊，北京：中華書局，1992，頁826-837。

陳正國，〈陌生人的歷史意義——亞當斯密論商業社會的倫理基礎〉，《中央研究院歷史語言研究所集刊》，83,4（2012）：779-835。

陳利著，〈清代中國的法律專家和地方司法運作（1651-1911）〉，白陽、史志強譯，《法制史研究》，28（2015）：1-52。

陳亞平，〈清代巴縣的鄉保客長與地方秩序——以巴縣檔案史料為中心的考察〉，《太原師範學院學報》，9(2007)：123-127。

陳來幸，〈1915年商會法の成立について〉，《富山國際大學紀要》，3(1993)：57-74。

陳忠平，〈宋元明清時期江南市鎮社會組織述論〉，《中國社會經濟史研究》，1993,1(1993)：37。

陳國棟，〈介紹一條有關長江下游踹布業的史料〉，《思與言》，19,2(1981)：135-138。

陳國棟，〈回亂肅清後雲南銅礦經營失敗的原因（1874-1911）〉，《史學評論》，4(1982)：73-97。

陳國棟，〈有關陸楫〈禁奢辨〉之研究所涉及的學理問題——跨學門的意見〉，《新史學》，5,2(1994)：159-179。

陳國棟，〈從《蜜蜂寓言》到乾隆聖諭——傳統中西經濟思想與現代的意義〉，《當代》，142(1999)：44-61。

陳國棟，〈懋遷化居——商人與商業活動〉，收錄於劉岱總主編、劉石吉主編《中國文化新論：經濟編》，台北：聯經出版公司，1982，頁243-284。

陳慈玉，〈十八世紀中國雲南的銅生產〉，收入《國史釋論：陶希聖先生九秩榮慶論文集》上冊，台北：食貨出版社，1988，頁286-289。

陳學文，〈明中葉「奢能致富」的經濟思想〉，《浙江學刊》，1984,4(1984)：29-31。

陳寶良，〈明代無賴階層的社會活動及其影響〉，《齊魯學刊》（曲阜），2(1992)：91-97。

傅築夫，〈中國工商業者的「行」及其特點〉，氏著《中國經濟史論叢》下冊，北京：三聯書店，1980，頁387-492。

彭久松、陳然，〈中國契約股份制概論〉，《中國經濟史研究》，1994,1(1994)：56-65。

彭雨新，〈清乾隆時期的礦政礦稅與礦業生產發展的關係〉，《中國社會科學院經濟研究所集刊》，1986,8(1986)：118-159。

斯波義信，1979〈「新刻客商一覽醒迷天下水陸路程」について〉，收入《東洋學論集：森三樹三郎博士頌壽記念》，東京：朋友書店，頁903-918。

森田明，〈『商賈便覽』について──清代の商品流通に関する覚書〉，《福岡大學研究所報》，16(1972)：1-28。

森紀子，〈清代四川的移民活動〉，收入葉顯恩主編，《清代區域社會經濟研究》下冊，北京：中華書局，1992，頁838-849。

鈔曉鴻，〈明清人的「奢靡」觀念及其演變──立基於地方志的考察〉，《歷史研究》，2002,4(2002)：96-117。

馮筱才，〈中國商會史研究之回顧與反思〉，《歷史研究》，2001,5(2001)：148-167。

黃仁宇，〈我對「資本主義」的認識〉，《食貨》復刊，16,1/2(1986)：26-49。

黃仁宇，〈明《太宗實錄》中的年終統計：李老博士所稱中國官僚主義的一個例證〉，收入李國豪等編《中國科技史探索》，香港：中華書局，1986。

黃仁宇，〈從《三言》看晚明商人〉，《中國文化研究所學報》，7,1(1974)：141-142。

黃友良，〈四川同鄉會館的社區功能〉，《中華文化論壇》，3(2002)：41-46。

黃克武，〈清季重商思想與商紳階層的興起〉，《思與言》，21,5(1984)：486-500。

黃啟臣，〈萬曆年間礦業政策的論爭〉，《史學集刊》，1988,3(1988)：26-32。

黃鑒暉，〈清初商用會票與商品經濟的發展〉，《文獻》，1987,1(1987)：3-16。

楊國楨，〈明清以來商人「合本」經營的契約形式〉，《中國社會經濟史研究》（廈門），3(1987)：1-9。

楊壽川，〈論明清之際雲南「廢貝行錢」的原因〉，《歷史研究》，1980,6(1980)：109-116。

楊聯陞著，段昌國譯，〈傳統中國政府對城市商人的統制〉，收入中國思想研究委員會編，段昌國、劉紉尼、張永堂譯，《中國思想與制度論集》，台北：聯經出版公司，1981，頁373-402。

溫春來，〈清代礦業中的「子廠」〉，《學術研究》，2017,4(2017)：113-121。

萬明，〈16世紀明代財政史的重新檢討──評黃仁宇《十六世紀明代中國之財政與稅收》〉，《史學月刊》，2014,10(2014)：116-130。

經君健，〈清代前期民商木竹的採伐和運輸〉，《燕京學報》（北京），新1期
　　（1995）：145-189。

經君健，〈清代關於民間經濟的立法〉，《中國經濟史研究》，1994,1（1994）：
　　42-55。

葉世昌，〈論大明寶鈔〉，《平準學刊：中國社會經濟史研究論集》第四輯下
　　冊，北京：中國商業出版社，1989，頁637-663。

葛平德（Peter Golas），〈火藥在中國採礦中的作用何在？〉，收入李國豪等
　　編，《中國科技史探索》，香港：中華書局，1986，頁437-442。

虞和平，〈近代商會的法人社團性質〉，《歷史研究》，1990,5（1990）：39-51。

劉云明，〈清代雲南境內的商賈〉，《雲南民族學院學報》（哲學社會科學
　　版），1996,2（1996）：31-35。

劉永成，〈試論清代蘇州手工業行會〉，《歷史研究》，1959,11（1959）：21-
　　46。

劉石吉，〈一九二四年上海徽幫墨匠罷工風潮——近代中國城市手藝工人集
　　體行動之分析〉，收入《近代中國區域史研討會論文集》，台北：中央
　　研究院近代史研究所，1986，頁411-429。

劉序楓，〈財稅與貿易：日本「鎖國」期間中日商品交易之展開〉，收入中
　　央研究院近代史研究所編，《財政與近代歷史論文集》上冊，1999，頁
　　282-284。

劉序楓，〈清日貿易の洋銅商について——乾隆～咸豐期の官商・民商を中
　　心に〉，《九州大學文學部東洋史論集》，15（1986）：107-152。

劉序楓，〈清康熙—乾隆年間洋銅的進口與流通問題〉，收入湯熙勇編，《中
　　國海洋發展史論文集》第七輯，1999，頁96-99。

劉志琴，〈晚明城市風尚初探〉，《中國文化研究輯刊》第1期，上海：上海
　　復旦大學出版社，1984，頁190-208。

劉炎，〈明末城市經濟發展下的初期市民運動〉，《歷史研究》，1955,6
　　（1955）：29-59。

劉錚雲，〈官給私帖與牙行應差——關於清代牙行的幾點觀察〉，《故宮學術
　　季刊》，21,2（2003）：107-123。

劉錚雲，〈清乾隆朝四川人口資料檢討：史語所藏《乾隆六十年分四川通省

民數冊》的幾點觀察〉，收入《中國近世家族與社會學術研討會論文集》，台北：中央研究院歷史語言研究所，1988，頁301-327。

劉錚雲，〈義莊與城鎮：清代蘇州府義莊之設立及分佈〉，《中央研究院歷史語言研究所集刊》，58,3(1987)：633-672。

鄭起東，〈清末「振興工商」研究〉，《近代史研究》，1988,3(1988)：41-50。

鄧亦兵，〈清代前期內陸糧食運輸量及變化趨勢──關於清代糧食運輸研究之二〉，《中國經濟史研究》，1994,3(1994)：80-92。

賴惠敏，〈乾隆朝內務府的當舖與發商生息（1736-1795）〉，《中央研究院近代史研究所集刊》，28(1997)：133-175。

賴惠敏，〈清代巴縣縣署檔案：乾隆期（1736-1795）司法類〉，《近代中國史研究通訊》，28(1999)：24-127。

龍登高，〈中西經濟史比較的新探索：兼談加州學派在研究範式上的創新〉，《江西師大學報》，2004,1(2004)：105-112。

戴史翠（Maura Dykstra），〈帝國、知縣、商人以及聯繫彼此的紐帶：清代重慶的商業訴訟〉，收入王希編《中國和世界歷史中的重慶：重慶史研究論文選編》，重慶：重慶大學出版社，2013，頁166-180。

濱口福壽，〈隆慶萬曆期の錢法の新展開〉，《東洋史研究》，31,3(1972)：381-400。

謝杭生，〈鴉片戰爭前銀錢比價的波動及其原因〉，《中國經濟史研究》，1993,2(1993)：107-115。

謝晶，〈無「法」的司法──晚清巴縣工商業合夥債務糾紛解決機制研究〉，《法制史研究》，25(2014)：235-254。

鞠清遠，〈校正《江湖必讀》〉，《食貨半月刊》，5,9(1937)：30-42。

鞠清遠，〈清開關前後的三部商人著作〉，收入包遵彭等編《中國近代史論叢》二輯三冊，台北：正中書局，1977，頁205-244。

魏金玉，〈介紹一商業書抄本〉，《安徽師大學報》，1991,1(1991)：43-51。

羅崙，〈乾隆盛世江南坐商經營內幕探微〉，收入洪煥椿、羅崙編《長江三角洲地區社會經濟史研究》，南京：南京大學出版社，1989，頁241-257。

羅麗馨，〈明代的銅礦業〉，《文史學報》（國立中興大學文學院），25(1995)：35-66。

藤井宏，〈新安商人的研究〉，傅衣凌、黃煥宗譯，收入《江淮論壇》編輯部編，《徽商研究論文集》，合肥：安徽人民出版社，1985，頁131-272。

蘇成捷（Matthew Sommer），〈墮胎在明清時期的中國：日常避孕抑或應急措施〉，《中國鄉村研究》，9（2011）：1-52。

黨武彥，〈乾隆九年京師錢法八条の成立過程およびその結末：乾隆初年における政策決定過程の一側面〉，《九州大學文學部東洋史論集》，23（1995）：39-86。

闞勇，〈劉文徵墓志考〉，《昆明師院學報》，1982,4(1982)：20-23。

顧忠華，〈儒家文化與經濟倫理〉，收入劉小楓、林立偉編《中國近現代經濟倫理的變遷》，香港：香港中文大學出版社，1998，頁45-66。

四、網路資源

徐添、林盼、俞詩逸，〈訪談｜彭慕然：中國為什麼這麼大？〉（https://media.weibo.cn/article?id=2309404176560214166875&from=singlemessage&jumpfrom=weibocom,《東方歷史評論》，2017年11月21日。上網徵引日期：2018年1月30日）

後記

　　這部《當經濟遇上法律：明清中國的市場演化》是筆者的一部續集，接續2008年在台北出版的《當法律遇上經濟：明清中國的商業法律》（五南出版社，簡體版後來則由浙江大學出版社於2017年發行），這兩書的出版時間相差了十年。十年之間，筆者工作單位也更換了兩次：先是由中研院史語所轉到香港中文大學（2012-2018），再於今年7月中旬轉任上海交通大學人文學院。

　　工作的變換主要出於機緣，但專書出版其間又何嘗沒有特殊機緣？出書機緣涉及許多人事變化，而儘管人們常說人生總是「計劃趕不上變化」，但筆者還是想交代這兩部專書雖然相隔十年出版，但其實基本是在自己長期研究寫作「計劃」之中。2008年以「法律遇上經濟」命名的先前專書，探究明清中國的「商業法律」；2018年以「經濟遇上法律」這部新書，則聚焦明清中國的「市場演化」，可以這麼說：「商業法律」與「市場演化」兩個主題，其實聚焦了筆者自1995年提交博士論文二十餘年以來的主要研究工作。

　　如何由蘇州「會館、公所」與「商會」兩類商人團體探究明清長期社會變遷？是我博士論文的研究課題。畢業工作以後，筆者拓展了對商人團體結社行為的研究，並受到經濟人類學與制度

經濟史的一些影響，往明清經濟組織、政府法律與意識形態三者如何與當時商人經濟行為相互作用做探究；在研究過程中，筆者並逐漸設定三個層面議題以展開分析：第一，當十六世紀以後中國市場經濟與都市社會日益發展，商人經濟行為與當時商業制度之間究竟存在何種互動關係？商人團體、牙行制度、合股組織、包買商制度、金融機構、帳簿形式、貨幣流通等不同商業制度，究竟如何形塑市場結構並影響中國的資源配置與經濟發展？第二，商人經濟行為根植於當時的社會人際網絡之中，宗族關係、同鄉組織、祭祀網絡等不同社會紐帶，其實都影響商人經濟行為。這些不同社會紐帶和商人經濟行為之間的複雜關係，究竟如何連繫和運作？第三，市場經濟固然受到政府法令制約，但政府法律其實也受市場經濟衝擊，在市場經濟發展下，市場交易過程日趨複雜，商人固然因應既有法令來調整經濟行為，但官員面對日益增加的商業糾紛與司法案件，其用以解釋法律、做成判決的司法過程其實也會受到影響。同時，隨著官鹽、官手工業逐漸解體，各種「官督商辦」制度紛紛創建，更促使官商關係產生巨大變革，政府一方面愈益倚重商人資金與經營能力，另一方面也主動借貸商人進行生產活動。這些現象都反映明清時代「國家—市場」關係的變化，如何具體釐清其間的變化過程？這是筆者關心的第三個議題。這三個議題彼此交織並且可能構成明清經濟發展的核心內容。簡單地說，明清中國「商業法律」與「市場演化」做為筆者十年之間結集出版這兩部專書的核心主題，算是回應自己提問上述三個層面議題的初步成果。

　　本書主體內容來自這些年來筆者已出版與未公開發表的八篇論文，並經過一定程度的裁融、修改與補充；全書各章改寫前的

出處是：導論與結論改寫自〈「數目字管理」是洞見或是限制？
黃仁宇「大歷史觀」下的明清市場與政府〉（《台大歷史學報》，
26期，2000年12月）。第一章改寫自〈市場、法律與人情：明清
蘇州商人團體提供「交易服務」的制度與變遷〉（中國史學會編
《中國の歷史世界──統合のシステムと多元的發展》，東京：東京
都立大學出版會，2002年），第二章改寫自〈由放料到工廠：清
代前期蘇州棉布字號的經濟與法律分析〉（《歷史研究》，2002年
1期，2002年3月）。第三章改寫自〈18世紀蘇州棉布業的工資糾
紛與工作規訓〉（唐力行主編，《江南社會歷史評論》第三期，北
京：商務印書館，2011年）。第四章改寫自〈十八世紀滇銅市場
中的官商關係與利益觀念〉（《中央研究院歷史語言研究所集
刊》，72本1分，2001年3月），第五章改寫自〈國法與幫規：清
代前期重慶城的船運糾紛解決機制〉（邱澎生、陳熙遠合編，《明
清法律運作中的權力與文化》，台北：中央研究院・聯經出版公
司，2009年4月）。第六章改寫自〈十九世紀前重慶城的債務與
合夥訴訟〉（陳慈玉主編，《承先啟後──王業鍵院士紀念論文
集》，台北：萬卷樓圖書公司，2016年11月。本文寫作獲得「香
港研究資助局」補助：#14402414, 2014-2015）。第七章則改寫自
筆者一篇未刊論文。在此一併向上文涉及各份期刊與專書出版社
致謝。

　　這本書出版要感謝許多師友。歐姍姍、謝宛洳、陳佩歆、李
朝凱、吳景傑、鹿智鈞、陳重方，曾協助蒐集史料。在聯經出版
公司審查、校對與出版本書過程中，筆者感謝兩位審查人給予不
少有用的修改建議；校對者的專業能力，也令筆者印象深刻並多
有助益；同時，也向林載爵發行人、胡金倫總編輯以及聯合文學

李文吉總經理提供種種協助致謝。

　　成書過程因教學與考核等因素而頗見壓力，心情難免波動，幸有師友多方慰勉。感謝業師徐泓先生與王芝芝師母，並向黃應貴、李伯重、王國斌諸位先生致謝，也感激賴惠敏、步德茂（Thomas Buoye）、張壽安、林月惠、鄭宗義、蔡志祥、何冠環、蒲慕州、熊秉真、何佩然、張瑞威、卜永堅、沈培，以及甘懷真、蘇國賢、余志強、鄭吉雄、劉序楓、邱仲麟、李廣健、賀照田、王振忠、馮筱才、陳正國、劉士永、和文凱、Ellen McGill、李卓穎、張志雲、江豐兆的情義相挺。王鴻泰對此書稿常施鼓勵，見證友誼愈陳愈淳。書成在即，溫情謝意，溢我心，永誌難忘。

當經濟遇上法律：明清中國的市場演化

2018年10月初版　　　　　　　　　　　　定價：新臺幣650元
有著作權‧翻印必究
Printed in Taiwan.

著　　　者	邱	澎	生		
叢書主編	沙	淑	芬		
校　　對	謝	麗	玲		
封面設計	李	東	記		
編輯主任	陳	逸	華		

出　版　者	聯經出版事業股份有限公司	總編輯	胡	金	倫
地　　　址	新北市汐止區大同路一段369號1樓	總經理	陳	芝	宇
編輯部地址	新北市汐止區大同路一段369號1樓	社　長	羅	國	俊
叢書主編電話	(02)86925588轉5310	發行人	林	載	爵
台北聯經書房	台北市新生南路三段94號				
電　　　話	(02)23620308				
台中分公司	台中市北區崇德路一段198號				
暨門市電話	(04)22312023				
台中電子信箱	e-mail：linking2@ms42.hinet.net				
郵政劃撥帳戶第0100559-3號					
郵撥電話	(02)23620308				
印　刷　者	世和印製企業有限公司				
總　經　銷	聯合發行股份有限公司				
發　行　所	新北市新店區寶橋路235巷6弄6號2樓				
電　　　話	(02)29178022				

行政院新聞局出版事業登記證局版臺業字第0130號

國家圖書館出版品預行編目資料

當經濟遇上法律：明清中國的市場演化/ 邱澎生著 .
初版 . 新北市 . 聯經 . 2018年10月（民107年）. 456面 . 14.8×21公分
ISBN　978-957-08-5163-2（精裝）

1.經濟史　2.法律經濟學　3.明代　4.清代

550.926　　　　　　　　　　　　　　　　　　　107013227